목회상담
이야기

| 김진영 저 |

학지사

머리말

1998년 귀국한 후 이십 년 가까운 세월 동안 목회상담을 강의해 왔다. 근래 이를 정리하는 시간을 가졌는데, 이것이 이 책을 준비하게 된 계기가 되어 주었다. 평소 교과서나 목표 지향적인 책을 쓰는 것은 뭔가 결핍되어 있다는 느낌이 있어 저술은 염두에 두지 않았으나, 호주 시드니 신학교에서 온라인 강좌를 개설하게 된 것이 촉발 사건이 되었다.

강의 초기에는 좀 더 전문적인 강의로 꾸려야겠다는 의도에서 심리학과 정신분석학 부분이 많았다. 특히 강조한 점은 목회상담학이 강의되는 신학대학원에서 결핍하기 쉬운 인간 이해에 관한 지식과 깊은 관심을 촉구하는 것이었다.

신학과 심리학의 갈등과 조화, 두 학문의 학제 간 통합의 관점에서는 최근 화두인 '인문학적인 상상력(humanistic imagination)'을 배양하기 위한 목적이 배경에 있었다. 그리하여 목회 현장에서 만나게 되는 다양한 교우가 경험하는 문제들을 염두에 두고 어떻게 그들은 잘 돌보고 상담하고 변화할 수 있도록 도울 수 있는가를 질문하면서 강의를 진행하였다. 애초에 계획하였던 주제들을 다 담아낼 수는 없었으며, 몇 강의는 준비하는 과정에서 주제를 바꾸기도 하였다. 이론 신학이 담아내는 내용은 그 분야에 맡기고 실천 현장을 어떻게 준비할 수 있는가에 중점을 두고 강의안을 작성하였다. 이는 현장에서 이론을 바탕으로 어떻게 실천할 수 있는가를 염두에 둔 작업이었다.

필자는 목회상담을 통하여 종교심리학, 목회신학, 정신분석학, 대상관계이론, 임상목회교육, 상담 훈련 등을 배우고 익히게 된 배경이 있다. 1980년대 초 신학대학원에서 신학교육을 마친 후 박사과정에서는 사회학, 인류학, 심리학, 윤리학 등의 인문학의 관점을 갖도록 고된 훈련을 받았다. 그런 점에서 독자들이 이론 신학 분야에서 역사, 성서 신학 등의 강의에서 접할 수 있는 주제와는 다소 구별되는 실천적인 주제들을 다루게 될 것을 기대하며 읽어주기를 바라는 마음에서 집필하였으며, 이에 대하여 자부심과 보람을 느낀다.

강의안을 책으로 옮기다 보니 출처의 인용과 근거 제시가 미진한 부분은 개정의 기회를 엿보고자 한다. 필자의 관심을 몇 가지로 요약하면 다음과 같다.

첫째, 목회자로서 자기정체성을 확립하기 위한 목회신학적인 관점을 확립하는 것.

둘째, 목회 현장에서 목회자로서 교인들과 건강하고 목양적인 대화, 양육적인 관계를 맺을 수 있도록 훈련하는 것.

셋째, 교회와 사회가 경험하는 각종 상황에 대한 목회상담 지식과 정보를 배우고 익히며 적용하여, 치유와 성장 지향의 건전한 목회 방향을 세울 수 있는 것.

이와 같은 관심사를 염두에 두고 이 책을 읽어나가기를 부탁한다.

손으로 쓴 편지가 컴퓨터 시대에 각광받는다고 한다. 모처럼 찾아 만난 신영복 선생님의 『청구회 추억』의 친필영인본은 필자의 '손편지' 에 대한 어린 시절의 기억을 되살려놓았다. 잘못 쓰면 몇 번이고 찢고 다시 쓰곤 하던 공책의 빛바랜 색깔이 떠오르며 가슴이 떨린다. 이것을 '설렘' 이라 부른다면 필자도 아직 젊고 어리다. 누런 공책은 필자에게 대학 강단에 서셨던 선생님들의 우려먹는 강의록을 연상하게도 하였다.

참신하고 새로운 강의를 늘 해보고자 했으나 번번이 마음만 먹었던 것 같다. 부족한 강의를 인쇄된 책으로 내려니 필력의 모자람도, 내용의 부실함도 아닌 필자에게는 걱정거리 목록에 들지 않았다. 다만 필자의 모습을 적나라하게 드러내야 하는 데 대한 불안과 두려움이 앞선다. 책을 내는 데 가장 필요한 것은 부끄러움과 두려움을 이겨 낼 힘인 용기였다. 언제나 북돋으며 격려해 주신 형님 같은 멘토 고무송 목사의 늘 하시던 말씀, "Publish, or perish!" 란 준엄한 경고가 없었더라면 이 책은 세상에 나오지 못했을 것이다.

이 책을 출판하도록 허락해 주신 학지사 김진환 사장님, 섬세한 교정과 교열을 위하여 수고해 주신 편집부 식구들에게 감사드린다. 끝으로 늘 곁을 지키며 삼시세끼를 제공해 준 아내 인순에게 감사를 전한다.

차 례

■■■ 제2부 **목회상담의 주요 이슈** ■■■

Pastoral Counseling Stories

제1부

나의 삶과 목회상담 운동

목회상담의 전망

1. 내 삶의 이야기 하나

1983년 장로회신학대학교 신학대학원 졸업반 때 이야기 하나를 하고자 한다. 신학대학원을 졸업하고 유학을 가겠다고 마음은 먹고 있었으나 아직 구체적인 전공 분야를 결정하지 못하고 있었다. 미국의 대학원 학제를 잘 모르는 터라 막연히 실천신학을 공부하겠다는 생각만 하고 있다가 지원서를 작성하다 보니 세부 전공을 선택하는 지점에서 막히고 말았다. 어떤 학교에서는 목회 돌봄과 상담(Pastoral Care & Counseling)을 제안하고, 어떤 학교에서는 실천신학을 선택한 후에 괄호 안에 다양한 전공 가운데 하나를 추가로 기입하게 되어 있었다. 또 어떤 학교에서 제시하였던 목회심리학, 성격과 종교학 등의 전공 영역은 이를 선택하면 어떤 공부를 하게 되는지 그런 훈련과

학업이 내가 지금까지 원했던 내용인지 상세히 알 수 없었기에, 내가 가진 지식과 축적된 역량으로 감당할 수 있을지 불안하기까지 하였다. 전공 선택 과정은 어려움과 난감 그리고 혼란 그 자체였다.

대학 때 전공인 영어영문학과의 연관 지을 수 있는 문학 연구로 성서신학을 공부해 볼까도 생각했었다. 초등학교 시절 경제 개발과 산업화가 붐이었던 교육 풍토의 영향과 공학도로 승승장구하였던 외삼촌을 유난히 따랐기에 대중 과학자(pop-scientist)의 꿈을 꾸기도 하였다. 고등학교 시절에는 병든 이들을 치료해 주는 의사가 되고 싶기도 하였으나 정작 의사의 꿈을 이룰 수 없게 되었다. 병든 이들을 치료하는 직업을 포기한 경험은 상실과 좌절의 경험을 안겨 주었고 당시 겪었던 혼란 속에서 적절한 도움을 받지 못했던 기억은 이론 신학보다는 실천 학문을 선택하게 된 계기가 되었다. 하지만 이론 신학에 치중한 신학대학원의 교육 분위기 속에서는 유학을 준비하는 과정에서 적절한 지도를 받기가 어려웠다.

유학 직전에 만났던 한 목사님은 목회를 하거나 교수가 되려면 실천신학보다는 성서신학이나 조직신학을 해야 한다며 핀잔을 주기도 하였다. 역사신학 교수인 이형기 교수와 종교심리학을 강의하셨던 사미자 교수와의 인연은 여기에서 시작되었다. 드류 대학교에서 공부를 시작하게 된 것이었다. 구체적인 전공에 대한 방향이 희미하고 전망도 불투명하였지만, 미국의 문화와 환경에 대한 이해를 쌓아야 무엇을 하든 제대로 할 수 있겠다는 생각에서 열심히 언어와 의사소통에 자신감을 얻기 위하여 노력하였다. 이론신학과 학문성을 추구하는 드류 대학교의 분위기에 젖어들지 않으면 실패할 것 같은 불안감에서 열심히 공부하였다.

전공은 목회 돌봄과 상담이었다. 어느 날, 드류 대학교에서 수학했던 교수가 강연에서 실천신학의 연구를 강조하며, 그중에서도 목회상담학이야말로 미래의 교회와 목회에 가장 필요한 분야라고 강조하였다는 말씀을 전해 듣고 은근히 자부심도 들었다. 그 후로 20여 년이 지난 오늘은 곳곳에 기독교상담학, 목회상담학을 전공하고자 하는 학생들이 넘쳐나고 있다. 당시 전공 선택에 어려움을 겪고 앞날이 불투명하였으나 가슴속 깊이 무어라 표현할 수 없는 뜨거움이 솟구쳐 지금의 전공을 붙들게 되었던 것은 참으로 다행스러운 일이 아닐 수 없다.

학업 중에도 어려움이 많았다. 박사과정을 밟고 있던 와중에 유학 초기부터 멘토이자 지지자였던 넬슨 세이어(Nelson T. H. Thayer) 박사가 갑작스러운 신장암 수술 후에 돌아가셨다. 지도 교수의 죽음은 박사과정의 큰 걸림돌이 되었다. 지도 교수를 여의고 방황하던 중 뉴욕의 한인교회 담임을 맡아 공부를 접을 뻔 했으며, 후임 지도 교수가 배정되지 않아 전공을 바꾸거나 포기할 뻔하기도 했다. 다른 방도가 없어서 한 분야에 머물며 참고 지금까지 달려온 것에 대하여 깊이 안도한다.

딸아이가 대학을 졸업하는 2007년은 특히 의미 있는 해였다. 미국 대학 졸업식에는 학생의 연설이 진행되고 그 학교가 그해 선택한 사회 명사를 단상에 세운다. 그해의 명사는 그 대학을 50년 전에 졸업하였던 미국의 여성주의 작가인 글로리아 스타이넘(Gloria Steinem)[1]이었다. 그는 연설에서 50년 전에 여자가 대학을 졸업하여 얻을 수 있는

---

[1] 스타이넘은 팔순의 나이에도 최근 2015년 한국의 평화포럼에 참여하기 위하여 평양에서 도보로 판문점을 거쳐 서울을 들어온 행사에 참여하기도 한 평화 운동과 인권운동을 펼치는 스미스 대학교 출신의 작가다.

직업이란 고작 하버드나 예일 대학교를 졸업한 남학생들이 취업한 회사에 취직해 그들이 작업한 일을 타자 쳐 주는 일이 전부였다고 회고하였다. 그는 당시의 척박한 취업 시장 상황을 생생하게 전하면서 "그렇다면 지금의 내가 여러분 앞에서 연설하듯이 여러분이 졸업하고 난후 50년 뒤는 어떨까요?"라는 질문을 던졌다.

그는 '불가시적 노동집약적인 직업'이 고임금 직업일 것을 전망하였다. 가령 아이를 자연스러운 방식으로 임신하여 분만하고 기르는 엄마, 병들고 약한 노인을 돌보는 간호사와 사회복지사, 병동의 남자간호사(orderly), 지체부자유자들을 살펴 주는 사회복지사, 아이들을 양육하는 보육교사 등이 고임금 직업군에 속할 것이라고 예견하였다. 작가로서의 은유와 특유의 전망을 내놓았던 스타이넘은 그 자리에 앉은 수천 명의 청중을 사로잡았을 뿐만 아니라, 필자의 마음에 미래의 직업과 교회 사역에 새로운 관점을 제공해 주었다.

마음을 살피고 치료하는 상담은 불가시적 노동 집약적 사역이라 할수 있다. 오늘 우리가 접하고 있는 사회의 흐름을 잘 알면, 우리 삶은 훨씬 더 나아질 수 있을 것이다. 현재의 흐름만이 아니라 미래를 예견할 수 있는 능력을 가진다면 어떻게 될까? 교육전도사 시절 학생들과 헤어질 때면 이렇게 작별 인사를 하곤 했다. "십 년 후, 이십 년 후에 만날 때에도 성장한 모습으로 당당하게 만났으면 좋겠구나. 그때에도 난 목사로서 그리스도인으로 살아갈 터인데, 여러분도 늘 나와 같은 믿음에 서서 살아가기 바란다." 지금은 헤어지지만 다시 만날 때를 기약하며 가치 있는 삶을 살아가자는 취지에서 했던 말이었다.

우리 자신의 미래의 모습을 그려 보는 일은 긍정적이며 더불어 복음과 함께 성장해 가는 모습을 연상하는 것은 여러모로 유익하다. 또한 자신의 성장을 위해 절실히 요구되는 일이기도 하다. 오늘 우리 자신의 모습을 잘 이해하여 십 년 후, 이십 년 후의 변화된 모습을 그려보는 것은 무척 유익한 일이 될 것이다. 그중에서도 마음의 질병과 고통을 치료하는 목회상담자, 영혼의 순례길에서 만나는 이들에게 돌봄을 제공하는 목회 돌봄은 참 가치를 지닌 일이 아닐 수 없다. 미래지향적인 자세를 가지고 마음을 살피는 목회는 목회상담운동의 소중한 가치라 감히 주장한다. 삶의 질을 향상시키는 목회자요, 영적인 순례의 길을 함께 가는 상담자로서 살아가겠다는 다짐을 다시금 해본다.

2. 목회상담의 다양한 국면

현재의 상담 열풍을 가져온 진원지인 미국은 주정부 허가 제도의 영향으로 목회상담 전공학도 숫자가 점차 감소하는 추세다. 오랜 세월 동안 치료 영역을 점유해 왔던 의료계의 반발과 그에 대응하는 상담 전문가들의 개혁 또한 이루어지면서 결과적으로 의료보험 그리고 자격증 수여와 관리 등의 복잡한 법률 문제가 대두되었다. 당연히 상담과 심리치료를 맡아서 해 오던 상담사, 심리치료사들의 활동이 위축될 수밖에 없는 환경이 되었다. 한국이나 호주의 사회 환경도 이와 비슷한 양상으로 전개될 것으로 보인다. 상담사와 목회상담자들에게 중요한 과제였던 전문가 자격검증제도와 실행을 위한 적절한 법률의 토대 마련과 사회 요청에 부응하는 준비를 하지 않으면 미국에서의 위축된 상담 환경의 문제가 앞으로 호주와 한국에도 닥칠 문제임을 염두에 두고 대비하여야 한다.

목회자가 담당하는 목회도 일인 지도 체제의 목회 방식에서 점차 전문 변호사들이 포진하여 하나의 군(law firm)을 이루는 현대의 법률사무소를 벤치마킹하여 변화를 꾀해야 한다. 일종의 서비스 기관으로 거듭난 로펌에는 대표 변호사가 있고 수많은 영역을 연구하는 전문 변호사들이 한 사건을 다양한 관점에서 접근하듯이 일인 담임목회자 체제로부터 다양한 전문 목회자들이 각자의 책임을 감당하는 분위기로 전환해 가야 할 것이다. 목회상담 또는 기독교상담의 전문 훈련을 받은 목회자들과 평신도들이 가정 문제, 청소년 문제, 정신질환의 문제, 대인관계, 진로와 직업, 갈등 위기 개입 등의 방식으로 해결하고 치유하는 목회로의 국면 전환이 절실히 요구되고 있다.

논리의 비약이 개입된 것으로 간주될 수 있으나 목회상담을 해 나가는 데 중요한 주제는 통합이다. 하나님과 신앙 공동체를 대변하는 설교자요, 교회 공동체의 지도자로서 반드시 해야 할 일 가운데 하나는 인간으로 충실한 삶을 살아가는 것이다. 직업적인 전문인으로 어떻게 하면 자신의 삶을 성실하게 신앙인으로 살아갈 수 있는가, 목회자로서 만나는 교인들과 만남으로 그들이 성실한 신앙인으로 살아갈 수 있도록 도움을 줄 수 있는가? 이 물음을 끊임없이 스스로 마음 가운데 되새기면서 삶의 다양한 면을 조화롭게 성장시키고 통합하는 작업은 하나님 앞에서 살아가는 모든 이들의 과제다. 통합과 조화는 인간의 성장에서 중요한 역동이 아닐 수 없다.

신앙의 발달단계이론을 정립한 파울러(James Fowler)는 신앙의 발달단계 중 5단계를 '결합적 신앙(conjunctive faith)'의 단계라고 지칭하였다.2) 분석심리학자인 칼 융(Carl Jung)은 "대극의 조화, 역설의 조화"[3]라고 하는 개념을 전제하면서 이 단계의 특징은 자신이 무의식의 심층으로 들어가는 데 있다고 하였다. 부분적으로 우리의 행동과 응답을 결정하는 무의식적인 개인 인격과 사회의 요소들, 더 나아가서 종족과 원형적 요소들과 관계되는 단계다. 곧 인간의 신앙과 인격의 성장은 유기적이고 상호 의존적이라는 것이다. 종교적 전통이 각기 다른 교의와 교리로 접근하여 발생하는 상대성은 종교 서로의 상대성이 아니라, 그들의 신앙의 대상을 설정하고 가르치는 신 또는 종교의 궁극적 지향 대상으로서의 실재에 대한 종교인들의 상대성이다. 그러므로 결합적 신앙의 단계에 이르러서는 자신의 전통과 아울러 다른 전통과 의미 있는 만남을 가질 수 있는 준비가 되어 있다. 이것은 자신의 종교 전통을 버리고 그에 대한 헌신을 그만둔다는 것을 의미하지 않는다. 중립적인 태도를 지키는 것도 아니다. 개방적인 태도를 가지고 다른 전통에서 신앙하는 종교의 실재가 자신의 신앙 전통에 부합되는 부분을 종합한다는 의미다.

발달의 관점에서 중년기(융의 경우 35세 이후)에 일어나는 이 단계는 신앙의 내적인 성숙의 시기라고 말할 수 있다. 다양한 삶의 경험에서 갈등과 역설이 이해되고 포용되기 시작하며, 지금까지의 이원적인 태도가 아니라 대화의 태도를 가지면서 타협하기보다는 인정과 포용을 실행하는 단계다. 자기 신앙의 입장을 분명하게 가지면서도 결코 폐쇄적이지 않으며, 다른 입장과도 가능한 한 대화하려고 애쓴다. 자신의 내면의 깊은 소리를 듣기 시작하며, 자신이 가지고 있는 사회

2) 제임스 파울러, 『신앙의 발달단계』, 사미자 역(서울: 한국장로교출판사, 1987).
3) 융의 대극의 조화 개념으로부터 인용한 것으로, J. 파울러의 신앙의 단계 5번째의 결합적 신앙(conjunctive faith)의 주요 특징 가운데 하나가 대극의 조화 또는 통합이다.

적인 무의식의 테두리를 깨달으며 그 중요성을 느끼기 시작한다. 자신의 배경과 환경을 넘어선 관심과 헌신의 폭이 넓어지며, 다른 사람들의 생산적인 정체성의 의미의 가능성을 보존하고 함양시키는 일을 위하여 헌신하는 시기다. 목회상담을 공부하는 이들이 자신의 신학과 인격 형성, 지도자로서의 역량을 배양하기 위하여 염두에 두어야 할 주제로 몇 가지 차원의 통합을 소개한다.

1) 보편성과 독특성(Universality vs. Particularity)

행복, 긍정적인 가치, 생에 대한 희망, 화목한 가정, 생명에 대한 발견 등 이 모든 것은 상담을 통해 얻을 수 있는 가치다. 이는 모든 인간이 추구하는 보편적인 가치다. 그럼에도 불구하고 상담은 한 사람의 특별한 상황을 잘 이해하고 공감하면서 해결해야 하는 측면이 있다. 내담자로서의 개인이나 가정의 상황을 누구에게도 말할 수 없었으나, 그런 개인 특유의 경험을 목회자와 이야기하며 나누는 경우가 여기에서 말하는 독특성의 차원이다. 예를 들어, 의학적인 관점에서 죽음은 인간의 몸이 가지고 있는 '항상성(homeostasis)'이 무너질 때에 오는 현상으로 설명할 수 있다. 유기체는 언제든지 적절한 액체와 온도와 활동성을 유지하려는 성향을 견지한다. 항상성이 깨어지면 질병의 원인이 되고 결국 죽음을 불러온다. 몸이 찢겨 몸 안의 액체의 양과 온도가 유지될 수 없는 경우, 과다출혈로 죽게 되지만 결국 생명의 본질인 항상성이 무너져서 죽는 것이다.

이처럼 인간의 몸 상태에는 보편적인 요소가 있다. 이러한 이유로 모든 인간은 공통점을 가진 존재이면서 어떤 상황에 대처하는 개별적인 현장에서는 모든 사람이 똑같이 행동하거나 사유하지 않는다. 삶의 다양한 위기는 일반인에게 스트레스로 작용할 수 있다. 그런 점에서 건강해 보이는 사람도 실제로는 '잠재적 환자'라 할 수 있으며, 삶의 과정이나 방향에 어떤 오류나 착오를 경험할 때에 흔들리고 유약해지며, 절망과 혼란 속에서 병들 수 있다. 키르케고르는 사람의 이와 같은 측면을 명명하여 '환자성(patienthood)'이라 불렀다. 에릭슨(Erik H. Erikson)은 덴마크 출신의 이 철학자의 영향을 받아 환자성에 대한 개념을 종교개혁자 마틴 루터(Martin Luther)에게 적용시켜 종교개혁의 여정을 한 인간의 삶의 여정으로 조망하는 정신분석의 탐구 방식을 도입하여 분석하고 있다.[4]

상담에서도 모든 사람이 비슷한 문제와 이슈를 가졌을지라도 똑같은 경우는 없다는 것을 구별해야 한다. 일반화할 수 있는 주제와 개념을 모든 이에게 적용하려는 오류를 범하기 전에 이 두 양극의 차이를 분별하고 조화시킬 수 있는 안목을 가져야 한다.

2) 객관성과 주관성(Objectivity vs. Subjectivity)

상담을 통하여 경험되는 치유, 자신의 발견, 혼돈과 절망 속에서 발견되는 소망과 질서 등은 철저하게 주관적인 경험이지만, 다른 한편으로는 치유를 경험한 그 사람의 주변 사람들에게 목격되거나 경험되어 객관적으로 드러난다. 객관성과 주관성을 함께 통합할 수 있는 관점은 유아에게는 보기 힘들 것이다. 어린아이가 가진 세계관과 인

---

4) Erik H. Erikson, *Young Man Luther: A Study in Psychoanalysis and History*(New York: W. W. Norton & Company, Inc., 1962).

간에 대한 이해는 아직 자기애적(narcissistic) 단계를 넘어서지 못했기 때문이다. 정신분열증으로 불렸던 조현병(schizophrenia)은 환자가 남이 보지 못하는 세계와 경험을 하게 되는 현상이 주요 특징이다. 환자가 내면세계에서 경험하는 것들이 객관적인 현실을 지각하지 못하게 하는 힘으로 작용한다. 결과적으로 현실감각을 상실한 환자는 주변 사람들이 경험하는 객관적인 현실을 알아차리지 못하게 되어 더욱더 비현실과 환상의 울타리에 갇히게 되는 악순환을 경험하게 된다. 다른 사람이 공감하고 지각하는 현실의 세계를 알 수 있고 경험하도록 돕는 것이 정신건강의학에서 하는 치료라면, 목회상담자는 목회자로서의 언어와 공감 능력으로 환자들이 나눌 수 없는 내면의 경험과 소통할 수 있는 특유의 역량을 지녀야 할 것이다. 이것이 객관성과 주관성의 측면에서의 통합을 이루어야 하는 이유다.

　철학과 일반 학문에서도 이 문제를 다양한 언어와 개념으로 논의하고 있다. 목회상담에서는 객관성과 주관성의 문제를 현실 인식과 타인과 공유하는 언어와 의사소통의 측면, 자기와 타인과의 관계 형성이라는 차원에서 소중한 가치로 여긴다. 타인과의 의견 조화라는 측면에서도 보편성과 독특성의 역설적 조화를 염두에 두고 인격의 성장을 이야기할 수 있다. 흔히 건강하고 정상적인 사람의 인격은 성인의 필수 요건이다. 이에 관하여 발달심리학의 효시라 할 수 있는 프로이트의 일화를 소개한다.

　어느 기자가 프로이트에게 성장한 사람의 요건이 무엇인가 물었다. 그와 청중은 프로이트의 긴 답변을 예상했지만 프로이트는 "사랑하는 것과 일하는 것(to love and to work)"이라는 단 한마디로 답변을 마쳤다. 이 간략한 답변에 실망한 이들도 있었겠지만, 자신을 사랑하고 이웃을 사랑하며 그 사랑의 힘으로 소명을 가지고 할 수 있는 직업을 선택함으로써 공동체와 개인, 더 나아가 인류공동체의 성장과 건강에 이바지할 수 있는 중요한 가치일 것이다.

3) 무한성과 유한성(Infinity vs. Finitude)

상담을 통해서 얻어지는 어떤 궁극적인 가치는 무한한 측면을 향하고 있을지라도 실제로 목회자와 만나서 이루어지는 상담은 유한한 시간과 공간에서의 지식과 능력을 가지고 시공간의 제한을 받는 내담자를 만나게 되는 것이다. 한계에 부딪히는 것은 불가피하다. 가령 엄마는 아기에게 절대적 존재로 인식된다. 아기가 아플 때 엄마는 품에 안고 토닥거리면서, "우리 아가 걱정하지 마. 괜찮아!" 하면서 위로한다. 엄마 품에 안긴 아기는 곧 심리적 안정을 회복하고 고통과 우울한 기분을 일순간에 날려버린다. 아이가 성장해 가면서 엄마는 상대적 존재이며, 한계를 가진 인간이며 제한된 능력을 갖고 있다는 것을 알게 되어 때로는 낙심하고 실망하고 엄마를 향한 환상을 깨뜨리는 환멸의 단계를 겪게 된다.

여행에 비유하여 이야기할 수도 있다. 사람들에게 가장 좋았던 여행에 대해 질문해 보면 마음 맞는 친구와 함께하는 여행이 가장 좋다는 답변이 우세하다. '친구 따라 강남 가는' 여행이 제일 재미있다는 셈이다. 유적 탐방 여행, 문화 기행, 레저 기행, 맛 기행 등의 답변을 생각한 사람들에게는 반전의 답변이 될 것이다. 상담자의 길은 쉽게 표현하면, 좋은 친구와의 동행이 소중하여 여행이 좋은 기억으로 남는 것처럼 좋은 친구가 되는 길이라 하겠다. 엄마가 어린 아기에게 해

줄 수 있는 일을 하는 것만으로는 부족하다. 좋은 친구라 할지라도 적절한 판단력과 분별의 지혜가 모자라면 잘못된 길로 인도할 수 있고, 소경이 소경을 인도하게 되듯이 위험한 결과가 생길 수도 있다. 엄마의 인격적 성숙도와 지식과 지혜와 사랑의 분량이 유아에게 미치는 영향이 크듯이 상담자는 좋은 친구와 좋은 양육자의 역할에 전문성을 더해야 하는 중요한 책임이 있다.

인간의 성장과 치유는 긴 인생의 여정을 통하여 발생한다. 유한한 인간이 무한한 절대자에게 의존하는 것이며, 인간의 삶의 본질인 생명과 하나님의 형상을 닮은 인격과 상호성을 갖고 있다. 여기에 인간에게 부여된 하나님의 형상은 유한성과 무한성의 통합이 이루어지는 지점에 놓여 있으며 두 요소의 대극과 통합이란 차원에서 신비한 영역에 놓여 있다고 할 수 있다.

정신분석가인 부르노 베틀하임(Bruno Bettleheim)은 자신의 경험5)을 대극의 통합이란 점을 사례로 소개하고 있다. 그가 스테르바(Sterba) 박사에게 정신분석을 받을 때였다. 스테르바의 부인은 비엔나의 초기 아동정신분석가로 활동하였고, 집을 상담소로 사용하고 있었다. 그는 스테르바 부인에게 분석을 받는 환자로 드나들었던 쟈니라는 소년과의 대화를 잊지 못하고 있다. 그 집의 대기실에서 어쩌다 마주쳤던 소년은 자신과 친하건 친하지 않건 간에 거의 말을 하지 않고 기껏해야 한 음절 정도 말을 할까 말까 하는 자기몰입적인 정신증 환자였다. 대기실에 놓여 있던 선인장 잎을 입으로 물어뜯어 우적우적 씹는 이상한

---

5) Bruno Bettelheim, *Freud's Vienna and Other Essays*(New York: Alfred A. Knopf, 1990), 31-32.

행동을 하는 정도였다. 소년은 가시에 찔려 입술과 입에서 피를 흘리는 일이 잦았다. 하지만 그 소년은 대기실에 있는 사람들의 표정이나 분위기는 아랑곳하지 않고 선인장 잎을 계속 씹어댔다. 소년을 지켜보고 있던 베틀하임은 자칫 소년의 심리 영역을 침범할까 싶어 오랫동안 아무런 반응을 보이지 않았다. 스테르바에게 분석을 받은 지 2년 정도되는 어느 날, 그는 반응을 보이는 것이 옳지 않다고 여기면서도 똑같은 일을 거듭하는 소년 쟈니에게 소리를 쳤다.

"쟈니! 네가 스테르바 박사에게 얼마나 오래 치료를 받고 있는지 모르지만, 내가 너를 본 것이 2년은 되었을 거야. 그런데도 너는 변함없이 선인장 잎을 씹는 끔찍한 일을 하고 있구나!"

그 말을 들은 소년은 조각상처럼 굳은 표정으로 잠시 서 있더니, 단호한 어조로 말하였다.

"2년을 영원에 비교하면 뭐가 다르죠?"

말 한마디 제대로 하지 못하던 쟈니가 처음 완전한 문장으로 말하는 모습에 놀란 베틀하임은 잠깐 동안 얼어붙었다. 이 순간을 통하여 베틀하임은 스스로의 문제를 깨닫게 된다. 2년 동안이나 분석을 받았지만 변화가 없는 자신에 대한 이야기로 받아들이게 된 것이다. 소년의 촌철살인적인 언급으로 자신의 문제를 통찰하게 된 일화다.

정신질환을 앓고 있건 건강한 사람이건 시간의 길이와 질에 대한 경험은 주관적일 수밖에 없다. 길고 짧음을 물리적인 시간으로 가늠하고 평가할 수는 있지만 주관적으로 평가할 수 없다. 베틀하임이 만났던 소년의 한마디 물음은 건강하고 정상적인 인격으로 성장해 가는 시간은 사람마다 각기 다를 수 있다는 것을 가르쳐 준 사건으로 기억되었다. 직관적인 통찰은 수만 마디의 말과 수년에 걸친 분석과 교육과는 비교할 수 없는 가치를 지닌다. 한 개인 특유의 문제의 핵심을 직관적인 진술 하나가 건드리면서 일순간에 변화의 순간을 경험하게 되고 인격 변화를 성취하게 되는 계기가 될 수 있기 때문이다.

목회상담에서 만나게 되는 사람들의 인격과 행동의 성장과 변화는 일정한 시간에 의하여 일어나는 것이 아니다. 성장과 변화는 인간 개인의 의지와 선택이 준비될 때에 일어나는 것이다. 제한되지 않는 시간의 한계 안에서 다른 사람들의 통제와 압박으로 이루어지는 것이 아니며 그들만의 시간과 변화의 시기에 따라 일어난다는 점을 목회자나 상담자는 염두에 두어야 한다.

다음에서는 목회상담자가 직면하고 있는 현대사회를 이해하기 위해 양극 상황(bipolar situation)을 정리하여 보고자 한다.

3. 현대인의 병폐와 문제

1) 병리적 개인주의/표현적(긍정적) 개인주의

교육, 사회, 첨단 산업, 의료, 사회복지 등 다양한 국면에서 일어나는 21세기 현상 가운데 하나는 극단적인 개인주의와 내면화의 경향을 지닌 인격이라고 정의할 수 있다. 이러한 극단적 개인주의의 병폐의 예로 이웃나라 일본의 '은둔형 외톨이' 현상을 들 수 있다. 이는 대인관계를 기피하고 나아가 사회생활 자체를 회피하는 현상으로 발전한다.

반사회성 또는 비사회성은 결국 사회로부터 상처받은 영혼이 사회

보다는 내면의 세계, 즉 자기의 내면세계에서 위안을 얻으려는 욕구에서 시작된다. 사회공포(Social Phobia)[6]에 대한 연구에 따르면 대인관계는 물론 사회생활을 거부하거나 회피하는 등의 고립형 개인주의의 삶을 살아가는 생활 형태가 생겨난다고 한다. 이러한 삶의 양식이 우울증과 자살, 극단적으로는 홀로 사망하고 여러 날이 지난 후에 시신을 발견하게 되는 현상 등의 사회병리로 발전한다. 목회자는 골방에서 거실로, 가정에서 가까운 이웃과 교류할 수 있는 공동생활의 경험 등을 제공해야 한다. 삶의 스트레스와 경쟁 분위기가 주는 긴장을 견디지 못해서 물질을 남용하거나 행위에 집착하는 중독(인터넷, 도박, 마약, 술)에 대한 대책 마련도 신학도와 상담학도에게 주어진 소명이라 하겠다.

이단 교회와 사이비 신앙단체와 운동의 문제는 단순하게 정리할 수 있는 것은 아니지만, 개인의 병리적인 면이 공동체로나 영적인 현상으로 표출되는 것으로 평가할 수 있다. 병리적인 성격의 변화와 발전은 거대한 사이비/이단 종교 공동체에 소속됨으로써 안정을 누리는 소속의 행동으로 귀착된다. 병적으로 교주에게 의존하거나 눈으로 볼 수 있거나 손에 잡힐 것 같은 교리에 몰입한다. 현실 경험에서 얻을 수 없었던 확실성을 추구하다 보니 역설적으로 현실감각을 잃어버리게 된다. 결국 가정도, 직장도 버리고 심리적이며 영적인 안정감을 추구하게 되는 행동만을 하게 된다. 이는 과정중독의 일종으로, 종교 행위와 과정에 빠지는 종교중독이라 할 수 있다.

---

6) 도널드 캡스, 『사회공포증: 만남의 두려움에서 벗어나기』, 김태형 역(서울: 엘도론, 2015).

2) 개별화/통합

개인주의에 반하는 집단주의가 우리나라 문화의 뿌리인가? 혹은 그러한 집단주의가 자기 자신의 고유의 특질과 경향을 무시하고 그 안에 안주하는 성향의 집체주의로 발전하는가?

가치관이 급변하는 현대사회에 필요한 사람은 만능적인 인간이라기보다는 자신의 삶의 개별적인 경험을 통하여 보편성을 가지기 위해 노력하는 사람이다.

지식과 정보만능주의 사회의 한계를 극복하기 위하여 모든 것을 다 잘하고 그리하여 완전한 역량을 지닌 한 사람이 홀로 할 수 있는 일은 결코 많지 않다. IQ(지능지수), EQ(감성지수, 교육지수), NQ(네트워크지수) 등의 개인의 지적인 능력조차도 자신의 정서와 감정에 대한 인식 능력과 대인관계 능력의 자원을 바탕으로 직업과 지도력의 역량을 개발할 수 있다. 더 나아가면 인간의 지식, 정보, 관계, 기술적 측면을 모두 총망라하고 통합할 수 있는 능력, 즉 Integration Quotient(통합능력지수)가 가장 중요하다 하겠다. 이러한 능력을 가질 수 있다면, 우리 삶은 훨씬 더 행복하고 보람이 있을 뿐 아니라 인간으로서 누릴 수 있는 전인적인 생명력이 넘치고 활기가 넘칠 것이다.

3) 내면화/자기표현

이와 같은 모든 능력이 머릿속에만 맴돌다 끝나는 것이 아니라 자신의 삶에 깊숙이 파고들어 뼈와 살이 되는 과정을 '내면화'라고 한다. 영어 공부를 예로 들어 보자. 처음 영어 공부를 시작할 때에는 문법과 기초 영어회화 등으로 접근하지만 영어를 잘하기 위해서는 실제로 영어권 국가에 가서 살아야 하는 것처럼 그 문화와 생활양식에 오랜 세월 젖어들어야 그곳의 언어를 배울 수 있다. 이 과정을 '내면화'라고 한다. 한 사람을 이해하고 알고 지낸다는 것은 그 사람의 내면을 알아차리는 정도가 아니라 그의 체험과 내면의 많은 부분을 자신의 것처럼 받아들일 수 있는 단계다. 그런 점에서 내면화의 문제는 훨씬 더 깊은 문제다.

엄마의 존재는 우리의 기억과 마음속에 내면화되었으며 각인되었다. 흩어 놓을 수 없는 어떤 집약된 에너지가 속에 있다. 어머니의 사랑과 마음을 생각하면 가슴 한구석이 아파 오는 것은 엄마에 대한 기억과 감정과 존재에 대한 모든 것이 내면화되어 있음을 반증하는 것이다. 사람의 생의 중대한 의미를 지닌 대상 중 제일의 존재는 엄마다. 그다음이 아빠 그리고 선생님, 친구들, 여기에 궁극적인 존재로서 하나님은 그러한 존재들을 통하여 알게 될 수도 있고, 중요한 대상들의 이미지를 통하여 유추할 수 있게 된다. 초월적인 존재로서 하나님은 누구도 볼 수 없으나 관계할 수 있는 능력이 인간에게 주어져 있는 것이다. 많은 이들이 창세기 첫 장에 '하나님의 형상을 따라 지음 받았다.'는 사실을 인간을 하나님께서 관계할 수 있는 존재로 창조하셨다는 것을 의미한다고 해석하는 데에서 근거를 찾을 수 있다.

자기를 발견한 사람이야말로 자기를 표현할 수 있다. 자기 내면의 욕구가 숨겨져 있는 것을 파악하지 못하면 자기를 진정으로 알 수도 없을 뿐만 아니라, 진정한 감정과 행동과 사고를 표현해낼 수 없다. 이를 알아낼 수 있는 방법은 자신이 늘 입에 배고 마음에서 자연스럽게 우러나오는 기도가 무엇인지를 찾는 데 있다.

이를 '평생의 기도'라고 제목을 붙여 보자. 여러분 평생의 기도는 무엇인가? 필자의 은사였으며 장로회신학대학 학장을 지내신 박창환 교수는 자신의 평생의 기도는 "주의 뜻이 이루어지이다."라고 간증하였다. 평양신학교 기숙사에서 지내던 시절 그는 동산에 올라가서 새벽기도 시간을 알리는 트럼펫을 부는 일을 맡았다. 동산을 오를 때마다 그의 기도는 단 한마디, "주의 뜻이 이루어지이다."였다. 그 말씀을 들을 당시에는 무슨 기도가 그렇게 싱겁고 단순한가 하고 여겼지만, 지금 와 생각해 보니 인생을 살아가면서 진정으로 내가 하나님 앞에 올려야 할 기도는 그것이 아닌가 싶다.

이탈리아의 수호성자로 온 국민의 존경과 사랑을 받는 아시시의 성 프란시스의 평생의 기도는 "나는 누구이며, 당신은 누구십니까?"였다. 자신을 알고 하나님을 아는 지식에 대한 성 프란시스의 기도는 종교개혁자 칼뱅의 『기독교 강요』 서두에 등장하는 주제이기도 하다. 이 책은 칼뱅이 박해받던 프랑스의 개신교도들을 변호하기 위하여 저술한 책이다. 하나님에 대한 기록에서 하나님을 아는 지식은 자신을 아는 지식과 일맥상통한다고 한다. 자기 자신을 찾아서 자기 자신에 대하여 말하고 표현할 수 있을 때부터 진정한 자기가 된다. 자신만의 관심과 본능의 욕구를 인식하고 자기에 대한 관심을 벗어버리고 타자에 대한 관심을 갖게 되면서 성숙한 존재가 된다. 목회상담자는 타인에게 도움이 되기 위하여 자기를 발견하고 계속 타자의 궁극적인 관심이 무엇인가를 탐색하려고 할 때에 진정한 상담자가 된다.

4. 목회상담의 전략

1) 연민, 공감, 긍휼의 정신

앞서 언급한 현대인의 병폐가 될 수 있는 양극 상황을 조화롭게 만들며 통합할 수 있는 것은 긍휼과 자비의 정신이다. 사마리아인의 비유에서 언급되듯이 이웃이 되는 정신, 즉 연민, 공감, 긍휼히 여기는 정신 (sympathy, empathy, and compassion)이다. 하나님의 형상을 따라 지음 받았다는 것은 곧 하나님과 인간이 관계 맺음을 통하여 성장하고 그 관계성에서 존재의 의미를 갖는다는 뜻이다. 피조물인 사람은 관계를 맺을 수 있는 '관계적 존재'다. 고통당하는 다른 사람의 아픔을 이해하고 공감하고 견딜 수 없는 마음에서 우러나오는 그 무엇이 긍휼이다. 상담자는 공감과 더불어 행동하는 긍휼의 사역자로서 자리매김할 수 있다. 다른 이의 아픔과 고통을 인지적 차원에서 앎으로 단지 끝내지 않고, 공감으로 나아가야 한다. 인지 차원에서 아는 것으로 머물러서는 사역이 완료되지 않는다. 사마리아인 비유에서와 같이 '반쯤 죽은 사람에게 이웃이 되어 주는 자세', 곧 열정적인 포도주와 긍휼의 기름을 바르는 실행이 이루어질 때에 상담 사역은 완성된다.

2) 소명으로서의 목회상담

(1) 목회상담의 전문성

어떤 목회자를 추천할 때 "학력과 성적, 소위 스펙은 갖추었는데 인성은 어떤지 잘 모르겠다."는 평가를 했다면 무엇이 문제일까? 인격의 성숙은 인성 함양의 영역에 속하여 눈에 보이는 것이 아니며 하루아침에 얻을 수 있는 것이 아니다. 성숙한 인격과 균형감을 지닌 지식과 대인관계 능력을 획득하는 것은 좋은 상담자의 기본 요건이다. 더구나 목회상담자는 신학 일반에 대한 깊은 이해와 더불어 심리학과 정신분석학, 상담 이론을 통해 익힌 이론과 몸에 배인 상담자로서의 인격 등이 조화를 이루어야 한다.

　많은 이가 목회상담이 심리학에 종노릇한다고 생각하며, 심리학에 종속되어 있다고 비판한다. 목회상담은 건전한 신앙으로 무장되어 말씀의 도구로만 치료하고 상담한다면 이러한 비판을 모면할 수 있는가 반문하지 않을 수 없다. 신학대학원 교과과정의 한 학기 과정으로 목회상담을 습득하기에 충분하지 않다. "무엇이 우리가 하는 상담을 목회적이 되도록 하는가? 어떻게 하여야 목회상담이 교회와 목회에 도움이 될 수 있는가?"[7]라는 질문으로 답변하고자 한다. 이 질문을 이 책의 처음부터 마지막까지 지니고 이 책을 읽어가기 바란다.

(2) 상담목회 vs. 목회적 상담

　현재 한국이나 미국 또는 호주의 교회 환경에서나 사회 여건에서 생활 수단으로서의 상담은 교수직이나 일반 상담소의 상임 상담전문가 자격을 지닌 사람들을 제외하고 결코 쉽지 않다. 교회에서조차 목회자 영역에 상담자가 들어오는 것이라고 생각하는 방어적 자세를 가

---

7) 정연득, "정체성, 관점, 대화: 목회상담의 방법론적 기초", 「목회와 상담」 23, 2014, 233-70.

진 목사들이 없지 않다. 영성 지도와 상담을 깊이 공부하지 않은 채 영적인 상담을 한다며 목사가 모든 삶의 영역을 책임지려는 태도 역시 도움보다는 어려움을 더하기도 한다. 직업으로서 상담자는 교회 공동체와 더불어 협력 관계를 맺고 활동하지 않는다면 기독교상담의 영역에서 어려움을 경험할 수 있다고 전망한다. 하지만 글로리아 스타이넘이 전망한 바와 같이 교회는 미래 세대를 위한 사역의 다변화와 다양화를 준비해야 한다. 그런 측면에서 상담목회를 목회의 방향으로 삼고 사역하는 교회들이 주변에 있다.[8]

6~7년 전만 하더라도 필자가 가르치는 기독교 상담대학원에 입학하는 학생들은 50% 이상이 목회자나 사모였는데, 점차 줄어들어 현재는 10% 정도를 차지한다. 이러한 추세는 교수가 교육만이 아니라 취업에 관심을 가지게끔 이끌었다. 그러나 다양한 전망과 재능을 가진 상담학도들이 시대와 문화를 읽어 내는 안목을 가지고 창의적으로 적절히 대응한다면 기대 이상의 결과를 얻을 수 있을 것이다.

5. 목회상담의 미래

영화 〈패치 애덤스〉의 실제 주인공인 헌터 애덤스(Hunter Adams)는 본인이 혼란스러웠던 청소년기에 자살 욕구를 극복하고 의사가 된

---

8) 경기도 분당에 위치한 구미교회와 수원에 있는 하늘 꿈 연동교회 등이 대표적인 예장 통합에 속한 교회라고 할 수 있다. 대형 교회 가운데 온누리교회, 주안장로교회, 영락교회, 새문안교회 등은 교회에 속한 상담아카데미 상담연구소 등을 설립하여 목회 사역 영역에 상담 사역을 포함시키고 있다.

다. 그는 인간을 행복하게 만드는 것이 무엇인가 연구하고 실제로 행복을 전하기 위한 일에 일생을 바치기로 마음먹고는 전 세계를 다니면서 병든 아동들을 웃기면서 치료하는 광대 역할을 하였다. 지금은 미국 웨스트버지니아 주의 무료병원 게준트하이트를 운영하면서 '삶의 기쁨(Joy of Living)'이란 강좌를 열며 자신이 헌신한 분야에 변화를 일으키는 사회활동가요 의사이자 광대로 살아가고 있다.

교사이자 임상심리학자 출신의 부부가 공동으로 운영하고 있는 'Challenge Day'라는 프로그램도 비슷한 경우라 하겠다. 학교나 기관에 프로그램을 맡은 팀이 들어가서 하루 종일 학생, 직장인들과 삶을 나눈다. 그들 각자의 상황을 깊숙이 조명하고 구성원 하나하나의 애로점과 애환을 찾아내고 그것을 해결할 수 있는 방안을 제시하여 공동체가 하나가 되도록 한다. 구성원 개개인이 지니고 있는 병리적이며 부적응적인 행동과 상황을 개선하기 위하여 일반 교육기관과는 구별되는 독특한 접근을 한다. 부부가 자신들의 경험을 바탕으로 현대사회의 교육이 해결하지 못하는 교육 현장의 이면을 잘 파악하고, 신음하는 구성원들의 아픔과 고통을 해결하는 하나의 방식이다. 'Challenge Day'의 국제 이사로 활동하는 애덤스는 문화, 교육, 의료, 다방면에 걸쳐서 인간에게 생의 기쁨과 의미를 제공하기 위하여 불철주야 노력하고 있다.9) 목회상담의 전문성을 훈련하는 목회자, 상담학도들은 그에 못지않은 위치에 서 있다고 볼 수 있다.

인간의 행복과 삶의 가치는 때로는 예상하지 못한 영역에서 찾을

---

9) Patch Adams & Maureen Mylander, 『패치 애덤스: 게준트하이트 무료 건강병원이야 기』, 임종원 역(서울: 학지사, 2010).

수도 있다. 그런 차원에서 가시적인 치료보다는 불가시적 영역에서
의 치료가 보이는 세계에 큰 영향을 미칠 수 있다. 목회자들은 기독교
상담과 목회상담이 그런 영향력을 지닌 직업, 행복의 도구, 가치관,
세계관, 철학이 될 수 있다는 믿음을 가지고 자기 분야에 최선을 다해
야 하겠다.

제2장

목회상담의 의미

이 책에는 필자의 경험을 종종 소개하였다. 이는 앞으로 다루게 될 '살아 있는 인간 문서(living human document)'의 개념처럼 모든 연구 대상의 삶을 공부하지 않고서는 실제 공부와 목회에 적용하기 어렵기 때문이다. 이러한 관점에서 제1장에서 필자의 이야기를 간략히 소개하였다. 이 장에서는 목회상담에 몰두하게 된 개인사를 나누고자 한다.

1. 내 삶의 이야기 둘

나는 민족 분단의 전쟁이 정전협정으로 마무리된 지 얼마 지나지 않아 부산에서 태어났다. 고등학교 교사였던 아버지는 몇 년간 부산에서 교편을 잡다가 선교사가 설립한 서울의 여자고등학교로 전출되었다. 여동생이 태어난 지 얼마 안 되었던 때였다. 어머니는 종로에 있는 여관에서 한동안 머물렀다고 말씀하셨다. 그리하여 나는 세 살부터는 부산 태생의 서울 사람이 되었다.

어려서부터 편도선염을 자주 앓았던 나는 왕진 온 의사의 손길이 주는 마법과 같은 치유력에 감탄하곤 하였다. 과학자, 공학기사, 비행기 조종사 등의 여러 직업을 꿈꾸기도 했었지만, 병든 사람의 아픔을 낫게 해 주는 의사를 제일 선망하게 되었다. '3堂 4落'이란 신화를 문자 그대로 믿었던 나는 잠을 자지 않으며 무리하면서 대입을 준비하였다.

진학 상담을 받던 중 색약이 대학 진학과 연관된다는 사실을 알았다. 큰 충격이었다. 전문병원에서 정밀검사를 받아보니 '적록색약'이었다. 의사는 "정밀 비색감정을 해야 하는데 색약진단을 받은 사람은 의사가 되어서는 안 되지."라고 말했다. 이 한마디는 안타까운 선고가 되었고, 이과 계열에는 지원할 수 있는 학과가 몇 곳 없었다. 수학과, 화학과, 산업공학과, 농화학과, 공업경영학과 정도였으니 절망감은 땅바닥을 치고 깊숙한 지하 갱도로 추락해 들어갈 듯하였다.

인생의 기회가 다시금 주어진다면 나는 고등학교 시절로 돌아가고 싶다. 좌절감에 그냥 손을 놓을 것이 아니라 다른 대안을 찾으려고 노력하지 못한 과거를 되돌리고 싶은 마음 때문일 것이다.

방학을 앞두고 고 3을 위한 특별 수업이 계속되고 있었지만, 공부가 손에 잡히지 않았다. 점심 먹고 바람을 쐬러 나가서는 비를 홀딱 맞고 돌아다녔다. 교실에 가방과 책은 남겨둔 채로 어디론가 멀리 사라져 버리고 싶기도 했다. 비가 억수같이 쏟아지던 7월의 어느 날 아버지는 나를 병원에 데리고 가셨다. 지루한 불면증과 두통과의 싸움이 시작된 것이다. 신경증적인 증상이 나를 괴롭힐 때마다 마음과 정신에서 전하는 메시지가 무엇일까 생각하게 되는 버릇이 생겼다. 그 후로 나는 4년 정도 불면과 두통에 시달리는 청년 초기를 보내었다.

1975년 가을부터 출석한 교회에서는 세례를 받으라고 권했다. 하지만 진정으로 예수 그리스도를 주로 고백하기에는 확신이 서지 않았다. 목사님께 좀 더 시간이 필요하다고 말씀드리자, 학습 교인으로 6개월의 시간을 갖자 하셨다. 그러면서 서서히 교회 생활에 빠져 들어갔다. 남자 청년이 많지 않은 개척교회인지라 일거수일투족이 교인들에게 주목받고, 그것이 싫지 않았다. 청년부 회장, 성가대 총무, 교회학교 교사회 총무 등의 다양한 일을 겸직하는 것도 내 존재를 확인할 수 있어 좋았다. 고백할 수 있는 신앙에는 아직 도달하지 않았다고 여겼지만, 목사님의 강권을 받아들여 교회 출석한 이듬해 부활주일에 세례를 받았다.

청년부 전도사님의 신앙 지도는 나를 오순절교회의 영향으로 이끌었다. 나는 그 당시 '믿어지지 않는데 어떻게 고백을 하고 신앙인이라고 자부할 수 있는가'라는 문제로 마음의 갈등을 겪고 있었다. 그리하여 1977년 2월 마지막 날 청년들과 함께 기도원에서 철야와 금식을 겸한 수련회를 가지기로 했다. 이것이 나의 인생을 뒤바꿔 놓았다. 밤을 새워 기도하는 과정은 지난하였다. 광신도처럼 펄펄 뛰고, 무릎을 꿇고 상체를 앞뒤로 움직이거나 손을 흔들고 부르짖으며 기도하는 이들을 보고 있자니 그들이 정신과 병동에 있는 환자들처럼 여겨졌다. 그 마음을 읽었는지, 전도사님은 내게 "김 선생, 이 사람들이 미치광이 같아 보이죠. 하지만 한 사람 한 사람 모두 멀쩡한 사람들이에요.

김 선생도 손을 들고 무릎을 꿇고 간절한 마음으로 기도해 보세요."
라고 말씀하셨다. 억지춘향 격으로 따라하게 되었다. 시간이 지나고,
찬송을 거듭해서 부르는 예배를 계속 드리다 보니 밤을 새워 기도하
는 시간이 흘러갔다. 어느 순간 누군가 나의 등 뒤에 손을 얹고 기도
해 주는 느낌이 들었지만, 전도사님이겠거니 하고 기도에 몰입했다.

그날 밤 나는 평생 잊을 수 없는 경험을 하였다. 환상인지 마음속
생각인지 몰라도 나의 죄, 부모님께 순종하지 않고 저질렀던 수많은
잘못이 파노라마처럼 펼쳐졌고, 내 그런 흉한 몰골이 부끄럽고 창피
하여 가슴을 치며 애통해 하였다. 어리석고 추하고 부끄러운 내 모습
이 보였고, 견딜 수 없는 마음이 일어나면서 눈물을 흘렸는데 그것이
통곡으로 변하고 가슴은 찢어질 것 같은 통증으로 이어졌다. 이전 같
으면 창피하다고 생각했을 텐데 그 순간은 부끄럽기는커녕 도리어 고
마운 생각으로 가슴이 벅찼다. 표현하지 않으면 안 될 뿐만 아니라 털
어 내지 않으면 병들어 죽어버릴 듯 급박한 마음이 들었다. 시간이 지
날수록 그럴 수 있었던 내가 대견하기도 하고 자랑스러웠다. 몇 시간
이 흘렀을까? 심야기도회로 이어지고 새벽 동이 터올 무렵까지 예배
와 기도는 이어졌다. 이제까지 귀에 들리지 않던 세련되지 못한 강단
의 설교도 나를 위한 말씀으로 받아들여졌다. 찬송가 가사 또한 실존
적인 고백이 되었고, 그 고백이 음률과 간절한 기도로 이어지면서 흐
르는 눈물과 통한의 정서가 온몸으로 거침없이 토해졌다.

지금도 잊을 수 없는 회심의 사건이 있었던 새 아침은 상쾌했다. 옅
은 구름 낀 기도원 동산을 산책을 하면서 흔들리는 나뭇가지조차 신
기하고, 나의 신앙의 길, 구도자의 길에 접어든 것을 환영하는 듯 느
껴졌다. 마음에 차기 시작한 신앙의 확신이 주는 기쁨과 뿌듯함으로

벅차올라 감격스러웠다. 오랫동안 떨어져 살았던 이산가족의 해후가 이토록 감격스러울까? 50~60년만의 만남의 순간 터져 나오는 감격의 눈물과 통곡에 가까운 서러운 울음소리가 함께하는 이산가족 상봉의 모습이 등지고 살았던 하나님 아버지를 만나서 감격해 하는 나의 모습과 비슷하다고 느꼈다.

그 후 내 삶의 변화는 가히 극적이었다. 만나는 사람마다 나에게 맡겨진 전도의 대상이라 간주하였고, 열혈 청년 전도자가 되었다. 영문학과를 다니던 나는 신앙을 바탕으로 전공을 바꾸어야 하는 것이 아닌가라는 생각이 들었고, 여러 분야의 교수님들과의 면담을 통하여 당시에는 사회사업과로 불렸던 사회복지학을 부전공으로 선택하게 되었다. 다소 막연하지만 인간의 생사고락에서 경험하게 되는 위기와 고통의 순간에 있는 이들을 돕겠다는 생각으로 열심히 공부하였다.

문학에서도 변화와 성장이라는 주제에 관심을 가지게 되었다. 그리하여 만났던 작가가 제임스 조이스(James Joyce)였다. 김종건 교수의 강의를 열심히 따라다니며 배웠다. 즐거움을 더했던 것은 교수님의 영어 강의였다. 원어민 영어 수준은 아니었지만, 영어로 진행하는 강의를 들으며 영어로 질문도 해 가며 공부했던 경험은 내게 유학의 꿈을 키웠던 사건이 아닌가 싶다.

김 교수는 조선일보의 '일사일언'이란 칼럼에 '세계 여행을 하게 한 책'이란 제목으로 제임스 조이스의 『율리시즈』를 소개하였다. 『율리시즈』 책 겉표지를 몇 차례 제본해야 할 정도로 교수님의 조이스 연구는 헌신적이었다. 신앙인이 성경책을 몸에 항상 지니고 생활하며 줄도 긋고 설교도 적어 넣듯이 책 속지에 친필 주석이 새까맣게 적혀 있는 것이 인상적이었다. 이 분이 성경을 그토록 읽으시면 어떨까

하는 생각을 하였다. 속내를 들키지 않으려고 하였지만, 아마도 당돌한 전도의 의욕이 읽혔는지 그 분은 한 가지 부탁을 하셨다. "진영, 자네에게 배우고 싶은 것이 두 가지 있네. 하나는 모세와 기독교의 관련성인데, 내가 성서를 영어나 한글로 많이 읽어보았지만 그 책의 특별한 의미를 이해하기에는 내 신앙이 부족한데, 자네는 신앙의 열정으로 그 뜻을 이해하고 있는 것 같으니 그걸 나에게 전해 주게. 또 하나는 내 약점은 프로이트와 같은 심리학자에 대한 것인데, 그 역시 자네가 앞으로 공부를 더 해서 나를 도와주면 좋겠네." 그 분은 나에게 공부를 더 하도록 권유하셨다. 그 말씀은 나에게 중요한 미래의 갈 바를 지도해 주신 의미로 다가왔다. 학부 졸업 후에 나는 신학대학원에 진학하였다.

군대에서의 경험도 빼놓을 수 없다. 전역을 앞둔 시점에 박 이병을 알게 되었다. 그는 태권도 유단자에 비교적 명랑한 청년이었다. 주일예배를 인솔하면서 알게 된 후임병 중에서도 그는 나를 잘 따랐다. 하루는 그가 두통을 호소하였다. 그 의미를 직감한 나는 그와 깊은 이야기를 나누게 되었다. 정신적인 문제를 갖고 있었던 그가 호소한 내용은 불안과 악몽에 시달린다는 것이었다. 군 복무에 대한 심한 스트레스에서 비롯된 것으로 이해하고 기회를 보아서 긴 대화와 기도의 시간을 갖기로 하였으나, 나의 기대와 달리 얼굴 볼 시간도 없었다.

천재일우의 기회가 찾아왔다. 장시간 초소에서 박 이병과 함께 근무하게 된 것이다. 그를 데리고 초소로 갔고, 음울한 표정의 그에게 좋은 시간이 되기를 바라고 있었다. 근무 교대가 이루어진 후 화장실에 간 사이에 두 발의 총성이 울렸다. 어찌된 일인가 달려가 보았더니, 그는 총을 곁에 둔 채 누워 있었다. 사람 몸에서 그리 많은 피가

흘러나오는지 그 순간 알았다. 박 이병의 목과 입술에 난 총알 자국을 피해서 목 언저리 맥을 짚었다. 그는 자살하였으나, 나는 그 여파로 헌병대에서 조사를 받고 미결수로 3주가량 수감 생활을 하게 되었다. 조사 결과 박 이병은 우울증으로 자살하였다는 결론에 이르렀다. 그를 살리지 못한 자책감으로 헌병대에서의 모욕적인 일들을 감수하였다. 박 이병을 기도하고 상담하면 구할 수 있을 것이라 기대했던 나는 그 일로 인해 기도와 전도의 열정만으로는 마음의 병을 안고 있는 사람들을 구할 수 없다는 생각을 하게 되었다. 그러한 사람들을 도울 수 있는 공부가 필요하다는 생각은 당시에는 막연히 생각했던 심리 치료의 분야를 전문적으로 깊이 연구하려는 계획으로 이어졌다.

1987년에 떠난 유학의 길은 순탄하지 않았으며 수많은 좌절과 애도로 얼룩져 험난하였다. 신학 석사과정에서 목회 돌봄과 상담을 전공하면서 임상목회교육(Clinical Pastoral Education: CPE)을 1년간 서머셋 메디컬센터(Somerset Medical Center, Summerville, NJ)에서 받았다. 임종을 앞둔 말기 암환자 병동을 심방하면서 죽음의 질병과 고통스러운 사투를 벌이며 투병생활을 하는 환자들을 만났고, 그 경험이 지금까지 마음에 남아 애도와 사별상담에 대한 강의와 연구를 하게 했다. 서머셋 병원에서의 목회임상교육 경험은 목회와 상담이 갖고 있는 본질적인 내용과 가치를 절감하게 하였다. 목회상담 이론이나 지적인 노력이 죽음을 목전에 둔 환자들과 가족에게 어떻게 유익한 경험이 될까? 그들의 아픔을 내가 얼마나 공감하고 이해할 수 있을까? 사랑하는 가족을 잃고 슬퍼하는 사람들에게는 목회자로서 무슨 말로 위로하며 접근할 수 있을까?

엘리자베스 큐블러-로스의 임종을 앞둔 사람들의 다섯 단계의 심리적 반응에 대한 체험적 수련을 받았다. 말기 암 환자들의 다양한 이해와 돌봄 의료 조치와 연구 발표를 갖는 종양연구회(Tumor Board)란 포럼에도 참여하면서 의학적 지식과 정보를 쌓아 갔다. 목회상담에서는 정신건강의학과는 물론 다른 전공 의료진과의 협력 관계 수립이 절실히 요구된다는 것을 그 병원에서 배울 수 있었다. 암 환자들의 병세와 예후를 다양한 전공의 의료진, 간호사, 사회복지사는 물론 나와 같은 목회자들과 심리치료사들이 공동으로 나누고 논의하는 것을 배웠다. 다른 영역의 전문가들이 협력하며 도움이 필요한 환자와 내담자에게 돌봄을 제공하는 것은 현재의 목회 상황에도 적용되어야 한다.

박사학위 과정에서도 목회임상교육 경험에서 배운 것을 심화 연구하여 논문을 쓸 수 있도록 지도 교수 세이어 박사가 이끌어 주셨다. 그와 함께 했던 강의 대부분은 내 연구 방향으로 초점을 맞추었고, 사별상담에 관한 논문을 준비하기 위하여 다양한 연구서를 수집하였다. 그러나 그 자료는 1990년 7월 중순 지도 교수가 신장암으로 갑작스레 세상을 떠나면서 먼지가 뽀얗게 앉은 채 책장에서 깊은 잠을 자게 되었다.

지도 교수의 사망으로 목회를 해야 하는 목사가 공부를 하려다가 맞게 된 좌절이 아닌지 회의하게 되었다. 이후 후임 교수가 충원되지 않는 1년 반 동안 뉴욕의 한인교회에서 담임목회를 하게 되었다. 4년간 목회와 학위 공부를 병행할 수 있으리라는 희망을 갖고 목회를 하였다. 담임 목회는 새로운 경험이며 수고와 땀을 흘리며 적응하는 기간이었다. 흥미진진한 한편, 고통당하는 이민자들과 삶을 호흡하면서 함께 울고 웃고 하였다. 목회와 학위 두 마리 토끼를 잡으려는 기대는 생각과 달리 여지없이 무너졌다. 목회상담학에서 배운 이론과 지식을 목회에 접목하려는 노력은 노회와 시찰회의 동료 목회자들로부터 지지를 얻었으나, 막상 교회에서는 가족들을 상담하는 것과 같은 상황이라서 쉽지 않았다. 목회 현장에서 목회자가 교인들을 상담하는 일은 신중하게 철저히 비밀을 보장하며 실행하여도 가족 간의 이중 관계와 같아서 삼가야 하는 것이었다. 물론 전문상담자에게 의뢰할 수 없을 때에는 차선책으로 상담 훈련을 받은 담임목회자가 나서지 않을 수 없을 것이다.

4년간의 목회를 사임하고 논문을 쓰기 위하여 3년을 더 보냈다. 지도 교수가 세상을 떠난 후 2년 만에 충원된 후임 교수는 내 논문 주제에 흥미를 보이지 않았고 주제를 바꾸라고 제안하였다. 나는 받아들이지 않을 수 없었다. 내 논문 주제는 치유자로서의 목회자와 한국 무속의 샤먼을 비교 연구하는 것이었으나, 한국 교회 상황에서 내가 무속을 연구하는 것이 어떻게 받아들여질지 고민이 많았다. 후일에 기회를 보아 이 주제를 더 연구하기로 하고 다른 주제로 눈길을 돌렸다.

새로운 논문은 논문을 쓰기 위하여 목회를 중단하게 된 이민 교회에 신세를 갚기 위해 계획되고 구상되었다. 지금까지 공부하고 목회한 주제들을 다 결집할 수 있는 주제를 잡기 위하여 애를 썼다. 정신분석학, 종교심리학, 자기정체성에 대한 논의와 현재 한인교회에서 경험하였던 이민자의 삶의 역사와 문화 교차에서 경험하게 되는 애환 등이 연구 주제였다. 이민 1세 부모와 2세 자녀 간의 관계 형성 그리고 그들이 경험한 세계를 탐색하여 담아낼 수 있는 것들을 연구하기 시작하였다.

뉴욕에서의 한인 이민 사회를 사회학 관점으로 다년간 연구한 교수도 만나고, 서부 지역에서 다문화 또는 문화교류적인 상담학 교수들의 연구서를 구하여 읽으면서 논문을 준비하였다. '자연주의적 연구 방법론(Naturalistic Inquiry Methodology)'을 채택하여 면담자들을 선정하고 인터뷰를 준비하였다. 연구 대상이 될 수 있는 아버지-아들들은 사회경제의 측면과 신앙과 교육 정도를 감안하여 다양하게 찾았다. 전문직에 종사하는 아버지, 목회자 아버지를 둔 목회자, 전통적인 가부장적 사고방식을 가진 아버지를 둔 자유로운 미국 문화를 선망하는 아들 등을 심층면접하며 그들의 세계로 들어갔다.

약 6개월에 걸쳐서 15~17쌍의 부자를 면담하였고 녹취한 것을 정리하여 중복되고 반복되는 주제와 개념 등을 선택하고 간추려서 연계하고 그것이 의미하는 종교, 사회, 개인의 성격, 이데올로기로서 작용하는 개념과 철학 등을 찾아갔다. 배운 연구 방법론이 제시하는 바를 충실히 따라서 연구 과정을 밟았다. 그들의 아버지와의 관계, 그로 인하여 내면화된 아버지 이미지가 아들의 삶의 방식과 가치관, 세계관을 어떻게 형성해 가는가 그리고 아들이 추구하는 삶의 방향이 결국 자신의 자기정체성(identity)을 구축하는 데 어떤 역할을 하였는지를 찾아내기란 쉽지 않았으나 몇 가지 가설을 세우고 검토하면서 서술해 나갔다. 그 가설은 첫째, 이민 1세의 아버지와 2세 혹은 1.5세의 자녀들 사이에 문화·종교·사회·이념적인 차이가 극명하여 부자 관계를 구성하는 데 어려움이 있을 것이라는 점이었고, 둘째, 그것이 미국의 주류사회에 참여하는 데 어떤 역할인지 규명하는 데는 문화적 토양을 구성하는 것이 어떤 것인가를 찾아야 한다고 하였다.

한국에서 영향력 있는 철학과 이념은 다양하지만 당시 사회과학자들은 유교의 영향력이 두드러진다는 견해를 내놓았다. 유교의 개념들을 찾기 위하여 뚜 웨이밍(Tu Wei Ming) 교수의 서적들이 유익한 도움을 제공하였다. 내면의 성장과 발달에 영향력을 주는 개념에 대해서는 프로이트와 에릭슨의 영향이 지대했다. 성장하면서 중요한 타자에게 동일시하고, 그들의 영향력을 내면화하게 되어 성격을 형성하게 된다는 주장은 수많은 정신분석가와 대상관계이론가들이 공리로 간주하는 것이다. 고든 올포트(Gordon Allport)나 스탠리 홀(Granville Stanley Hall)과 같은 심리학자도 주장하는 바다. 이것을 주장하였던 프로이트와 에릭슨의 아버지와의 경험과 관계 형성을 조사하였다. 그들의 개인 역사 연구는 나에게 중요한 흥미를 제공하였다.

정신분석적인 질적 연구 방법론을 활용한 「관계를 통한 자기정체성에 대한 연구: 유교와 정신분석의 연구 관점을 중심으로」라는 제목의 논문이 탄생되었다. 내 인생에서 가장 기뻤던 순간이 학위 수여식이 아니었나 생각해 본다. 1998년 5월 24일은 목회 기간을 포함하여 11년간의 학위 과정을 마치는 순간이 되었다.

한편, 이민 목회를 하면서 내 자녀들은 미국 문화에 깊숙이 젖어들었다. 뉴욕 한인 목회의 현장에 들어가면서 유학생 신분을 접으니 아이들도 달라졌다. 그들이 늘 교회에서 만나는 친구들은 이민자의 정체성을 가지고 있었다. 이민자들과의 삶의 나눔은 아이들의 미국화를 가속하였다. 아이들이 전학할 때 겪게 되는 어려움을 잘 몰랐던 나는 좋은 아빠는 되지 못했던 것 같다. 마침내 학위를 받고 미국에서 목회를 할 것인가와 한국에서 가르치는 일 사이의 기로에 섰다.

이민 목회를 권유하는 선배 목사의 충고는 첫 목회지를 사임한 미안함을 안고 살았던 나에게 큰 유혹이 되었다. 아내는 한국행을 권유하였다. 그 갈등을 해소하고자 그해 여름에 목회 권유를 일단 유보한 채로 한국을 다녀오게 되었다. 마침 한국의 신학교와 대학에서는 목회상담을 전공한 교수들이 희소가치가 있다는 사실을 발견하였고, 내가 속한 교단의 여러 신학교는 물론 종합대학에서조차 목회상담학 교수가 '황금알을 낳는 거위' 대접을 받는 상황이었다. 그럼에도 미국으로 돌아와서는 그런 형편을 아내나 나에게 청빙 의사를 보낸 교회 대표들에게 전달하지 못한 채 깊은 기도의 시간을 한 주간 보내었다. 모든 형편이 한국행으로 나를 안내하였다.

미국을 떠나기 전 한 주간 가족과 여름 여행을 했던 기억은 지금도 가슴 한구석에 또렷이 남아 있다. 사춘기에 접어든 딸과 아직 어린 3학년아들에게 아빠의 존재가 무척 필요했던 때였다. 그런 아이들과 아내를 두고 한국행을 결심하는 데에는 무언가 명분이 필요했다. '목회상담운동'을 해야겠다는 다짐을 하였다. 달리 말하면, 목회상담 교수를 안타깝게 찾는 한국의 신학교와 대학에는 이 전공을 통하여 배운 바를 전하고 교회와 사회 전반에 인간의 내면에 대한 별 관심을 갖지 못하는 풍토에 새로운 영향과 기운을 전하는 것을 '운동'이라고 표현한 것이다. 가족과 안타까운 작별을 하고 그 후 10년간 '기러기아빠' 생활을 하였다. 그렇게 생활한 지 어언 17년이 흘렀다.

수십 년의 세월을 대략의 개인의 역사로 적어 보았다. 필자의 개인사 중 목회상담운동을 하게 된 과정을 통해 목회상담의 역사를 살펴보고자 한다.

2. 목회상담운동의 역사[1]

미국에서 인간의 내면에 대한 관심은 1902년 윌리엄 제임스(William James)가 출간한 『종교경험의 다양성(The Varieties of Religious Experience)』에 의하여 증폭되었다. 이 책은 회심과 회심의 역동을 설명하는 심리치료에 관한 종합적인 연구서라 하겠다. 자기를 넘어서는 어떤 힘에게 자신을 굴복시키고 자기의 의식을 보다 더 넓은 의식의 영역으로 개방하여 자기 포기에 의한 초월적인 실재를 받아들여 삶의 변화를 경험하게 되는 측면을 서술하고 있다. 이 책은 치유의 측면을 설명하고 있는 획기적 저술이 되었다.

이를 계기로 미국에서는 종교에 대한 연구가 활발해진다. '영혼을 태어나게 하는 새로운 산파술(new form of soul-midwifery)'이라고 정의한 제임스 류바(James Leuba)와 윌리엄 제임스의 제자인 에드윈 스타벅(Edwin Starbuck)은 1899년 『종교심리학(Psychology of Religion)』을 저술하였다. 스타벅의 관심은 청소년의 회심을 연구하여 발달 과정으로서 신체의 성장과 변화가 나타나듯이 회심 역시 그에 상응된 변화가 일어나는 것에 초점을 맞추고 있다.

종교심리학의 시작과 함께 엘우스 우스터의 주도로 보스턴의 임마누엘교회에서 시작된 '임마누엘운동(Emmanuel Movement)'은 의학

[1] 목회상담 교수들이 모인 학술모임의 결실로 이루어진 『목회상담 이론입문』 5장 목회상담의 역사: 현대 및 미래 전망을 참고하라. Rodney J. Hunter, *Dictionary of Pastoral Care and Counseling*(Nashville: Abingdon Press, 1990)에서 "Pastoral Care Movement"와 "Pastoral Counseling"의 정의 부분을 곁들여 읽으면 도움이 될 것이다.

과 영혼의 길을 다루는 신앙과 종교의 힘을 합하여 사람들을 치료하는 영적 치유 운동이었다. 이 운동은 의료와 종교의 통합을 통하여 인간의 건강을 증진한다는 목표를 갖고 인간이 육신이나 영혼이 분리된 존재가 아니라 유기적 관계를 지닌 통합체임을 천명하였다.

목회상담운동의 역사에서 결코 지나칠 수 없는 것은 목회임상교육 (Clinical Pastoral Education)이다. 임마누엘운동에 동참하였던 하버드 의대의 리처드 캐벗(Richard Cabot)의 영향을 입은 안톤 보이슨 (Anton Boisen)은 캐벗과 협력하여 1924년에 우스터 주립 정신병원에서 원목 일을 시작하였다. 1925년에 서너 명의 신학생을 정신병원으로 초대하여 낮에는 병원에서 스태프로 환자들을 돌보고, 저녁에는 세미나를 하면서 학생들과 '살아 있는 인간 문서'를 공부하였다. 신학도들에게 자신의 '성장점'을 찾을 수 있도록 도와주고 합리적인 인간정신과 수련생의 자기 절제 등을 중점적으로 수련하는 공부와 훈련이었다. 목회 현장에서의 목회 기능과 신학 기능, 더 나아가 신학의 실제적인 효용성을 찾는 작업을 하였다. 사람의 내면세계의 혼돈과 갈등을 찾아보고 이것을 어떻게 치료하며 인도할 수 있을지 깊은 관심을 두고 훈련하였다.

1936년 리처드 캐벗과 러셀 딕스는 *The Art of Ministering to the Sick*을 출판하여 임상목회와 목회 돌봄의 기초를 다졌으며, 이 책에서 '축어록(verbatim)' 기록 방법이 소개되었다. 같은 해, 안톤 보이슨도 *The Exploration of the Inner World*를 펴내어 정신건강과 기독교 신앙의 관계와 교회 안에서의 목회 돌봄에 대한 중요한 이론을 소개하고 있다. 그 후에 보이슨의 제자 시워드 힐트너(Seward Hiltner), 캐럴 와이즈(Carroll Wise) 등이 미국의 2세대 목회상담운동가이자 신학교 교수들로 활동하게 되었다.

3. 목회상담 정체성 찾기 운동

　지금까지 미국을 중심으로 1940년대까지 초기 목회상담 역사를 간략히 정리해 보았다. 1960년대에 들어 목회상담은 심리학과 심리치료에 의존도가 높아졌고, 이러한 분위기에 자성의 목소리가 높아졌다. 시카고 대학교 돈 브라우닝(Don Browning) 교수는 *The Moral Context of Pastoral Care*를 출판하여 심리학과 심리치료는 중립적이며 목회 돌봄과 상담은 가치중립적으로 사람들을 돌보는 것이 아니라 심리학이나 목회상담 모두가 독특한 도덕과 윤리와 가치 위에서 행해진다고 주장하였다. 또한 그는 현대의 목회상담이 '도덕적 문제의 실천'에 대하여 도덕주의에 빠지지 않으면서도 구체적이며 실제적인 '도덕적 사유'를 할 수 있도록 도와야 한다고 주장하였다. 이것은 목회상담운동이 기독교의 전통을 되살리고 신학적인 사유와 뿌리를 회복하게 되는 촉진제가 되었다.

　임상심리학자이며 목회임상교육 운동에 참여하던 폴 프루이저(Paul Pruyser)도 기독교 신학에 바탕을 두고 진단의 방향을 제시하도록 목회상담의 정체성을 확립하고자 노력했다. 그가 집필한 *The Minister as Diagnostician: Personal Problems in Pastoral Perspective*은 그 결과물이 되었다.[2] 필자가 수학한 드류 대학교의 조직신학 교수인 토머

---

2) 프루이저의 저술의 내용은 『목회상담 이론입문』의 241~261쪽에서 자세히 다루고 있다.

스 오든(Thomas Oden)이 시도하였던 노력도 브라우닝의 정체성 찾기 시도와 맥을 같이 한다. 그가 저술한 *Pastoral Theology*에서는 기독교 전통의 자원들을 활용하여야 한다는 주장을 담고 있다. 이들의 노력에 뒤이어 목회상담의 정체성은 미국의 남부 지역에서 더욱 계승 발전되었다. 에모리 대학교 찰스 거킨(Charles Gerkin) 교수는『살아 있는 인간 문서(The Living Human Document: Revisioning Pastoral Counseling in a Hermeneutical Mode)』에서 이를 기술하고 있다. 그는 현대 심리학과 심리치료 이론의 용어나 내용을 비판하고 그것들을 취사선택하는 입장에 있기보다는 신학적 입장과 신학의 접근 방식을 새롭게 하여 현대 심리치료 이론을 수용하고 변용하고자 노력했다. 영혼의 이야기를 상담자와 내담자가 상호 이야기 만들기를 통하여 심리학과 신학을 메타 이론의 입장으로 통합하고 있다.

한국에서는 1960년대 유학하고 돌아온 초창기 목회자들의 노력으로 제2세대 목회상담 학자들이 1990년대부터 활발하게 대학과 신학교에서 활동하고 있다. 1982년에 창립된 한국목회상담협회(KAPC)를 중심으로 1997년에 기독교학회의 지학회로 창립된 한국목회상담학회와 함께 한국의 목회상담운동이 활기차게 전개되고 있다. 학회에서는『목회상담이론 입문』을 출판하였고, 이 책은 2009년 다시 출판되었다. 목회상담 현장에서 실제로 요구되는 주제들을 다룬『목회상담 실천입문』[3]도 출판되었다. 목회상담학자들의 정기 학술모임은 주로 미국에서 활발하게 전개되었던 목회상담운동의 주요 인물과 영국, 독일 등에서 목회상담운동을 전개한 학자들을 연구 발표하여『현

---

3) 한국목회상담학회 편,『목회상담 실천입문』(서울: 학지사, 2009).

대목회상담학자 연구』[4]를 출판하였다. 이와 같은 학술 활동은 현재
까지도 한국목회상담협회/학회의 목회신학 연구분과에 속한 교수들
에 의하여 계속되고 있으며, 앞으로도 '목회 돌봄의 연구'와 '목회신
학' 등의 목회상담을 가르치고 목회상담운동을 실천하고 있는 목회
상담 교수들의 연구서들이 출판을 기다리고 있다.

4. 목회상담학의 정의

조직신학자이며 정신분석가들과 긴밀한 교제를 나누었던 틸리히
(Paul Tillich)는 돌봄의 본질이 '일반적이며 보편적인 인간의 특성'이
라고 지적한다. 그의 표현에 따르면, 돌봄이란 "인간 실존의 매 순간
언제나 일어나는 것"[5]이다.

돌봄은 동기와 상황의 준거에 의하여 목회 돌봄으로 변한다. 이는 하
나님께서 예수 그리스도 안에 나타내신 사랑을 서로를 향하여 나타내
는 것이다. 신앙 공동체의 대변자로서 목회 돌봄이 공동체 안에서 행해
진다. 목회 돌봄은 우리를 인간 돌봄의 특성을 넘어서는 다른 차원으로
가게 한다.

인간의 문제, 고뇌 상황에서 돌봄으로만 치료하기에는 충분하지

---

4) 한국목회상담학회 편, 『현대목회상담학자 연구』(서울: 도서출판 돌봄, 2011).

5) Paul Tillich, "The Spiritual and Theological Foundation of Pastoral Care," in
Clinical Education for the Pastoral Ministry, ed. E. E. Bruder and M. L. Barb(Advisory
Committee on Clinical Pastoral Education, 1958), 1. 데이비드 K. 스위처, 『위기상담
가로서의 목회자』, 김진영 역(서울: 한국장로교출판사, 2007), 16.

않은 경우가 있다. 이는 몇 가지 유형이 있다. 심원하고 영속적인 인간의 문제가 발생하였을 때 삶의 변화를 일으키기 위하여 잠재력 개발이 필요할 때 제공되는 돌봄을 상담 또는 심리치료라고 부른다. 스위처(David K. Switzer)는 다음 도표로 설명하고 있다.

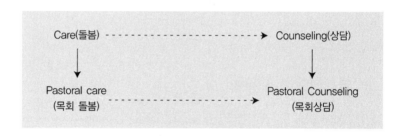

돌봄이 신앙과 교회의 공동체 영역에서 초점을 맞추어 행해지고, 영적인 상황이 추가될 때에 목회 돌봄이 된다. 상담이 보다 신앙적인 차원과 영적인 관계에 집중하여 행해질 때 목회상담으로 발전한다. 돌봄이 목회의 동기와 상황의 방향으로 나아갈 때 목회 돌봄이 되는 것처럼 목회 돌봄에 상담의 전문 기능의 방향이 추가되면서 목회자가 사역하는 목회상담은 보다 전문적이며 구체적인 기능을 수행할 수 있게 된다.

일반 목회자에 의해 수행되는 목회 돌봄은 이천 년 교회 역사를 통하여 실천되어 왔다. 그럼에도 목회자의 일반 영역을 넘어서는 인간의 고뇌와 질환에 직면하여 치유가 일어나지 않을 때에 목회 돌봄과 일반 돌봄은 충분하지 못하다. 전문화된 돌봄과 치유의 기법이 동원되어야 하는 상황에 대처하기 위하여 전문화된 영역의 목회상담이 등장하게 되는 것이다. 이는 필자가 유학을 결심하게 된 계기와 맞물린다. 구체성, 전문성, 영속성, 영성, 교회와 신앙의 공동체성 등이 목회 돌봄과 목회상담을 가능하게 만든다.

목회상담을 정의하기 전에 상담이 무엇인가에 대한 질문에 대한 답변이 필요하다. 상담은 관계의 과정이다. 다른 사람의 어려움에 인격체로 다가가서 그를 돌보는 과정이라고 하겠다. 정신분석가인 디어도어 라이키(Theodore Reik)는 "인간을 돌보며 치료하기 위한 정신분석은…… 강조를 위한 태도가 결부된 진술이지만, 기술은 없고, 다만 사람들이 있다(there are no techniques, only persons)."고 정의하고 있다.

뉴욕의 메닝거 재단을 설립한 정신분석가 칼 메닝거(Karl Menninger)는 정신분석을 정의하여 심리치료에 관하여 "정신분석적인 기술을 습득함에 있어서 가장 중요한 것은 특정한 자세 또는 마음의 틀을 개발하는 것이다."[6] 이들의 정의를 바탕으로 볼 때 상담이 일반적으로 정의될 때 중요한 요소는 인간, 즉 사람됨이 상담 과정의 중심에 있다는 것이다.

목회상담 과정의 중심에는 인간관계에 대한 통찰이 있다. 심리학 운동의 제3의 흐름으로 알려져 있는 인본주의/실존주의 심리학파의 상담의 요소를 살펴보면 다음과 같다.

※ 진실성(genuineness)

로버트 카크후프(Robert Carkhuff)는 로저스의 이론을 토대로 삼아 자신의 이론을 발전시킨 학자로서 인간으로서 가져야 할 중요한

---

6) 데이비드 K. 스위처, 『위기상담가로서의 목회자』, 18.

상담자의 요소들을 말하고 있다. 자신의 저술 *Helping and Human Relations*에서 자신의 성격과 인간됨의 참된 모습을 지녀야 하며, 회복해야 한다고 강조한다. 가장 순수하고 참되고 자기다움을 지니는 것, 이는 상대적으로 왜곡되지 않은 자기에 대한 이해와 거짓이나 꾸밈이 없으며, 다른 사람의 인격을 내면화하거나 흉내 내어 자신을 포장하지 않는 태도를 말한다. 이 특성은 사람이 사람다워야 한다는 일반적인 도덕이나 타 종교의 가르침과도 일맥상통하는 내용이기도 하다. 이는 칼 로저스가 상담 장면에서 치료를 가져오는 몇 가지 특성을 강조하며 설명하고 있는 '공감적 이해'와 '무조건적 긍정적 배려'의 주제를 카크후프가 해설하고 있는 것이라고 하겠다.

■ 투명성(transparency)

시드니 주라드(Sidney Jourard)는 저서 *The Transparent Self*에서 타인과의 관계를 맺는 행동 양식을 의미하는 개념을 투명성이라고 말한다. 다른 사람과 관계할 때에 불안감이나 방어적 태도를 갖지 않고 상대방을 향한 근심이 해소되고 자신을 드러내는 데 방해가 되는 것들을 제거하는 것이 급선무다. 상담자에게는 이러한 장애물들을 제거하고 자신을 드러낼 수 있도록 도울 수 있는 자질이 필요한데, 이것을 '투명성'이라고 명명하였다. 상담자는 자기 탐구와 자기 개방의 과정을 통하여 투명한 인격과 자기 개념을 유지하게 된다고 보았다. 상담자가 이런 자질을 갖고 접근할 때에 자신을 포함한 내담자에게 내재되어 있는 치유를 일으킨다고 보았다. 인격의 성숙도도 자기 개방성과 정비례하고 있다. 건강한 인격의 소유자들은 대체로 얼마나 자신을 다른 이들에게 열어 보일 수 있는가에 대한 확신을 지니고 있

는 가로 알 수 있다. 이와 반대로 가면을 쓰고 자기를 가리고 있는 상
담자나 설교자는 자신이 해야 하는 사역의 과정에서 내담자나 청중
사이에 장벽을 만들어 놓은 것과 같아서 치유와 감동을 제공하기보다
는 인격의 성장과 변화에 부정적인 영향을 미친다고 볼 수 있다.

■ **반영성**(the counselor as a mirror for the other)

상담자는 내담자에게 거울이 되어야 한다. 내담자가 현재 상담 장면
에서 느끼고 있는 감정을 거울처럼 비추어 줄 뿐만 아니라 함께 느낄
수 있어야 한다. 감정이 어떤 것인지 발견하도록 도와야 하며, 내담자
와 함께 그 감정의 이면에 숨어 있고 내재되어 있는 것들을 알게 하여
삶의 의미를 창조해 나가야 한다. 그렇게 함으로써 상담자는 내담자의
삶에서 가장 소중하게 다루어야 할 의미와 가치를 발견할 수 있도록 도
와줄 수 있다.

상담자는 다른 사람을 미리 전제된 인격으로 만들어 가는 공격적
인 조형가가 아니며 상담의 과정의 결과에 대하여 중립적이지도 않
다. 상담자는 자신을 투여하여 내담자의 삶을 위하여 헌신해야 하지
만 동시에 상담자로서 사람이 마땅히 해야 한다고 생각하는 것에 내
담자가 이르지 못하였다고 해서 자책하거나 그 결과에 위협받아서도
안 된다.

상담은 두 사람이 함께 참여하여 함께 변화되는 역동적인 인격 관
계다. 설령 실패하였다고 하더라도 내담자는 상담 과정과 현장에서
영향을 받았으며 상담자 역시 상담 경험 이전의 모습에 머물러 있을
수 없다. 상담자는 내담자와의 상담 관계를 통해서 통찰을 얻었고,

내담자와의 상호작용 속에서 자신의 반응을 알아차리게 되었으며 심지어 내담자를 통하여 배우기도 하고, 내담자에 의하여 도전과 직면을 경험하게 된다.

5. 상담자로서의 독특성

앞서 살펴본 상담에 대한 논의에서 일반 상담자와 목회상담자를 비교할 때에 많은 부분 유사하고 인격 변화와 인성 발달의 차원에서 그대로 적용할 수 있는 부분이 많다. 그럼에도 전문 심리치료자나 정신건강의학과 의사와 일반 상담자와는 구분되는 목회자만의 독특한 측면을 몇 가지 추려보고자 한다.

1) 목회자의 상징적인 힘

목회자는 상징적인 위치에 서 있다. 하나님을 대변하는 존재로서의 목회자 의식이 의식적·무의식적 차원에서 교회와 회중 가운데, 더 나아가서는 사회에 흐르고 있음을 알아야 한다. 이런 깨달음은 긍정적인 면과 부정적인 면이 있다. 신학 훈련을 받고 안수를 받은 목회자는 신앙 공동체와 신앙의 전통과 삶의 의미를 조명하는 방식 그리고 신앙이 갖는 역동성과 창조주 하나님을 물리적으로 대변하고 있다. 그런 점에서 위기를 당한 사람들을 돕기 위해 그들의 삶에 들어설 때는 이러한 상징의 요소를 지니고 있다는 점을 결코 잊어서는 안 된다.

목회자가 가진 상징적 위치는 고통당하고 있는 사람에게 목회자

개인의 인격적인 측면을 넘어서는 의미와 힘을 발휘한다. 부정적인
면으로 사용되는 상징적인 힘 또한 간과할 수 없다. 목회자의 상징성
이 우리 사회에 끼치는 부정적인 측면을 곳곳에서 발견한다. 가령 대
형 교회 목회자가 불법 행위나 과욕으로 언론과 여론의 질타를 받는
일들은 상징적인 목회자의 힘이 부정적으로 활용되어 나타나는 현대
한국교회의 뼈아픈 측면이다.

2) 목회적 주도성

교인들이 위기를 경험할 때에 목회자는 언제든지 심방할 수 있다.
이것이 다른 상담전문가들과는 확연히 구분되는 요소다. 자칫 이와
같은 상황을 놓치거나 방심하게 되면 교인들의 원망을 듣게 된다. 교
인들이 있는 직장, 병원, 사고의 현장, 심지어 사상자가 발생하는 각
종 사고의 현장, 위기 상황에서 필요한 존재로서 임종기도를 요청받
기도 하며, 응급조치를 하게 될 수도 있다. 이는 정신건강의학과 의사
나 심리치료자에게 맡길 수 없는 목회자의 특권이기도 하다. 즉, 사전
초청이 없더라도 목사는 위기 상황에 적극적으로 개입할 수 있다.

목회자는 이러한 상황에 개입하여 질문하고 경청하여 위기 상황
초기에 일어날 수 있는 문제들을 조기 발견하여 조치할 수 있다. 이를
위하여 목회자는 신뢰를 얻어야 하며, 진지하고 진정한 도움을 제공
할 수 있어야 한다. 무엇보다도 위기와 곤경의 순간에 처한 사람에게
목회자임을 밝히고, 도움의 손길을 제공할 수 있는 역량이 있어야 한
다. 위험한 순간에 닥친 그들이 목회자에게 저항하고 거절할 수도 있
다. 목회자를 당연하게 신뢰한다는 것은 다종교 사회에서는 지나친

기대이기 때문이다. 긍정적인 반응이 없더라도 긴급한 상황에서 고통당하는 이에게 도움을 주려는 노력을 주도할 수 있는 자세를 갖추고 있어야 한다. 목회자는 좋은 결과를 전혀 기대할 수 없는 힘겨운 상황에서도 최선을 다할 수 있는 역량이 요구된다.

3) 교인들과의 관계성

이미 맺어진 관계가 있기 때문에 무의식적인 과정으로서의 전이 발생의 빈도는 다른 상담자나 다른 부류의 정신건강 전문가보다 덜한 편이다. 상담이 종결된 후에도 상실감과 버려진 느낌을 덜 받을 수 있는 장점을 가진다. 그러나 긍정적인 전이의 위험성도 간과할 수 없다. 가장 친밀한 대화 관계를 맺을 수 있는 기회는 치료와 변화에 걸림돌이 될 수 있기 때문이다. 또한 위험한 관계의 온상이 될 수 있는 부정적인 측면도 반드시 신중하게 살펴야 한다. 목회자에게 고백하고 도움을 받은 후에 내담자는 자신의 치부를 드러낸 사실로 인해 수치심을 느끼게 되어 모든 상황이 종료된 후에 교회를 떠나는 사례도 종종 보고되고 있다.

4) 믿음의 공동체의 대표성

목회자 사역의 특성상 공식적이건 비공식적으로 상담을 실행하기 전에 교인들과 사전 상담 관계를 수립할 수 있는 장점이 있다. 교인들은 목사의 설교를 듣고, 성경 공부나 각종 교육 프로그램이나 제직회나 당회 등의 행정 경험을 통하여 목회자와 상담의 간접 경험을 풍부하게 하게 된다. 다양한 교육과 훈련을 통하여 위기에 대한 이해를 넓힐 수 있다. 어떤 상황에 상담이 필요한지 예견할 수 있으며 수많은 삶의 문제를 예방할 수 있는 분위기를 교회 내에 조성할 수 있다.

교인들의 공동체 자원이 이러한 일을 가능하게 한다. 교회가 일반 상담전문가가 할 수 없는 일을 효과적으로 할 수 있는 장점과 자원을 지니고 있는 이유는 구역 조직이나 부교역자들의 심방과 돌봄을 통하여 교인들의 상황을 감지할 수 있기 때문이다. 이를 바탕으로 목회상담과 돌봄의 기능을 잘 할 수 있도록 준비하는 것은 목회자의 몫이다.

6. 상담자로서의 목회자

목회상담의 정의를 되뇌이며 이 장을 마무리하고자 한다. 목회상담은 "신학과 심리학, 정신건강의학, 정신분석학, 인간의 삶의 의미를 다루는 인문과학과 사회과학 등의 다양한 학문의 연구 결과를 조합하는 '학제 간 연구(interdisciplinary inquiry)'를 바탕으로 하는 전문적이고도 신학적인 사역이다. 또한 기독교 신앙과 교회를 중심으로 하는 생활자들이 겪는 아픔과 고통의 문제를 목사(안수 받고 상담의 훈련을 받은 목사 또는 심리치료와 상담을 공부한 이들)가 개인적으로나 집단적으로 상담 관계를 맺고 실행하는 목회 행위"다.

이를 위하여 목회자는 자신이 만나는 사람들을 위하여 존중과 신뢰의 자세를 가지고, 그들이 겪고 있는 아픔과 곤고한 현실을 잘 살펴주기 위하여 공감과 민감성(sensitivity)을 지니고 지속적으로 자신을 연마하여야 한다. 이는 지난(持難)한 작업이다.

제3장

목회상담의 유용성

1. 목회상담에 관한 이해

목회상담은 목회라는 수식어로 인하여 목회자들의 전유물이 되어 평신도는 접근할 수 없는 것으로 오해하기 쉽다. 때로는 목회상담에 대한 이해가 없는 평신도들은 물론 목회상담 영역과 관련이 없는 학자들과 비전문가들은 목회상담을 성경적인 신앙을 유도하거나 주입하는 역할을 수행하는 것으로 해석하고 주장하기도 한다. 어떤 상황에서든 목회자 본연의 책임과 목회상담자로서의 정체성을 지니고 최선을 다할 때 목회상담은 수행된다. 그러나 목회자로 사역을 하는 사람은 누구나 목회상담을 할 수 있는가. 다음 질문들이 생겨난다.

• 목사는 교인과 어떤 상황에서 상담자와 내담자의 관계가 이루어

지는가?

- 목사와 만난 교인이 자신의 삶의 이야기를 나누면 상담이 이루
어지는가?
- 목회상담은 어떤 과정을 통하여 이루어지게 되는가?

디이츠(James Dittes)는 목회상담을 "삶의 상황 때문에 자신이 스스로 해결할 수 없고 누군가의 도움이 필요하여 도움을 요청하고 자신의 문제를 고백하는 차원에 이를 때"[1]발생한다고 독특하게 정의하고 있다. 디이츠가 사용한 단어는 우리의 언어와 뉘앙스의 차이로 충분히 드러나지 않았으나, 원래는 취약한(vulnerable), 포기한(surrender)이라는 두 단어가 부각되어 있다. 삶의 위기와 질고로 병들거나 심신이 약해지면 자신의 힘으로는 극복할 수 없게 되어 반쯤 포기한 상태에 이른다. 누군가의 도움이 없으면 안 되겠다는 절박감을 느낀다. "나 혼자서는 해결할 수 없어요. 누군가의 도움이 필요해요. 달라져야 해요. 저는 변화를 원해요." 이처럼 도움을 요청할 때 목회상담은 발생할 수 있다. 목회자가 아니어도 목회상담은 발생한다. 그러나 기왕이면 도움이 필요한 교인에게 다가가서 목회자 특유의 민감성을 가지고 대화할 때에 목회상담이 이루어진다.

삶의 일상성이 무너지고, 지금껏 아무런 문제없이 잘 살아오던 생활의 리듬이 파괴되어 더 이상 정상적인 삶을 살 수 없게 되었다. 자신감을 잃어버렸다. 평소에는 의식하지 않고도 잘할 수 있었던 일이

---

1) James Dittes, *Pastoral Counseling: The Basics* (Louisville, KT: Westminster/John Knox Press, 1999).

잘 되지 않는다. 내가 나답지 않은 느낌도 든다. 자기의 삶이 잘못되어 가고 있다고 느낀다. 이전의 자신으로 돌아가고 싶지만 회복되지 않을 것 같은 절망감이 엄습한다. 도움이 필요하다고 구원을 요청한다. 목회자는 이에 부응하며 형편과 처지를 살피는 상담을 실행하게 된다.

디이츠는 내담자의 준비가 목회상담을 발생시킨다고 보았다. 도움을 요청하는 수요가 있고, 그 요청에 목회자가 돌봄을 제공하면 목회상담이 이루어진다는 것이다. 예를 들어, 여성도가 목사를 찾아와서 봉사 프로그램에 불참하게 된 것을 미안하게 생각한다고 말하였다 하자. 이어지는 이야기는 아버지가 전혀 가당치 않은 말과 행동을 하였고, 엎친 데 덮친 격으로 오랜 기간 사귀었던 남자 친구가 결별을 선언했다는 것이다. 이때 목사는 단순히 행정적인 태도로 이번에는 프로그램에 빠진 것에 대해 결석 처리하고 다음 기회에 참여할 수 있도록 권면할 수 있다. 여성도 아버지의 정신적 문제를 평소 잘 알고 지내는 정신건강의학과 의사에게 부탁하여 치료받을 수 있도록 도와줄 수 있다. 이러한 목회의 해결책도 충분할 수 있으며, 운이 좋게도 여성도가 찾아온 모든 문제가 쉽사리 해결될 수도 있다.

목회상담이 발생할 여지는 여전히 남아 있다. 표면적인 문제는 목사의 조치로 해결된 것 같으나, 그가 가지고 있는 내면의 문제는 다루지 못한 채 차후에 다른 문제를 일으킬 수 있게 잠복될 수 있다. 목사는 그의 상황에 좀 더 깊은 관심을 갖고 물어보는 것이 필요하다. 여성도가 현재 처한 상황에 대한 깊은 이해를 얻기 위하여 공감을 표현한다. 이를 바탕으로 그녀가 받은 상처와 고통의 문제를 좀 더 깊이 들어가서 해결할 수 있도록 돕는 것이다. 내담자 요청의 표면 가치만 다루지 않고 민감성을 갖고 적절히 반응하는 목회자는 평범한 만남과 도움의 요청을 목회상담으로 만들어 갈 수 있다.

목회자는 교인들의 상황에 주의를 집중하고 살피는 목자다. 목회자는 교인과의 만남과 대화를 통하여 자신이 지니고 있는 문제를 발견하게 하고 그 문제가 어디서부터 시작되어 발달하였는지 탐구하고, 해결할 수 있는 영적·정신적·지적·신체적 자원을 계발하도록 돕는 자다.

앞서 든 사례로 돌아가서 몇 가지를 더 생각해 볼 수 있다. 이 여성도가 없어도 교회 봉사 프로젝트는 잘 마무리할 수 있다. 단순히 행사의 성취에 관심을 갖고 이 성도를 대한다면 행정가로 처신할 수 있다. 그러나 목회상담자로서 관심을 가져야 할 것은 단순히 교회의 행사를 참석하지 못한 것이 문제가 아니라, 그가 목회자에게 말하고 있는 경험이 어떤 의미를 지니고 있는지 살피는 것이다. 이를 확인하는 것이 교인의 말과 마음에 귀를 기울이는 목자의 태도다. 목회자 본위에서 교회 행사의 성사 여부가 초점이 아니다. 그에게 찾아 온 성도를 위하여 모든 관심과 주의를 모아야 하는 것이다. 선한 목자 예수께서 자신의 소유와 권세를 버리고 비움으로써 사랑을 받을 만한 자격이 없는 우리를 향하여 자신을 희생하고 결코 누구에게도 빼앗기지 않는 참다운 은혜를 제공하여 주신 것(빌립보서 2장과 로마서 12장)처럼 행동하는 것이 요구된다. 그런 차원에서 목회자가 따라야 하는 본은 선한 목자의 유형이다.

목회상담의 관점에서 목회란 목회자가 '몸과 마음과 영혼에 귀를 기울이는 목자가 되는 것'을 의미한다. 양떼를 위하여 자신을 버리는 선한 목자의 심정이 되는 것이다. 목사는 자신의 유익보다는 자신이 돌보아야 하는 양떼들의 안전과 성장, 치유와 성화에 최선을 기울이는 것을 사역의 목적이란 점에 동의하는 것과 같이 목회상담자 이전에 목사로서 이를 실현해야 한다. 누가복음 15장에 등장하는 집 떠났던 둘째 아들에게 자신의 모든 소유와 권한과 재물을 줬던 아버지는 탕진해 버린 탕자(prodigal son)에게 아낌없이 주는 하나님(prodigal God)[2]이자 아버지였다. 목회자가 본으로 삼아야 하는 것도 같은 단어이지만 자신의 자원을 아끼지 않고 내담자 교인의 유익을 위하여 제공하는 것과 같다.

2. 목회상담 관계와 대화의 독특성

목회상담에서의 대화는 다른 어떤 대화와 다르다. 목회상담 관계는 다른 어떤 관계와도 구분된다. 이 관계를 통하여 나누게 되는 이야기는 친구나 연인 사이의 대화와 다르며, 가족 간의 대화 또는 학급에서 친구들과 나누는 이야기와도 다른 것이다. 심지어 목회 대화와도 다른 것이다. 다른 대화에서는 하나로 뭉쳐진 상호성이 빠져 있다. 익숙하지 않은 감정을 탐색하는 작업이 간과될 수 있다. 상호성과 감정을 심층 탐색하는 점이 다른 종류의 대화와 구별된다.

이런 차이는 목회상담의 대화가 치유와 변화를 향하여 나가게 하고 회복의 기회를 준다. 그러나 우리가 다른 문화권을 여행할 때에 문화충격을 겪는 것처럼 목회상담의 관계를 맺기 위한 적응의 시간이

---

2) Timothy Keller, *The Prodigal God: Recovering the Heart of the Christian Faith* (London: Hodder & Stouton, 2008).

필요하다. 서로 신뢰하고 자신을 상대방에게 내어 맡길 수 있기까지 힘든 과정을 경험하게 된다. 내담자와 상담자 모두가 자신에게 익숙했던 것들로부터 새로운 틀과 대화의 방식, 지금까지 이해하고 추구하던 방향을 전환할 필요가 있다는 것을 발견하기 때문이다.

내담자 입장에서는 다른 대화에서 경험하지 못했던 감정을 체험할 수 있다. 안전하고, 신뢰받고, 신뢰할 수 있으며, 장터와도 같이 떠들썩하고 혼란스럽고 경쟁의 도가니와 같은 세상에서 성소로 옮겨진 것 같은 느낌을 갖게 된다. 믿을 수 없기도 하고 놀라운 경험이다. 세상에서 흔히 통용되는 삶의 비결이나 처세술이 아니며, 보통 인간관계에서 맺게 되는 친밀한 관계도 아니다. 상담 훈련을 받지 않았어도 진실한 신앙과 인격을 지니고 남의 이야기에 귀 기울여 주는 사람이 있다. 다른 이의 이야기를 귀담아 들어주는 사람들이 자연스럽게 어려움을 겪는 사람에게 도움을 주게 된다.

고통스러운 삶의 이야기를 인내하면서 귀 기울여 들어주는 자를 만났을 때에 자기도 모르게 쳐 둔 방어벽이 느슨해진다. 그리고 자기를 향한 관심을 기울여 주는 사람에게 이야기한다. 과거에는 파악할 수 없었던 내면에 자리 잡고 있는 말로 표현할 수 없었던 분노, 슬픔, 의심, 소외감, 원통함이 모습을 드러낸다. 일단 단서가 잡혀 말로 표현하기 시작하면 애정, 믿음, 확신, 자신감 등의 긍정적인 감정의 단서도 보인다. 이것 역시 이전에 경험하지 못한 믿기 어려운 체험의 하나가 된다.

상담자 입장에서 살펴보면, 자신만의 상호성과 연관성에서 분리되어 내담자와 함께하는 시간과 공간에서의 잠깐 동안이나마 자기로부터 벗어나는 경험을 한다. 이 공간에서 만난 두 사람은 초월적인 경험을 하기도 하고, 이제껏 발견하지 못했던 응어리진 것을 풀어낼 수 있다. 상담자가 생각하는 도움이 될 것 같은 지식과 정보를 내담자에게 억지로 주려고 하지 않아도 된다. 상담 훈련을 할 때에 상담 현장에서 내담자가 느낄 때에 가장 불편한 상담자의 행동이 무엇인가 물어보면, 자기의 이야기를 들어주다가 상담자 자신의 경험을 내세워 자기 이야기를 많이 하는 것이라고 답변한다. 이와 같이 자신의 경험을 내담자의 경험에 결부시키거나 내담자의 인생에 어떤 역할을 하려고 하는 것은 득보다 실이 많다. 이와 반대로 내담자의 삶에 상담자 자신을 끼워 맞추려고 하지 않아도 된다. 상담자 자신을 위하여 내담자의 삶을 만들어 가려는 노력은 하지 않아도 된다. 굳이 상담자는 내담자에게 관리자, 지도자, 치료자, 목사가 되어 줄 필요도 없다. 가시적인 효과와 영향을 행사해야 하는 의무감에서 자유로워야 한다. 관습적이고 전통적인 관심은 일단 내려놓고 있어도 된다. 다만 내담자의 곁을 지키며 내담자의 삶의 증인이며, 함께 하는 동행자 역할을 하는 것이면 충분하다.

내담자가 혼란 상황에서 멈춰 서 있으면서 자기 삶의 의미를 발견하여 변화할 수 있는 것은 그 생애의 선물이다. 상담자는 전문가가 지녀야 하는 자신의 욕망을 위하여 상담하는 것이 아니라 내담자를 위하여 스스로 기꺼이 자신의 욕망을 절제하는 체념과 금욕의 태도를 훈련할 수 있는 기회를 얻게 된다. 상담자의 이러한 태도를 디이츠는 '정중한 무관심(gracious nonchalance)'이라고 하였다. 내담자가 경험하는 세계에 있는 것이 무엇이든 자유롭게 기꺼이 반응하는 태도를 말한다. 내담자가 깊은 내면에 두고 미처 알아차리지 못한 채 두었던 새로운 영역과 장소를 경험할 수 있도록 돕는다. 지금까지 한 번도 가보지 않았던 손이 닿지 않은 곳 처녀지이자 성소를 경험하도록 한다. 상담자는 성소의 경험, 손닿지 않았던 원형을 향한 태도를 내담자의 내면을 탐색하면서 경험하게 된다.

이러한 태도는 하나님을 향한 자신을 내려놓은 자세와 자신의 의도와는 다르게 펼쳐지는 세계, 하나님의 섭리의 세계를 받아들이는 심오한 신앙을 의미한다. '내버려 두라(Let it be!)'는 말은 절망의 상황에 처한 사람의 고통을 그냥 버려두거나 방관하는 것처럼 오해할 수 있는 말이다. 이 상황에 이르렀을 때 목회상담의 전문성을 견지하기 어려움을 체험하게 된다. 내담자를 직접적으로 훈육하거나 교육하려는 의욕을 가진 경우에 이러한 태도를 견지하는 것은 극도의 훈련된 금욕주의가 필요하다. 그렇게 하지 못할 경우에는 적용하기 쉬운 인습적인 기술로 내담자에게 영향을 끼치고 그들의 삶의 영역을 침범한다. 영적인 권한을 가졌다고 믿는 목회자는 지도자의 입지와 권리를 주장하며 다른 사람들의 삶에 지도력을 발휘한다는 미명하에 그들의 울타리를 넘어가게 된다.

목회상담에서 나누는 대화는 하나님께서 사람들과 나누는 대화의 형태와 비슷할 수 있다. 우리 모습 그대로 인정하시는 하나님은 우리의 있는 그대로의 정직한 모습을 보신다. 하나님의 초월성과 우리 가까이 계시는 친밀한 내재성이 함께 어우러지는 정직한 모습으로 다가오신다. 우리 자신보다 더 우리를 아시는 분으로, 잘 보이기 위하여 꾸민 모습이 불필요하다. 이런 통찰을 통하여 얻게 된 하나님과의 만남은 우리가 꾸밈없이 자신의 모습 그대로를 드러내는 신뢰와 진실함으로 이루어진다.

모든 것에 초월하신 하나님은 우리를 정중하게 대우하시며 안전하다고 느끼게 해 주시며 그분 앞에서 정직한 태도만이 옳은 자세라는 판단을 하게 한다. 하나님은 줄을 세우시지 않으시면서 모든 것을 일렬로 세우시는 분이기도 하다. 인간이 이해하기에 하나님은 초월적인 동시에 내재적이신 분이시다. 한마디로 자신을 감추시며 동시에 드러내신다. 알 수 있는 듯하며 전혀 종잡을 수 없는 분이기도 하다. 역설 그 자체다.

하나님과 맺는 관계는 연인과의 사랑의 관계와도 다르다. 소위 밀고 당기는 그러한 게임과도 같은 관계와도 구분된다. 하나님과 우리가 맺는 관계에서는 이해할 수 없는 동떨어진 느낌을 갖게도 되고, 우리와 그분이 전혀 연관이 없는 것 같은 경험도 한다. 그럼에도 하나님이 우리 삶에 개입하시는 태도는 견고하고 무조건적이다. 하나님의 초월성 안에 내재성이 있는 가하면, 내재성 또한 초월성을 드러낸다. 하나님과의 친밀한 관계를 경험하면 하나님의 현존을 확신하게 되며 우리의 체험은 변화된다. 이 세상에서 겪을 수 없었던 것으로 이 세상의 꼭대기에 올라선 것 같은 것이며, 이 세상 밖으로 나가 이 세상을 바라보는 것과 같은 신비의 경험이기도 하다.

목회상담 관계도 여기에 비길 수 있다. 목회상담자가 제공하는 것은 명석한 진단만이 아니다. 질병을 퇴치할 수 있는 특효약도 아니다. 사랑에 굶주린 사람에게 제공하는 넘치는 사랑도 아니다. 다만 목회자 내면에서 솟구치는 욕망에서 생겨나는 변덕스러운 행동을 삼가는 자세, 즉 잘 다듬어지고 훈련된 금욕의 태도에서 생겨난 내담자를 향한 끊이지 않는 관심이 그런 관계, 목회상담 관계를 맺게 한다.

목회상담을 실행할 때 필요한 이러한 생각을 여섯 가지로 정리할 수 있다.

첫째, 목회상담자의 책임은 내담자의 경험과 상황에 대하여 깊이 공감하면서 듣는 것이며, 내담자가 어느 정도 상담자와 대화할 수 있는 상태가 될 때에 상호 이해와 공감의 자세로 의사소통하는 것이다.

둘째, 이해와 공감의 의사소통이 이루어지면서 상담자와 내담자의 관계가 형성되고 발전된다. 상담 관계의 내용과 질은 상담자와 내담자의 이해와 의사소통의 질을 좌우한다.

셋째, 질적인 상담 관계를 내담자와 상담자가 형성할 때에 내담자의 문제에 초점을 맞추어 더 깊은 상담의 영역으로 들어가게 된다.

넷째, 상담자의 내담자와 관계를 맺고, 공감하고, 대화를 할 수 있는 능력은 상호 자신에 대한 깊은 이해를 가지려는 자세와 서로 배우고 성장하려는 개방성과 자유에 달려 있다.

다섯째, 상담의 목적은 내담자가 자신의 삶의 체험의 의미를 찾도록 돕는 것이다. 의미란 그 사람이 가지고 있는 세계관, 욕구, 거룩한 영역의 경험 등에 따라 다를 수 있다. 만일 목회상담의 영역을 거룩한 영역에만 제한시키면, 목회상담 사역은 아주 쉽고 단순해진다. 그러나 인생의 영역에 관한 구획과 구분은 그리 간단하지 않다. 폴 리커어(Paul Ricoeur)는 '밑에 깔려 있는 대화(subterranean communication)'가 인생의 영역 가운데 존재한다고 하였다. 목회상담자는 다른 상담자나 심리치료자처럼 인생의 다른 차원과 국면을 제외시켜 상담할 수 없다. 캐롤 와이즈(Carroll A. Wise)는 그런 점을 부각시켜서 목회상담자는 목회심리치료자가 되어야 한다고 하였다.

여섯째, 한 사람의 인생과 삶의 경험은 심리 발달의 결과와 기능이기도 하다. 달리 말하면, 삶의 의미를 발견하며 그 의미의 변화가 심리적인 발달과 성장을 가능하게 하며 또한 촉진시키기도 한다. 역량이 있는 상

담자는 심리학적인 발달 개념에 대한 지식을 가지고 상담하는 사람이기
도 하다.

3. 목회상담에 영향을 미친 현대상담이론

1) 인본주의심리학, 실존주의심리학적 접근

이 학파의 근원은 20세기 초 시작된다. 현상학적인 운동과 실존주의
철학에서 연유되어 발전되었다. 그 가운데 루드비히 빈스방거(Ludwig
Binswanger), 메다드 보스(Medard Boss), 빅터 프랭클(Victor Frankl)
그리고 미국에서는 칼 로저스(Carl Rogers), 애브라함 매슬로(Abraham
Maslow), 유진 젠들린(Eugene Gendlin) 등이 이에 속한다.

롤로 메이(Rollo May)는 빈스방거의 저술에 익숙하고, 다른 현상학
적인 정신의학자와 교제하였다. 이것을 바탕으로 미국에서는 소위 현
대주의 문화에 호소력이 있는 관점으로 발달되었다. 로저스는 내담자
중심요법(Client-Centered Therapy)에서 인간중심상담으로 발전하였
고, 프랭클은 의미요법(Logotherapy), 프레드릭 펄즈는 게슈탈트 상
담(Gestalt Therapy)을 매슬로는 절정론적 심리학을 발전시켰다.

이들은 인간의 개별성과 자율성에 초점을 맞추고 있다. 현상학적
인 운동에 의하여 인간의 의식은 만물의 영장이라는 인간 개념, 동물의
세계로부터 분리된 인간 존재임을 강조하고 인간의 자의식과 자각 인
식을 중요시한다. 인간의 잠재력과 능력은 끊임이 없고 그 목적은 자
기발달(self-development)이다. 인간 지고의 특성은 자신의 성취라고

하였다. 프랭클은 프로이트 특유의 개념인 욕동(drives)을 언급하는 것을 아주 싫어했고, '의미를 향한 의지(will to meaning)'라는 말을 선호하였다. 자기 인식(self-awareness)은 선택(제한된), 자유 그리고 자기 결단 등을 함축한 단어로 표현된다. 물론 좋은 환경을 제공해 주면 자기 발달은 증진된다고 본다. 자기 성장의 단계를 카프(Carp)는 자기 인식, 자기 발달, 자기 성취, 자기 포기로 정의한다.

자기성장이론은 진정한 삶을 살아가는 단계이기도 하다. 자신의 의지를 가지고 더 성장된 자아를 향하는 중심적인 자아를 확립한 삶이다. 진정한 삶이란 자기 포기에서 극치를 이룬다. 다른 사람들과의 관계를 맺기 위하여 자신을 잃는 행위, 이것은 곧 자신을 넘어서는 삶이 된다.

실존주의 인본주의적 접근이 진정한 삶을 증진시키는 운동으로서 심리치료의 목표로 설정되었다. 일차적으로 치료자와 내담자가 관계를 형성한다. 치료자는 존중, 존경, 수용의 자세를 가지고 접근한다. 인간의 개별성에 대한 존중의 태도에서 시작된 자세다.

존중의 태도에 대하여 예를 들어보자. 로저스는 '무조건적 긍정적 배려(unconditional positive regard)'라는 용어를 사용한다. 이 개념은 내담자가 자신이 하고 싶은 말을 무엇이든지 할 수 있도록 초청하는 것을 의미한다. 치료자는 공감적인 이해를 토대로 내담자의 말을 경청하게 된다. 공감적 이해란 내담자의 경험에 대한 감정 이입이라고 흔히 번역되는 동일시(identification)를 뜻하고, 내담자의 경험을 동일시하면서도 치료자 자신을 잃지 않는 태도가 암시되었다. 내담자의 경험을 이해하며 듣기 위하여 상담자는 인격의 성숙으로 이와 같은 수용과 개방성을 발달시킬 수 있다. 로저스는 초창기에 이것을

'비지시적(non-directive)'이라고 부르기도 하였다. 로저스의 뒤를 이은 치료자들은 로저스의 방법을 '자기 현시(self-revealing)'라고 묘사하여 내담자가 적극적으로 자신을 나타내 보이는 진정한 삶을 살 수 있는 능력을 북돋우는 방향으로 나가기도 하였다. 자기 성숙을 계발하는 치료의 차원이 된다.

인본주의-실존주의적 접근은 개인주의, 온전성, 자율성, 선(goodness), 성숙, 목적성, 이해, 의미 등의 단어가 특성과 중요성을 나타내고 있다. 이 접근 방법은 정밀과학(exact sciences)의 발달로 폭발적으로 발전한다. 그리하여 객관화, 원자화, 환원주의 접근 방법으로 가게 된다. 이들의 개념은 중심적이고 의식적인 개별성의 이미지로 표현할 수 있다. 그러나 이러한 개념은 후대에 대상관계이론적인 정신분석에서 더욱 계승, 발전되고 있다. 자기 심리학자인 코헛(Heinz Kohut)에 의하여 '자율적인 자기' '응집적 자기(cohesive self)'가 강조되었다. 프로이트의 뒤를 이은 고전적 정신분석의 일환인 자아심리학의 주제는 자아를 어떻게 하면 자율적이고 강화할 수 있는가에 초점을 맞추고 있다. 자기 표상, 대상 표상(self-representations, object-representations)이란 개념은 대상관계이론적인 정신분석학에서 중요하게 여기는 주제다. 이에 대하여 코헛은 '양극적 자아(bipolar self)'라는 개념을 통하여 자기통합의 과제를 부여하고 있다.

프랑스의 라캉(Jacques Lacan)과 대상관계이론의 토대를 마련한 클라인(Melanie Klein) 등이 발전시킨 고전적 모델의 정신분석적 접근을 살펴보면 인본주의 실존주의 상담운동과 유사한 점을 발견할 수 있다. 질병을 관리하고 치료하는 의학모델을 견지하였던 정신분석 전통과 인본주의의 객관주의, 프로이트의 구조주의와 맥을 같이 하는 원자주의, 욕동이론에서 볼 수 있는 환원주의 등의 개념이 그것이다.

2) 정신역학적인 접근(Psychodynamic approach)

통찰력, 무의식적 동기, 인격 재구조화, 자아 기능 강화 등에 초점을 맞추는 접근 방법으로 프로이트, 융, 카렌 호니, 안나 프로이트, 에릭 에릭슨 등을 대표적인 학자로 꼽을 수 있다.

프로이트가 76세였던 1933년에는 비엔나의 경제난이 심각하였고 정신분석 문서들을 출판하던 출판사도 문을 닫을 지경에 이르렀다. 이 출판사의 재원을 마련하기 위하여 강의 형식을 취하여 저술한 『새로운 정신분석강의』에 프로이트의 정신분석 개념들이 잘 정리되어 있다. 그중에서도 '심리적 인격의 해부'라는 장에서 다루고 있는 개념들이 중요한 주제다. 이 논고에서 중요하게 다루는 것을 소위 자아심리학이라고 하겠다.

프로이트의 정신분석은 신체적으로는 어느 특별한 증상의 뿌리가 없는 질병에 대한 연구에서 비롯되었다. 프로이트는 처음에는 히스테리 증상을 연구의 대상으로 삼았다. 히스테리 증상을 '억압된 자아(an ambassador of the repressed to the ego)의 대사'라고 표현했다. 인간의 심리 기제는 금지된 욕망이 의식 가운데 들어올 수 없도록 무의식으로 억압한다. 내리 눌리고, 한쪽으로 젖혀진 억압된 자아가 보내는 메시지라고 설명할 수 있다. 마음의 병이 신체에 증상으로 나타나는 것은 화병이 대표적인 경우다. 아들의 결혼을 반대하는 어머니는 고집을 부리며 결혼하겠다는 아들에게 화를 내봤자 별 수 없자 머리에 띠를 두르고 드러누울 수밖에 없는 아픔을 호소한다. 자신의 진정한 내면의 감정을 내리 누르고 억압할 때에 속박된 욕구가 밖으로 나오려는 힘이 만들어 내는 현상이다.

히스테리 증상은 대부분 타협된 형태로 존재한다. 대부분 성적 충동과의 갈등에서 비롯된 것으로, 만족을 추구하기 위하여 힘을 발휘하는 한쪽과 그것을 누르려는 억압의 힘이 싸움을 일으킨다. 여기에서 파생되는 갈등을 타협한 형태로 증상이 나타난다. 정신분석학은 '억압된 것, 즉 성적인 충동과 그에 대한 욕망, 그의 사이에서 생겨나는 억압의 기관인 자아(ego)에 대한 연구'다. 프로이트는 이러한 억압된 무의식에서 보내는 진정한 메시지와 증상과의 관련을 찾아서 무의식에 가라앉아 있는 욕동의 본질을 추적하여 밝혀내는 연구, 즉 자신이 표현한 대로 자아심리학을 구축하였다. 프로이트는 자아심리학이 가능한가에 대한 질문에 "자아는 주관적인 기관인데 어떻게 관찰의 대상이 될 수 있는가?"라는 역질문을 하고 있다.

프로이트는 자아를 독일어로 'Das Ich'로 적었는데, 어네스트 존즈(Ernest Jones)를 중심으로 하는 영국의 정신분석가들이 영어로 번역하였다. 프로이트 표준판 전집을 번역하는 데 중심 역할을 한 스트레치(James Strachey)는 'the I'로 번역하지 않고 라틴어 'ego'로 번역하였다. 우리가 흔히 접하는 '나'라는 개념으로 자신을 대변하듯이 자아로 번역됨으로써 자기를 대변하는 '나(I)'보다는 전체가 하나인 인격 구조를 볼 수 없게 되었다. 자아, 초자아, 이드 등으로 기능적으로 분리된 인격의 부분으로 '나'를 이해하게 하는 오류를 만들어 냈다.[3]

---

3) Bruno Bettelheim, 『프로이트와 인간의 영혼』, 김종주 · 김아영 역(서울: 하나의학사, 2001), 87-108. 베틀하임은 영어로 번역되는 과정에서 프로이트의 본 의도가 상실되고 왜곡되었다는 것을 강조하고 있다.

실제로 우리 속에 일어나는 억압과 소원은 우리가 알 수 없다. 알 수 없는 것이라는 뜻에서 무의식이라 명명했다. 우리가 알 수 있는 것은 다만 그 증상일 뿐이다. 두통, 복통, 가슴이 답답함, 마른기침 등의 증상이다. 사람들은 증상의 무의식과의 연관성을 쉽게 받아들이지 못한다. 이는 내면의 갈등이 알 수 없는 무의식 영역에서 일어나기 때문이다. 우리가 알 수 없는 영역의 문제와 갈등을 대변하는 증상들이 무의식 영역의 상황을 알려 준다는 것을 알게 된 것은 불행 중 다행한 일이다. 이를 통하여 무의식의 영역에 있는 것들이 무엇인가를 탐색하여 배울 수 있다. 증상을 알아차리지 않으면 앞으로 더욱 발전되어 우리 삶을 고통스럽게 할 수 있는 것들이 될 수 있는데 이것을 미리 알려 주는 경고의 신호이기 때문이다.

프로이트의 질문, "내가 나를 알 수 있는가?"는 인격을 주관하는 중심인 자아가 스스로를 대상으로 관찰할 수 있다는 것이다. 내가 나에게 질문하고, 나를 관찰하고, 나를 비판할 수 있다는 것이다. 달리 말하면 나의 한 부분이 다른 부분에게 말하는 것인데, 이것은 마치 둘이 분리된 것 같은 현상이다. 실제로 정상인에게도 이러한 분리(split) 현상이 있다고 프로이트는 주장한다. 이를 보면 프로이트는 정상인과 정신적으로 병든 사람을 예민하게 구분하지 않는 것처럼 보이지만, 정신적으로 병든 사람은 이러한 두 부분의 구조가 분리되었고 파괴되었다고 그의 관찰을 정리하고 있다.

내면의 음성을 듣는 것은 우리가 이미 하고 있는 것이다. 프로이트는 이러한 작업을 초자아(superego)의 기능이라고 하였고, 양심이 하는 기능으로 말하고 있다. 자신이 생각하고 행하는 것을 관찰하고 판단하는 데 그치지 않고, 어떤 이상적인 수준에 이르도록 자신을 가늠하는 기능을 한다. 초자아도 분명히 자신의 일부분이고, 때로 자신이 하는 일에 대하여 안 된다고 하는 부분이기도 하다. 우리 인격의 한 부분인 초자아는 때로 우리 자신과 익숙하지 않고, 낯설게 느껴질 때가 있다. 예를 들어, 초자아가 예민한 환자는 자신의 모든 인격적인 구조가 초자아에 의하여 심하게 감시당하고 그 때문에 정신적으로 박해당한 느낌을 받는다. 우울증 환자인 경우에 특히 심하다. 임상에서 우울증 환자만큼 초자아가 자신과 분리된 것처럼 낯설고 잔인하고 고통스럽게 하는 경우는 없다. 자신을 미워하고, 책망하고, 죄책감을 갖게 하며 결국은 자살하여 자신의 못난 처지를 비웃으며 끝내버리려 한다. 그러나 우울증을 가져온 증상을 걷어내면, 죄책감은 사라지고, 자신을 향한 자존감을 온전히 회복할 수 있다.

프로이트는 어린아이가 태어날 때에 초자아는 함께 탄생하지 않는다고 했다. 갓 태어난 어린아이들은 결코 자신의 충동과 욕구를 제어하는 틀을 갖고 있지 않다. 부모가 아이들을 양육하면서 관찰하고, 판단하고, 비판하며, 평가하는 대로 수용하게 되면서 그런 틀을 가지게 된다. 오늘날의 어린아이들과 부모 세대가 갖고 있는 윤리와 도덕의 관심이 프로이트의 시대와 문화권과는 거리가 있지만, 어린아이가 성장하는 과정을 깊이 있게 관찰하면 문화와 시대의 차이를 극복할 수 있고 우리에게 유익한 발달이론을 모색할 수 있다.

어린이가 5살쯤 되면 부모의 감시 기능을 자신의 내면에 받아들여 행동하게 된다. 어린아이가 어떤 행동을 하면 엄마가 야단칠 것이라는 것을 예상할 수 있는 것은 엄마의 언어와 행동을 자기 내면에 받아들였기 때문에 가능하다. 이러한 감시 기능이 어린아이의 인격의 일부분이 된다. 프로이트는 이를 '동일시(identification)'라고 불렀다.

여기에서 초자아가 태어난다. 성인이 되면서 부모의 내면화가 된 초자아가 수정되기도 하고 지워지기도 하며, 다른 것으로 대치되거나 변화되는 과정을 거치면서 어린 시절과는 다른 형태의 초자아를 갖게 된다. 그러나 부모와의 동일시 과정을 거쳤던 본래의 과정은 여전히 남아 있다. 동일시란 개념은 우리의 내면에 부모를 소유하는 것으로 비유된다. 유치원이나 초등학교 저학년 때 부모 인격의 일부가 동일시되면, 자신을 조정하고, 조용히 앉아 있고, 주의를 집중하는 훈련을 스스로 하게 되는 것이다. 초자아의 기능을 가지게 된 아이는 실제로는 부모가 함께하지 않는 상태에서 부모를 대신하는 대체물로서 역할을 한다. 이로써 아이들의 내면은 풍성해진다. 곧 잃은 것을 보상하는 하나의 수단으로 동일시가 일어난다. 동일시의 개념을 이해하고 나면, 사랑하는 사람이나 사물을 잃어버렸을 때에 그 존재의 가치가 더욱 절실해지는 이유를 확실히 알게 된다.

부분적인 동일시는 일평생 일어난다. 즉, 다른 사람들을 잃는 경우에 초자아의 형성은 아주 특별하고 중요한 과정이다. 이는 무의식적인 과정으로 우리 자신은 알 수 없는 것인데, 어떤 사람과 밀착되어 있으면 일어나지 않는다. 그러한 밀착된 관계를 상실하게 될 때 일어나는 무의식적인 과정이다. 우리가 어떤 사람을 잃으면, 우리 자신의 어떤 한 부분이 그 사람처럼 된다. "자아는 버려진 대상들의 집합체이다."라고 한 프로이트의 말은 의미심장하다.

3) 프로이트의 치유 개념

프로이트는 자신의 인격을 보강하고 회복하는 것이 정신분석 과정

을 통하여 가능하다고 보았다. 치유의 개념을 이해하기 위한 중요한
개념들은 분석가, 자유연상, 환자 혹은 분석받는 사람(analysand), 금
욕(abstinence)이다. 여기에서 금욕이란 내담자(피분석자)에게 집중하
기 위하여 목회자(분석가)의 욕구와 다른 종류의 활동을 포기하는 자
세다. 교인을 위하여 나에게 필요하고 유익한 것을 구하는 행동을 삼
가고 교인의 치유와 변화를 위하여 그와 말하고 듣는 작업을 성취하기
위하여 당분간 자신의 어떠한 욕구를 참아내는 것을 금욕이라고 한다.

정신분석 과정에서 중요한 방식은 자유연상이다. 환자에게는 분석
가에게 말해야 하는 책임이 있다. 그의 마음 가운데 들어오는 어떤 것
이라도 말해야 한다. 말하고 싶지 않거나 불편하고, 동의하고 싶지
않은 부분이라 할지라도 말해야 한다. 자신이 생각할 때에 관련이 없
다고 생각되는 것까지도 말할 수 있어야 한다. 자신이 하고 싶은 말만
하는 것은 치료에 도움이 되지 않는다. 이럴 때에 분석가는 들어야 한
다. 환자는 분석가에게 아주 당혹스럽고 부끄러운 것들을 말하기도
한다. 분노, 부러움, 부정직했던 사건, 치사한 일, 마음이 상하고 후
회스러운 죄책감 등을 호소하게 된다. 나아가 분석가가 그와 같은 환
자의 충동의 대상으로 변하는 경우도 생긴다. 정신분석에서의 전이
와 역전이 경험에 대하여는 다른 장에서 더 깊이 다루게 될 것이다.

분석 과정에서는 저항이라는 현상이 발생하기도 한다. 말하고 싶
않은 사건이 연상될 때에 말을 더듬거나 침묵이 흐르는 경우에 분석가
는 내담자에게 저항이 있다고 이야기한다. 저항은 자아 기능의 일부이
며 초자아의 감시를 겪는 고통스러운 순간에 일어난다. 이때 두 가지 증
상이 나타난다. 첫째, 환자는 연상을 하는 과정에서 불안감이 증가되고,
연상이 지연되거나 왜곡된다. 둘째, 과거에 있었던 사건과 증상으로부

터 오는 저항이라는 것을 알면서도 그것이 어떤 것에 대한 저항인지를 알 수 없는 경우가 생긴다. 두 번째 경우는 자신이 인식할 수 없는 영역 밖에서 이루어지는 것으로 판단되어 결국은 무의식의 기능으로 간주하게 된다.

프로이트는 은연중에 뱉게 되는 헛말에서 무의식의 임상적인 증거를 찾는다. 어떤 사건을 대하는 환자의 행동과 표정을 관찰하면 간혹 실수를 하게 된다. 실수는 의도하지 않았지만, 내면에 어떤 힘에 의하여 자기도 모르게 나타나는 욕동의 표현이라는 것이다. 그렇다면 우리 인격의 중심은 어디인가? 프로이트에 의하면 자아가 아니라 이드(원초아)에 있다고 한다. 이 부분에서 인본주의 실존주의 입장과 배치된다. 인간 존재의 핵심은 소위 희미한 이드로 형성된다. 이드는 외부 세계와 직접적인 의사소통이 되지 않고 다른 기관의 도움을 받아도 우리의 지식으로 알 수 없는 존재다. 이드 안에서 유기체의 본능이 작동하고, 두 개의 원초적인 힘(에로스와 타나토스)의 집합체로서의 존재다. 우리의 자신을 이루는 중심은 '내'가 아니고 그 인식의 한계를 넘어서는 무의식에 있다.

이드와 자아의 구분은 억압의 선에서 구분된다고 한다. 자아와 이드를 비유적으로 표현하면 전쟁을 하고 있는 두 나라에 비길 수 있다. 마치 국회에서 여당과 야당이 어떤 한 가지 사안으로 부딪쳐서 다투는 국면과 같다. 이드는 언제나 자신이 잃어버린 영토를 회복하고 찾기 위하여 항상 자아를 향한 전투태세를 가지기 때문이다. 의식의 경험 가운데 있는 언어로 내가 이야기하면, 나의 충동과 내면적 소원은 나의 다른 부분을 잘 알고 있다는 면에서 나를 항상 당혹하게 만들고 있다. 그러나 자아는 언제나 자신의 의식의 경험에 관한 말만 하지 않는다.

이와 같은 관점에서 정신분석적인 치유의 방법은 자아를 강화하여 초자아로부터 보다 더 자율적이 되게 하고 자아의 영역과 조직을 넓혀 이드의 영역과의 마찰을 해소하는 것이다. 프로이트의 정신분석을 한마디로 요약한 말, "이드가 있었던 곳에 자아가 있어야 한다(Where id was, there ego shall be)."는 말은 두고두고 되뇌어 볼 만한 것이다. 정신분석은 건강한 삶을 영위하게 하는 행위다. 네덜란드의 주더만(Zuider Zee)의 물을 퍼내어 간척지를 만들어 낸 지혜로운 공사와 비기고 있으며 문화가 해야 할 일이라고 프로이트는 정의하고 있다.

4. 목회상담의 영역과 네트워크의 구성

이제부터는 교회에서건 교회 밖이건 목회상담이 실행될 수 있는 부분을 생각해 보고자 한다. 첫째, 목회자는 각 가정에서 일어나는 상황을 잘 알고 있기 때문에 가정상담을 적극적으로 진행할 수 있다. 고부, 장서, 세대 간 불화의 문제, 부부 갈등의 문제, 특히 모든 세대의 사람이 경험하게 되는 생애주기에 관련한 것은 목회자의 목회 돌봄 차원에서 시급히 요청된다. 가령 요람에서 무덤까지 겪게 되는 다양한 일에 목회자가 관여하게 될 때 발달심리학과 성장 과정에서 경험하게 되는 가정의 문제를 누구보다도 잘 다룰 수 있다.

둘째, 교인들이 각종 위기의 순간을 경험하게 될 때 어떤 전문가보다도 가까이 있고 접근하기 좋은 지위에 있는 목회자야말로 위기상담의 주도자가 될 수 있다. 구체적인 상황에 대한 위기상담의 전략과 대처방안은 제2부의 사별상담에서 간략히 다루겠다.

셋째, 현대 목회에서 시급히 관심을 가져야 할 주제는 전 세대의 많은 목회자가 다루지 못하였던 정신질환자에 대한 것이다. 정신질환에 관한 안목이 여전히 부족한 상황이다. 필자가 도움을 줄 수 있는 영역의 한 부분이 정신장애와 질환에 대한 것이라고 생각한다. 우울증이 마음의 감기라는 별명이 붙을 정도로 만연한 사회 분위기가 있음에도 수많은 목회자가 이에 대하여 의지가 약해서 생긴 병이라기보다는 성격의 문제로 판단하거나, 신앙이 부족해 생긴 현상으로 치부하기 일쑤다. 조현병을 앓고 있는 환자에게는 '귀신 들린 자'라는 딱지를 아주 수월하게 붙이기도 한다. 십여 년 전만 해도 기독교 신앙의 이름으로 세워진 '기도원'이 구마사역이라는 미명하에 불법적인 치료 행위가 사회 문제가 되기도 하였다. 이에 관해서는 제2부 우울증 장에서 좀 더 상세히 다룰 것이다.

넷째, 목회자는 다양한 삶의 통과의례에 대한 식견을 넓혀서 일상적인 목회 사역을 상담과 치유목회로 차원을 한층 높일 수 있다. 예를 들면, 노령화 사회로 가고 있는 추세에 발맞추어 교회가 노년기를 잘 준비하고 맞이할 수 있는 다양한 프로그램을 개발할 수 있을 것이다. 백세 시대에 은퇴 후 건강한 경우 적어도 30년을 노인으로 살아가기 위한 대책을 마련하는 것은 대표적인 통과의례에 조율한 상담목회라고 할 수 있다.

다섯째, 전문가 집단, 치료기관, 성장을 위한 프로그램을 제공하는 단체들과 협력하고 연대하는 방안을 마련하여야 한다. 지역사회의 자원 동원을 위하여 네트워크 구성을 하는 것은 목회자의 목회역량을 높여줄 것이다.

제4장

삶의 이야기로 본 목회상담

1. 자신의 이야기를 지닌 목회자[1]

"신학의 행함은 자서전적이어야 한다."고 이정용(1935~1996)은 말한다. 그는 1960년대 유럽신학의 미국의 등용문 역할을 해 왔던 드류대학교에서 1989년부터 조직신학을 가르쳤다. 그로 인해 한국의 종교와 문화에 대한 이해를 넓혔으며, 주변성(marginality)[2]의 개념을 통하여 인간을 이해하기 위해서는 보편성보다는 독특성을 이해해야 한다는 것을 배웠다. 이론신학자인 그의 가르침은 개인 특유의 삶의 이야기를

---

1) 찰스 V. 거킨, 『살아 있는 인간 문서』, 안석모 역(서울: 한국심리치료연구소, 1998).
2) 이정용, 『마지널리티: 다문화 시대의 신학』, 신재식 역(서울: 포이에마, 2014). 그의 유작이라고 할 수 있는 저작 속에 자신의 주변 인물됨을 거침없이 표현하며 예수 그리스도의 주변성으로 신학에 대한 현재성을 강조하고 있다.

통한 자기성찰을 더 많이 배울 수 있도록 인도하였으며, 이것은 하나
의 아이러니였다.

인간의 삶에 대한 깊은 이해를 가져야 하는 목회상담은 우선 자기
이해가 필요하다. 삶은 자신이 살면서 경험한 중요한 의미를 가지는
주제, 이미지, 기억을 바탕으로 영위된다. 그 경험을 통하여 삶에 대
한 이론이 습득되고 만들어진다. 이를 토대로 새로운 미래의 삶이 전
개된다. 목회는 삶의 경험을 해석하는 한 방식이다. 교인들의 삶에
다가서는 목회자는 교인들의 삶의 이야기를 들어주며 그들의 경험에
공감하고 그것을 해석하고 삶의 틀을 통하여 설교와 심방을 하는 사
역의 과정을 실행한다.

예술가들이 살아온 삶의 경험과 전혀 관련이 없는 창작을 하는 것
은 거의 불가능하다. 일상적인 삶의 경험과 다양한 체험을 통하여 예
술 작업이 시작되고 완성된다. 에모리 대학교의 캔들러 신학교 목회
상담 교수인 찰스 거킨(Charles Gerkin)은 "생각보다 실천이 선행한
다. 즉, 경험이 있은 후에 해석이 따르게 된다."[3]는 입장을 갖고 있
다. 내 삶의 이야기를 서술했던 것도 실천이 이론보다 선행한다는 관
점을 가지고 삶의 이야기 목회상담을 실행하려는 의도에서였다.

목회자로서 자기의 삶을 반추하고 의미를 발견하는 작업은 목회에
없어서는 안 될 요소다. 자기성찰을 통하여 삶에 어떤 기억과 이미지,
주제들이 있었는지 살펴봄으로 목회 사역은 풍부해진다. 거킨은 목
회상담자의 이미지를 다른 사람의 삶의 이야기를 경청하는 사람으로
묘사한다. 디이츠의 견해와 같이 누군가의 이야기를 잘 들어줄 때에

---

3) 찰스 V. 거킨, 『살아 있는 인간 문서』, 27.

목회상담이 발생한다. '듣는 자'와 '이야기하는 자'의 역동적 구도를 통하여 삶의 이야기가 생겨나는 현상은 베리 로페즈(Berry Lopez)가 「까마귀와 족제비(Crow and Weasel)」에서 잘 보여 주고 있다.

옛날 옛적에 까마귀와 족제비는 살고 있던 평원의 부족 마을을 떠나 북쪽을 여행하여 북극까지 이르렀다. 그들은 많은 사람과 짐승을 만난다. 그동안 서로를 향한 우정도 자라며 성장한다. 하나님께 기도하고 감사하는 법도 알게 되고 자신과는 전혀 다른 생활양식을 가지고 살아온 사람도 이해할 수 있게 되었다. 고향으로 돌아오는 길에 우연히 그들은 오소리를 만난다. 굶주린 까마귀와 족제비를 맛난 음식으로 먹이고 난 후, 오소리는 모닥불 가에 앉아서 여행길에 있는 까마귀와 족제비에게 그들의 경험을 이야기해 달라고 부탁한다. 그곳 사람들과 짐승들이 어떻게 사는지 알고 싶었기 때문이었다.

족제비가 이야기를 시작하였다. 시작한 지 얼마 안 되어, 오소리가 족제비의 말을 중단시켰다. "일어서서 자세를 똑바로 하고 네가 본 것을 모두 다 말해 봐!" 족제비는 다시 말하기 시작한다. 하지만 오소리는 어느새 끼어들어 더 자세히 이야기하라고 주문하였다. 그들의 생김새는 어떠한지를 말하라거나 이 이야기를 먼저 해야 하지 않느냐는 식으로 끼어들었고 그들의 대화는 이어졌다. 족제비가 말하면 오소리는 중단하고 그러는 가운데 족제비는 자기가 하는 말을 의식하면서 이야기하게 되었고 그 때문에 짜증도 나기 시작하였다.

곁에서 가만히 듣고 있던 까마귀는 깨닫는 것이 있었다. 오소리가 족제비의 이야기를 단순히 듣기만 하지 않고 말을 잘할 수 있도록 가르치면서, 이야기의 흐름이 뒤바뀌거나 서로 앞뒤가 맞지 않을 경우에 바로잡아 주는 역할을 하고 있음을 알게 되었다. 까마귀가 이것을 둘에게 이야기해 주자 오소리는 자신의 역할을 알아주는 것으로 흡족해 하였다.

까마귀가 말했다.

"족제비, 말할 때 나와 오소리가 우리 마을 사람들이라고 생각하고 이야기해 봐." 족제비는 목소리와 자세를 가다듬고 이야기하기 시작하였다. 목소리의 운율은 이전과 달라졌다. 자기가 보았던 북쪽 마을의 정경을 표현하기 시작하였고 그가 만났던 북쪽 부족 사람들의 생김새와 삶의 모습을 그려내기 시작하였다. 오소리는 족제비의 이야기를 통하여 소문으로만 듣던 부족의 사람들과 마을을 알게 되어 만족하였다. 족제비의 뒤를 이어 까마귀가 이야기하였고 오소리는 그를 지도하였다. 이야기를 마치고 헤어질 때 즈음에 오소리가 말하였다.

"어디를 가든 이것은 잊지 말아라. 사람들이 말할 때 나름대로의 이야기 방식이 있다. 이야기를 들을 때 어떤 방식의 이야기인지를 잘 살펴라. 그리고 그 이야기가 필요한 곳에 전해야 한다. 사람들은 살면서 음식보다 이야기를 더 필요로 할 때가 있다. 우리는 살면서 겪은 이야기를 기억의 창고 속에 넣어 두고 있단다. 사람들은 이야기를 간직하고 살면서 자신을 사랑하고 돌보지. 언젠가 너희는 좋은 이야기꾼이 될 거야. 내가 말한 것을 절대로 잊지 말아라."

오소리의 축복을 받고 새로운 다짐을 하면서 까마귀와 족제비는 고향으로 돌아가서 그들이 경험한 이야기를 전하면서 살았다.

사람들은 두 가지를 간직하고 살아간다. 하나는 기억의 창고이고, 다른 하나는 그 안에 쌓여 있는 이야기다. 삶의 이야기와 그에 대한 기억이 우리의 삶을 이끌어 가고 삶의 경험한 새 기억을 만들며 살아가는 것이다. 상담자란 기억의 창고 속에 들어 있는 이야기를 들어주고 말할 수 있도록 도와주는 사람이다.

사람들이 목회상담자를 찾는 이유는 누군가 자신의 이야기를 들어주기를 바라기 때문이다. 그 이야기는 복잡하기 그지없다. 때로는 지루하기조차하다. 어떤 경우 반복적인 이야기를 들어주는 것도 벅찬데, 자기의 이야기를 해석해 달라는 요청도 있다. 그러나 고통을 경험하는 사람들은 인내하며 이야기를 있는 그대로 들어주기만 해도 응어리진 상처와 고통이 풀어질 것이다.

목회자는 단순히 이야기를 듣고만 있지 않는다. 목회자 자신도 수많은 이야기를 지니고 살아가고 있다. 삶의 경험이나 그에 대한 해석을 통하여 자기만의 독특하고 개인적이며 다른 이들과 미묘한 차이를 지닌 이야기를 가지고 있다. 신학, 심리학, 의사소통이론, 시스템 이론 등의 개념과 방법론을 목회자 각자가 갖고 있다. 자신의 이야기를 지닌 목회상담자와 자신의 이야기를 들어주기를 바라는 내담자가 만나서 서로의 이야기들이 어떻게 반응하는가 관찰하고 해석의 방식을 통하여 적절한 치료가 일어나도록 돕는 기술이 곧 목회상담이라 하겠다.

이렇게 보면, 목회상담은 참 쉬워 보인다. 그러나 상담자와 내담자 사이에 일어나는 대화적인 만남이 이루어지기 전까지 고통스럽고 지루한 과정을 지나기도 한다. 목회상담이란 상담자와 내담자가 모두 참여하여 두 사람의 언어의 세계를 넘나들며 교류하는 대화의 해석학적 과정이다.[4] 그럼으로써 목회자는 내담자가 자신의 경험을 재구성

할 수 있도록 도와주며 경험의 의미를 발견할 수 있도록 해석해 주어
야 한다.

2. 신학과 심리학의 경계에 서 있는 목회상담

보이슨(Anton Boisen)은 자신의 굴곡진 삶의 여정에서 신학의 방
법론으로 '살아 있는 인간 문서'라는 개념을 사용하였다. 이 개념은
목회자가 사용하는 신학적인 언어가 인간의 구체적인 경험 자료와 만
나야 한다는 점을 강조하는 차원에서 나온 용어다. 보이슨의 관심은
신학적 언어가 신학자와 목회자에 의하여 인간의 삶의 구체적 현장에
서 접촉점이 없이 형성되지 않도록 사람의 삶을 주의 깊게 체계적으
로 연구하여야 한다고 보았다.

오늘날 신학교에서 배운 신학이 목회 현장에서 도움이 되지 않는
다는 평가를 받는 이유를 여기에서 찾을 수 있다. 신학 이론의 울타리
에 머물지 않고 사람의 삶을 주의 깊게 살피면서 신학도 개인의 삶과
신학자들의 저술과 성서 언어를 삶으로 체득하는 과정이 있어야 개인
의 신학 체계는 완성도를 높일 수 있다.

살아 있는 인간 문서는 신학적인 언어가 이와 같은 경험과의 만남
없이 형성되는 것을 우려한 데서 나왔다. 연구의 주안점은 개인의 종
교 경험이 삶의 문제에 부딪힐 때에 어떤 의미를 부여하는가에 최우
선적인 관심을 가졌으며, 단순히 종교 체험만이 아니라 영혼이 고통

---

4) 찰스 V. 거킨, 앞의 책, 31.

받는 사람들이 회복되고 치유되는 것에도 있다.

"인간을 역사 자료를 판독하려고 읽고 해석하듯 하나의 문서로 보라."고 한 보이슨의 말은 단순히 인간 경험을 존중하라는 목회학적인 충고에 그치지 않는다. 개인이 경험하는 삶의 여정 체험은 유대 기독교 신앙전통의 토대를 밝혀 주는 역사적인 문서가 가지고 있는 깊이만큼 이나 동일하게 존중받아야 한다는 것이다. 개인의 삶으로 구성되어 있는 살아 있는 인간 문서는 그 자체로 완전한 가치가 있으며 이해와 해석의 대상이 된다. 그러므로 그것을 단지 범주화한다거나 틀에 억지로 끼워 맞추는 식의 해석은 마치 성경 본문을 설교자가 자기 의도대로 꿰어 맞추는 식으로 해석해서는 안 되는 것과 같이 소홀하게 건성으로 다루어져서는 안 된다.

내담자(교인)의 언어와 몸짓을 성서 언어와 같은 역사적 본문의 언어를 대할 때와 마찬가지로 주도면밀하고 매우 신중하고 주의 깊게 이해하고 해석하여야 한다. 보이슨은 해석학이 한 사람인 인간 문서에 역사적인 본문에 부여한 권위와 권리를 동일하게 부여해야 한다고 주장하였다.[5] 아무리 교인이나 내담자가 사용하는 말투나 행동이 이상하다고 해도 그를 존중하며 경청해야 한다. 그는 존중받을 권리를 가졌기 때문이다. 가령 대중심리학의 영향으로 혈액형으로 성격을 판단하거나, 이보다는 세련된 성격 유형 검사를 통하여 삶의 방식이나 성격을 판단하는 경우를 생각해 보자. 보편적인 성향을 가늠하는 것으로는 나름 유익할 수 있다. 그러나 한 걸음 더 들어가면, 이 같은 접근에는 한 사람의 고유하고 독특하게 살아 온 경험을 있는 그대로 존중하며 해석하려는

5) 찰스 V. 거킨, 앞의 책, 47.

자세를 갖지 못하게 되는 약점이 있다.

사람의 행동과 성격 유형을 진단하는 것은 인간을 이해하기 위하여 불가피하다. 범주화한 유형론을 통하여 한 사람에 대한 초기 이해는 시작될 수 있지만, 한 꺼풀 벗겨 한 단계 더 들어가면 유형론적인 인간 이해의 태도가 지닌 한계를 경험하게 된다. 인간 이해의 얇음이 그 사람을 오해하게 할 수 있다.

목회상담학이 등장한 것은 이십 세기 후반이다. 다른 학문에 비하여 비교적 젊은 학문인 목회상담학은 심리학과 행동과학의 이미지와 개념, 그 학문 방식의 전제와 존재론적 가정에 기초하여 발전하였다. 그러나 이러한 경향이 너무 강하여 역사적인 기독교신앙과 목회상담 실행 사이에 연계가 단절될 수 있는 위험성이 있는데, 이것을 어떻게 극복할 것인가를 생각해야 한다. 다시 말해서, 목회상담은 행동과학으로서의 심리학에 잠식되지 않고 두 학문을 잘 통합하여 인간의 고뇌에 대한 깊은 이해를 추구하는 방향으로 가야 한다.

"의미를 만드는 능력이 인간을 인간답게 만든다." 언어에 의하여 사건의 의미가 부여될 때에 우리에게 그것이 경험이 되는 것이다. 한 개인을 '살아 있는 인간 문서'로 존중하는 자세는 세계를 구성하는 언어와 인간의 경험이 만나게 될 때에 의미가 생기고 그 의미를 언어화할 때의 경험이 의미 있는 경험이 되기 때문이다. 반대로도 가능하다. 자신의 경험을 언어화할 때에 듣는 이가 공감하고 감동하여 현재 자신의 경험과 합류하게 되어 경험의 가치를 재조명하게 되는 것이다.

가령 신경숙의 소설 『엄마를 부탁해』가 영어로 번역되어 미국인에게도 인기리에 읽히는 현상을 살펴보자. 미국의 문화와 환경과는 사뭇 다른 한국의 어머니와 그를 둘러싸고 있는 가족 이야기임에도 등장인물들의 경험이 미국인에게 번역되어 그들이 소설을 읽고 그 상황을 공감하게 된다. 공감된 경험과 의미는 다시금 그들의 삶의 영역에 새롭게 구성되어 다시 경험하게 되는 것이다. 언어화에 의하여 의미를 발견하고 그 의미가 독서를 통하여 살아 있는 경험을 하도록 만들어 준 까닭이다.

사건의 의미화 과정은 대부분 무의식적이므로 때로는 경험한 사건이나 체험을 하나하나 의미화하지 못하는 경우도 있다. 삶과 언어의 연관 관계를 잘 찾아서 내적 경험의 세계와 외적인 사건의 사이를 연결하는 언어화의 작업을 잘 다루어 해석하는 것이 '경험에 대한 해석, 즉 삶을 이루는 여러 사건과 그 관계들에 대한 해석'이 된다. 다른 사람을 내면의 깊이에서 이해하는 것이 해석학적인 과제다.

그렇다면 과연 해석학적 철학자들의 생각은 어떤 것일까? 거킨은 이 과제를 해석학적 전통과 삶의 이야기를 접목시켜서 풀어나가고 있다.

3. 해석학의 전통과 삶의 이야기

1) 직관의 해석학: 쉴라이에르마허

19세기의 독일의 신학자로 해석학의 아버지로 불리는 쉴라이에르마허(F. Schleiermacher)는 말하는 이와 듣는 이 모두가 갖고 있는 언어가 있어서 이를 보편적 요소라 하였다. 보편적인 요소에서 한 걸음 더 들어가면, 듣는 것에 언어에 대한 기술적인 지식 그 이상이 요구된다고 보았다. 이를 특수한 요소라고 한다. 이것을 해석하기 위하여

심리적인 해석이나 직관적(divinatory)인 해석이 필요하다. 직관적이
란 '예견적인' '본능적인 예지를 가진' 등으로 설명할 수 있는 낱말
이다. 무언가를 꿰뚫어 보려는 자세로 상대방을 위한 직관적인 해석
을 하려는 노력을 말한다. 직관은 대화하는 동안 나타나는 말과 이야
기의 미묘한 의미의 차이를 파악하면서 상대방의 말을 경청할 때 나
타난다. 새로운 세계를 여행할 때에 신비감과 놀라움을 느끼는 것을
그 예로 들 수 있다.

2) 이해의 해석학: 빌헬름 딜타이

빌헬름 딜타이(Wilhelm Dilthey, 1833~1911)는 쉴라이에르마허의
직관의 과제를 이어받아서 인간의 내적인 삶을 표현한 것을 해석하는
분과, 즉 인문과학의 토대를 마련한 학자다. 해석의 대상은 행동, 법,
예술, 문학 모두가 포함된다. 딜타이에게는 이해한다는 개념이 중요
한 것이다. 자연은 설명되어야 하고, 인간은 이해되어야 한다고 주장
하였다.

'이해한다'는 것은 보이슨, 쉴라이에르마허 모두에게 내적인 세계
를 헤아리는 것을 뜻하였다. 이것은 단지 안다는 의미에서의 인지 그
이상을 의미한다. 다른 사람의 내적 경험에 대한 해석은 그 해석이 행
해지는 상황에 의존한다. 과학적 방법론인 주객의 도식에 의한 해석
이 아니라 주객 모델이 의미하는 바에 '거리'를 두고 접근하는 것이
필요하다고 딜타이는 주장한다. 자기 이해 자체가 자기편에서 내성
적인 주관성으로부터 거리두기를 요구한다는 것을 인식하였다. 이해
를 위해서는 힘의 언어와 의미의 언어가 중요하다.

상대방을 안다는 것은 그 사람의 세계 속으로 들어가서 거기 거주하는 것이며, 또한 그가 우리의 세계 안으로 들어오도록 허용하는 것을 의미한다. 그 사람이 경험한 대로 그 실재를 함께 경험하는 체험을 뜻한다. 이를 위하여 친밀한 융합, 즉 해석적인 앎이 일어나야 한다. 해석학적으로는 우리가 다른 사람의 언어 세계, 의미 세계로 들어갈 수 있기 때문에 들어간 정도에 비례하여 성육신적인 이해가 가능하다고 보았다. 전통적 목회상담이론에서는 이것을 공감, 라포, 수용이라는 용어로 표현한다.

3) 대화적인 과정으로서의 해석학: 한스 게오르그 가다머

가다머(Hans-Georg Gadamer, 1900~2002)는 해석을 일종의 대화적인 과정이며, 그 안에서 '의미와 이해의 지평융합(fusions of horizons)'이 일어난다고 보았다. 편견, 전이해, 편향된 시각을 가지고 들어갈 수밖에 없다고 보았다.

하나의 텍스트를 이해하려고 하는 사람은 그 텍스트가 자기에게 무엇인가를 말하도록 들을 준비가 되어 있어야 한다. 바로 이 점이 해석학적으로 훈련을 받은 사람은 애초부터 텍스트의 새로움에 민감해야 하는 이유다. 그러나 이러한 감수성은 텍스트라는 대상에 대하여 '중립'을 지킬 수 있다거나 혹은 해석자 자신을 죽이라는 것을 의미하지는 않는다. 오히려 자기가 미리 가지고 있던 전 의미와 편견을 의식적으로 동화함을 의미한다. 중요한 것은 자기 자신의 왜곡된 선견을 인식하는 것이다. 그럼으로써 텍스트는 새롭게 자신을 드러내며 독자가

지닌 전(前) 의미와 대비하여 자신의 진리를 주장할 수 있게 되는 것
이다.6)

이해의 지평이란 개념은 두 가지 면에서 중요하다.

첫째, 다른 사람을 이해하는 데 존재하는 한계를 가리켜 준다. 공
감이 온전히 이루어지는 것은 하나의 지평, 어떤 한계 영역을 지닐 때
비로소 실현된다. 돌보는 자와 돌봄을 입는 자의 주체성 모두 한계를
나타내는 것이다. 지평 융합을 통하여 다른 사람의 말을 듣고, 그들
이 우리의 이해에 대해 던지는 질문을 새겨보며, 우리 또한 다른 사람
을 향하여 같은 것이 일어나도록 허용하는 것이다.

둘째, 변화의 가능성을 인식하는 것이다. 변화란 무엇인가? 변화한
다는 것이 무슨 의미를 지닐까? 미래에 일어날 수 있는 새롭고 신기한
가능성을 여는 것이다. 변화의 요인은 치료적인 관계에 있다고 볼 수
있다. 가다머의 이해의 지평융합에 대한 해석학적 개념은 목회상담
에 좋은 실마리를 제공한다. 다른 사람들과 관계 맺음을, 내담자와
상담자가 새로운 것을 개방적으로 대하면서 상호주관적으로 경험하
는 부요함, 섬세한 균형 그리고 서로 간에 보여 주는 상호 존중으로
볼 때 변화의 원인을 찾을 수 있다. 이것을 가다머는 일종의 게임이라
고 규정한다. 대화 참여자의 상호 주관적인 놀이, 즉 해석적인 만남
을 통하여 양자를 모두 초월하는 진정으로 새로운 어떤 것이 생겨난
다는 것이다.

이해의 변화(altered understanding)라는 사실에 존재한다. 인간의

---

6) Hans-Georg Gadamer, *Truth and Method* (New York: Seabury Press, 1975), 269-74.

문제와 상황에 대한 인지적인 이해는 다른 사람과의 대화의 해석적인
만남으로 의해 변화될 수 있다.

> 일상적인 추론의 근거가 되었던 토대를 뒤흔드는 어떤 일이 일어
> 난다. 그리하여 죽음이나 실망 혹은 실패감이 환자의 세계관을 밑
> 바닥에서부터 재건립하도록 철저하게 요구할 수도 있다. 그리고 마
> 음이 자신이 어디다 놓을지 잘 모르는 어떤 한 가지 관념에 지배당
> 한다. 내 생각에 그것이 바로 나의 고통이었다고 본다. 다른 많은
> 사람들도 바로 똑같은 문제로 고통당하는 듯하다.[7]

보이슨은 여기서 고통을 가진 사람의 문제를 사건에 대한 경험과
그 의미와 관련된 사고(관념)의 연결점에 자리 잡게 한다. 여기서 폴
틸리히가 말한 운명이 등장한다. 유한한 피조물로서 우리는 현실과
사건에 종속되어 있다. 곧 인간의 주어진 상황에는 단단하고 굽혀지
지 않으며 강력한 어떤 것이 있다. 단단하고도 좀처럼 굽혀들지 않는
어떤 힘이 존재하여, 그것이 개개인의 독특한 상황에서 다양한 모양
과 형태를 엮어 낸다. 변화는 이러한 주어진 운명과 같은 것을 변화하
려는 내적인 힘을 창출해 가는 힘, 밑바닥에서부터의 재구조화가 이
루어질 때 일어나는 것이다.

---

7) Boisen, *The Exploration of the Inner World*, p. 11.

4) 두 가지 언어의 해석학: 폴 리쾨르

리쾨르(Paul Ricoeur, 1913~2005)는 실존주의, 현상학, 정신분석 이론을 모두 접목하려고 노력한 학자였다. 프로이트의 저술을 연구한 후에 리쾨르는 힘과 의미의 두 가지 작용으로 프로이트를 평가하고 있다. 도움을 요청하러 온 사람이 의식하며 말하는 것을 듣는 사람은 이해하려는 노력을 기울인다. 이때 펼쳐지는 이해의 지평에는 힘의 언어와 의미의 언어 모두가 존재한다. 이 두 가지 언어 수준 모두에 주의를 기울여야 한다. 힘을 가진 무의식 경험의 언어에 대하여 의미의 언어를 찾는 작업이 필요하다. 의미의 언어를 찾아가는 작업은 목회상담자에게 반드시 필요하다.

5) 허버트 핑가레트

핑가레트(Herbert Fingarette)은 리쾨르와는 다르게 두 가지 과제를 언급하고 있다.

첫째, 정신분석적 과정을 감추어진 현실을 찾아내는 것으로 보고 위장된 현재의 베일을 벗기는 것으로 보았다.

둘째, 숨겨진 현실을 찾아내는 것이 해석 과정의 목적이라기보다는 과거와 현재를 모두 새롭게 해석해 주는 것이라고 하였다.

치료적 통찰은 환자에게 그의 과거 모습이나 현재 모습을 보여 주는 것이 아니라 새로운 사람으로 변화시켜 주는 것이다. …… 현재 경험의 의미를 재조직화하는 것이다. 즉, 미래와 과거 모두를 향한 현재적인 전환이다.

　해석학 전통의 철학자들의 연구 성과를 목회상담에 접목시켜 삶의 이야기를 깊이 있게 다룰 수 있는 방법을 살펴보았다. 이야기를 듣고 깊은 심층에 가려져 있는 의미를 찾고 구조화하는 작업의 중심에는 항상 신앙과 궁극적인 목적의 물음이 있다. 목회상담을 하다 보면 항상 하나의 언어만으로는 그 사역을 충분히 수행하기 어렵다. 목회자는 궁극적인 신앙을 인도하며 안내하는 상담자로서 내담자의 경험과 의미의 연결점을 해석하고 재구조화하는 것을 도와준다. 신앙 언어를 말하는 내담자에게 목회자는 신학 언어를 활용하여 도울 수 있다. 비록 성경 언어이건 해석하기 어려운 은유, 상징, 신화의 언어이건, 각자 독특한 삶의 이야기 언어일지라도 신학 언어로서의 해석과 구조를 붙들고 엄밀하고 신중하게 해석할 수 있어야 한다. 후반부에 목회상담에서 성경 사용을 언급하는 장에서 좀 더 구체적으로 다루게 될 것이다.

4. 생의 중심 이야기 발굴하기

　지금껏 삶의 이야기를 다루기 위하여 살아 있는 인간 문서의 의미를 살폈다. 여기엔 두 가지 언어가 있다. 첫째, 힘의 언어(force language)다. 우리의 삶을 형성하고 삶의 윤곽과 실존적인 정체감을 제공해 주는 힘을 가진 언어다. 둘째, 의미의 언어(meaning language)다. 우리의 경험과 그 기저에 있는 힘들에 의미를 주는 해석의 언어다. 사회 문화적으로 통용되는 이미지와 상징, 신화와 비유와 은유에 의존하여 해석을 위하여 그것들을 사용한다.

보이슨이 말한 것과 같이 인간이 경험하는 정신적인 고통의 깊은 핵심과 경험에 대한 관념, 사건과 사건에 대한 '의미 언어'와 연결점을 두었다는 것이 근본적으로 옳다. 어려움을 겪는 사람들이 도울 사람을 찾는 때는 바로 이러한 연결점이 차단되고 왜곡되고 불가능하게 여겨질 때이다. 돕는 사람은 바로 해석자로서 새로운 의미와 가능성을 제시해 주는 사람이다. 목회상담자의 역할은 어려움을 당한 사람들을 그들의 편에 서서 삶의 구조를 재건하여 주고, 그들의 의미 언어를 재건하도록 해석해 주고 안내해 주는 것이다.

대부분의 내담자는 자신의 이야기를 할 수 없게 만드는 어떤 장애물에 막혀서 답답해하고 있을 때 목회상담자를 만나게 된다. 이럴 때에 해석학적인 물음이 발생한다. "어떤 상황에서 이야기를 풀어 나갈 것인가?" 이야기를 할 수 있는 분위기를 조성하는 것이 필요하므로 무엇보다도 목회자는 그들이 이야기할 수 있도록 돕는 것이 중요하다.

거킨은 내담자 자신에 대한 질문, 자신에게 고통을 주고 있는 제삼자에 대한 질문을 할 때에는 그 상황과 그 상황을 경험하는 자신의 삶에 대한 의미를 추구하는 것이라고 보았다. 어떤 경우에는 말문을 열지 못하는 경우가 있기도 하고, 덜 고통스럽고, 말하기 덜 당황스러운 것들을 먼저 이야기하기도 한다. 그들의 이야기는 화나는 이야기, 슬픈 이야기, 실망하고 상처받은 이야기, 실패와 성공에 관한 이야기, 얽히고설킨 인간관계에 대한 것들이었다고 고백한다.

상담 초기 목회상담자로서의 경험을 성찰하여 두 가지 사실을 발견하였다.

첫째, 과거의 좌절된 꿈이 현재의 삶과 연관되어 있다는 것이다. 삶의 흐름에 장애물을 만나서 가로막혀 무언가 답답해하고 있다는 것이며, 이때 해석학적 질문을 하거나 해야 한다. "도대체 이것이 무엇을 의미할까?"

둘째, 내담자의 이야기를 들으며 상담자는 머릿속에서 끊임없이 이야기 뒤에 숨겨 있는 삶의 이야기를 찾는다. 비언어적 신호, 몸짓, 얼굴 표정, 자세, 어조 등을 이해하기 위하여 상담자가 해석학적 질문을 던진다. 상담자에게는 이미 전에 만났던 사람들의 이야기에 대한 해석학적 이해와 경험이 내면에 있다.

새로운 상담 관계를 맺어가고자 할 때에 불안감과 한계 상황을 느끼게 되는 목회상담자는 좌절된 과거의 꿈과 숨은 이야기들을 가지고 전혀 새로운 이야기를 접하면서 열린 관점을 가지고 목회 돌봄과 상담을 시작해야 한다. 그런 과정을 통하여 상담자가 지니고 있는 전이해들과 내담자로서 가지고 있는 문제와 필요로 하는 것에 대한 전이해들 사이, 그 중간에서 성령께서 활동하신다.

5. 목회상담의 시작을 위하여

상담을 요청한 내담자를 만나기 전에 목회상담자는 상담을 앞두고 자신이 경험한 다른 교인들이나 내담자에 대한 기억을 더듬게 된다. 그들과 나누었던 상담 장면이 스치듯이 생각날 것이다. 그러나 이러한 생각과 기억의 흐름은 곧 만나게 될 내담자를 이해하는 데 간혹 도움이 될 수도 있지만 과거의 기억에 얽매인 판단을 하는 것은 현재

의 내담자를 이해하는 데 도움이 안 될 수 있다는 점을 염두에 두어
야 한다.

목회자는 내담자가 해석하는 삶의 이야기를 일단 듣고, 그 이야기
에 흐르고 있는 드러나지 않은 이야기를 발견해 내야 한다. 이런 이야
기의 일관성 있는 흐름을 파악한 상담자가 그 사람의 영혼의 삶의 세
계로 들어가게 된다.

대체로 이러한 이야기는 처음 만날 때부터 등장하지 않고, 때로는
깨어진 유리 조각처럼 앞뒤가 잘 맞아 들어가지 않는다. 애매모호하
고, 부분적으로 연관성을 찾기 어려운 모양을 갖추고 있기도 하다.
어떤 때는 상징적인 이미지로 표현되기도 하고, 어떤 때는 단순한 사
건 중심의 이야기가 어떤 느낌을 맴돌며 반복되어 말해지기도 한다.

그런 모호한 주제와 감정이 교차하는 이야기 가운데 중심 이야기
를 찾아가는 책임이 상담자에게 있다. 내담자가 "내가 이제껏 무엇을
잃어버리고 살았는지 알 것 같아요." 하고 긍정적인 언급을 할 때 상
담자의 내면에서는 내담자가 의무와 자유의 양자 사이에서 갈등하는
이야기가 중심에 있다고 판단할 수 있다.

상담자가 내담자의 이야기를 듣고 있다 보면, '사실'과 '해석'의
사이에서 판단해야 하는 문제가 생긴다. 좀 더 깊은 대화가 이루어지
면 내담자의 삶에 대한 해석학적인 대화에 들어갈 수 있는가를 생각
해야 한다. 내담자가 자신의 삶에 대해 해석하는 것, 자신이 기억하
는 가족들의 행동과 이미지를 수정해 주어야 하는가? 아니면 그런 생
각을 지지해 주고 확신시켜 주어야 하는가? 그 사이에 과연 올바른 해
석과 사실은 조화를 이룰 수 있을까? 고민하게 된다.

모든 해석에는 전이해가 개입되어 움직인다. 상담자나 내담자가 가

진 해석의 배후에는 각자 나름의 경험과 해석의 역사가 있기 때문이다. 해석의 진위 여부에 대한 판단은 내담자나 상담자 자신이 가진 해석의 역사에 따라 변할 수 있는 가변적인 것이다.[8] 이야기된 진실과 역사적 진실에는 간극이 있다. 그럼에도 불구하고 쌍방의 해석의 관점과 경험의 역사에 따라 유연하게 판단할 수 있는 자세가 요구된다.

1) 이야기된 진실과 역사적 진실

목회상담자는 내담자가 이야기하고 있는 사실에 대한 진실 여부를 판단하기 위하여 두 가지 태도를 가질 수 있다.

첫째, 사례에 대한 정확한 사실을 찾으려는 유사과학적 방법이다. 이는 마치 형사가 용의자를 추적하듯이, 증거를 발견하기 위하여 질문하듯이 내담자가 경험한 역사적인 사실을 찾아가는 것이다. 이는 힘의 언어에 대한 분석이다. 잘못된 기억과 잊어버린 사실 등을 찾아내어 기억의 오류를 바로잡아 주는 것이다. 이렇게 하면 내담자가 갖고 있는 과거에 대한 부정적인 해석이 주었던 마음의 짐을 덜어주고 잘못을 수정하는 이점이 있다. 사실과 해석이 일치되거나 조화를 이루면 진실한 이해를 얻게 되어 대인관계와 행동에 긍정적인 변화를 만들 수 있다.

둘째, 사실에 대한 해석을 유보하고 일단 내담자가 말하는 이야기를 수용하고 지지해 주며, 확신시켜 주는 태도다. 내담자가 원하는

---

8) Donald P. Spence, *Narrative Truth and Historical Truth: Meaning and Interpretation in Psychoanalysis* (New York: W. W. Norton, 1982); Serge Viderman, "The Analytic Space: Meaning and Problems," *Psychoanalytic Quarterly*, 1979.

것이 이런 태도일 수 있다. 내담자에게 집중하고 이해하고 긍정해 주는 태도를 견지한다. 인본주의 심리학파인 칼 로저스학파가 하듯이 '무조건적으로 긍정하고 배려'하는 자세를 갖는 것이다.

첫 번째 자세는 힘의 언어의 관점이며, 두 번째 자세는 의미의 언어를 향한다. 이 두 가지 태도가 힘과 의미의 균형 잡힌 긴장 관계를 유지할 때 목회상담이 바르게 실행될 수 있다. 거킨의 관심을 목회상담에 적용하면 "힘의 언어와 의미의 언어 사이의 긴장 관계를 항상 유지해야 한다."9)는 것이다. 인간의 상황을 올바로 이해하기 위해서는 힘과 의미의 두 가지 축을 함께 고려해야 한다.

내담자의 자기 해석을 돕기 위하여 거킨은 세 가지 요소를 말하고 있다.

첫째, 생애 초기 양육자와 긍정적인 대상관계를 수립하였는가? 그렇지 못하였다면, 내담자의 성장 과정에서 왜곡된 대인관계로 자리 잡게 된다. 이는 대상관계이론가들이 초점을 갖고 진행하는 중요한 개념이다. 좋은 대상 경험은 초기 유아기에 자기/자아 구조를 구축하는 데 중요하다. 초기 양육자와의 관계를 어떻게 수립하였는가를 묻고 탐색하는 것을 통하여 초기 대상 관계 경험을 찾아낼 수 있다.

둘째, 생애 주기의 관점으로 내담자의 상황을 살펴볼 수 있다. 가족관계, 직장 또는 학교생활에서의 상황, 동시대 사람들의 문화 가치와 풍속에 대한 인식을 찾아본다. 내담자가 처해 있는 생애 주기의 단계는 어디에 처해 있는가를 해석해 주어 자신이 처한 상황을 객관화할 수 있다.

---

9) 찰스 V. 거킨, 앞의 책, 166.

셋째, 신앙과 문화의 연결점에서 분석할 수 있다. 내담자가 교육받았던 도덕적 기준, 가족에 대한 헌신과 책임감, 시대의 흐름에 대한 내담자의 평가는 무엇인지 탐색할 수 있다. 과거 교육의 영향에 부합되게 살아야 하는지 방황하고 있지는 않은지도 주요 탐색의 주제가 된다.

상담은 힘의 언어와 의미의 언어 두 가지의 균형 있는 접근을 통하여 단순히 이야기를 나누는 차원에서 발전하여 더 깊은 영혼의 문제를 발굴해 내는 작업이 되어야 한다. 내담자의 삶에 대한 '이해의 지평 융합'을 통하여 그의 미래를 새롭게 해석하고 새로운 변화된 이야기를 가능하게 하는 새롭고 창조적인 일이 일어나게 하는 것이다. 여기에 대상관계이론의 개념을 개입시키면 내담자가 자신과 자신의 대상관계를 새롭게 형성할 수 있도록 중간 공간(transitional space)를 만들어 보는 것이다. 그렇게 함으로써 상담 과정에서 상담자가 제공하는 그 공간에서 내담자는 하나님의 자녀로서 자신을 이해하게 되는 새로운 삶의 이야기를 전개할 수 있게 된다.

2) 해석학적 순환

거킨은 지그문트 바우만(Zigmunt Bauman)의 해석학적 순환(hermeneutical circle) 개념을 인용하고 있다. "이해는 순환을 거친다는 것을 의미한다. 다소간 불확실한 지식을 좇아 직선으로 나가는 것이 아니라 모아진 기억에 대하여 거듭 확인하고 계속 반복하여 더욱 풍부하고 좀 더 선택적으로 지식을 추구하는 것이다."[10] 성격의 발달과 변화에 개념에도 해석학적 순환 개념을 적용할 수 있다. 이는 일직

선으로 가는 방향이 아니라 나선형적인 순환의 곡선을 그리며 앞으로
또는 위로 나아가는 변화라고 할 수 있다.

상담 과정은 두 사람이 끝을 알 수 없는 해석의 과정을 겪어 내야
하는 것이다. 이 과정에는 어떠한 이야기를 넓고 깊은 차원에서 나눌
수 있는 관계가 먼저 이루어져야 한다. 서로의 이야기와 느낌을 함께
나누며, 상담자와 내담자가 함께 내담자의 영혼이 지닌 깊은 문제들
과 그들의 삶의 주된 문제를 다루게 된다. 필자의 경험을 보더라도 이
러한 문제에 대한 해결과 해석의 과정이 여러 해를 거쳐서 이루어지
기도 하고, 어떤 경우에는 순간의 경험, 몇 분 동안 나눈 대화를 통하
여 얻기도 하고, 수십 년간의 세월과 시간이 경과되기도 한다.

해석학적 순환은 대화와 질문에 의하여 순환의 구도가 드러난다.
직접적인 상담 관계에서 현재의 인간관계의 장으로, 그것이 다시 과
거의 중요한 상담 관계로 순환한다. 이 순환은 끊임없이 반복되어 진
행된다. 도움을 요청하던 내담자가 문제가 해결되었다고 느끼거나
상담 과정을 통하여 어떤 성과를 얻었다고 느꼈을 때 그 과정은 끝이
난다.

거킨은 해석학적 순환을 목회에 적용할 때 관계가 이루어지는 세
영역, 즉 개인의 삶, 역사와 사회, 종말론적 세계의 영역과 밀접하게
연결된 상태에서 인간의 필요성을 깊이 생각해야 하는 점을 지적하고
있다. 과거와 현재와 미래라는 시점을 택하여 해석의 폭이 점점 넓어
진다. 미래의 행동이나 소망, 자신의 긍정적인 변화된 모습 등이 역

---

10) Zygmunt Bauman, *Hermeneutics and Social Science* (New York: Columbia
University Press, 1978), 17.

사적인 관점에서 구성되는 내용이다.

변화의 문제는 계속되는 주제인데, 가령 확대된 전이해, 이해 지평의 융합의 가능성, 영혼의 삶 속에 있는 깊은 문제 들추어내기, 해석학적 순환 등이다. 이것을 통하여 상담의 궁극적인 목표라 할 수 있는 변화와 성장을 추구한다.

3) 이야기의 변화: 정신분석학적, 해석학적, 신학적 시각

변화란 무엇을 의미하는가? 상담자와 내담자가 서로 인정하지 않을 수 없는 변화의 한계점은 무엇인가? 목회상담자는 어떠한 방법론적인 자료를 사용해야 하는가? 이러한 질문은 우리의 목회상담을 한층 더 차원을 높일 수 있는 자극을 줄 것이다.

심리학에서는 변화에 대한 다양한 견해를 발전시켰다.

첫째, 과학적 접근을 하는 행동주의자들은 협소한 견해를 보인다. 즉, 적절한 조건화 방법을 통해서 일어날 수 있는 행동 수정을 말한다.

둘째, 결혼과 가족 체계, 의사소통 심리학의 경우, 가족의 구조적 역동성을 재배치하거나 의사소통의 패턴을 변화시키는 것과 관련된다. 이는 힘의 언어를 강조하는 것처럼 보인다.

한시라도 바삐 변화를 얻으려는 목회상담자는 이러한 방법론에 매력을 느낄지도 모른다. 행동주의 방식은 실질적이기는 하지만 제한된 효과만을 주는 것으로 보인다. '대증요법'에 불과한 것으로 평가될 수도 있다. 본질적인 문제를 해결하지 않은 채 증상과 눈에 보이는 현상에 치우치는 방편이 될 수도 있다. 알코올중독, 아동학대, 강간, 배우자 강간 등의 파괴적인 행동을 저지해야 하는 특수 상황에서 적용될 수 있다.

이에 반하여 셋째, 정신분석학 전통에 서 있는 대상관계이론가들은 통합된 자기 및 대상 이미지 형성을 기반으로 한 변화를 강조해 왔다. 행동주의와 체계이론보다 균형 잡힌 접근을 갖고 있다. 이들의 임상적 관심은 바로 초기의 유아기적인 자기애적 상처나 개별화의 실패 등으로 인하여 손상된 자기 감각을 가지고 있는 사람들을 이해하고 이들에게 치료적인 도움을 주려고 하였다.

대상관계이론가인 오토 컨버그(Otto Kerberg)를 인용하면, 다음과 같다.

> 참다운 자기는 오직 다양한 자기 이미지들이 하나의 통합된 자기 개념으로 조직화될 때 비로소 나타나게 된다. 통합된 자기 개념은 곧장 대상에 대한 통합된 표현과 연관된다. 따라서 임상적으로 말하자면, 우리가 진정함을 회복하게 되면 동시에 우리의 상호 분열된 자아의 국면도 통합된다고 할 수 있다. 많은 환자의 경우 '참 자기'가 억압된 장애물 밑에 감추어져 있는 것이 아니라, 오직 분열된 구조로서만 잠재적으로 존재하고 있다. 이러한 잠재적인 구조는 오로지 정신치료적 관계의 과정을 통해 통합을 위한 노력을 한 끝에야 비로소 활성화될 것이다.[11]

변화란 통합(integration)과 통전성(wholeness)과 관련이 있다고 컨버그는 보았다. 변화되기 전의 자기는 분열되고 분리된 이미지, 마

---

11) Otto Kernberg, *Object Relations Theory and Clinical Psychoanalysis* (New York: Jason Aronson, 1976), 121.

치 깨어진 유리 조각과 같거나 흩어진 수은과 같은 파편화된 이미지를 갖고 있다. 분석을 통하여 자기가 통전성을 갖게 되면 건강하고 진정한 자기로 성장한다는 것이다. 위니컷이 말한 파편화된 자기에서 응집적 자기(coherent self)가 되어 가는 과정이다. 코헛도 분열되고 구축되지 못한 자기구조를 개선하여 정신분석가의 도움을 받아 핵심적 자기(nuclear self)를 수립한다는 이론을 주장하였다.

신학적인 관점에서 거킨은 해석학적인 중간 공간에서 내담자와 상담자가 만나서 상호작용을 할 때에 성령의 역사를 기대할 수 있다고 전망한다. 달리 말하면 "중간 공간 안에서의 상호작용을 통하여 상담자와 내담자는 성령의 인도하심에 보다 개방적이 될 수 있으며, 성령의 역사는 인간이 세워 놓은 현실과 하나님이 가져오시려는 새로운 현실 사이에 존재하는 틈새에서 이루어진다. 중간 공간이라는 해석학적 놀이에 참여하는 자들은 하나님의 은총으로 말미암아 이같이 새로운 실재를 경험할 수 있는 놀이에 참여할 수 있게 된다."[12]

치료적 변화를 추구하기 위하여 상담자는 내담자가 상담 현장에 와 있다는 것이 얼마나 힘들고 수치스럽고 고통스러운가를 공감할 수 있어야 한다. 너무 성급하게 자신의 삶의 이야기를 개방하려고 하는 상담자의 태도는 내담자에게 공격적이고 침범적(impinging)으로 느껴질 수 있다. 상담자는 내담자가 스스로 개방할 수 있을 때까지 인내하고 기다려 주는 자세가 필요하다.

상담자 입장에서는 새로운 상담 현장에 들어갈 때마다 언제나 한계 상황에 부딪히게 되는 불안과 두려움이 상담자의 내면에 도사리고

12. 찰스 V. 거킨, 앞의 책, 194.

있기도 하다. 내담자의 이야기가 상담자 내면의 과거의 삶의 이야기와 부딪쳐서 자극이 가해지고, 고통스러운 경험을 하기도 한다. 이러한 전이/역전이의 현상은 비일비재하게 상담과 목회상담 현장에서 일어나는 사건이다. 그럼에도 목회상담자는 자신의 삶의 이야기를 통하여 내담자를 더욱더 잘 이해하고 수용하려는 자세를 갖고 접근해야 한다.

목회상담자는 자신의 경험과 삶에 대한 적절한 이해를 가졌음에도 상담 관계가 가져오는 위험성에 처하려는 자발성을 가져야 한다. 거킨은 변화를 가져오는 상담자 역할에서 가장 힘든 단계로 타인의 경험을 대리적으로 경험해야 하는 점을 들고 있다. 내담자의 고통스러운 현실 경험의 한복판에 함께 서서 균형 있게 내담자의 삶의 문제에 함몰되어서도 안 되며, 상담자 자신의 해결되지 못한 문제에 의하여 내담자의 현장을 오판해도 안 된다. 이때에 성육신하신 예수님의 입장을 깊이 공감하고 경험하게 된다. 목회상담자는 이러한 십자가의 신학과 성육신의 교리를 지적인 인식의 차원이 아니라 실제 경험과 구체적인 현실에서 체화할 수 있도록 준비되어야 한다.

타인의 행복을 위하여 대리적으로 고통을 당하는 그 장소가 그리스도의 대속의 삶을 실현하는 곳, 그곳이 목회상담이 추구하는 현장이며, 삶과 생명의 나눔의 장소다. 여기에 해석학적인 놀이와 하나님과 인간의 만남의 장소가 될 수 있는 중간 공간을 제공하는 목회상담자의 삶은 곧 하나님의 창조의 능력과 그리스도의 대속의 고난과 우리를 도우시는 성령의 역사와 현존을 통하여 인간의 삶을 성장시키고 변화시키는 하나님 나라에 동참하는 삶이 될 것이다.

제5장

행복한 **목회상담자**

1. 행복: 삶의 질 높이기

상담이란 무엇인가? 이에 더해 기독교상담은 무엇이며 목회상담은
또 무엇인가? 어떤 이들은 전문적인 기술을 상담이라고 정의하고 있
고, 어떤 이들은 어떤 철학적인 생각과 태도에 중점을 두어 정의하고
있다. 그러나 필자는 '상담은 사람과 사람의 관계맺음이다.'라고 정
의한다. 즉, 상담은 사람과 관련된 일이라고 정의하였던 칼 메닝거의
입장에 초점을 맞출 수 있겠다.

상담자는 우여곡절을 겪은 자신의 경험을 영적·정서적 자원으로
활용하여 이웃들의 행복과 삶의 질을 신장시키는 일을 하는 사람이라
할 수 있다. 행복을 가늠할 수 있는 척도는 개별적이며 상대적이다.
이렇다 저렇다 딱히 꼬집어서 행복을 이야기할 수 없지만, 이 장을 통

하여 시도를 해 볼 생각이다.

우리의 행복은 자기의 자리 찾기에서 얻을 수 있다. 진정한 자기 자신이 되는 것, 자기정체성을 확립할 때 가능해지는 것이다. 유학 시절에 종교와 심리학, 신학을 아우르는 강의 몇 가지를 들은 적이 있다. 영어로 번역된 불교 경전을 위시하여 유교 서적 몇 권을 읽게 되었는데, 필자가 연구하고 있었던 종교심리학과 상담에 가장 근사치로 다가왔던 것이 조선조의 유학자들의 사상이었고, 논어였다. 군자의 자기정체성과 윤리가 다루어진 글에는 정명사상(正名思想)이 자리 잡고 있었다. 쉬운 표현으로 정리하면 '아버지는 아버지답게, 어머니는 어머니답게 사는 도리'라고 하여 더 나아가 '목회자는 목회자답게, 전문가는 전문가답게'라는 기치로 이해할 수 있다. 목사는 목사답게 사는 것이 가장 이치에 맞는 삶이다. 즉, 자신의 위치에 맞게 사는 것이 행복이다. 그런 차원에서 상담자의 행복은 무엇보다도 역시 상담자답게 사는 것이 행복을 추구하는 비결이 될 수 있겠다.

이 장에서는 최근 작고하신 프린스턴의 목회신학자 도널드 캡스(Donald Capps) 교수를 추모하고자 한다. 그는 나에게도 학문과 삶의 중요한 조언자 역할을 해 주셨다. 캡스 교수는 1990년에 돌아가신 필자의 지도 교수 세이어 박사와 함께 시카고 대학교에서 수학했던 분으로, 지도 교수에 대한 그리움으로 힘들었던 때 따뜻한 위로와 격려를 주셨다. 그런 인연으로 그 분의 저서 두 권[1]을 번역하기도 하였다. 캡스 박사는 어처구니없게도 프린스턴 신학교 교정에서 교통사

---

1) 캡스 박사의 저술 *The Depleted Self: Sin in a Narcissistic Age*는 『고갈된 자아의 치유』로, *Deadly Sins and Saving Virtues*는 『대죄와 구원의 덕』으로 한국장로교출판사에서 필자의 번역으로 출판되었다.

고로 돌아가셨다. 기껏해야 시속 25~30마일 정도로 주행할 수밖에 없는 교정에서 사고로 돌아가셨다는 것이 이해가 가지 않아 슬픔은 더 컸다. 조문을 할 수는 없었으나, 그가 일찍이 저술한 책에서 말하고 있는 '희망의 통로(Agents of Hope)'[2]라는 개념을 소개하면서 심심한 조의를 표하고자 한다.

필자에게 행복이란 자신이 하는 일과 삶을 통하여 다른 이들에게 삶의 위로와 변화, 기쁨을 제공하는 것이다. 행복 추구가 인간의 보편적인 특성이란 것에 동의하는 독자라면 이 장 제목의 의도를 벌써 파악하였을 것이다. 행복이란 단어를 좋아하지 않는 사람도 있을 것이기에 마음이 가볍지 않으나, 적절한 단어를 찾지 못하여 지금의 최선으로 '행복한 목회상담자'라고 제목을 잡았다.

2. 행복을 위협하는 세 가지

캡스 교수는 그의 책에서 행복의 반대 개념, 즉 행복을 위협하고 행복을 방해하는 것을 세 가지로 소개한다.

1) 절망: 개인적인 희망의 종결

의미치료(logotherapy)를 개발한 빅터 프랭클은 절망은 "의미 없

---

2) Donald Capps, *Agents of Hope: A Pastoral Psychology* (Eugene, OR: Wipf and Stock Publishers, 2001).

이 고통당하는 것"[3]이라고 보았다. 광범위하고 추상적인 개념인 절망을 알기 쉽고 손에 잡힐 만한 낱말로 바꾸어 묘사한다면 '자신에게 일어나야 할 일이 일어나지 않으며, 다른 사람들은 느끼고 깨달았지만, 자신은 알 수가 없는 것'이라고 할 수 있다. 요즘 우리가 흔히 사용하는 로망, 소원, 이러한 것들은 희망을 갖고 살아가는 사람들에게 있는 것인데, 절망은 이것이 전혀 없다는 것이다. 절망은 희망과는 반대의 의미를 가졌으며, '내 원하는 바가 다른 사람들에게는 일어났고, 나에게는 이론적으로 혹은 상상에서는 가능한데, 내 개인적인 삶과 환경에서는 불가능하다.'고 느끼는 것을 말한다.

에릭슨의 '인생주기이론(life cycle theory)'에 의하면, 절망감은 노년기에 나타나는 것이지만, 특히 어린 시절·청소년 시절에 가졌어야 할 모든 상황과 극복했어야 할 장애물을 극복하지 못했을 때 생겨나는 것이 쌓여 커다란 쓰나미처럼 몰려오는 것이라고 정의하고 있다. 즉, '잃어버린 시간, 상실된 시간'에 대한 후회감이기도 하며, 돌아가야 할 삶의 시기에 대한 후회와 낙심 등을 이야기할 수 있다. 낭비하고 헛되게 보낸 삶, 잘못 인도된 삶, 그래서 잘못된 직업과 잘못 선택한 배우자, 인생의 목표와 가치를 잘못 계산하고 선택한 것에 대한 깊은 후회 등이 절망의 증상이다. 나이라도 젊으면 다시 시작해 볼 텐데 해는 서산에 지고 가야할 길은 아직도 멀고, 허리도 아프고, 다리도 아프고 배도 고픈 그런 상황을 말하는 것이다.

이러한 절망이 누적되어 걷잡을 수 없이 증상으로 표현되는 절망

---

3) Victor Frankl, *Man's Search for Meaning: An Introduction to Logotherapy*, trans. Ilse Lasch (New York: Washington Square Press, 1963), 104-5.

감이 우울증을 만들어 낸다. 우울증의 두 가지 주요 원인은 절망감과 관련이 있다. 하나는 '희망이 없는 상태(hopelessness)'이고, 다른 하나는 '해결되지 못한 비애(unresolved grief)'다. 미래는 막혀 있고, 앞으로 할 수 있는 어떤 것도 도무지 상상할 수 없다고 간주하여 모든 것을 포기해 버린 상태가 우울증의 심리 내면의 상황이다. 이 시점에 상담자로서의 역할이 우리에게 분명히 주어진다. 이들을 상담하고 도와주는 것이다. 그런 상황에 무엇보다도 필요한 것은 상담자 자신에게 미래와 주어진 시간에 대한 희망과 의미를 갖는 것이다. 상담자 자신이 미래에 대한 희망과 삶에 대한 의미를 느끼지 못하고 살아가면서 어떻게 어려움에 처한 사람들을 도울 수 있겠는가! 요즘 흔히 쓰는 말로 '멘붕(멘탈리티의 붕괴)'이다. 이는 정신적인 문제를 가진 상태인데, 시간과 의미, 미래에 대한 상실 또는 파편화 되어 버린 미래를 갖고 있는 경우거나 아예 미래가 없는 경우를 잠깐 또는 오랜 시간 동안 느끼는 상태를 묘사할 때 사용하는 유행어이자 속어다. 곧 절망 상태가 지속되어 나중에는 그 절망 상태가 어디서, 언제, 무엇 때문에 시작되었는지도 모르는 상태에서 우울증(주요우울장애)으로 진단을 받거나 다른 이들로부터 혹은 자기 스스로 진단하게 된다.

최근 청년들의 절망이 극심하다. 조금만 눈을 돌려 보면 20~30대 사망 원인의 으뜸이 자살이란 통계도 읽어 낼 수 있다. 청년 실업도 나날이 늘어나고 있고 청년들의 고통은 미래에 대한 불확실성으로 이어지고 있다. 이 시대 청년들에게 희망을 불어넣는 감동을 주었던 드라마가 한 편 있었다. 바로 〈미생〉으로, 바둑으로 인생을 시작하다시피 한 장그래가 고졸 그것도 검정고시 출신이라는 현실을 딛고 대기업 계약직 사원이 되어 발생하는 이야기가 멋들어지게 이어졌던 드라마다.

미생이란 뜻은 바둑에서 두 집이 되지 못하여 살지 못한 상태를 표현하는 말이며, 두 집이 나서 살게 된 상태를 완생이라고 한다. 드라마는 종합상사에서 일어나는 일상의 사건을 통하여 주인공만이 아니라 거기 등장하는 인물 모두가 미생 상태라는 것을 주제로 전개되고 있다. 그 작품을 쓴 만화작가 윤태호는 "완생이란 것은 쟁취의 대상이 아니라 지향하는 대상"이라고 말하면서 주어지는 장면에 메시지를 넣어 이 시대의 젊은이를 격려하고 위로하고 있다. 목표를 향하여 끊임없이 분투하는 노력이 드라마의 메시지라고 한다. 인상 깊은 대사 몇 가지만 소개하자면, 다음과 같다.

- "잊지 말자. 나는 어머니의 자부심이다."
- "공을 넣으려면 일단 공을 차야 한다."
- "책임을 느끼는 것도, 책임을 지는 것도, 책임질 만한 일을 하는 것도 다 그럴 만한 위치에 있는 사람의 몫이자 권위다."

이러한 대사들은 성경과도 연관 지을 수도 있다. 빌립보서의 바울도 "내가 이루었다 함도 아니라, 끊임없이 달려가노라."라고 말하고 있다. 잠언 13장 12절에는 다음과 같은 구절이 있다. "소망이 더디 이루게 되면 그것이 마음을 상하게 하나니 소원이 이루는 것은 곧 생명나무니라." 너무 지나치게 지연되는 삶의 상황은 사람을 절망하게 하고 마음을 상하게 한다는 잠언의 말씀은 중요한 지침이 될 것이다.

2) 무감각: 욕구가 없는 상태

절망 가운데 처하여 희망을 꿈꾸지도 못하는 사람들이 있다. 곧 희망을 가질 수 없는 무감각이 상담자가 극복해야 할 두 번째 문제다. 캡스 교수는 무감동, 의욕을 갖지 못한 상태 등으로 이 말의 뜻을 설명하고 있다. 욕망이 사라지고 의욕이 없는 상태와의 싸움은 어떤 면에서 희망을 갖는 일이라고 할 수 있다. 의미를 잃어버리는 것이 절망이고, 절망이 죽음을 부른다. 여기에서는 의욕을 잃어버리고 무감각, 무감동 상태에서 희망을 포기하게 된다.

생의 마지막에 처하신 분을 위한 사역을 하다 보면 소위 "어르신들은 밥숟가락을 놓으시면 세상을 떠나신다."는 말을 종종 듣는다. 우리가 지니고 있는 감성과 느낌, 모든 상황을 판단하는 데 사용되는 직관, 쉬운 말로 '육감'을 활용하여 자신은 물론 도움을 받기 위하여 상담자 앞에 앉아 있는 사람을 위하여 무감각한 상태를 도와줄 수 있어야 한다.

3) 수치심: 부서진 희망에 대한 굴욕감

우리는 확신에 차서 기대하고 원했던 소원이나 계획이 수포로 돌아갔다는 것을 고통스럽게 깨닫게 될 때 수치심을 느낀다. 절망한 사람은 원했던 것이 자기에게 찾아오지 않았던 것에 절망하지만 수치심을 느끼는 사람은 거기에 덧붙여 자신이 바라고 갖고 있었던 미래에 기대와 확신이 잘못된 것으로 판명되어 고통스러워하고, 자신의 소원과 바라는 것이 전적으로 잘못된 것이었다는 것을 확인한 것이다.

자기에 대한 잘못된 이해와 환상의 결과라는 것을 느끼게 된 것이다. 결과적으로 자신이 기대한 것이 처음부터 잘못된 판단에서 근거했다는 것을 알게 되어 자신을 어리석다고 느끼며, 우둔하다고 평가하여 더욱더 고통이 가중된다.

3. 행복의 비결

1) 삶이 상담이며 상담자로서의 삶의 되어야 한다

상처와 고통의 경험이 도리어 자신이 하는 일에 대한 기쁨과 보람이다. 후회 없는 일이 되어야 한다. 자기가 뭘 잘 하는가 파악해야 한다. 뭘 못 하는가 파악해야 한다.

아들 하나만 바라보고 사는 과부가 있었다. 그러던 어느 날 아들이 이유 없이 시름시름 앓더니 죽고 말았다. 슬픔에서 헤어 나올 수 없는 상태에 빠진 그녀에게 유일한 소망은 동네의 유명한 지혜자를 찾는 것이었다.

"내가 어떻게 하면 이 슬픔에서 벗어날 수 있을까요?"

"당장 가서 슬픔을 모르는 집에서 겨자씨 하나를 갖고 오면 내 그 씨를 갖고 자네의 슬픔을 몰아내 주겠네!"

과부는 마을을 떠나 윗마을에 가장 큰 대문이 있는 곳을 찾아들었다.

그리고 "이 집은 슬픔을 모르는 곳 맞지요?" 그랬더니, 그 집 주인이 들어오라고 하고는, 자신이 최근에 겪은 슬픈 일에 대하여 이야기를 늘어놓기 시작하였다. 그 집은 실패였다. 또 다른 마을에 가장 잘 살고 슬픔이 없을 것 같은 집의 대문을 두드렸다. 그러자 그 집 주인이 그 집에 있었던 힘들었던 이야기를 과부에게 털어놓았다. 이 마을, 저 마을을 돌아다녀 보아도 어디에도 슬픔을 모르는 집은 없었다. 결국 이 과부는 자기가 지금 하고 다니는 일이 무엇을 위하여 시작한 일인지도 모른 채 슬픔이 없는 집을 자신이 찾아 나서는 동안 자신의 겪은 슬픔을 잊어버리게 되었다.

상담자로서의 삶은 이런 것이리라. 세상에는 자신의 삶을 살아가기도 힘든 사람들이 많이 있지만, 상담자는 자신의 삶을 통해 발견한 지혜와 통찰, 영과 정신의 건강을 얻어서 다른 이들의 아픔과 고통을 들어주는 경청자의 삶을 살아가는 것이다.

2) 자기 정체성과 자존감의 확립

에릭슨은 identity라는, 지금은 어색하게 들리지 않고 빈번하게 사용되는, self에 준하는 단어를 사용하여 자신의 정체성을 끊임없이 추구하면서 삶을 살았던 정신분석가다. 그의 어머니는 독일계 유대인이었으며 자신이 모르는 생부는 덴마크계였다. 그는 유대인이면서 머리는 금발인 서로 일치하지 않는 청소년기를 보냈다. 그는 말년에 'sense of I'라는 개념을 사용하여 '요람에서 무덤까지의 삶'을 살아가는 인간의 심리사회적 성장을 표현하고 이 개념을 갖고 기본적 신뢰감을 쌓아 온 유아가 하나님을 만나는 그 순간까지를 표현하고 있다.

라캉(Jacques Lacan)은 어린아이가 '거울 단계'에서 자신을 지배하고 있는 유령과 같은 존재와 자신을 자신의 양육자(엄마)와 세상을 향하여 투사한다. 그때에 투사된 양육자를 보면서 자기를 알아간다. 에릭슨은 순진한 아기의 눈에 엄마가 어떻게 반응하는가에 따라서 '인격적인 상호성'이 엄마와 아이와의 둘 사이에 성립된다고 보았다. 다시 말해서 '나'라는 감각은 엄마인 양육자의 너의 감각과 함께 놀이를 할 때에 형성된다는 것이다. 에릭슨은 어린아이가 태어나서 엄마가 적절한 감정의 교류와 받아줌을 통하여 기본적인 신뢰를 획득하면 희망을 갖게 된다고 보았다.

이 희망이 8단계 인생의 마지막 단계에 가게 될 때 생의 마지막 경계선이 죽음을 앞둔 그 시점에 절망대신 믿음을 갖게 되는 동력이 된다. 자기의 본질적인 자기정체성을 획득하고 궁극적인 자기를 통합하여 죽음을 맞게 된다. 이 과정에서 노인기를 살아가는 이들은 다양한 두려움(dreads)을 갖는다.

자기를 알아가기 위하여 가장 중요한 것은 자신을 최초로 양육한 엄마, 즉 첫 번째 타인(Primal Other)과의 경험이 나이 들어가면서 중요한 타인들로부터 자신의 궁극적인 타자(Ultimate Other)이신 하나님을 진정으로 알게 된다. 인생 여정 전체에 맞이하게 되는 과정에서 상담자는 둘 사이에 처한 중간 타자(transitional other)라고 하겠다. 엄마와 하나님의 중간에 서서 신앙과 인격의 통합 과정을 이어갈 수 있도록 하는 것, 이것이 상담이 아니겠는가!

결국 상담자의 가장 중요하고도 시급한 과제는 자기정체성 확인이다. 필자는 자기정체성을 두 가지로 정의한다. 인격적 자기정체성과 직업적 자기정체성이다. 자기 자신의 성격 또는 인성에 해당하는 특성과 직업을 선택하게 되는 직업과 진로에 해당하는 정체성은 조화를 이뤄야 한다. 간혹 자신의 삶의 문제만이 아니라 진로상담을 받기를 원하여 상담소를 찾는 내담자를 만나게 된다. 주로 사춘기를 지나고 있는 청소년이었다. 진로를 묻는 내담자에게 상담자로서 던지는 질문은 다름 아닌 내게 던지는 질문이었다. "네가 뭘 잘할 수 있는가?" "네가 제일 좋아하는 것은 무엇인가?" "힘들이지 않아도 잘할 수 있는 것이 무엇인가?" 이것을 내담자에게도 물어서 찾아보며 그것을 통하여 한 번 더 최선을 다하는 자세로 그 일을 찾아 주는 것이 진로상담의 중심 주제였다.

자기정체성이란 말을 학문 용어로 설명하는 것도 수월한 일은 아니었으나 다양한 연령과 직업군을 갖고 참여하는 청중에게 설명하는 것은 더욱 힘들었다. 그런 애로점을 해소하게 된 것은 우연히 듣게 된 한 원로목사의 설교에서였다. 중년기 이후를 살고 있는 노숙자들이 대부분 예배에 참석하고 약간의 목욕비와 식사를 제공받는 자리였다. 그의 설교 톤은 강한 편이었고, 처음에는 다소 당혹스럽게 들렸다. 오후 네 시에 교회 예배실에 자리 잡기 위하여 줄잡아 삼사백 명이 모였고 소란하고 어수선하였다. 예배가 시작되었으나 곳곳에서 약간의 다툼 소리도 나곤 했다. 필자는 인도에서 사역하는 목사를 청중에게 소개하면서 통역을 했다. 십여 분의 설교가 진행되는 때였다. 카리스마가 넘치는 원로목사는 느닷없이 이렇게 말했다.

"여러분이 살고 있는 삶이 만족스럽습니까? 불만스럽고 행복하지 못하다면, 그것은 여러분이 자기 자리를 떠나 있기 때문입니다. 그

러니 행복과 만족이 있겠어요? 주어진 삶의 한몫을 다하기 위해서
다시금 자신을 돌아보세요. 제구실을 하여야 하지 않겠습니까? 자기
구실을 못하면 어디 가서 환영받겠어요? 잠자리, 용변 본 자리조차
정리정돈을 못해서야 어찌 사람 취급을 받기를 바라겠습니까!"

그가 제시한 언어는 첫째, 제자리 지키기, 둘째, 제구실하기, 셋째,
제 본분 다하기였다. 원로목사의 설교에서 제안하고 훈계하고 있는
내용을 윤리나 의무와 책임의 언어로 해석하자면 듣는 이에 따라서
불쾌하고 애먼 사람들을 향한 잔소리나 비난으로 이해할 수 있을 것
이다. 그러나 그들의 삶의 자리에서 경험할 수 있는 다양한 내면의 성
찰과 외부에서의 찬 시선을 경험한 노숙자들이었으므로 대체로 수긍
하는 표정으로 고개를 끄덕이는 분이 많았다. 자신의 삶의 상황에서
쉽게 이해할 수 있는 아이덴티티를 설명해 주는 언어로 받아들인 것
이다. 이 경험을 이야기하면서 필자는 자기정체성의 개념을 수강생
에게 설명하기 위한 자료로 사용하게 되었다.

최근 들어 예술치료, 즉 놀이치료, 모래놀이치료, 음악치료 등이 유행
처럼 번지지만 나만이 갖고 있는 정서와 경험 인식, 철학 등을 갖고 있는
상담자로서의 본질, 인간으로서의 알맹이를 붙들고 꾸준히 자기개발을
할 때 이러한 치료의 도구들을 기능에 맞게 잘 사용할 수 있게 된다. 자신
의 가장 본질적인 모습이 무엇인가를 찾는 일이 중요하다. 제임스 조이스
(James Joyce)의 『젊은 예술가의 초상(A Portrait of an Artist as a
Young Man)』은 젊은 시절 필자의 자기정체성 형성 과정에 큰 영향을
준 소설이었다. 문학 용어로 표현하자면, 이 작품은 'Bildungsroman
(성장소설, 교양과 훈육의 과정이 묻어나는 소설)'이었고 필자의 관심과

성격 심지어 직업을 찾아가는 데 중요한 역할을 한 소설이 되었다. 이 소설에서 인상적인 것 두 가지를 소개하겠다.

하나는 어린아이 스티븐이 소년에서 청소년으로 성장하고 청년이 되고 파리로 가서 예술가가 되어야겠다고 결심하게 되는 과정이다. 대학 시절 이 장면을 읽으면서 내가 앞으로 어떤 일을 하게 될 것인가를 깊이 고민하지 않을 수 없었다. 당시에는 기독교 신앙을 가진 자로서 문학에 몸을 담을 것인가, 아니면 사회봉사(사회사업 전공)와 그 비슷한 일을 하여 자신에게 구원의 감격을 선물해 주신 분을 위한 헌신하고자 애를 쓰던 터였다. 신앙과 어린 시절의 꿈 사이에서 선택의 기로에 섰었다. 이와 같은 고뇌에 찬 과정을 거치면서 어떻게 목회상담자로서 사역을 직업으로 삼고 평생 주님께 헌신하겠다고 결심하게 되었는가를 깊이 생각하지 않을 수 없었다. 지금 와 돌아보니 그 소설이 제시한 개념과 일치했다고 할까! 필자는 스티븐과 같은 성장과 변화를 경험하게 되는 소설의 주인공과 동일시하는 심리 과정이 있어서 오늘날 목회상담자로서 일하게 되었다고 표현하는 것이 더 정확하겠다.

다른 하나는, 주인공 스티븐이 예술가의 길을 가겠다는 결심을 하게 된 장면이다. 이 중요한 경험을 '에피파니(epiphany)'[4]라고 표현하였다. 이 경험은 스티븐이 바닷가에서 아름다운 소녀를 보게 되는 것이었다. 파도가 하얗게 일어났고, 그 파도를 피하려고 할 때에 드러나는 소녀의 하얀 다리를 묘사하는 대목이었다. 이를 통해 주인공

---

4) 교회에서 이 단어는 '주현절'에 사용된다. 예수님이 제자 셋을 데리고 변화산에 오르셨을 때를 기념하는 절기이다.

스티븐은 아름다운 대비를 그려 내는 작가, 즉 예술가의 꿈을 키우게 된다. 성장 경험이 스티븐을 변화시키고 삶의 에너지가 되어 더블린을 떠나 파리로 향하게 하는 계기가 된다.

스티븐의 도약을 묘사하는 메타포가 하나 더 등장한다. 신화 이야기다. 오늘날로 말하자면 과학자였으며 예술가로 칭할 수 있는 장인 디달라스라는 이름은 소설의 주인공 스티븐의 성과 동일하다. Stephen Daedalus. 신화에 등장하는 디달라스는 밀납으로 연을 만들어 아들 이카루스가 하늘을 나는 경험을 하게 한다. 장인 디달라스의 신화는 예술가의 혼을 표현하는 중대한 메타포로 사용된다. 여기에서는 과학자나 예술가로서의 전문성 혹은 장인정신을 나타내지만, 태양을 향하여 올라가던 밀납 연이 태양열에 녹아 이카루스는 지중해로 떨어져 버린다. 이는 메타포이지만 자신의 욕망을 자제하라는 교훈을 주기도 한다. 프로이트는 이것을 금욕주의로 표현하고 있다. 욕망의 절제는 내담자를 유익하게 하는 중요한 상담자의 덕목이기도 하기 때문이다.

필자는 이를 통하여 자기 존재감이나 대인관계 문제, 직업에 대한 깊은 성찰과 기도를 하게 되었다. 조이스가 그려 낸 젊은 예술가의 혼과 초상은 몇 가지 통찰을 주었고, 조이스를 강의하셨던 교수는 자신의 부족한 부분을 제자인 필자에게 채우라는 제언을 남긴다. 조이스와 만났던 청년기의 진로 탐색은 목회자의 길과 아울러 정신분석에 관심을 갖게 하였다. 이 책은 제임스 조이스의 반 자서전적 소설로서 실은 초상이라고 하지만 미술도 예술도 아닌 글로서 자신의 마음의 문제, 소년으로서의 유약성, 남성으로서의 성적 욕구의 억압, 가톨릭 교육을 받은 자로서의 자유에 대한 염원 등을 그리고 있는 작품으로서 '의식의 흐름'이란 문학의 스타일을 구가한 작품이다.

상담자는 자신이 상담을 하기 전에 상담을 받고, 상담을 받은 후에 자신이 상담자로 서기까지 꾸준히 자신에 대한 통찰을 자신이건 남에 의해서건 계속 모니터링을 해야 하는 존재다. 이를 위해 세 가지 C가 필요하다.

- Curiosity-호기심(자유혼)
- Challenge-도전정신(평등주의)
- Consistency-일관성(미래에 대한 믿음과 예견)

자기정체성 형성에 덧붙여 중요한 개념은 자기 존중감(self-esteem)이다. 이는 자기의 가치를 인정하고 자기를 존경할 수 있는 데 이르게 하는 중요한 개념이다. 스스로를 평가하기가 참 어려운 과제이지만, 자기 객관화를 잘하는 사람이 좋은 상담자가 될 수 있다. 인간의 능력은 자기 초월의 능력이 아니겠는가? 어린 소년 스티븐 디달러스가 자기를 발견해 가는 모습이 『젊은 예술가의 초상』에서 제임스 조이스가 자기를 찾아가는 과정이라고 한다면, 상담자는 자기 가치와 자기 자신을 스스로 존중히 여기는 태도를 개발해야 한다.

오늘날 많은 사람이 강박증과 긴장과 스트레스에 살게 되는 원인은 다음과 같다. 첫째, 실패의 두려움, 둘째, 거절당하는 것에 대한 두려움, 셋째, 과거에 저질렀던 일에 대한 죄책감과 수치심이다. 이것을 이길 수 있는 힘을 기르는 것이 상담전문가의 급선무다.

자존감이란 고저(高低)의 문제라기보다는 유무(有無)의 문제이며, 집산(集散)의 문제로 볼 수 있지 않은가! 기술이나 기법의 문제를 앞

세우기보다는 자신의 삶을 가치 있게 보고 존중하며 살아가는 삶의
과정이다.

3) 인성에 대한 깊은 이해와 관심

인성(인간의 기본적인 성품)은 하루아침에 길러지는 것이 아니다. 로
마는 하루아침에 이루어지지 않았다! 발달 과정에 대한 성찰과 발달
의 내면을 살피는 심리 이해와 신앙과 인격의 상관관계를 통하여 신
앙과 인격과 성품이 발달하게 되는 모든 과정을 인성으로 표현할 수
있다. 자신의 삶을 성찰하지 않고서 어떻게 인간으로 성숙하고 성장
하며 발달할 수 있겠는가! 인문학의 연구 결과물을 주요 자원으로 오
늘날 상담이라는 학문, 실제로 사용할 수 있는 어떤 종류의 기법과 장
르를 탄생시켰다. 우리는 인문학의 거대한 흐름에 빚을 지고 있는 존
재다. 그러나 역설이지만, 밥 먹고 살기 어려운 인문학 연구의 아들
이요 딸인 상담학이 되어 상담으로 대단한 연봉이나 명예가 보장되지
않는다. 하지만 앞으로 발전과 진화는 우리에게 달려 있다.

우리는 수없이 많은 학문의 결과물, 도서, 정보, 논문 등을 통하여
끊임없이 인간에 대한 이해의 깊이와 넓이를 더해야 한다. 이어령은
그의 책 『젊음의 탄생』에서 말한다. 삶에 이르는 피라미드 도형, 즉
지-호-락의 피라미드를 그려 가면서 논어에서 나오는 귀한 생각 하
나를 소개한다.

知之者不如好之者 아는 자는 좋아하는 자만 못하고
好之者不如樂之者 좋아하는 자는 즐기는 자만 못하다.

행복한 상담자는 알고 좋아하고 즐기는 인생을 살아가는 것이다. '인문학적인 상상력'을 가지고 끊임없이 사람, 그것도 고통하며 번민하는 인간을 사랑하고 돕고 보람을 찾고 기뻐하고 즐거워하게 되면 궁극에는 그리스도의 사역으로 불러 주셨던 소명을 이룰 수 있을 것이다. 뿐만 아니라 우리가 기대하지 못했던 미지의 영역인 영혼의 치유자로서 삶을 살게 되며, 또한 보이지 않는 상급을 얻게 될 것을 소망하게 될 것이다.

4. 희망의 통로

캡스는 목회자와 상담자의 역할을 희망의 통로(agent of hope)로 묘사하고 있다. 상담자는 자신이 갖고 있는 희망과 꿈을 신뢰하면서 내담자를 만나 자신과 동일하지는 않을지라도 내담자가 희망을 갖고 인생을 살아가도록 돕는 자다. 자기 가치와 스스로 대견하게 여기는 마음이 행복한 상담자의 주요 요건이라고 한다면, 그에 대하여 무한한 신뢰감을 갖는 것이 좋다. 자신이 꿈꾸어 왔던 것에 대한 희망을 갖는 것은 그렇지 않아도 힘든 과업인 상담을 좀 더 힘겹지 않게 수행할 수 있게 하는 원동력이 될 수 있기 때문이다. 상담자는 그런 점에서 종교적 신앙을 갖고 살아가는 것도 도움이 될 수 있다. 신앙도 능력이기 때문이다.

상담자에게 요청되는 두 번째 요소는 인내다. 우리가 하는 일에 대한 희망을 지킬 수 있는 힘은 기다리고 인내할 줄 아는 태도 없이 가능하지 않다. 그러므로 시간을 적절히 관리해야 한다. 일관성(consistency)

이나 지속성(continuity)은 개인이 어떤 일을 이루기 위하여 꾸준함으로 기다리는 자세를 말하는 개념이다. 일관성 있는 인내심은 인간을 지혜롭게 한다.

끝으로, 상담자는 예언자는 아니지만, 예견 능력을 가져야 한다. 자신을 포함한 세상의 미래에 대한 예견의 능력은 자신의 과거와 세상의 역사에 대한 정확하고도 면밀한 평가가 선행될 때 가능하다. 역사학자는 과거에 매여 사는 이들이 아니라 현재와 미래를 위한 작업인 것처럼 늘 자신을 돌아보고, 개인사나 세계의 역사나 수치심이나 절망감을 갖는 것이 아니라 희망과 꿈을 갖고 그것을 이해하고 바라보는 인내심과 의욕을 갖고 살아갈 때에 이 세상이 보다 밝아지며 그 일에 깊은 뜻을 갖고 헌신하는 상담자들이 행복해질 수 있을 것이다.

행복한 삶을 위한 여덟 단계[5]

당신의 행복의 지표를 높이고 싶나요? 만족감을 얻게 되는 방법을 소개합니다.

1. 당신의 축복을 세어보라

현재 감사한 마음이 드는 서너 가지를 '감사 일기'에 적는다. 정원에 모란이 활짝 피었다거나 하는 아주 일상적인 것에서 아이가 걸음마를 시작했다는 등의 대단한 일을 적는 것이다. 이것을 주일 밤 등 일주일에 한 번씩 한다면 매일매일 감사한 일이 더욱 풍성해질 것이다.

---

5) 캘리포니아 대학교의 심리학자 소냐 류보머스키(Sonja Lyubomirsky)가 동료들과 연구를 통하여 얻은 실제적인 제안을 그의 책 『행복도 연습이 필요하다』, 오혜경 역(서울: 지식노마드, 2007)에서 주고 있다.

2. 친절한 행동을 실천하라

이 일은 은행에서 급해 보이는 사람에게 순서를 양보하거나 정기적으로 양로원에 가서 식사 수발을 드는 등의 일을 하는 것이다. 다른 사람들에게 친절을 베푸는 일은 긍정적인 감정과 보람을 느끼게 해 주어 다른 사람들과 연결되어 있다는 감각을 가지게 되고 넉넉한 마음을 갖게 됨으로 행복감이 증진될 뿐만 아니라 흐뭇한 미소를 갖게 될 것이다.

3. 삶의 기쁨을 자아내라

잠시 잠깐의 기쁨과 놀라움에 깊이 주목하라. 익은 딸기의 달콤한 맛을 즐기거나 그늘진 곳에서 햇볕이 쪼이는 곳으로 나아가서 태양의 따스함을 누려라. 어떤 심리학자들은 행복하지 못한 순간에 즐거웠던 순간의 '기억되는 사진(mentalphotographs)'을 회상하라고 한다.

4. 지도자에게 감사하라

삶의 기로에 있을 때에 자신을 인도하고 지도해 주었던 분에게 감사하는 마음을 지체하지 말고 표현하라. 가능하면 아주 구체적으로 직접 찾아가서 하는 것이 좋다.

5. 용서를 배우라

당신의 마음에 상처를 안겨 주거나 잘못을 행한 사람을 용서하는 편지를 써서 자신의 분노와 원망을 흘려보내라. 용서할 수 없는 마음은 지속적인 생각에 사로잡히게 되거나 복수의 기회를 엿보게 하여 자신을 앞으로 나아가지 못하게 한다.

6. 친구들과 가족에게 시간과 에너지를 투자하라

주택, 연봉, 직업, 건강 등이 삶의 만족도에 지대한 영향을 미치겠으나 가장 큰 요소는 인간관계에 달려 있다.

7. 당신의 몸을 돌보라

충분한 수면, 운동, 체조, 웃음 등은 짧은 순간의 기분을 좋게 만든다. 정
기적으로 하는 운동은 당신의 삶을 보다 만족스러운 것으로 만들어 준다.

8. 스트레스와 난관을 극복할 수 있는 전략을 개발하라

어려운 순간을 피할 수 있는 길은 없다. 종교적인 신앙이 어려움을 이길
수 있는 데 도움이 된다. 그러나 세속적인 경구, 가령 "이것도 지나갈 거
야!"라거나 "이 일이 나를 죽이지 못할 거야. 오히려 나를 강하게 할 거
야!"라는 것도 도움이 될 것이다. 문제는 이러한 것을 당신이 믿어야 한다
는 것이다.

캘리포니아 주립대학 교수인 심리학자 로버트 에몬스(Robert Emmons)는
신경근육의 질병을 앓고 있는 환자들을 조사한 결과 신체 건강과 활력 수준
이 증진되었으며, 통증과 피로감이 경감된 것을 발견하였다. 긍정심리학자
들은 이타적 행동, 가령 양로원을 방문한다거나 친구의 자녀의 숙제를 도와
주는 일이나 이웃집 잔디를 깎아 주는 일, 조부모님께 편지 쓰는 일 등의 친
절을 베푸는 일을 할 때에 행복감이 높아진다고 말한다.

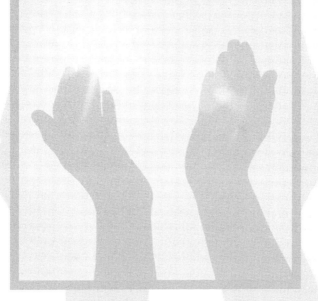

Pastoral Counseling Stories

제 2 부

목회상담의 주요 이슈

제6장

목회상담에서의 관계 형성

1. 목회자와 교인의 상담 관계 설정

목회자는 도움을 요청하는 교인을 만나면 불안이 자리 잡을 수 있다. '이 교인에게 너무 많은 시간을 들이면 다른 교인들과의 형평을 깨거나 눈총을 받지 않을까?' '목사가 지나치게 교인의 개인과 가정사를 너무 많이 알게 되는 것이 관계를 어렵게 만들지 않을까?' 등의 염려가 있을 수 있다.

그러나 도움을 필요로 하는 교인은 목회자의 집중적인 돌봄의 시간이 필요하다. 목회 상황에서 담임목사와 교인과의 상담은 쉽지 않다. 그러나 목회자가 교인들의 삶을 지도하고 교훈을 주는 대화와 심방 등의 과정을 선용한다면, 치유상담이건 신앙 지도 차원의 상담이건 대화 관계를 수립하여 도움을 주어야 하는 데는 반론이 없다.

목회상담에 관한 고전적인 정의는 "사람을 변화시키는 것이 아니라 교인이 삶에 대처할 수 있도록 현재 갖고 있는 자원들을 활용할 수 있도록 도와주는 과정"[1]이다. 목사는 교인과 적절한 상담 관계를 맺어 교인이 스스로 문제를 파악하고 해결할 수 있는 힘을 불어넣어 주어야 한다. 이것이 목사가 줄 수 있는 도움이다. 덧붙여 적어도 교인들의 삶에 하나님께서 은혜를 베푸시도록 자신을 개방하고, 목회자와의 상담 관계를 통하여 자신의 내면의 갈등을 견디고 이해하며 하나님의 은혜가 역사할 수 있는 공간으로 활용할 수 있다는 자세를 가져야 할 것이다.

교인과 목사와의 상담 관계는 컴퓨터나 자동차 사용법이 제시하고 있듯이 어떤 기계적인 과정을 따라가거나 요리책이 제안하는 것처럼 설명하고 요약하기 어려운 측면이 있다. 개인이나 가족 혹은 집단 공동체를 위한 치료와 문제해결을 위하여 먼저 밟아야 하는 것이 상담 관계이며 문제해결의 전제 조건이다. 관계 맺음을 위한 과정에서 일어나는 역동성과 복합적인 특징으로 인해 관계를 형성하는 과정을 몇 가지 단계로 설명하는 것은 여전히 난제다. 전문 요리사가 요리책을 쓰기 어려운 것은 조리 과정에서 일어나는 다양하고 변화무쌍한 요소들을 일일이 나열할 수 없기 때문이다. 한마디로 관계의 역동성을 고려하고 그 부분의 서술을 유보하는 것을 독자들이 인정한다면 이 주제에 대한 요약과 정리라는 두 가지 작업의 시도는 나름의 가치를 지닐 것이다.

---

1) Leona E. Tyler, *The Work of the Counselor*(New York: Appleton-Century-Crofts, 1961), 2.

관계 형성 과정에 관한 두 학파의 관점을 소개하고자 한다. 정신분석의 관점과 칼 로저스로 대표되는 인본주의/실존주의 관점을 선택하였다. 정신분석학파에서는 중립성과 익명성 그리고 비개입의 태도(non-involving attitude)를 관계 형성의 중요한 요인으로 정리하고 있다. 반면 인본주의학파에서는 진정성과 공감적 이해와 정확한 의사소통을 기치로 내건다. 우선은 로저스의 영향을 입은 다양한 상담학파의 이론을 정리하기보다는 두 학파의 몇 가지 중요한 점을 요약하는 것으로 대신하고자 한다.

칼 로저스는 상담 관계를 위한 네 가지 요건을 피력하고 있다.

- 진정성
- 공감적 이해
- 무조건적 긍정적 배려
- 정확한 의사소통

이것을 보다 평범한 낱말로 표현하자면, 목사의 치료와 상담의 분위기나 어떤 기운이라고 말할 수 있으며, 이해, 존중, 격려, 수용과 관용 등의 다양한 표현으로 정리할 수 있다. 목사가 상담 관계를 향상시키기 위하여 앞서 언급한 것들을 마음에 두고 있다면 다음 질문에 답하여 보자.

- 나는 교인의 이야기를 집중하여 경청하고 있는가?
- 나는 교인이 말하고 있는 상황에 적극적으로 참여하고 그의 내면의 움직임에 대한 충분한 이해를 머리와 마음에 그리고 있는가?

- 나는 교인이 말한 것들을 간략하게 요약하여 교인에게 들려줄 수 있는가?
- 나는 교인과의 대화(상담)를 통하여 따뜻하고 편안한 느낌을 전달하고 있는가?
- 나는 교인이 말한 어떤 내용에 대하여 거부 반응과 비판적인 반응을 보이고 있지 않는가?
- 나는 교인과 목사인 나를 향하신 하나님의 무한하신 사랑과 용서와 관용을 표현하고 있는가?

전 장에서 다룬 바 있는 데이비드 K. 스위처는 목회자를 바라보는 교인들이 갖는 기대감을 세 가지로 요약한다. 첫째, 목회자는 상징적인 능력을 갖고 하나님을 대변하는 상징적인 존재다. 특히 무의식과 의식의 차원에서 목사를 하나님을 대신하는 존재처럼 생각하게 된다는 것이다. 둘째, 목회자는 교인들과 관계를 맺을 수 있는 주도성과 독특성을 지니고 있다. 사전 관계를 맺고 있으며, 상담이란 과정을 밟기 이전에 교인들과 밀접한 관계를 맺고 있다는 것이다. 셋째, 목사의 배경에는 신앙 공동체라는 든든한 자원이 있다는 것이 강조된다.

2. 내담자와 상담자와의 관계의 주요 주제

상담자와 내담자의 관계는 변화와 치료를 발생하게 하는 중요한 요소다. 상담자로서 목회자가 내담자와 맺는 관계의 내용과 질에 따라 치료 효과가 영향을 받는다. 따라서 교인들과 관계를 맺을 때에는 다음 내용을 염두에 두어야 한다.

1) 목회상담자는 인간관계에 민감한 사람이다

목사는 사회적 감수성(sensitivity)을 지녀야 한다. 다른 사람의 반응에 둔감한 사람, 자기가 한 말이 다른 사람에게 즐거움이나 불쾌감을 주었다는 것을 모르는 사람, 자신과 다른 사람 사이에 혹은 자신이 알고 있는 두 사람 사이에 적개심이나 우호적인 감정이 있다는 것을 감지하지 못하는 사람은 만족스러운 상담자가 될 수 없다. 상담자는 인간관계의 주도성을 가지고 내담자와의 관계를 맺어 갈 수 있는 사람이다. 두 사람 사이의 협력이 중요하지만 관계의 질과 성격을 규정하는 것은 상담자에게 달려 있다.

2) 목회자는 전체 맥락을 읽어야 한다

인간관계는 감정적 중립성이 존재하기 힘든 사랑의 관계다. 부부상담을 예로 들어보자. 부부를 함께 만나지 않고 부인과 먼저 상담을 시작했을 때, 그쪽 말을 듣고 이에 깊이 동감하였다면 두 번째로 만난 남편의 말은 편견이나 선입견을 갖고 듣게 된다. 이때 상담자는 미묘하나 빠른 속도로 부인의 편을 들고 있는 자신을 발견할 것이다. 이러한 선입견과 한쪽으로 편향된 관계를 지양하고 항상 내담자와 상담자와의 관계를 전체 맥락에서 편견을 갖지 않고 살펴야 한다. 문제에만 집착해서도 안 되고, 감정적으로만 흘러서도 안 되고, 내담자와의 일대일 관계에서 일어나는 모든 상황을 이해하고 이를 수용하여 자발적

이고 순간적인 독특한 방법으로 상담을 이끌어 가야 효과적인 반응을
할 수 있다.

3) 내담자의 유익을 위한 상담자가 되어야 한다

상담자의 입장은 내담자의 복지와 유익을 위하여 헌신하는 시간으
로 간주하고 임해야 한다. 때로는 상담자는 감독관이나 통제자의 태
도와 같은 욕망으로 내담자를 지배 조정하려는 경향을 지니게 된다.
때로는 내담자(교인)를 대신하여 결정을 내려 주고자 하는 마음도 생
길 수 있다. 내담자를 감독하고 통제하려는 경향을 포기하는 것이 내
담자를 향한 애정과 관심을 버리는 것이라는 잘못된 이해가 문제다.
감독과 통제를 통한 유익보다는 폐단이 더 큰 것은 결국 내담자에게
자율성보다는 의존성을 강화하게 되기 때문이다. 상담자가 내담자에
게 집중하는 시간은 자신이 아니라 상대방을 위한 시간이라는 점을
깊이 마음에 새기는 것이 절실히 요구되는 상담자 본연의 자세다.

4) 상담자의 한계를 분명히 알고 상담할 수 있어야 한다

철학박사의 표기어 'Ph. D'는 '머리에 영구적인 손상을 입은 사람
들(Permanently Head Damaged)'이라는 우스갯소리가 있다. 박사는
척척박사가 아니고, 학문의 영역에서 자신이 알고 가르칠 수 있는 것
과 자신이 모르는 범위를 알게 된 것이 박사학위의 의미다. 그런 차원
에서 박사학위 과정을 밟으면서 학문을 수련한 사람은 철저하게 자신
이 모르는 것이 어떤 것인가를 알게 된, 자신의 한계를 인정하는 겸손

을 배운 사람이다. 상담자도 이와 같다. 정신분열증과 같은 정신장애가 분명한 환자를 상담할 때 자신의 신앙적 상담과 치료를 권장하는 것은 현실에 대한 감각이 불분명한 환자에게는 위험천만하고 비윤리적인 치료 수단이 될 수 있다. 그럴 경우 목회상담자는 정신건강의학과 의사와의 긴밀한 협력 관계를 만들어서 내담자에게 가장 유익한 치료의 수단을 찾아 줄 수 있도록 의뢰해야 한다.

파멸환상에 시달리는 청년이 찾아왔다. 그의 고통은 자신이 말과 몸짓으로도 사람들을 파괴할 수 있다는 것이다. 그리하여 침묵으로 일관하고 행동은 최소한으로 했다. 상담자는 일상적인 식사, 운동, 수면, 취미 활동을 철저히 점검하면서 변화를 일으키기 위한 준비를 하였으며, 그러한 과정이 내담자와의 일체감을 가질 수 있을 것을 기대하였다. 극도의 불안으로 정상적인 수면을 취할 수 없다는 것까지 확인한 상태라서 입원 치료를 권유하였으나 거부하였다. 협력 관계에 있는 정신건강의학과 교수의 약물치료를 받게 하고 상담자와 상담을 지속하였다. 그러자 불안과 공격환상이 완화되면서 상담자와의 대화가 개선되었다. 이와 같은 협력 차원에서의 의뢰는 목회상담자의 상담을 더욱 효과적으로 만들 수 있다.

3. 치료적 관계와 목회상담

1) 변화를 일으키는 관계

상담자가 내담자의 문제에 전념하게 되면서 내담자는 자신이 원하는 바를 자유롭게 말하게 된다. 이때 상담자를 향한 신뢰감이 생기며, 친밀한 관계를 맺을 수 있다. 내담자가 자신의 감정과 불안과 염려, 삶의 기본적인 어려움을 적극적으로 표현할 수 있다. 이를 위하여 상담자는 내담자가 자유롭게 선택할 수 있는 분위기를 만들어 줄 뿐만 아니라 내담자가 표현해 내는 감정을 충분히 이해하고 수용할 수 있는 관대한 분위기를 만들어야 한다. 내담자는 그러한 환경 자체에서 치료를 경험할 수 있다.

2) 치료적 관계를 저해하는 요소

상담자는 윤리와 도덕을 가르치는 교사는 아니다. 자칫 상담을 그렇게 이해하고 접근하는 것이 때로는 상담을 배우는 사람들에게 자연스러운 것처럼 받아들여질 수 있다. 그러나 내담자는 가족들과 일반인들로부터 이미 비난받는 것처럼 살아왔다는 것을 헤아려 주는 상담자를 신뢰하게 된다. 내담자 스스로도 자신을 판단하며 처벌하는 처지에 있을 때에 상담자조차 판단의 태도를 갖는 것은 내담자에게 가혹한 처사일 수밖에 없으며, 이러한 상황에서는 진정한 치료 관계를 맺을 수 없게 된다. 어떤 때는 상담자의 표정과 말투에서 내담자는 거절당한 느낌을 받기도 하며 자신을 존중하지 않는다고 생각하기도 한다.

이런 상황은 비인격적이고 냉정한 관계로 발전할 수도 있다. 상담자는 내담자의 비위를 맞추는 태도를 지녀서도 안 된다. 경쟁 관계에서 늘 우위를 점해야 하는 태도로 살아온 내담자는 상담자조차 자신이 이겨야 하는 대상으로 간주하기 쉽다. 이때에 상담자는 내담자에게 자신이 지니고 있는 지식과 기법을 세련되게 활용하여 좋은 인상을 주고자 애쓸 수 있다. 때로는 이와는 반대로 의존 성향을 지니고 있는 내담자를 아이처럼 취급하기도 한다. 상담자가 인식하지 못하고 상담에 임하는 태도는 치료를 더디게 하거나 치료와 변화를 가로막는 장애 요소가 된다.

3) 목회자의 이중 관계

목사는 교인들과 가족처럼 지내기도 한다. 공식, 비공식으로 지역사회에서 사람들과 관계를 맺고 있다. 이중 관계는 불가피하다. 목회자가 교인들과 맺는 관계는 그 독특성으로 상담할 때에 난점이 될 수 있다. 정신분석가들은 그들이 사회적인 접촉을 가졌던 사람을 분석하기를 거부한다. 프로이트는 환자들에 대한 분석가가 가지는 객관성이 매우 중요하다고 보았다. 프로이트는 이집트 연구에 관심이 있었다. 그 주제에 너무 매력을 느껴서 이집트에 정통한 학자 환자를 객관적으로 도울 수 없다는 것을 알고, 이집트학에 관심이 없는 다른 분석가에게 보냈다는 일화는 유명하다. 그러나 프로이트는 논문 「분석을 시작함에 있어서」에서 다음과 같이 말하고 있다.

분석가와 그의 새로운 환자나 가족들이 우정의 관계에 있거나 서로 사회적 관계를 가지고 있을 때 특별한 문제들이 생겨난다. 친구의 아내나 자녀를 치료해 달라고 요구받은 정신분석가는 치료의 결과가 어떻게 되든 상관없이 그 우정을 희생할 준비를 해야만 한다. 그럼에도 불구하고 만약 신뢰할 만한 대리인을 찾을 수 없다면 희생을 감수해야만 한다.[2]

신뢰할 만한 치료자를 찾을 수 없을 때에는 예외 조항으로 불가불
맡으라고 조언한다. 미국의 목회상담운동의 일선에 섰던 S. 힐트너
(Seward Hiltner)는 교인들과 친구들, 아는 사람들을 효과적으로 상담
할 수 있는가라는 질문을 던지며 우정(friendship)과 친절(friendliness)
을 구분하였다. 우정은 주는 것뿐만 아니라 받는 관계이기 때문에 자
신이 상담자로서 내담자에게 집중하는 데 방해가 될 수 있다는 것이
다. 상담자가 되는 것과 친구가 되는 것 사이에는 세 가지 차이점이
있다. 첫째, 훈련을 받은 상담자는 내담자가 경험하는 심리적인 어려
움을 그의 친구가 이해하는 것보다 훨씬 더 잘 이해할 수 있다. 둘째,
치료적 관계는 친구 사이처럼 상호 호혜가 전제되지 않는다. 내담자
의 안녕과 복지를 최우선으로 다루게 되기 때문이다. 분노와 상실로
인한 부정적인 감정과 비난과 비판의 언사를 표현하는 내담자에게 치
료자가 방어 행동을 하지 않는다. 상담자에게 내담자가 표현하는 호
감과 즐거움에 기초해서 관계를 지속해 나갈 것인가를 결정하지 않고
그 행동과 언사와 감정에 대한 치료와 분석을 행하게 된다. 셋째, 상
담 약속과 상담비와 같은 공식적인 것들은 우정에 해당하지 않는다.3)
특히 목사는 교인을 대상으로 전문적인 상담을 하기 어려운 점이
존재한다. 그 내용을 정리하면 다음과 같다.
첫째, 목사와 교인과의 경계선을 세우기 어렵다. 가족이나 오랜 친
구와 같은 우정의 관계에서 상담 관계를 맺는 것에 어려움을 호소하

2) Freud, SE vol. 12, 125. 참조, 리처드 데이링거, 『관계중심 목회상담』, 문희경 역(서울:
솔로몬, 2004).
3) Valerian J. Derlega et. als., Psychotherapy as a Personal Relationship(New York:
Guilford, 1991), 4.

는 목회자가 많다.

둘째, 상담을 받고 있는 교인의 상태 변화를 통하여 다른 교인들의 칭찬과 지지를 은연중에 기대하게 된다.

셋째, 목회자라는 직업이 갖는 상징성은 내담자의 기대와 요구에 부응해야 하는 압박감이 작용한다. 그 결과 상담의 결과에 대한 평가는 목회자로서 교회 목양의 가치와 다를 수 있다. 가령 부부의 불화로 인하여 목회자가 개입하여 상담을 할 때에 이혼하게 되거나 별거할 수밖에 없는 결과에 이를 수 있다. 일반 교인들의 기대와 다른 결정을 내릴 수 있다. 이럴 경우 교인들의 부정적인 평가에 대한 우려가 상담에 영향을 끼칠 수 있다. 따라서 목회자는 상담자로서의 목사의 한계를 인식하고 프로이트가 제안한 것처럼 다른 대안이 없다는 것을 알고 내담자의 문제와 고통이 제시하는 사안에 집중하고 도울 수 있도록 자신을 개발하고 관리해야 할 것이다.

4) 목회상담에서 고백의 문제

목회자는 교회에서 상담을 받은 내담자 교인이 목회자의 설교와 가정 심방 등을 통하여 어떤 마음과 자세를 갖게 되는가는 항상 염두에 두어야 한다. 목회자에게 모든 것을 고백한 교인은 그 후에 힘들어질 수 있기 때문이다. 가령 남편이나 아내의 외도로 인한 고통으로 목사에게 상담을 받았을 때에 모든 문제가 해결이 된 후에도 목사를 대면할 수 있는 교인이 얼마나 될 것인가가 관건이다. 목사는 교인이 얼마나 많은 내용을 고백하도록 허용할 수 있는가? 자신의 어려운 내용을 고백한 후, 문제의 해결 여부를 떠나서 그 교인이 교회를 떠나는 것은 불가피하다. 그렇다고 문제를 가지고 온 교인에게 너무 지나치게 많은 것을 고백하지 않도록 상담을 진행할 수도 없다. 목회자로서 교구를 돌보면서 겪는 딜레마로 인식하고 상담을 하는 과정에서 양자택일의 순간을 선택하여야 한다. 교인을 잃을 것을 염려하여 고백과 상담 내용의 깊이를 조정할 것인가, 아니면 교인이 상담을 종료한 후 더 이상 교회에 머물지 못하고 떠날지라도 어려움을 해결하기 위하여 끝까지 갈 것인가.[4)]

5) 상담 관계에서 나타나는 저항

저항이란 내담자가 상담에 협조하지 않는 모든 행위를 말한다. 정해진 시간에 오지 않거나, 상담 과정에서 아무런 의미가 없는 말만 되풀이하거나, 사소한 이야기만 늘어놓는 경우다. 자신의 무의식에서 원하지 않는 것을 표현하고 싶지 않으므로 다른 이야기로 희석하여 자신을 보호하는 수단이다.

어떤 경우에는 상담자의 지적·전문가적 능력을 판단하기 위한 질문을 해서 상담자의 기분을 흔들기도 한다. 상담자의 말 한마디 한마디를 지적하여 논쟁을 일삼기도 하고, 상담자에게 대놓고 화를 내거나 상담자를 유혹하는 듯 애정을 표현하여 당혹스럽게 만들기도 한다. 자신의 무의식에 접근하는 상담자의 노력을 저해하여 상담의 진행을 방해하는 행동이다. 그러한 때에 억지로 내담자를 상담 과정에 밀어 넣으려는 노력은 상담의 효과를 떨어뜨릴 수 있다. 그런 태도가

---

4) 양유성, "목회상담에서의 관계 형성", 『목회상담 실천입문』 제2장.

갖고 있는 방어기전을 이해하고 서서히 내담자가 무장해제를 할 수 있도록 도와야 한다. 해와 바람이 행인의 외투를 벗기는 내기 이야기도 적절한 은유가 될 수 있다. TV 광고에서 본 장면 하나를 소개하겠다. 아버지가 고집 센 송아지를 외양간에 집어넣으려고 하는데, 송아지를 더 힘껏 외양간에 밀어 넣으려고 할수록 송아지는 말을 안 듣고 있었다. 이때 어린 아들이 좋은 방법이 있다는 표정으로 웃고 있었다. 아들은 송아지의 뒤로 가서 외양간 방향과 반대 방향으로 꼬리를 잡아당겼다. 그러자 송아지는 즉시 외양간 안으로 움직이기 시작했다.

상담자는 상담 과정에 저항하는 내담자에게 강요와 강압보다는 역설적인 접근을 통하여 내담자의 깊은 내면의 문제를 찾아가는 방식을 개발해야 한다. 멀 조단(Merl Jordan)이 제시한 바와 같이 "합리적인 방향으로 나가기를 거부하는 저항이 있다면 역설적인 사고방식의 사용을 포함하는 다른 방식을 사용해 보는 것이 더 좋을 수 있다. 합리적인 방식이 효과가 없을 때에는 사람들을 비합리적인 방향으로 연결시키는 것이 필요할 수 있다. 때로는 우리 자신 속에 있는 비합리성을 다른 어떤 사람에 의하여 거울처럼 비추어 보기 전까지는 깨닫지 못할지도 모른다."[5]

4. 좋은 상담을 위한 유의 사항

교인들을 만나는 목회자는 좋은 상담의 분위기를 조성할 수 있는

---

5) 양유성, "목회상담에서의 관계형성", 55.

역량을 지녀야 한다. 다음 사항들을 알고 실천할 때 보다 좋은 상담을 진행할 수 있다.

1) 안전한 느낌

목사가 제공하는 상담의 공간에서 첫 번째 요구되는 것은 안전한 느낌이다. 흔히 상담 관계를 올바르게 형성하고자 할 때에 필요한 것을 제시하는 상담학파의 많은 경우 '치료 동맹(working alliance)'이란 표현을 사용한다. 적과 교전하고 있을 때 우군이 되어 주는 집단과 동맹 관계를 맺어 자신의 약한 부분을 보전하려는 것과 같이 동맹을 맺는 것을 표현하는 은유 개념이다.

교인이 어려움을 호소하기 위하여 목사를 찾아오거나, 문제를 갖고 있는 교인을 목사가 방문함으로써 교회 공동체에서 목회자와 상담 관계를 맺을 수 있다. 목회자는 자신이 교인들에게 어떤 인격과 존재로 인식되고 있는가를 살펴보아야 한다. 내담자 입장에 처한 교인이 목회자를 자신의 문제를 털어놓고 이야기할 수 있으며, 문제해결을 위하여 적합한 상담자로 인식할 수 있어야 한다. 교인이 목사와 만날 때에 수치심, 부도덕한 일, 자신의 신상에 관한 이야기를 편안한 마음으로 할 수 있는 분위기를 마련해야 한다. 대부분 상담을 요청하거나 상담 상황에 노출될 때에는 거리끼는 일들을 내어놓아야 하기 때문에 알게 모르게 수치심과 마음에 두려움이 일게 된다. 또한 자신이 털어놓아야 하는 비밀을 목사님이 지켜 줄까 하는 의심도 갖게 되어 처음에는 떠보는 이야기를 내어놓아 반응을 관찰한다. 이런 마음을 갖고 있는 교인에게 목사는 무슨 이야기를 하더라도 안전한 느낌을 주는 것이 필요하다.

교인에게 안전한 느낌을 주기 위해서는 불필요한 불안감을 해소해야 한다. 목사와의 만남이 자신이 갖고 있는 문제와 갈등을 해소할 수 있다는 희망을 갖는 면도 있으나, 동시에 자신의 문제를 더욱 확산시키는 것 아닌가 하는 염려도 있을 수 있다. 목회자가 갖고 있는 따뜻한 느낌과 분위기가 교인에게 자신의 삶이 긍정적인 방향으로 나아갈 수 있다는 희망을 제공할 수 있도록 목회자는 자신의 표정까지도 관리해야 한다. 이를 위하여 평소에 교인들과 관계를 맺을 때에 그와 같은 치료적인 기대감을 갖도록 연마해야 한다.

2) 존중과 수용

교인들은 "내 이러한 이야기를 목사님이 들어주실까?" 하는 회의를 가질 수 있다. 그러나 상담 상황에서는 어떠한 이야기도 나눌 수 있다는 확신을 주어야 한다. 정신분석에서는 분석가는 피분석자의 사적인 정보와 이야기, 개인사를 통하여 어떠한 유익을 얻지 않겠다는 서약을 한다. 이것을 프로이트는 '금욕(abstinence)'이라는 용어로 정의한다. 또한 칼 로저스는 '무조건적 긍정적 배려(unconditional positive regard)'라는 개념이 충족될 때 내담자의 문제를 해결할 수 있으며 치료가 발생할 수 있는 여건이 제공된다고 보았다.

목사는 교인의 신뢰를 얻기 위하여 교인의 이야기가 경청되고 있고 자신의 존재가 존중받고 있다는 느낌을 주어야 한다. 대부분의 교인은 목사의 인정을 얻기 위하여 노력하는 편이다. 그런 경우에 목사에게 도움을 받기 위하여 상담을 요청하는 것 자체에 거부감을 느낄 수 있다. 이러한 분위기가 교회 전반에 흐르고 있다면, 교인들이 목사에게 상담을 받거나 도움을 요청하는 것을 꺼리게 될 것이다. 그러므로 목사는 교인을 존중하고 수용하는 태도로 접근해야 한다.

3) 상호성의 원리

교인이 목사에게 전한 문제와 갈등이 경청되고 그리하여 자신의 문제가 해결될 수 있다는 희망을 갖게 되면, 내담자는 교인으로서 자신의 문제를 목사에게 효과적으로 전달할 수 있게 된다. 일방적인 관계는 도움이 되지 않는다. 한쪽에서는 말하고 다른 한쪽에서 듣기만 한다고 치료가 되거나 문제가 해결되는 것이 아니라 적절한 관계가 상호적으로 맺어질 때 상담은 이루어진다. 이해받고 존중받고, 자신의 이야기가 경청되고 그것이 충분히 받아들여진다는 느낌을 주면, 교인은 목사를 더욱더 신뢰하게 되고 자신의 상황을 개방하여 문제의 핵심을 찾아 해결점을 구하게 된다.

상호성이란 편안한 치료 공간을 제공하는 상담자의 역량이며, 자신의 문제가 해결될 수 있는 실마리를 제공하며, 궁극적으로 하나님의 은혜의 통로가 될 수 있는 상담자라는 확신을 줄 수 있는 능력이다. 상호성을 통하여 상담 현장이 하나님의 은혜의 장이며, 상담자는 치료의 통로가 되며, 교인의 삶에 대한 고통과 번민을 깊이 이해하고 통찰할 수 있는 사람이라는 신뢰감을 줄 수 있게 된다.

4) 진실성

상담 관계를 수립하기 위한 목회자의 인격 가운데 가장 중요한 것은 진실성(genuineness)이다. 신뢰, 안전한 분위기를 확립하기 위하여 진실성은 절실하게 요구된다. 교인과의 상담을 위한 진실성이 나타나도록 목회자는 첫째, 자기 역할로부터 자유를 얻어야 한다. 목사라는 직분이 진정한 자신을 가리고 왜곡되게 표현하는 구실이 된다. 목회자의 드러나는 역할을 부정하는 것이 아니라, 가능하다면 자신을 왜곡하지 않도록 정직하게 자기표현을 하도록 노력해야 한다. 둘째, 방어적이지 않아야 한다. 때로는 목사라는 직분 때문에 교인들로부터 원망과 분노의 대상이 될 수 있으며, 불만 표출의 대상이 될 수 있다. 그러나 교인의 고통과 아픔을 들어주려는 자세를 충분히 가지고 목회자 자신의 안팎의 감정 표현이 일치될 때에 진실성이 확보된다. 또한 교인이 어떤 이유로든 도전적으로 항변할 때 거칠게 받아치기보다는 수용적인 태도로 원망을 회피하거나 역공을 펴지 않아야 한다. 셋째, 개방적인 태도가 필요하다. 목사이기 때문에 자기 내면의 문제를 표현할 수 없을 때가 많지만, 가끔은 자신의 아픔을 표현하고 교인의 상처와 고통과 연관될 수 있는 경험과 감정을 나눌 때에 상담 관계는 더욱더 깊어질 수 있다.

5) 실제적 조언

상담학자 제랄드 이건(G. Egan)은 상담 관계를 형성하기 위한 신체적인 행위를 강조하고 있다. SOLER, 즉 솔직함(straight), 개방적

(open), 상호적(lean), 눈맞춤(eye contact), 편안함(relaxed)으로 표
현한다. 얼굴을 대면한 상태에서 서로 개방적인 자세를 갖고, 편안하
면서도 몸을 내담자를 향하여 약간 다가선 태도로 눈은 내담자의 눈을
향한다. 내담자가 상대방이 자신에게 주목하고 집중하고 있음을 느낄
수 있도록 하는 것이 필요하다고 조언하고 있다.

제7장

목회상담과 경청

1. 경청의 자세

이전 장에서 다룬 것처럼 목회자의 관계 형성에 중요한 요소 중 하나는 상대방의 이야기를 잘 들어주는 것이다. 경청을 위한 공부는 모든 면에 유익한 경험이 될 수 있다. 프린스턴 신학교에서 목회신학과 상담을 가르쳤던 도널드 캡스는 다작가였다. 항상 이론과 문헌 중심으로 강의를 한다는 평가를 받았던 그는 '상담과 돌봄을 어떻게 할 것인가'라는 도전에 부딪혔다. 그리고 그 결과 *Giving Counsel: A Minister's Guidebook*을 저술했다. 그는 '어떻게 경청의 분위기를 만들 것인가?'는 말로 책을 시작한다. 경청은 힘든 작업이기 때문이다. 그는 노이스(Gaylord Noyce)의 책 *The Art of Pastoral Conversation*을 인용하면서 외국어를 모국어로 번역하는 것이 모국어로 된 이야기를 외국어로 번역하는 것보다 쉬운 것처럼 자신의 생각을 다른 사람에게 들려주는 것은 다른 사람의 생각과 감정을 그의 상황에 따라서 듣는 것보다 훨씬 쉽다고 한다. 또한 민감하고 사려 깊은 경청이 이것을 가능하게 한다는 노이스의 이야기를 전하고 있다.

설교학이 어떻게 말할 것인가를 가르치는 것이라면, 상담학은 어떻게 들을 것인가를 가르치는 것이다. 잘 준비된 목회자가 상담을 위하여 내담자(교인)의 이야기를 잘 듣고자 함에도 경청을 방해하는 것들이 있다. 내담자는 물론 내담자가 하는 이야기를 듣는 목회자의 내면에서도 자신을 개방하지 못하게 하는 수치심, 예기치 못한 변화를 경험하게 될 것에 대한 두려움, 그 두려움의 배후에 도사리고 있는 불안 등이다. 이러한 두려움, 불안, 수치심 등을 극복할 수 있는 상호 관계를 목회자가 만들어 내어야 하는 것을 이전 장에서 이야기했다. 개방적이고 안전한 분위기가 제공된 후에 더욱 치료적 변화를 일으킬 수 있는 대화가 가능해진다.

캡스는 마이클 니콜스(Michael P. Nichols)를 소개하고 있다. 니콜스는 *The Lost Art of Listening*(1995)에서 경청에 필요한 세 가지 조건을 말한다. 3A로 혹은 AAA(triple A)로 제공한다. 주의력(attention), 이해(appreciation)와 긍정(affirmation)이다.

1) 주의력

좋은 경청은 기법이나 기술에서 시작되는 것이 아니다. 나에게 무언가를 이야기하기 위하여 나를 찾아온 사람에게 주의를 기울여서 그의 내면의 세계와 감정을 잘 들어주려는 진지한 노력에서 시작된다.

그 사람은 배우자거나 아들이나 딸일 수도 있다. 그 어떤 사람에게 이야기할 수 있도록 초청하는 것이 필요하다. "오늘 힘들었지요?" 또는 "무슨 걱정이 있니?" 아니면 "얼굴 표정이 뭔가 힘든 이야기를 하고 싶은 것 같아요." 등 들어주어야 할 상대방에게 '나는 당신의 이야기를 들을 준비가 되어 있다'는 자세를 전달하는 몸짓, 말, 표정, 모든 것을 동원하여 전해야 한다.

듣고 있는 것처럼 꾸민다고 경청이 이루어지지 않는다. 듣는 척, 이해하는 척하는 태도는 오래가지 않는다. 경청은 다른 모든 관심사를 접어 두고, 마음을 다하여 나에게 이야기하는 사람에게 집중하는 자세를 말한다. 마음속에 떠오르는 어떤 생각도 상대방을 이해하고 경청하는 데 방해되는 것이라면 일단 흘려보내야 한다. 그 사람에게 전적으로 마음을 다하고 생각과 힘을 다하는 태도가 주의력, 집중력이다.

2) 이해

상대방의 이야기를 들을 때 그 사람의 관점과 입장을 알아차리는 자세를 말한다. 그 사람이 말하고자 하는 의도와 생각, 욕구와 감정에 대하여 이해와 정확성을 가지고 접근하는 것을 의미한다. 상담자는 내담자가 자신의 말을 잘 듣고 있으며 이해하고 있다는 확신을 가질 수 있도록 처신한다. 이해를 위하여 침묵할 수 있지만, 수동적인 자세는 결코 도움이 되지 않는다. 분명한 깨달음을 위하여 명료화한 설명을 요청할 수 있으며, 구체적으로 설명해 달라는 요구도 필요하다. 니콜스는 "진정한 경청은 상대방의 경험 안으로 상상력을 갖고 들어가는 것을 의미한다. 집중력을 가지고 질문하는 것이다. 이해란 단순한 앎의 차원('내가 알아들었다')이 아니라, 말하는 사람이 겪었던 구체적이고 그 사람 고유의 경험을 탐색하고 설명을 부탁하고 연구하는 것이다."[1]라고 설명하고 있다.

목회자가 내담자에게 분명하게 말하도록 요청하는 것은 그의 경험을 가능한 한 정확하고 자세하게 이해하기 위한 노력이다. 그러면서도 그 사람의 인격을 손상하거나 억압하지 않는 자세를 말한다. 이해의 자세를 가진 사람만이 상대방으로 하여금 진정한 자기표현과 내면의 이야기를 끄집어낼 수 있도록 도와줄 수 있다.

이해의 개념을 설명하기 위해 예시를 제시한다. 필립 쿡(Philip W. Cook)이 저술한 폭행당하는 남자들에 관한 책(*Abused Men: The Hidden Side of Domestic Violence*, 1997)에서는 아내에게 폭행당한 남편들이 자신의 이야기를 진지하게 들어주는 사람을 만날 수 없는 애로점을 묘사한다. 그들의 고통스러운 이야기를 꺼낼 때 수치심도 이만저만한 것이 아니지만, 자신의 이야기를 조롱하는 사람을 만나기 일쑤였기 때문이다. 한 남성이 여성들의 피난처인 구호소에 전화를 하여 여성들이 도움을 받는 것과 같은 도움을 자신이 어떻게 얻을 수 있는가를 물었다. 그러나 전화를 받는 사람은 전화한 사람이 가해자 남편은 아닐까를 의심했고 보호 명령서를 요청했던 여성이 어떤 보호 조치를 얻고 있는지 염탐하려는 의도로 받아들여 그 남자가 절실하게 필요로 하는 도움을 주지 않았다고 한다. 피해자 남성의 고통은 자신

---

1) Michael P. Nichols, *The Art of Listening: How Learning to Listen Can Improve Relationship* (New York: The Guilford Press, 1995), 113.

이 당하는 아픔을 어느 누구도 들어주지 않았다는 점에서 더욱 가중되었다. 이 남성은 자신의 상황과 고통스러운 이야기를 상대방이 전혀 이해해 주지 않는 데서 오는 어려움이 있었다. 목회자는 그런 상황에 처한 사람을 진정으로 이해하고 그의 입장에서 이야기를 들어준다는 것 자체가 가진 위력을 알아야 한다. 이런 차원에서 니콜스는 '이해'의 중요성을 역설하고 있다.

3) 긍정

듣는 이가 말하는 이의 상황을 이해하고 그것을 본질적으로 긍정할 때에 올바른 의사소통이 이루어진다는 것이다. 이 상황에서 침묵을 지키고 있는 것은 자칫 오해를 불러일으킬 수 있다. 자신이 말하는 것을 상담자가 이해하지 못하고 있다고 간주하거나 답장이 없는 편지와 같이 알아듣지 못하였거나 듣지 못한 것으로 간주하게 된다. 니콜스는 이것을 다음과 같이 굵은 글씨체를 사용하여 강조하고 있다.

"효과적인 의사소통은 단순히 말하는 순서를 바꾸어 준다고 이루어지지 않는다. 상호이해를 위한 서로 합의된 노력이 요구되는 것이다."

침묵은 서로의 의사소통을 애매하게 만들 수 있다. 적절한 반응과 언어적인 표현을 통하여 대화를 활력 있게 만들어야 한다.

여기에서 내담자(교인)의 가치관이나 윤리의식에 대하여 무조건 긍정하라는 것인가 의문을 제기할 수 있다. 가령 동성애자를 상담하거나, 폭력적인 재소자를 상담할 때에 긍정하라는 것이 합당한 것이냐는 문제제기다. 이 같은 질문을 받을 때면 난처할 때가 있다. 구체적인 세부적인 사안, 가령 동성애자로서의 행위와 폭력을 행사한 범법 행동 등을 잘못이 없다는 것으로 받아들이라는 것은 아니다. 그의 불법 행동이나 성적 소수자로서의 삶의 방식을 동의하고 따르라는 것은 더더욱 아니다. 내담자(교인)가 처한 상황에서의 고통과 인격의 본질을 한 인간으로서 수용하고 용납하라는 것을 의미하는 것이다.

2. 경청의 조건

효과적인 언어 구사를 통한 의사소통 기법은 설교자로서 가져야 할 필수 요건이기도 하지만 들어주는 경청자로서도 반드시 갖추어야 하는 주제다. 목회자는 교인들의 일상생활에서 요구되는 어떤 당위(해야 하는 자세와 일)만이 아니라, 당위를 받아들일 수 있도록 설득력이 있는 언어와 화법을 구사해야 한다. 설교하는 목회자는 자신을 포함한 교우들의 삶의 현장에서 일어나는 현상과 일상의 체험을 해석해 주는 번역가이자 문화해설사이며 동시에 언어의 전문가다. 그들의 삶에 전달될 만한 적절한 언어 구사 능력과 문화의 미세한 차이를 분별할 수 있는 감각도 지녀야 한다. 그런 차원에서 설교와 상담은 화자와 청자의 입장을 견지하는 차이가 있는 것 같으나 같은 주제로 서로 엮여 있다. 그것은 '들음'이다.

설교자는 하나님의 말씀을 전하기 전에 먼저 하나님 말씀부터 들어야 한다. 그리고 자신이 들은 것을 청중에게 들려주는 것이다. 그런 점에서 목회자가 설교자로 발돋움하기 위하여 먼저 개발하여야 하는 역량은 듣는 자세다. 데이비드 K. 스위처는 설교자가 가져야 할 효과적인 설교의 조건과 상담자가 갖추어야 할 상담의 여건이 동일한 것으로 간주할 수 있다는 흥미로운 제안을 하고 있다. 캡스는 설교를 상담적으로 할 수 있는가에 관하여 저술한 책에서 스위처가 제안하는 내용과 흡사한 주장을 펼치고 있다. 설교자가 강단에서 효과적인 상호성을 유지할 수 있는 요소로서 어떻게 활용할 수 있는지를 제시하고 있다.

로버트 카크후프(Robert R. Carkhuff)는 그의 책 *Helping and Human Relations*(1996)에서 사람들을 돕는 과정에서 그들이 긍정적인 변화를 경험할 수 있도록 하는 데 필요한 일곱 가지 조건을 말하고 있다. 설교와 상담에서 긍정적인 변화를 도출할 수 있는 일곱 가지 여건은 전 장에서 논의했던 니콜스의 세 가지 자세와 경계가 불분명한 것도 있지만, 캡스, 카크후프, 스위처 등이 제안한 바를 따라서 정리해 보고자 한다.

1) 정확한 공감적 의사소통

이것은 인식의 문제다. 인식은 사고와 정서의 복합체이기도 하다. 목회자는 음성과 몸짓을 통하여 말을 하고 있는 교인의 내면세계와 겉으로 드러나는 자기 인식을 일치시켜 가야 하는 과제를 지니고 있다. 공감(empathy)이란 개념은 심리학자와 정신분석 문서들에서 다양하고 광범위하게 다루고 있다. 목회상담 교과서에서 주로 사용되는 언어인 공감은 동정이나 연민으로 번역할 수 있는 'sympathy'와 종종 대비하여 사용된다.

칼 로저스가 말하였던 공감의 정의를 재해석하자면, 그는 내담자를 효과적으로 이해할 수 있는 '내적 준거의 틀(the internal frame of reference)'이 상담자에게 요구된다고 보았다. 공감은 내담자가 보고 있는 세계를 자기의 세계처럼 인식하고 바라보며, 내담자 자신이 자신을 바라보듯이 상담자가 인식하는 상태, 내담자를 공감적으로 이해할 수 있는 어떤 것으로 의사소통할 수 있는 역량이다. 달리 표현하면, 공감은 상담자가 "내담자가 마치 상담자 자신인 것처럼 내담자를 이해하기 위하여 집중하는 것"[2]이다.

디이츠(James E. Dittes)는 "흔히 우리가 마땅히 갖고 있는 성격과 자기 존재감 가령 사회성, 의견과 자세, 감정과 역사 등과 같은 것이 없는 상태"[3]로 공감을 정의하고 있다. 목회자가 자기 범주를 넘어선 상대방의 세계를 정확하게 공감한다는 것은 실로 어려운 작업이다. 공감은 자신의 경험을 넘어서 상대방의 경험의 세계에 집중하여 새로운 경험을 하고자 하는 열린 자세를 가질 때 이룰 수 있다. 유튜브에서 칼 로저스의 상담 동영상을 본 적이 있다. 로저스가 상담을 하면서 완전히 내담자 중심이 되어 자신의 개성을 벗어버리고 다른 사람의 내면에 몰두하여 자기를 구성하고 정의하는 경계에 무관심해지는 상태로 바뀌는 것을 보면서 깊은 인상을 받았다.

2) 진정한 존중의 태도로 대화하기

설교자나 상담자가 교인 혹은 내담자를 향한 존중의 자세를 가지지 않고는 진정한 의사소통과 치유는 불가능하다. 말로만 "나는 당신

---

2) Carl Rogers, *Client-Centered Therapy: Its Current Practice, Implications, and Theory* (Boston: Houghton Mifflin Company, 1951), 30.

3) James E. Dittes, *Re-Calling Ministry*, ed. Donald Capps(St. Louis: Chalice Press, 1999), 179.

을 존중합니다. 무슨 이야기든지 잘 듣겠습니다" 하는 태도가 아니다. 스위처는 회중과 내담자를 향한 존중의 태도를 가로막는 부정적 태도를 나열하고 있다.[4] 상대방에 대한 자의적인 판단과 비판의 태도, 상대방을 폄하하는 태도, 설교자 혹은 상담자가 이미 설정해 놓은 상황과 반응으로 상대방을 인도하는 조작적 태도가 그것이다. 조작적 태도는 설교자나 상담자가 자신이 의도한 대로 청중이나 내담자를 끌고 가는 자세다. 가령 내담자가 어떤 결론으로 가야할지 정하고 그 방향으로 밀어붙이는 형태다. 지침을 준비하여 목회자가 원하는 방향으로 끌고 가는 것이 그러한 태도의 전형이다. 오직 결론은 하나, 목회자가 내리는 방향으로 정해져 있다. 이런 것은 상대방을 존중하기보다는 지도자 자신을 존중하는 자세다.

상대방의 환경과 삶의 역사에 대하여 공감을 가지고 정확하게 이해하고 소통하는 태도가 중요하다. 존중하는 태도로 대화하는 자세를 가지도록 훈련하고 준비할 때 더욱 효과적인 설교와 상담이 이루어질 수 있다.

3) 구체적인 표현

상담자의 과제는 내담자가 더욱 자신의 삶의 상황에 구체적이고 자세한 의미를 가지도록 돕는 일이다. 자신이 그동안 말할 수 없는 혼란된 감정에 빠져 있었는지를 모르는 내담자에게 상담자가 할 일은

---

4) David K. Switzer, *Pastor, Preacher, Person: Developing a Pastoral Ministry in Depth*(Nashville: Abingdon Press, 1979), 77.

모든 감정 상태를 파악하고 구체적으로 원인과 과정에 대한 설명을 할 수 있도록 돕는 것이다. 설교자 역시 자신의 설교를 통하여 회중이 실제 삶의 현장에서 이해할 수 없었던 삶의 상황을 파악할 수 있는 의미를 제공하는 것이다. 내담자가 "오늘 제가 많이 우울해요."라고 했을 때, 우울하지 않은 때와 우울한 때의 차이를 파악하여 상담을 통해서 우울하지 않은 때가 많아지도록 돕는 것이 필요하다.

추상적인 낱말을 동원하여 대화를 하면 앞뒤가 맞지 않고 서로 이해하기보다는 애매한 소통이 될 수 있다. 말하는 사람이 어떤 의미로 이야기하는지 잘 알 수 있도록 살아 있는 언어를 사용해야 한다. 언어 표현을 풍부하게 할수록 교인들이 이해하는 데 도움이 된다. 두루뭉술하게 넘어가는 표현보다는 좀 더 정확한 감정과 느낌을 묘사하는 언어를 개발하는 것이 목회자에게 절실히 요구된다. 이는 시인들의 시를 읽어 배울 수 있다. 구체적인 표현력을 얻기 위하여 연습이 필요하다. 상담자나 설교자 모두 생생하고 구체적이고 살아 있는 언어 구사 능력이 요구된다. 이를 위하여 상대방이 이해할 수 있는 은유와 비유도 사용할 수 있다. 다른 사람들이 어떻게 생각하는지 들어보고, 그들이 묘사하는 말투와 단어들을 이해하고 그것을 사용하는 것도 좋다. 그들이 사용하는 낱말과 언어에 의미를 부여하고자 노력할 때 더욱 효과적인 의사소통이 이루어진다. '언어화'의 노력은 내담자에게만 요구되는 것이 아니다. 구체화된 언어를 사용하여야 살아 있는 상담 현장과 예배의 장이 이루어질 수 있다.

4) 진실성

진실성은 진정한 면모를 말하는 영어의 'genuineness'를 번역한 것이다. 스위처는 진정성이란 "우리 자신의 경험과 그 경험에 대한 우리의 인식 사이에 일치되거나 비슷한 정도"[5]를 가리킨다고 하였다. 그는 우리가 경험하고 있는 참된 경험을 있는 그대로 인식하지 못하게 되는 원인을 불안으로 본다. 자신의 경험을 있는 그대로 진실하게 보지 못하게 되는 이유는 죽음에 대한 두려움, 성적인 문제, 이혼, 축적된 분노 등의 강한 감정과 많은 실패의 경험에서 온 불안이 만들어 내는 방어기제, 왜곡에서 생겨난다. 로저스 역시 이것을 일치성(congruence)이란 용어로 설명하고 있다. 우리 자신의 내면적 경험과 그 경험에 대한 조화로운 인식이다. 상담자나 설교자의 안과 밖이 일치하고 조화를 이루는 것이야말로 진정한 경험의 지름길이다.

적절한 비유를 하자면, 아이를 기르는 엄마는 행동, 몸짓, 말을 통하여 아이와 원활한 소통을 하고자 노력한다. 자기가 하는 모든 표현이 아이와 상호 소통이 되었다는 확신을 가질 때 아기에게 편안한 환경을 제공하게 된다. 엄마는 무엇을 하고 아기는 무엇을 원하는지 서로 소통이 될 때 어린 아기의 자기 구조는 건강하게 이루어지고, 안정감을 얻게 되는 것이다. 이와 같이 상담자의 겉 표정과 내면의 심리상태가 동일하게 표현되는 것이 중요하다.

---

5) Switzer, *Pastor, Preacher, Person*, 85.

5) 적절한 자기 표출

기꺼이 자신을 드러낼 수 있는 상담자는 내담자로 하여금 자신을 돌아보고 진정한 자신을 발견할 수 있도록 도와준다. 스위처는 적절한 자기 표출(self-disclosure)은 "상대방에게 인간으로서 자신을 드러내는 자세는 자신이 누구이며, 어떤 감정과 동기를 어떤 특정한 때 지니고 있는가 뿐만 아니라, 상대방과 적절한 방식으로 의사소통할 수 있는 역량"[6]이라고 말하고 있다. 그는 목회자가 자신을 드러내는 것을 통하여 상대방이 '진정한 인간관계의 한 부분으로 속하였다는 느낌'을 가질 수 있게 해 준다는 것이다. 그리고 상담자의 자기 표출을 통하여 내담자는 자기가 충분히 상담자의 이해를 얻고 있다는 확신을 얻게 된다.

함정은 있다. 지도자가 상대방의 이야기를 듣기보다 자신의 이야기를 더 많이 하게 되는 것이다. 자신의 이야기가 상대방의 이야기를 잠식하는 것이다. 이럴 때 상대방은 자신의 이야기를 하다가 멈추게 된다. 적절한 자기 표출은 있어야 한다. 중요한 것은 '적절한' 표현이어야 한다. 상대방에게 자신의 자신됨을 기꺼이 알리고자 하는 의도를 보여 목회자 또는 상담자로서의 역할과 외면(facade) 뒤에 어떠한 것도 숨김이 없다는 것을 알려 줄 정도면 족하다. 시기상조, 과유불급을 피하여야 한다. 즉, '너무 많이 너무 이르게' 하지 않는 원칙을 지키는 것이 좋다.

---

6) 위의 책, 86-87.

6) 직면

직면(confrontation)처럼 많은 오해를 불러일으키는 용어도 많지 않다. 충격적인 말을 한다거나 비난성 발언(accusations), 가혹한 말 (harshness) 또는 징벌을 가하는 형태의 말을 의미하는 것은 아니라고 스위처는 주의를 주고 있다. 직면은 상대방의 말이 일치하지 않거나 모순되는 말을 하고 있을 때에 지적해 주는 것이다. 언더우드 (Ralph L. Underwood)는 존중, 공감, 직면 이 세 가지가 함께 가야 한다고 말한다. 가령 "지금까지 당신은 아들에게 화가 났다는 이야기를 하셨는데, 지금 들어보니 화가 났다기보다는 아들의 행동 때문에 당황하신 것 같아 보입니다." 내담자가 표현하는 모든 것이 연결되지 않는 경우도 있고, 앞뒤가 맞지 않는 때도 있을 것이다. 이러한 때에 불일치한 이야기에 대하여 적절히 지적해 주는 것은 깊이 있게 경청하고 있다는 것을 확인하는 기회가 된다.

언더우드는 "존중은 공감과 직면적이 되는 자세가 어떻게 어우러지는가를 나타내는 도덕적인 연결이다. 존중의 자세를 견지한 직면은 공감과 나란히 있어야 한다. 세 가지는 각기 다른 것이지만, 목회자가 공감적이 되면서 직면하여도 존중의 태도를 견지하는 데 어떤 근본적인 모순이 생기지 않는다."[7]고 하였다. 상대방이 말하고 있는 동안 목회자는 그의 말이 앞뒤가 맞지 않는 경우 그 내용을 구체적으로 정확하게 표현할 수 있도록 존중과 공감의 태도를 견지하여 적절

7) Ralph L. Underwood, *Empathy and Confrontation in Pastoral Care* (Philadelphia: Fortress Press, 1985), 90.

히 지적해 주어야 한다. 이를 통하여 관찰자로서 담화 가운데 발생한 어떤 불일치와 모순적인 사건에 정확성을 기할 수 있다. 뿐만 아니라 상담자의 사려 깊은 태도로 인하여 내담자가 자기를 발견할 수 있도록 도움을 주게 된다.

7) 즉각성

올바른 경청을 촉진하는 마지막 조건은 즉각성(immediacy)이다. 스위처에 의하면, 즉각성은 대화하는 두 사람의 관계를 더욱 '바로 여기에서 지금' 일어나고 있는 현재의 관계, 이 관계가 제공하고 있는 감정과 행동을 어떻게 이해하고 있는가를 인식할 때 제공되는 조건이다. 즉각성을 견지하기 위하여 상담자는 관계의 민감성을 구축하고자 각별한 노력을 해야 한다고 하였다.

즉각성에는 대단한 민감성이 필요하다. 왜냐하면 도움을 제공하는 사람은 내담자의 입장에서 말한 표현이 다양한 형태로 표현되어 두 사람의 관계를 의미하는 것이 될 수 있기 때문이다. 예를 들어, 여성도가 목사에게 와서 "목회자는 관심의 대상이 되기 쉽지만 다른 사람들에게는 관심을 기울이지 않는 것 같아요!"라고 말했다고 하자. 여기서 목회자의 공감이 발동해야 한다. 그 여성은 자신이 다른 사람의 관심과 주목을 받고 싶은데 그렇지 않은 것을 우회적으로 표현한 것일 수 있다. 또는 목회자가 관심의 대상이 되지만, 정작 목회자가 다른 이들에게 관심을 갖지 않는다고 말한 것일 수 있다. 그 말을 들은 목사는 당장 그 자리에 있는 여성도가 느끼는 불만과 아쉬움을 곧바로 이해할 수 있는 역량이 필요한 것이다.

상담 현장에서는 흔히 즉각성을 놓치기 쉽다. 잠깐 동안 상담의 대화와 관련이 없는 연상으로 다른 생각에 빠지거나 상대방이 말하는 동안 연상되는 일들이 대화의 흐름을 끊을 수도 있다. 경청자의 집중력이 흐트러지면 바람직한 대화 관계가 이루어질 수 없다. 즉각성을 잃어버리는 경우 상담자는 내담자를 일깨워 지금 이곳의 현장으로 불러와야 한다. 상담자도 같은 현장에서 자신의 연상이나 사고가 즉각성을 잃지 않도록 각성해야 한다.

3. 경청의 중요성

경청의 중요성은 상대방의 삶의 이야기, 즉 정보를 얻는 것과 내담자의 표현에 대한 증인이 되는 것에서 발견할 수 있다. 다른 사람의 이야기를 들어주는 사람은 일단 자신의 삶의 내적 준거의 틀(one's own frame of reference)은 접어 두고 내담자의 삶으로 들어가서 그 사람을 인정하고 긍정해 준다. 인정과 긍정의 태도는 내담자로 하여금 자신을 존중해 주는 것으로 느끼게 하여 진정한 인간관계를 맺을 수 있을 뿐만 아니라 서로 하나가 되게 한다.

인간은 누구나 자신의 이야기와 상황을 들어주는 상대방을 통하여 이해받고, 경청을 통하여 자신의 강점이 강화되고, 생명력은 영양분을 얻게 된다. 단적으로 경청은 우리의 자기가치감에 양분을 더해 준다. 우리가 안정감이 없고, 마음에 아쉬움이 많이 있을 때는 인정과 긍정의 태도를 가진 경청을 통하여 확신을 주고 자신감을 부여하는 한 사람이 필요하다. 우리 모두는 관심과 집중을 보여 주는 사람이 필요하다.

좋은 경청자는 자신의 경험을 앞세워 걸러내는 여과지가 아니라 증인이다. 십년 묵은 체증이 내려간다는 말처럼 마음속에 있는 염려 혹은 반대로 기쁜 소식이나 알려야 할 어떤 큰 사건 등은 들어주는 사람이 있고 그것들을 말할 수 있을 때 기쁨이 커지는 법이다. 무시당하거나 침묵으로 일관하는 사람에게서는 고통만 커질 뿐이다. 누군가에게 말할 수 있도록 도움을 줄 때 그 고통을 경감시켜 줄 수 있다.

1) 경험을 통한 존중감

경청을 통하여 자신이 진지하게 취급받았다고 생각하게 된다. 코헛은 누군가의 이야기를 잘 들어주는 사람은 우리에게 필요한 '심리적 산소'인 자기대상(selfobject)이 되어 준다고 하였다. 자기대상은 우리 자신을 위한 누군가(someone-there-for-us)가 되는 존재, 자기를 성장시키고 성장을 촉진할 수 있는 사람이 된다는 것을 의미한다. 경청을 잘하는 사람이 자기대상이 된다는 것은 대인관계와 인격의 성장을 위하여 도움을 줄 수 있는 유익한 존재가 된다는 것을 의미하기 때문이다. 언제나 자기 이야기만 하고 듣는 척하기만 하고 주제를 바꾸려는 사람들이 많은 세상에서 경청은 다른 사람들에게 유익한 사람이 되는 비결이 된다. 자신의 이야기를 잘 들어주는 사람을 통하여 우리는 자기애적인 균형을 얻게 되어 완전한 자기가 되었다는 느낌을 얻게 된다.

상대방이 갖고 있는 분노 밑에 깔려 있는 표현되지 않은 감정을 잘 들어주면, 사람들의 관계를 끊어 놓았던 쓰라린 감정을 풀어 놓게 되는 것을 발견하게 된다. 다소간의 노력을 통하여 적대감 뒤에 숨겨져 있는 상처를 들어주고 피하고자 하는 태도 뒤에 있는 원망과 진정으로 상대방을 인정하고 긍정하려는 마음을 갖지 못하게 하는 두려움 속에 숨겨져 있는 연약한 심정을 들어줌으로써 그 사람들의 상처를 치료할 수 있다.

경청을 통하여 치료하는 힘을 이해하게 되면 우리의 마음을 힘들게 하는 것들에 관하여 들을 수 있게 되기도 한다. 우리가 진지한 취급을 받는다는 것을 경청을 통하여 경험한다. 자기를 표현하게 하고 다른 사람들과 관계를 맺을 수 있게 된다는 것을 알게 된다. 다른 사람들에게 인정받고 발견되고자 하는 욕구는 우리 마음의 영양분이며 심리적 산소가 된다.

공감적인 이해를 받고자 하는 욕구가 충족되지 못할 때에 우리의 인격은 형태를 갖지 못한(amorphous) 상태에 머물게 되어 불안해하고 외로워진다. 견딜 수 없는 마음이 되고, 수동적인 도피주의에 빠지게 된다. 무익한 행동을 반복하거나 볼 만한 프로그램이 없음에도 TV를 계속 쳐다보거나, 음악을 크게 틀어 놓고 위안을 삼게 되는 등의 행동을 하게 된다. 때로는 스트레스가 쌓인 상태에서 수동적인 회피를 하게 되기도 한다.

2) 경청에 대한 감사

대화라는 방식을 통하여 우리는 인격적으로 성장하게 된다. 우리 인생은 대화를 통하여 들어주는 사람과 말하는 사람이 함께 집필되어 간다. 경청을 통하여 자신의 입장과 욕구가 상대방에 의하여 인식되면, 우리의 인격이 지탱되고 정의된다. 말하고 표현하는 것과 들어주고 인식하는 것의 조화로운 균형은 지금까지 살아오면서 경험해 볼 수 없었던 사람과 사람 사이 그리고 사람과 하나님 사이에 형성되는 상호관계를 실감나게 경험하게 해 준다. 나의 기도가 이루어지거나 그 기도를 들으셨다는 것을 알게 될 때에 더욱더 하나님과 깊은 사귐과 사랑의 관계에 들어가게 되는 것처럼 인간과 인간 사이에 '거기 당신 있음을' 알고 인정해 주는 경청의 태도야말로 대인관계, 신앙의 깊은 체험, 영적인 신비의 합일체험 등을 이룰 수 있는 비결이다.

4. 경청을 제2의 천성으로 개발

상담자나 설교자 내면에 있는 불안이 인식되지 않으면 경청을 가로막을 수 있지만, 그것을 알아차리면 더욱 효과적인 좋은 경청을 할 수 있게 된다. 경청의 세 가지 자세(AAA)와 일곱 가지의 경청의 조건은 앞으로 설교나 심방이나 목회 대화를 이끌어 갈 때 유익하게 활용될 것이라 확신한다. 목회자가 교회 공동체 가운데 '경청의 분위기'를 조성하고, 목회자 자신이 다른 이들을 존중하고 공감하며 깊은 이해를 갖고 목회를 한다면 이보다 더 좋은 환경이 어디 있겠는가!

목회의 가장 중요한 국면은 하나님의 말씀을 듣는 일이다. 설교하고 목회적인 대화를 이끌어 갈 때 말하기보다는 듣기를 먼저 하는 태도야말로 목회자가 좋은 지도자가 되기 위한 가장 참된 비결이다. 경청의 태도와 조건이 목회상담을 준비하는 모두에게 제2의 천성으로 개발된다면 상담 현장에서 자신도 모르는 사이에 훌륭하고 좋은 상담을 수행하게 되는 데까지 이를 수 있다.

제8장

목회상담에서의 공감과 직면

목회자는 어떤 자세를 가져야 성도들의 양육과 영적인 성장을 돕고 교회 공동체에 유익한 역할을 할 수 있을까? 목회상담의 기본 지식과 철학이 개인과 집단에게 올바르게 활용되기 위하여 이 장에서는 공감과 직면에 관하여 살펴보려고 한다.

1. 공감

공감에 대한 사전의 정의는 "내담자의 느낌이나 아이디어에 참여하는 능력"[1]이다. 영어의 'empathy'는 문자적으로 분석하면 'feeling

---

1) 권명수, "공감과 직면의 이론적 이해", 『목회상담 실천입문』(서울: 학지사, 2009), 67-84.

into' '상대방의 마음으로 들어가서 느끼다' 이다. 일반적으로 감정 이입이란 말로 통용된다. 내담자의 내적 준거의 틀 속에서 내담자의 문제와 삶을 이해하려는 시도다.

동정(sympathy)과는 어의가 구분된다. 동정은 다른 사람의 이야기를 경청하면서 그의 감정에 의해서 표현되는 경청자의 감정에 초점이 맞추어지는 것이다. '내가 느끼기에는……' 이란 말로 자신의 감정을 앞세워 표현한다. 영어로 표기하면 'feeling for another'라고 할 수 있다. 이에 반하여 공감은 다른 사람의 감정에 집중하여 다른 사람과 함께 느끼는 것(feeling with another)으로 정의할 수 있다. 그러나 필자는 이에 한 걸음 더 내담자의 내면으로 들어가서 그 사람의 정신세계 안에서 느끼는 것(feeling into)을 말하고자 한다.

공감과 유사한 심리 기제 가운데 투사와 동일시가 있다.

투사(projection)는 자신의 자아의 어떤 부분(공격성, 분노, 혐오감)을 숨기기 위하여 다른 사람의 감정 가운데 있다고 보는 자아방어기제다. 이는 타인의 감정을 자신의 자아개념과 경험에 견주어서 경청하고 느끼는 것이다. 투사는 동정처럼 다른 사람의 감정을 차용하여 나의 감정에 초점을 맞춘다. 흔히 사람들이 고통당하는 사람에게 느끼는 동정의 감정은 심층적인 차원에서 투사의 기전이 작용하는 것이라 할 수 있다. 자식을 잃어 본 사람이 자식을 잃고 슬퍼하는 사람을 위로하는 차원은 동정과 투사의 미묘한 결합에 의하여 일어나는 현상이다. '과부 사정은 과부 또는 홀아비가 안다'는 속담이 이러한 현상을 반영한 것이다.

동일시(identification)는 면담 과정에서 상대가 노출하는 강한 감정에 몰입되거나 또는 매료되어 경청자의 감정과 상대방의 감정이 구별되지 않는 상태를 지칭한다. 내담자의 감정에 몰입되어 상담자의 객관적이고 건강한 자기를 견지하지 못 할 때에는 상담을 통한 성장과 치유에 저해될 수 있으니 경계해야 한다. 그러나 상담자나 목회자가 동일시 현상이 내면에서 일어나는 것을 의식하고 그것을 이용하여 적극적으로 경청하고 공감할 수 있는 역량을 키울 수 있다면 이 역량은 내담자를 깊이 이해하고 공감할 수 있는 좋은 도구가 될 수 있다. 투사와 동일시는 정신분석 과정에서 발생하는 무의식의 기제다. 이 두 개념을 깊이 이해하고 목회자 자신의 경험과 사고, 감정의 흐름이 상담과 목회의 현장에서 내담자와 교인들을 만날 때에 흔히 일어나는 현상임을 자각한다면 목회에 유용하게 사용할 수 있다.

1) 공감을 위한 목회자의 자세

공감을 위해 필요한 목회자의 자세는 다음과 같이 요약할 수 있다.

첫째, 비언어적 표현에 최대한 주의를 기울인다. 언어적 표현과 비언어적 표현의 비율은 대체로 1:9라고 할 수 있다. 과장된 비율이라 생각할 수 있겠으나, 말로 표현된 자기감정보다는 표정, 몸짓 그리고 환경 요소를 통하여 드러내는 비언어적 표현을 통하여 자신을 더 진실하게 나타내는 경우를 포착할 수 있어야 한다. 대화와 상담에서 습득하기 어려운 기량이라고 하겠다.

둘째, 내담자의 눈높이에 맞춘 말로 쉽게 이야기한다. 자신이 알고 있는 지식과 정보에 의하여 사용하는 용어와 말투는 내담자에게 이해하기 어려울 뿐만 아니라 자칫 혼란과 불필요한 감정을 유발할 수 있게 된다. 목회자는 내담자의 삶의 자리에서 사용되는 언어습관을 이해하고 그들의 일상 경험에 초점을 맞출 수 있도록 훈련해야 한다. 한 예로 재래시장 근처에서 목회하는 목사는 쉬는 날인 월요일 하루 종일 시장에서 휴식을 취한다고 한다. 그곳에서 들리는 소리와 먹거리로 영과 육의 양식을 삼는다고 한다. 설교 언어를 시장에서 생활하는 시장 상인들의 삶의 자리의 언어로 바꾸는 작업이다.

셋째, 내담자와 비슷한 목소리로 말한다. 내담자는 모기소리와 같은 음성으로 말하는데, 상담자는 우렁찬 목소리로 말한다면 그 현장은 쉽게 갑과 을의 관계로 변할 수 있다. 삶을 비관하고 도움을 청하러 온 내담자에게 지나친 긍정의 언어도 내담자의 내면의 의기소침한 감정을 더욱 강화시킬 수 있다. 슬픔을 겪는 자에게는 슬픔의 감정이 실린 말과 분위기로 접근할 수 있어야 한다.

넷째, 내담자의 주의를 분산시키는 질문을 하지 말아야 한다. 상담자는 언제나 내담자의 걸음걸이를 따라 가면서 그의 이야기에 초점을 맞추고 질문을 하거나 동의의 몸짓으로 상담을 진행한다. 듣고 있는 상담자의 내면에 일어나는 연상과 이미지들이 내담자의 현재의 상황과 일관성을 가지는지를 파악하여 질문을 하거나 의미를 제시할 수 있다.

다섯째, 상담자가 피해야 할 언어는 상투적인 말과 몸짓이다. "그 문제를 제가 잘 들었으니, 이제부터는 열심히 기도하십시다." 혹은 "그런 상황에서 우리는 어떻게 배웠지요? 지난번 설교 또는 성경공부에서 얻은 해답이 있지요?" 등의 해결 중심의 답변과 말투는 내담자의 내면에 저항을 가져올 수 있다. 목회자와 상담자는 이러한 상투적이고 구태의연한 말이나 늘 모범답안과 같은 말을 사용하는 데 신중을 기해야 한다. 공감적 언어를 사용하도록 평소에 교우들과의 언어

습관을 훈련하는 것이 바람직하다.

여섯째, 내담자가 하고 있는 말보다는 상황에 반응하여야 한다. 내담자는 내면에 수없이 많은 생각과 연상이 있어도 막상 입을 열어 말하는 것은 한두 마디에 불과하다. 그러한 때 그의 말에만 집착한다면 그 상담의 대화는 엉뚱한 곳으로 흘러갈 수밖에 없다. 상담자는 현장에서 느껴지는 느낌과 내담자의 표정과 몸짓 그리고 내담자가 혼란스러워하는 것들이 무엇인지 초점을 맞추어 종합적인 진단과 평가를 할 수 있는 역량을 길러야 한다.

2) 공감의 심리학적인 이해

(1) 칼 로저스의 공감

공감에 대한 주제는 칼 로저스의 견해에서 시작할 수 있다. 그는 상담자의 치유 요건 세 가지를 일치성, 무조건적인 긍정적 존중, 공감적 이해로 말하고 있다.

일치성(congruence)은 상담자의 생각과 언행 사이의 일치를 이루는 것이다. 달리 표현하면 진정성이라고 할 수 있다. 진심 어린 마음과 생각과 표정과 말이 일치하는 것을 의미한다. 무조건적인 긍정적 존중(unconditional positive regard)은 내담자의 진술이 상담자의 윤리와 도덕 기준에 도달하지 않더라도, 극단적으로 상담자가 가장 싫어하고 혐오하는 태도를 지녔다 하더라도 조건 없이 수용하고 존중해 주는 태도다. '죄는 미워하되 사람은 미워하지 말라.'는 금언이 적용되는 개념이다. 공감적 이해(empathic understanding)는 반복하지 않아도 될 것이다.

이 세 가지를 상담자가 상담 환경으로 제공하면, 내담자에게 변화가 일어날 수 있는 환경이 조성된다고 한다. 내담자는 자기 개념이 긍정적으로 변해가는 분위기에서 더욱 자신감을 갖고 자기를 노출하게 되고 자기주도적으로 변화되어 간다. 스트레스 상황에서 더욱 건강한 방식으로 적응하며 극복해 가는 성숙된 모습을 보일 수 있다.

(2) 하인즈 코헛의 견해

코헛이 프로이트와 거리를 두게 된 동기는 공감에 대한 이해의 차이였다. 프로이트는 공감보다 더 중요한 것이 방어에 대한 해석에 있다고 보았기 때문이다. 코헛은 공감을 내담자의 심리적 세계를 이해하고 파악할 수 있는 연구 도구로 이해하고 있다. 1959년 논문 「내성, 공감 그리고 정신분석」[2]에서 '공감적 침잠(empathic immersion)'을 '대리적 성찰(vicarious introspection)'이라고 하였고, 이것을 후에 공감이란 단어로 바꾸어 사용하였다. 공감을 정신적 내용 자료를 수집하는 도구로 이해하였고, 이 공감을 통하여 내담자의 내면세계를 이해하고 내담자와의 관계를 촉진시켜 갈 수 있다고 보았다.

코헛의 공감을 통한 치료는 이해의 단계와 설명의 단계 두 가지로 구성된다. 먼저 이해의 단계에서 상담자는 내담자의 내면세계에 몰입하여 깊이 이해하고, 이를 말로 표현하여 내담자를 이해하였다는 것을 보여 준다. 그 후에 설명의 단계를 통하여 치료가 이루어진다는 것이다. 공감을 통해 내담자를 깊이 이해한 것을 상담자가 표현해 주

---

2) Heinz Kohut, "Introspection, Empathy, and Psychoanalysis", *Journal of the American Psychoanalytic Association*, 7, 459-483.

면 신뢰 관계를 촉진시킬 수 있다고 보았으며, 신뢰 관계를 통한 이해를 얻은 상담자는 내담자의 내면세계의 정서적 경험을 살피면서 그 내용의 출처, 역동성, 과정에 대하여 설명을 해 줄 수 있다. 이 과정을 통하여 내담자의 현 경험을 보다 깊이 이해하고, 이를 통해 자신에 대한 지식을 증가시키면서 자신의 내면을 관리할 수 있는 능력이 점차 증가하게 된다고 본다. 코헛의 공감에 대한 설명은 정신분석학적인 배경지식을 바탕으로 하는 심층적인 연구를 동반하여야 더 잘 이해할 수 있다.

2. 직면

직면이란 내담자의 이야기나 행동이 상담자가 객관적인 관점에서 볼 때에 모순이 있거나 일관성이 없다고 판단될 때 내담자가 깨달을 수 있도록 알려 주는 것이다. 내담자의 인식에 반대되는 관점이나 상황을 이해할 수 있도록 구체적으로 도전하는 것을 의미한다. 그러므로 내담자가 이를 다룰 준비가 되어 있지 않거나 상담자와 신뢰 관계가 충분하게 성숙되어 있지 않으면 상담자와 내담자의 관계가 위협받을 수 있으며, 자칫 상담 관계 자체가 깨어질 수 있다.

내담자와 상담자의 관계가 존중과 배려로 신뢰 관계를 이룰 때 이를 실천하는 것이 바람직하다. 내담자의 말의 미묘한 불일치를 분명하게 드러나도록 인도함으로써 직면의 재료를 파악할 수 있게 된다. 언더우드는 목회상담의 진행에서 공감과 직면과 존중의 세 가지가 조화를 이룰 때 상담의 효과가 증진된다고 하였다. 간혹 학생들에게 이

세 가지 가운데 어떤 것이 가장 중요한지 구체적인 예를 들어 서술하
도록 시험 문제를 주면, 이들은 무척 많은 시간 고민하고 탐구해서 답
을 내놓는다. 독자들도 이 세 가지 중에 어떤 것이 중요하다고 생각하
는지 답변해 보는 연습이 유익할 것이다.

직면은 설명의 국면에서 내담자에게 공감의 효과를 느끼게 한다.
내담자의 내면의 정서 경험의 출처, 동기, 과정을 설명해 주는 작업
은 내면세계를 직면하게끔 인도하며, 자기 자신을 분명하게 이해한
다는 것은 현실적으로 자신을 이끌어 갈 수 있는 작업이 되기도 하기
때문이다.

제9장

목회상담에서의 성경 사용[1]

교구에서나 상담 현장에서 목회상담을 할 때 성경은 어떻게 활용해야 하는지에 대한 궁금증이 들 수 있다. 성경공부를 하는 것같이 적용하기도 하고, 신앙 간증할 때처럼 소극적으로 이용하거나 성경 구절을 사용하여 성격에 대한 진단과 내담자가 지니고 있는 내면의 욕구와 환상, 백일몽과 꿈 등을 탐색하는 경우도 있다. 성경 사용은 다양한 방식이 있겠으나 이 장에서는 윔벌리(Edward P. Wimberly)의 『목회상담과 성경의 사용』을 중심으로 논의하고자 한다.

---

1) 에드워드 P. 윔벌리, 『목회상담과 성경의 사용』, 김진영 역(서울: 한국장로교출판사, 2005). 윔벌리의 책의 번역자로서 독자들이 이 장을 읽으면서 윔벌리 특유의 성경 사용의 원리를 참고할 수 있도록 진행하였다. 윔벌리 외에도 캡스, 오츠 등의 목회상담학자들이 성경과 관련한 책들을 저술하였다. 윔벌리 책의 요약과 함께 성경 사용 원리를 참고하면 유익한 책읽기가 될 것이다. 성경 사용에 대한 이해를 돕기 위한 징검다리의 역할로 제시한다.

1. 목회상담과 성경

윔벌리는 목회상담 과정에 성경을 사용하는 상담 모형을 제공하고 있다. 성경 이야기를 풍부하게 가진 교회 전통에서 온 사람들, 성경을 주요 도구로 자신의 경험과 감정을 표현하는 내담자들을 위한 상담 단계를 정리하고 있다. 자신의 경험을 담아내기 위하여 성경을 기본 도구로 사용하지 않는 내담자들과 교회 생활을 하지만 다양한 이야기 전통을 경험하지 못한 내담자들을 위한 관심은 부족하다. 윔벌리는 성경 지식이 전혀 없는 내담자에게 성경 이야기를 활용하기 원하는 목회상담자들에게 몇 가지 제안을 하였다.

심층적인 목회상담의 한 요소는 내담자와 관계를 맺은 후에 얻게 되는 직관적인 통찰의 움직임을 신뢰하는 데 있다. 흔히 이러한 움직임은 내담자들의 욕구의 핵심으로 가게 되는 감화력 또는 감화력이 강한 치유 개념과 부합된다. 이와 같은 직관적인 움직임이 목회상담자 안에 작용된다고 하여도 실제 치유의 근원은 내담자의 심리적인 삶에 있다. 목회상담의 상호작용은 그러한 개념들을 싹트게 하는 역할을 할 뿐이다.

윔벌리는 성경 이야기를 나누며 상담하는 일곱 가지 차원을 제시하고 있다.

① 당면 문제에 관심 기울이기
② 내담자 개인, 결혼 또는 가족의 신화에 관심 기울이기
③ 신화의 성격 규명하기

④ 신화의 영향을 도표화하기
⑤ 선호하는 이야기 경청하기
⑥ 목표 정하기
⑦ 신화 재구성하기

2. 성경 사용의 다양한 사례

레스틴

49세의 남성 레스틴은 오랜 기간 물질 남용을 해 왔다. 어릴 때부터 오순절 교단에서 성장하였고, 하나님은 고통 중에 있는 사람들의 기도를 응답해 주신다고 배웠다. 아동 초기에 성경 이야기와 인물들에게 깊이 매료되었다. 십대가 되기 전까지 성경을 거의 다 읽었고 성경 이야기를 많이 알게 되었다.

성경을 익숙하게 알고 있음에도 항상 자신이 복음의 치료 능력과 영향권 밖에 서 있다고 느꼈다. 물질 남용 때문에 성경의 이야기와 인물들의 세계로부터 자신이 배제되고 있다고 생각하며, 도리어 감상적이고 불행한 인물과 자신을 동일시하였다. 가족 관계가 좋지 않아 자신은 부정한 것들을 물려받았다고 믿었다. 자신은 영원히 구원의 은총 밖에 있어야 하는 운명을 지닌다고 알고 있었다. 그는 비관적인 예상을 하면서 언제나 하나님의 구원과 치료의 한 몫을 얻기를 갈망하고 있었다.

레스틴은 자신이 하나님의 구원의 드라마에 속할 수 있을지 모른다는 생각으로 한껏 고무되었다. 실제로 자신이 하나님 가족의 일원

이 되었다는 경험을 했던 짧은 기간을 기억해냈다. 그러나 이 짧은 포
용의 기간이 지나고 형이 암으로 세상을 떠난 후 오랜 세월 교회와 복
음에 대한 실망과 환멸을 느끼며 생활한다. 형이 죽은 후에는 자신이
하나님께로부터 완전히 떨어져 나온 느낌을 갖는다. 자신은 방출되
었고 선천적인 결함이 있다는 고질적인 의식이 그의 삶을 다시 지배
하게 되었다.

조안

젊은 여인 조안은 밤늦게 성경공부를 마치고 집으로 돌아가고 있
었다. 정지 신호등 앞에 서 있는 동안 한 남자가 차에 들어와서 납치
한 후 성폭행하였을 뿐 아니라, 그녀를 차 트렁크에 밀어 넣고 차에
불을 질러 태워 죽이려고 하였다. 조안은 들키지 않고 차 트렁크에서
빠져나올 수 있었다. 도움을 요청하였고 경찰과 의료진들의 도움을
받게 되었다. 끔찍한 사건이 있은 지 며칠 후 윔벌리를 찾아와서 목회
상담을 받게 되었다.

조안은 어린 시절 주일학교에서 성경 이야기의 관점으로 자기의
경험을 해석하는 법을 배웠다. 그녀는 자신에게 일어난 일을 하나님
의 사랑과 자비의 관점에서 처리할 수 있다는 생각을 발전시켰다. 삶
의 어려운 순간에 봉착한 성경 인물들과 자신을 동일시하였고 성경의
주요 인물들의 삶이 그러했던 것처럼 조안 자신의 삶도 결국 긍정적
인 방향으로 바뀔 것을 믿었다. 그녀는 자신의 삶을 목적이 있는 결말
을 향하여 전개되는 드라마로 보았다.

결국 그녀는 성폭행의 고통스러운 경험에서 자신의 삶을 분리하여
의미와 가치와 목적을 가진 삶으로 보게 되었다. 더 나아가 자신이 죽

음으로부터 탈출한 사건을 하나님이 역사하신 기적적인 사건으로 보았다. 성폭행은 자신의 사명과 사역을 훼방하는 사탄의 장난이라고 간주하였다.

성경적 신앙과 인물이라는 차원으로 삶을 해석하려는 조안의 신앙과 인격적인 성향은 비극적인 성폭행 경험을 잘 극복할 수 있도록 도와주었다. 조안을 상담한 목회상담자의 기록과 정신과의사의 견해를 기초로 하여 성폭행의 경험을 통하여 부정적 감정과 심리적인 상흔으로 더 이상 고통당하고 있지 않다는 결론을 내렸다. 이 결과는 전적으로 그녀가 가지고 있는 성경적 관점에서 인생을 보려고 하는 자세와 자신이 출석하는 교회의 지원체제와 목회상담에 의한 결과이었다.

들로레스와 윌 그리고 자녀들

들로레스와 남편 윌은 둘째 아이를 잃은 후 고통을 겪었다. 아이를 욕조에서 목욕을 시키던 중 엄마의 부주의로 익사한 사건이었다. 사건 이후 이 년 동안 목회상담을 받으면서 들로레스와 윌은 비극적 사건을 현실적으로 직면하게 되었으며 자신을 회복할 수 있게 한 성경의 역할을 경험하게 되었다. 들로레스는 하나님을 향한 믿음을 발견하였고 성경이 자신을 회복하게 하는 중심 역할을 한 것을 알게 되었다. 그녀는 성경을 통하여 죄의식을 극복하고 하나님의 용서를 발견하였다. 이제 들로레스 부부는 삶에서 겪었던 비극적인 사건의 굴레에서 자유하게 되어 각기 받은 소명의 사역을 온전히 행할 수 있게 되었다.

3. 성경의 두 가지 사용법

웜벌리는 상담 장면에서 적용할 수 있는 성경 사용법 두 가지를 소개한다. 첫째, 권위주의적(authoritarian) 성경 사용이다. 이는 내담자가 성장할 수 없고 다만 어린아이로 만들어 인간 자신이 지니고 있는 온전한 인격적 성장을 좌절시킨다. 둘째, 권위 있는(authoritative) 성경 사용으로, 인간 자신의 삶에 대하여 온전하고 책임적으로 참여하도록 지원하는 성경적 차원에 이르게 하는 방향성을 갖는 것이다. 그는 레스틴의 사례를 예를 들어 이 방법을 구체적으로 소개하고 있다.

1) 목회상담의 성경 사용 모형

개인 신화: 레스틴이 가지고 있는 이미지는 희생양, 가족 중의 검은 양, 오줌싸개, 귀신 들린 자, 하나님은 사랑받을 만한 사람을 사랑하신다는 믿음, 실망만 안겨 주는 존재, 자격지심, 승리주의, 광야 등이 레스틴이 하고 있는 이야기에 등장한다. 즉, 그의 개인 신화의 줄거리다. 상담자에게 연상되었던 그의 개인 신화는 '시지푸스'였다.

상담의 예후: 어두워 보였으나, 성경 이야기의 틀 속에 영적 자원이 기능하였다. 귀신 들린 거라사인의 이야기, 광야의 이스라엘 백성 이야기, 요나 이야기 등이 그의 마음속에 자리 잡고 있었다. 이 이야기들을 가지고 레스틴의 삶에서 비극적인 개인 신화를 새롭게 쓸 수 있는 가능성을 보여 주었다.

이것을 실현하기 위하여 웜벌리는 다음과 같은 작업 과정을 소개하고 있다.

첫째, 개인 신화 찾아내기

내담자의 원 가족과 관련되어 있는 가장 어린 시절의 기억(earliest memory)을 물어본다. 출생 신화를 조사하기 위한 질문을 한다.

- 부모님이 당신을 낳기로 한 결정의 배경이 된 상황, 신념, 가치관은 무엇이었나요?
- 처음 당신을 본 어머니와 아버지의 반응은 무엇이었다고 생각합니까?
- 당신의 어머니가 임신하였다는 소식을 들었을 때의 아버지와 형제들의 반응은 어떠했습니까?

이는 내담자가 어머니 뱃속에 있을 때 그리고 태어난 첫 몇 주 동안 있었던 일을 찾아내기 위한 것이다. 내담자의 성에 대한 부모의 감정과 이름과 애칭을 짓는 과정을 알아보거나 내담자가 좋아하는 동화, 책, 단편소설, 연극, 영화, TV 드라마 등을 통해서도 내담자가 두드러지게 나타내는 핵심 갈등, 주제, 역할 등을 찾아낼 수 있다.

둘째, 개인 신화의 영향을 도표화하기

내담자에게 자신의 개인 신화가 어떻게 생애를 지배해 왔는지, 그 이야기가 다양한 삶의 상황에 반응하는 방식을 어떻게 구성했는지 시각화하는 작업이다.

셋째, 선호하는 이야기에 주의 기울이기

내담자가 살아오면서 좋아했던 이야기를 진술하는 과제를 주고 당면한 문제에 초점을 맞추고 목회상담을 통하여 얻고 싶은 내담자의 희망에 주안점을 둔다.

넷째, 목표 정하기

상담의 초점이 될 개인의 삶과 이야기를 탐구하고 목표가 설정되고 개인 신화를 재구성하는 단계와 현재 문제를 해결하기 위한 작업을 시작할 수 있다.

다섯째, 이야기의 재구성

목회상담 과정을 통해 개인 신화를 수정하는 과정이다. 이 재구성 단계에서 성경 이야기를 사용하는 것은 매우 중요하다.

유사성과 동일시 방법을 통하여 성경의 주요 이야기의 역할을 취득하도록 하는 것이다. 이야기의 인력 탐구는 모든 이야기에는 독자와 청중을 끌어들이는 힘이 있다는 것을 전제로 진행한다. 기대감과 변화를 추구하는 방법이 동원된다. 웜벌리는 유사성, 동일시, 기대감, 변화 추구의 방법론을 사용할 때 그에게 이야기가 끄는 힘에 대하여 가르쳐 준 성서적 이야기 비평에 의존하고 있다. 이야기 비평가들은 본래 누가 청중이었는지 그리고 청중은 이야기를 통하여 어떤 영향을 받았는지 관심을 갖는다.[2]

---

2) 성서학의 이야기 비평의 사용에 대한 연구에 관하여 웜벌리는 Mark A. Powell, *What Is Narrative Criticism* (Minneapolis: Fortress Press, 1990)을 참고하라고 권한다.

여섯째, 이야기의 재구성과 결혼과 가족 신화

개인 신화에 이어서 결혼과 가족 신화를 다루고 있다.[3] 결혼 신화는 배우자가 이상적인 배필이라는 결혼 관계에 대하여 가지게 되는 기대감을 중심으로 구축된다.[4] 결혼 신화는 이상적인 배우자상을 가지고 실제 배우자와 의사소통의 과정을 기초로 형성된다. 가족 신화는 배우자 서로 결혼에 대하여 가진 이상적 가정상, 이상적인 자녀상과 관계가 있으며 부부 사이에 실제 자녀가 태어날 때 어떻게 바뀌는가와 연관을 갖는다.[5]

윔벌리의 책에서는 약간 벗어나지만, 목회상담 현장에서 성경을 사용하는 세 가지 방식을 소개한다.

첫째, 성경의 역동적 사용

역동적 접근에서 내담자의 삶에 있는 심리적인 역동과 관련성을 가지는 성경 말씀이 선택된다. 웨인 오츠(Wayne Oates), 캐롤 와이즈(Carroll Wise) 등이 역동적 접근을 선택하고 있으며, 이들은 심리학과 일치하는 방식으로 내담자가 가지고 있는 심리적인 문제를 성경이 가르칠 수 있다는 관점을 갖는다.

둘째, 윤리 교훈적 사용

윤리 교훈적 접근은 제이 애덤스(Jay E. Adams)로 대표되는데, 이

---

3) Bagarozzi and Anderson, *Personal, Marital and Family Myths*를 보라.
4) Ibid., 78.
5) Ibid., 206-98.

는 심리학과는 일치되지 않는 입장이다. 신앙 규범과 조화를 이루지 못하는 내담자에게 도덕적 행동을 유발할 수 있는 성경 말씀에 관심을 갖는다.

셋째, 말씀의 현시 능력

말씀의 현시 능력(the disclosive power of the text)[6]의 접근은 말씀이 자체의 의미를 보여 주는 힘을 뜻하며, 그 힘을 통하여 읽는 이와 듣는 이에게 영향을 미친다고 본다. 이 접근법은 도널드 캡스로 대표되며 그는 현시적 접근을 사용하여 역동적 접근을 보강하고자 하였다.

2) 레스틴의 사례 연구

레스틴의 개인 신화를 둘러싸고 있는 주제들을 탐색하는 축어록을 소개한다.

(1) 첫 면담 축어록

목회상담자: 오늘 어떻게 여기 오게 되셨는지 말씀해 주시죠.

레스틴: 저는 저와 제 아내의 삶을 망가뜨렸습니다. 코카인 때문에 결혼반지를 팔아 치웠죠. 집사람은 가출한 적이 있었는데, 또 그러겠다고 으름장을 놓고 있어요.

목회상담자: 코카인 문제를 해결하기 위한 방법이 있는지 알기 위하

---

6) Donald Capps, "Bible, Pastoral Use and Interpretation of", *Dictionary of Pastoral Care and Counseling, Rodney Hunter, ed.* (Nashiville: Abingdon Press, 1990), 82-85 참조.

여 여기 오셨군요. 코카인 때문에 고생하신 이야기를 좀 자세히 해 주시겠습니까?

레스틴: 그것은 오래된 고통스러운 이야기입니다. 이 문제를 무척 오랫동안 겪고 있었던 것 같습니다. 제 인생을 어떻게 하든지 비참하게 만들려고 애쓰는 직장 동료 때문에 코카인 문제가 더 심해졌지요. 그 사람은 제 상사였습니다. 제가 신앙생활을 한다는 것을 알고 있었는데, 언제나 저를 걸고 넘어뜨리려고 애를 썼어요.

목회상담자: 걸고 넘어뜨리려 한다는 말이 무슨 뜻이죠?

레스틴: 그 사람은 나를 힘들게 하려고 사소한 일들을 꾸몄죠. 그리고 내가 폭발하기까지 얼마나 견디나 보곤 했어요. 매주마다 그 사람에게 보고서를 제출해야 했어요. 언제나 저를 괴롭히기 위한 문제를 찾아 애를 썼죠.

목회상담자: 그에게 어떻게 반응했죠?

레스틴: 아내에게 그 친구 한번 된통 혼내겠다고 말했죠. 실제로 그 친구를 두들겨 패는 상상을 하고 있었어요.

목회상담자: 당신은 그 사람에게 당신 감정을 말한 적이 없다는 이야기군요?

레스틴: 한 번도 없었죠. 그냥 직장을 그만두었어요. 그만두면 된다고 생각했죠.

목회상담자: 직장을 그만두고 말았습니까?

레스틴: 네.

목회상담자: 그 일로 어떤 기분이 들었습니까?

레스틴: 그 친구에게 정말 화가 났어요. 내가 그를 때려서 문제를 일

으키는 것보다 차라리 그만두는 것이 낫다고 생각했어요.

목회상담자: 폭력적이 되기보다 그만두는 것이 낫다는 말씀이지요?

레스틴: 그 친구가 내게 한 일에 대하여 폭력을 사용하거나 복수하
는 것보다 낫지요.

목회상담자: 왜 안했죠?

레스틴: 글쎄, 복수하고 싶은 마음을 가지고 싶지 않았어요. 실은 그
러고 싶었지만 하나님께서 막으신 것 같아요.

목회상담자: 하나님께서 막으셨다니요?

레스틴: "주께서 말씀하시기를 복수는 나의 것이라."는 말씀이 계속
생각났거든요.

목회상담자: 하나님의 분노를 사기보다는 직장을 그만두신 거군요.

레스틴: 하나님은 제게 벌써 진노하셨어요.

목회상담자: 무슨 말씀인지 좀 더 이야기해 주시겠어요?

레스틴: 제 아내를 보세요. 제가 엉망으로 만들었어요. 하나님 보시
기에 좋을 리가 있겠어요?

목회상담자: 하나님으로부터 멀어진 것처럼 느끼시는군요.

레스틴: 네. 하나님께서 저를 돌보실 리가 없어요. 내가 나의 삶을
엉망진창으로 만들었기 때문에 하나님은 저를 미워하실 겁
니다.

목회상담자: 저주받았다고 생각하시나요?

레스틴: 엄청나게요. 제겐 희망이 없는 것 같아요. 하나님께서 제게
서 분노를 거두시고 저를 구원해 주시지 않는 한 저는 정말
희망이 없다는 걸 알고 있어요.

목회상담자: 하나님께서 그리 하실 것을 믿지 않으시는군요?

레스틴: 제가 저질러 놓은 것을 보세요. 하나님께서는 제가 만들어 놓은 시궁창에 눕게 만드실 거라 생각해요.

목회상담자: 당신은 정말 그렇게 엉망입니까?

레스틴: 제 어머니가 그렇다고 했죠.

목회상담자: 그 이야기를 해 주시죠.

레스틴: 제 기억 중에 가장 힘들었던 것은 제가 어릴 때에 실제로 사탄을 본 때였어요. 목욕탕에서 봤는데, 너무 무서웠어요. 그래서 엄마에게 달려가 제가 본 것을 이야기했죠. 그랬더니 엄마가 웃으면서 하시는 말씀이, "사탄을 정말 본 모양이구나. 거울에서 본 모양이지."

목회상담자: 어머니가 당신 마음을 아프게 했군요?

레스틴: 그랬어요. 제가 귀신 들린 것 같다고 느꼈죠. 거라사의 귀신 들린 사람이란 생각이 들었어요. 어머니가 말한 것처럼 제 속에 귀신들이 많이 있었죠.

목회상담자: 거라사의 귀신 들린 사람으로 생각했다는데, 그에게 무슨 일이 있었는지 아십니까?

레스틴: 네, 예수님께서 구원하셨죠. 그런데 예수께서 저에게는 그렇게 안 하실 거예요. 저는 너무 많이 나갔거든요.

목회상담자: 하지만 어느 날 이런 일이 일어날 것을 기대하고 있죠. 하나님께서 당신을 돌보고 계신다는 것을 알고 싶지 않으세요?

레스틴: 하나님께서 저를 돌보신다고 생각했다면, 지금과는 달랐겠죠. 그렇다면 희망을 가질 수 있겠죠.

레스틴과의 첫 만남에서 상담자는 레스틴의 어린 시절의 환상과 현재의 자신의 신앙에 의하여 가지게 된 난관에 대하여 탐색한다. 주목할 것은 레스틴이 털어놓은 두려움과 자신이 갖고 있는 부정적 이미지를 구체적으로 표현하도록 질문으로 주문하는 것이다. 상사와의 갈등이 빚은 행동은 하나님을 향한 신앙의 이름으로 회사를 그만두면서 자신을 보호하려 한다.

(2) 두 번째 면담 축어록

목회상담자: 우리가 처음 만난 자리에서 하나님께서 곤경 가운데 있는 당신을 구원하시지 않을 것이라는 문제를 제기하셨죠.

레스틴: 네, 기억합니다. 또 선생님께서 하나님께서 내 인생의 어느 곳에 계시는지 여쭈어 보아야 한다고 말씀하신 것도 기억합니다.

목회상담자: 무엇을 알아내셨나요?

레스틴: 선생님은 제가 기도할 때에 하나님께서 내 인생 어느 부분에 관여하고 계시는지 알게 해 달라고 말씀하셨죠.

목회상담자: 알게 되었습니까?

레스틴: 네, 그렇습니다.

목회상담자: 하나님께서 뭐라고 말씀하셨습니까?

레스틴: 제가 기도한 지 일주일 후에 어떤 생각이 떠올랐습니다. 갑자기 지금의 내 인생과 작년 이맘때를 비교해 보라는 생각이 들었죠. 그러자 제가 작년보다 올해가 훨씬 더 좋아졌다는 사실을 발견했습니다. 그땐 지금보다 훨씬 더 나빴죠.

목회상담자: 당신의 삶에 하나님께서 역사하시는 것을 알게 되었다는 말씀입니까?

레스틴: 조금은요. 하지만 저는 여전히 하나님께 실망하고 있습니다.

목회상담자: 좀 더 말씀해 주시죠.

레스틴: 지금 좀 나아지긴 했지만, 하나님께서 제 문제를 해결해 주
시지는 않았습니다. 저는 여전히 코카인과 술을 먹고 있습
니다. 하나님께서 제게 이런 욕망을 거두어 가시지 않아요.

목회상담자: 하나님께서 역사하시지만, 너무 천천히 하신다는 말씀
이군요.

레스틴: 너무 느려요.

목회상담자: 하나님께서 어떤 일을 하고 계시는지 좀 더 말씀해 주시
겠어요?

레스틴: 그것은 어려워요. 저는 작년에는 어떤 것도 상관하지 않았
어요. 올해는 저 자신과 결혼생활에 대하여 염려하고 있어
요. 좀 더 좋아지고 싶어요. 하지만 저는 너무 나가 버리고
문제는 계속 생겨나고 있죠. 코카인과 술판에 계속 빠지고
있어요.

목회상담자: 중독치료 프로그램의 도움을 받은 적이 있나요?

레스틴: 그것은 제가 원하지 않아요. 하나님께서 저를 치료해 주시기
원해요. 주님은 거라사의 귀신 들린 사람을 치료하셨죠. 그것
이 제가 하나님께 원하는 것입니다.

목회상담자: 만약 당신을 치료하기 위해서는 시간이 걸리더라도 중
독치료 프로그램에 참가해야 한다면 어떻게 하시겠어요? 당
신 인생에서 하나님의 역사를 가로막고 있는 것이 무엇인지
찾아내야 하는 것이라면 어떠세요?

레스틴: 그런 모든 과정을 거치고 싶지 않아요. 너무 힘들어요. 하나

님께서 저를 구원해 주셨으면 합니다.

목회상담자: 하나님께서 당신을 중독에서 구원해 주신다고 해도 당신
삶에 관심을 기울여야 하는 것들이 있는 것처럼 들립니다.

레스틴: 무슨 말씀인지요?

목회상담자: 가족 가운데서 당신은 검은 양으로 취급받았고 귀신 들
려 있다고 말씀하셨죠. 이 문제들은 심리적이고 종교적인
것입니다. 구원받은 후에 여전히 해결해야 합니다.

레스틴: 그렇죠. 그렇지만 이 모든 것을 하나님께서 해 주시면 훨씬
더 쉬울 거예요.

목회상담자: 당신에게는 상담을 통해서 풀어야 할 난제가 많이 있다
고 생각합니다.

두 번째 회기에서 웜벌리는 개인 신화와 관련된 주제를 다루려고
애를 썼다. 면담 마지막 부분에 가서 개인 신화의 부분 또는 자기 확
신과 자기 신념들을 이루고 있는 두 가지 주제를 다루었다. 이 확신과
신념이란 자신이 무가치하고 악에게 사로잡혀 있다는 것이었다. 그
다음에 그의 출생에 대한 삼대에 걸친 가계도 작업을 하였다. 이 작업
을 통해 개인 신화를 만들어 내는 데 기여한 몇 가지 주제를 발견할
수 있었다. 두 번째 회기와 그 후의 두 번의 회기 동안 이 주제들을 탐
색하였고 일곱 살 때부터 시작한 그의 인생에 끼친 영향을 추적해 냈
다. 레스틴 자신이 아무것도 성취할 수 없다고 믿는 주제가 만들어 낸
부정적인 드라마의 줄거리를 따라 살아온 것을 도표화하였다.

거라사의 귀신 들린 사람 이야기에 사로잡혀 있는 레스틴을 치료
하기 위하여 웜벌리는 로버트 테너힐(Robert C. Tannehill)의 이야기

에 나오는 해설자의 기능에 초점을 맞추고 있다.[7] 해설자는 이 이야기를 전달하기 위한 문헌적 도구로 보았다.[8] 이 해설자는 이야기에서 실제 역할을 맡은 인물이었으며, 청중에게 중요한 가치와 신념을 설명하며 중요성을 보여 준다. 누가복음 8장 26~39절의 말씀은 중요한 치유 이야기 중의 하나인 거라사 사건이다. 테너힐은 이 본문의 해설자가 어떻게 예수님과 귀신 들린 사람 사이의 대화를 전개하는가를 강조하고 있다. 해설자는 먼저 사람의 당면한 욕구에 초점을 맞춘다.[9] 테너힐은 "해설자가 이야기에서 어떤 욕구와 과제가 관심의 중심이 될 것인가를 일단 결정하여 독자의 경험을 지배하고 있다"[10]고 지적한다.

치유 이야기에 해설자를 등장시켜 독자나 청중이 고통당하는 사람의 욕구가 어떻게 표현되는가 하는 관점에서 사건에 반응하게 한다. 테너힐은 그와 같은 해설자는 독자 또는 청중이 고통당하는 사람의 욕구와 동일시하도록 하는 경향을 지니고 있다고 보았다. 해설자는 장면을 상세하게 설명하거나 요약하는 방식을 채택하여 동일시를 증가시키거나 감소시킬 수 있다. 테너힐은 누가복음의 해설자는 연민을 자아내는 재능을 가졌다고 보았다. 즉, 이 해설자는 동일시를 증대시키는 감각을 활용하여 고통당하는 자를 향한 독자 또는 청중의 연민을 고조시키고 있다.[11]

---

7) Robert C. Tannehill, *The Narrative Unity of Luke-Acts* (Philadelphia: Fortress Press, 1986), 90.

8) Ibid., 7.

9) Ibid., 91.

10) Ibid., 91.

11) Ibid., 92.

거라사의 귀신 들린 자의 사례에서의 강조점은 그 사람이 취하는 난폭한 행동에 있다.[12] 해설자가 강조하고자 하는 점은 고통당하는 자의 필요에 있으므로 궁지에 몰린 자들을 향하는 예수님의 반응을 중요하게 부각시키고 있다. 이 치유 이야기에서 고통받는 자의 필요를 채우기 위하여 행하시는 분이 바로 예수님이다. 누가의 이야기 설화에서 드러나고 있는 것과 같이 하나님의 구원의 드라마를 장식하고 있는 것은 고통받는 자를 향한 주님의 행위이다. 곧 포로된 자에게 자유를 주시는 하나님의 구원의 드라마를 성취하시는 예수를 묘사하는 것이 이 이야기의 목적이다.[13]

테너힐은 이 본문을 이해하는 열쇠는 해설자의 역할에 있다고 보았다. 해설자의 역할은 이 본문의 전달의 매개자가 되어서 이야기가 그 본래의 사회적·역사적 맥락을 넘어서게 하는 것에 있다.[14] 계속되는 구원의 메시지가 오늘에 이르기까지 영향력을 가지게 되는 것은 이 해설자를 통하여 이루어진다. 해설자는 독자와 청중을 이야기 속으로 끌어들이는 능력을 가지고 있어서 그들 역시 하나님의 구원의 드라마의 일원이 될 수 있게 한다.

해설자를 통하여 본문의 원래 목적이 현재까지 전달될 수 있다. 해설자가 이야기의 역동성을 저자가 의도하지 않았던 방법으로 시간과 공

---

12) Ibid., 92.

13) Ibid., 96.

14) 해설자에 대한 정의와 설명에 대한 부가 정보는 Seymour Chatman, *Story and Discourse: Narrative Structure in Fiction and Film*(Ithaca, N.Y.: Cornell University Press, 1978), 147-51; Mikeal C. Parsons, "Reading a Beginning/Beginning a Reading: Tracking Literary Theory on Narrative Openings," *Semeia: An Experimental Journal for Biblical Criticism* 52(1990): 19-21 등을 참조하라.

간을 뛰어넘어 전달할 수 있기 때문에 현재의 내담자와 목회상담자가 성경 이야기에 어떻게 영향을 입게 되는가를 탐구하는 것은 중요하다. 테너힐은 탐구의 열쇠를 파토스(pathos)라고 부른다. 이는 삶과 연관되는 고통을 말하며, 본문에서 어떤 고통받는 인물에 의하여 극화되는 과정을 의미한다.

레스틴은 거라사의 귀신 들린 자 이야기와 자신의 코카인 복용 문제 사이에 있는 유사점을 보았다. 레스틴은 자기의 문제를 심리적인 문제나 물질 남용의 문제로만 보지 않고 사탄과의 전투와 씨름으로 보았다. 자기 스스로 극복할 수 없는 악한 마수에 걸려 있다고 굳게 믿고 있었다. 사탄의 굴레에서 자유를 얻기 위하여 하나님의 도움과 많은 이들의 돌봄과 기도의 도움이 필요하다고 믿고 있었다.

이 이야기가 레스틴에게 중요해진 것은 귀신 들린 가엾은 인물과 자신을 동일시하였기 때문이다. 사실상 그와 같은 동일시가 일어나게 하려는 것이 해설자의 의도다. 하나님의 역사를 통하여 자신도 결국 굴레로부터 놓임을 받을 수 있다는 것이 레스틴의 믿음이었다.

(3) 요나 콤플렉스

레스틴은 중독치료에 중대한 진전을 보여 주었다. 6개월간 코카인을 사용하지 않는 데 성공하였다. 이제 그는 더 이상 하나님께서 자신을 돌보시지 않는다는 생각을 가지지 않았다. 자신의 회복에 하나님께서 실제로 역사하셨다고 믿었다. 하나님을 치료자로 초청하였고 하나님의 인도하심을 따랐다. 이제 그는 다른 사람들의 필요에도 반응할 수 있는 위치에 서 있었다.

레스틴은 성장하였다. 자신이 더 이상 거라사의 귀신 들린 자처럼 무력하지 않다고 믿었다. 오히려 자신의 개인 신화를 의미 있는 방법으로 다시 쓸 정도로 성숙해졌다. 한 가지 사건이 그의 개인 신화를 더욱더 바꾸어 놓았다. 레스틴은 마약 치료를 마친 후에 착실히 직장 일을 하게 되었다. 그는 물품 창고에서 일을 하였다. 그는 트럭 운전수가 배달할 물품을 가지러 올 때에 출하품을 준비하는 일을 맡고 있었다. 많은 사람이 그가 얼마나 자기 일을 성실하게 잘 해내는지 주목하였다. 사람들은 그가 무척 성숙해졌으며 칭찬할 만큼 자신을 이끌어 가는 것을 보았다. 어느 누구도 코카인 중독에 빠졌다가 회복된 사람이라고 생각할 수 없었다.

(4) 요나 증후군

이야기 접근의 중요성을 이해하기 위하여 중요한 것은 해설자의 역할이다. 이야기를 할 때에 해설자는 이야기의 중심이 되는 가치와 신념을 설명하고 있다. 요나의 이야기에서 해설자의 역할은 듣는 자나 읽는 이들에게 확실한 영향을 미치고 있다. 림버그(James Limburg)는 해설자의 역할을 다음과 같이 묘사한다.

이야기가 진행됨에 따라 요나에게 던져진 질문들은 점점 더 그 이야기를 듣는 이들에게도 던져진다. 이 이야기는 듣는 이에게 묻고 있다. 당신은 요나라는 인물에게서 '요나는 나라는 사실', 즉 자신을 인식하고 있는가? 당신은 요나 증후군의 증상들을 자신 안에서 발견하는가?[15]

---

15) James Limburg, *Interpretation: A Bible Commentary for Teaching and Preaching Hosea-Micah* (Atlanta: John Knox Press, 1988), 156.

실제로 이 이야기가 들려진 방식은 독자가 요나라는 인물과 동일시 하도록 이끌어 가고 있다. 이야기를 통하여 청중이 자기를 평가하도록 하고 있다. 최초 청중들에게 영향을 끼쳤던 방법으로 이야기는 들리고 있으며, 그와 비슷한 효과가 오늘 그 이야기를 듣는 사람들에게 미치고 있다.

요나서에서 취하고 있는 방법이 해설자가 청중에게 영향을 끼치고 자신을 스스로 살펴보게 하기 때문에 레스틴은 요나 이야기를 해설적으로 분석하면서 많은 것을 배우게 되었다.

레스틴이 자기의 개인 신화를 재구성하기 위하여 요나 이야기를 사용하는 방식을 탐구하기 전에 먼저 이야기 비평가들이 요나 증후군에 관하여 말하고 있는 것을 주목해야 한다. 몇몇 학자는 본래 청중의 특별한 요구를 언급하고 있는 방식에 관한 가설을 통해 본래의 청중을 분석하고 있다. 림버그는 본래의 청중은 종교적인 내부인으로 보았다. 즉, 이방인을 향한 자세가 바뀌어야 하는 히브리인으로 보고 있다.[16] 다른 이야기 비평가들은 요나 이야기는 교훈이 주목적인 예언적 이야기 양식으로 보고 있다.[17] 이 관점은 이야기의 구조와 형식의 목표가 본래의 청중들이 요나가 살았던 방식과는 다르게 살아갈 수 있도록 설득하려는 것임을 말하고 있다. 이 관점은 이야기의 메시지를 이해하기 위하여 편협한 배타주의를 경계하고 있다.

레스틴은 요나 이야기와 거라사의 귀신 들린 자의 이야기와 자신을 동일시하였다. 레스틴이 이것을 인지하기 전에 이 두 이야기는 그

---

16) Ibid., 152.
17) Douglas Stuart, *Word Biblical Commentary: Hosea-Jonah* (Waco: Word Books, 1987), 435.

를 훨씬 더 큰 이야기로 이끌어 주었다. 그는 자신이 하나님의 구원의 드라마의 한 부분인 것을 깨달았다. 자신이 해야 할 일이 무엇인지 알게 되었다. 외부화 과정을 통하여 완전히 다른 개인 신화를 자기가 쓰기 시작하였다는 것을 알게 된 것이다. 그는 많이 성장하였으며 자신의 개인 신화를 수정하는 일을 해내었다. 예전의 개인 신화와 새롭게 작성되는 개인 신화 사이에는 큰 차이가 나지 않았다.

4. 목회신학에서의 성경의 위치

윔벌리는 같은 제목의 장에서 유대-기독교 전통에서 온 신앙 이야기의 관점에서 내담자들이 자신의 경험을 이야기하는 방식을 상세히 다루었다. 그가 다룬 것은 성경 이야기 비평, 신화에 대한 심리학과 대인관계이론, 수치의 심리학과 대상관계의 심리학, 상담심리학, 수치와 자격지심에 관한 문화 분석, 역할취득이론, 목회신학 방법론 등이 사용된 분야다.

그는 사람들이 이야기를 경험하는 방식에 영향을 미치는 문화적 세속적 이야기와 신앙 이야기가 어떻게 부정적 이야기를 변화시키며 사람들을 성장하게 하는 긍정적인 이야기를 지원하는가에 특별한 관심과 주의를 기울였다. 이와 같이 다양한 이론적 · 신학적 부문을 연결하는 데에는 고도의 목회신학적인 방법론이 요구된다. 그와 같은 방법에는 각기 다른 학문 분야 간에 개방적인 의사소통이 반드시 이루어져야 한다. 성경 이야기 비평뿐만 아니라 신학과 행동과학이 연결되어야 한다. 이를 위해서는 신앙 공동체 신학의 고백적인 차원과 비신학적 세속적 학문 방법과의 관련에 정통해야 한다. 이러한 목회 신학적 모형은 반드시 목회 돌봄과 상담 사역의 실제 국면에 초점을 맞추어야 함과 동시에 신학적이며 행동과학적 학문 분야와 연결되어야 한다. 간략히 말해서 이 모형은 특정한 실제 상황이 진술되는 동안 반드시 신학적으로나 이론적으로 종합적이 되어야 한다.

이 종합적인 과제를 다루기 위한 최선의 실제적 · 신학적인 방법론은 '참여의 해석학(the hermeneutics of engagement)'이라고 명명하며 네 가지의 기본 요지를 덧붙인다. 역사적 취지, 현시대적 취지, 평가, 실제 취지 등이다.[18]

첫째, 역사적 취지는 리처드 니버(H. Richard Niebuhr)가 칭했던 객관적 또는 외부 역사와 유사한 방법이다.[19] 외부 역사는 성경과 교회사에 계시된 것과 같은 과거의 하나님의 활동에 대한 관찰이다. 관찰의 방법이 성경 비평이다. 이 책에서 사용된 성경 이야기 비평은 외부 역사와 하나님의 활동을 관찰하기 위한 방법이었다. 과거 특히 신앙 공동체의 삶과 사람들의 삶 속에 나타난 하나님의 활동 양식을 관찰하기 위하여 채택되었다. 그러한 관찰은 오늘날 하나님의 행동이 어떻게 현시되는가를 이해하기 위한 근거가 되었다.

둘째, 현시대적 취지는 니버가 칭한 내면 역사와 비슷하다. 객관적 역사는 개인 또는 공동체가 현재에 계속 진행되는 하나님의 외부 역사와 조우할 때에 내면 역사가 된다. 개인과 신앙 공동체는 역사의 관

---

18) Edward P. Wimberly and Anne E. Wimberly, *Liberation and Human Wholeness*(Nashville: Abingdon Press, 1986), 22.

19) H. Richard Niebuhr, *The Meaning of Revelation*(New York: Macmillan, 1941), 59-66.

찰자에서 역사의 참여자로 옮겨간다. 역할취득이론은 외부 역사가 현재의 내면 역사로 어떻게 변화되는가를 이해하기 위하여 활용되었다. 개인이 현재 가운데 과거와 조우하게 되는 역할 취득을 통하여 참여자로 변화된다.

참여의 해석학의 세 번째 취지는 내면 역사에 온전한 참여가 참여자의 삶에 어떻게 영향을 미치는가를 깊이 연구한 것이다. 이 연구는 사람들이 직면한 정서적·심리적인 난관을 연구하기 위한 분석 도구로서 행동과학 이론을 활용하여 이루어졌다. 신화의 심리학, 대상관계이론 그리고 역할취득이론은 그와 같은 분석 도구의 실례다. 이러한 평가 도구를 통하여 사람들의 성장과 발달에 끼친 내면 역사의 영향을 평가할 수 있었다.

일단 내면 역사의 영향이 평가되면 내담자에게 영향을 끼치는 내면 역사를 조력하기 위하여 목회상담이 실시된다. 여기에 참여의 해석학의 실제적 측면이 존재한다. 네 번째 취지다. 윔벌리는 참여의 해석학과 관련된 몇 가지 목회신학적인 문제를 제기하는 것이 시급하다고 주장한다. 이 문제들은 다음과 같다. 첫째, 계시와 이성의 관계, 둘째, 고백적인 목회신학과 변증적 목회신학과의 관계, 셋째, 참여의 해석학과 목회신학의 상호관계 방법론, 넷째, 목회신학의 상황 그리고 다섯째, 목회신학에서의 문화 주제의 위치 등이다.

이것을 차례로 다루어보자.

1) 이성과 계시

참여의 해석학은 이야기의 합리적인 사고와 기술적인 합리적 사고

를 모두 사용한다. 기술적·합리적 사고가 더 추상적이고, 선적(linear)
이며 개념적 논리와 관련이 있는 데 반하여 이야기 합리적 사고는 상상
력이 풍부하며, 직관적이고 '붙잡힌 것 같은(being grasped)' 사고와
연관되었다. 이야기 합리성은 계시와 연관을 맺으며, 기술적 합리성은
이성과 연관을 갖는다.

역사적 기독교의 교리에서 신앙과 계시의 관심은 어떻게 하나님에
대한 지식과 신앙을 성취하는가에 초점이 맞추어졌다.[20] 전통적으로
계시는 역사 속에 하나님의 자기 현시와 하나님의 구속적 구원 행동
과 관련을 맺어 왔다. 여기에 제기되는 질문은 하나님에 대한 지식과
하나님의 행동이 이성으로 입증될 수 있는가 또는 신앙으로 수용되는
가다.

윔벌리의 강조점은 역사와 현시대의 계시에 있다. 즉, 어떻게 성경
이야기(역사적 계시)가 한 개인의 삶의 심층(현시대의 계시)을 변화시
킬 수 있는가가 관건이다. 윔벌리는 자신이 책을 쓴 목적은 하나님께
서 역사적으로 또는 현시대에 활동하시는가 아닌가를 입증하는 것이
아니라고 한다. 윔벌리가 언급한 것과 같이 신앙 공동체에 참여하는
것으로 이미 전제되어 있다. 그러나 기술적 이성이 배제되지는 않았
다. 이야기 경험이 기술적 지식과는 다른 합리적인 앎의 형태라는 것
을 강조하였다. 이 사실은 이성에는 두 가지 계시적 이성과 기술적 이
성이 있다고 한 폴 틸리히의 강조점 위에 설정되었다.[21]

---

20) J. Deotis Roberts, *A Philosophical Introduction to Theology* (Philadelphia: Trinity
　　Press International, 1991), 111-12.

21) Paul Tillich, *Systematic Theology, vol. 1* (Chicago: University of Chicago Press,
　　1951), 71-159.

이성은 계시에 포함된다. 그러나 이야기 합리성은 이성에 우선권을 두었으며, 신앙 이야기가 그 이상의 의미를 찾기 위하여 기술적 이성을 사용하였다. 목회상담의 재구성 단계는 기술적 이성이 이야기 과정의 의미를 이해하고 조사하기 위하여 사용되는 단계다.

2) 고백적 목회신학과 변증적 목회신학

참여의 해석학이 제기하는 또 다른 주제는 고백적 신학과 변증적 신학의 영역이다. 고백적 신학은 역사적 기독교 계시(객관적 역사)와 신앙의 이야기를 출발점으로 삼고 있으며 교회 내에서 기독교 신앙과 계시의 범주를 진술할 것을 추구한다. 변증적 신학은 현시대의 문화에서 온 범주들을 활용하여 교회 밖에 있는 자들에게 기독교 계시를 의미 있는 것으로 만들려고 한다. 달리 말하자면, 변증적 신학은 기독교 계시를 세속 철학과 현시대에 유력한 과학과 사회과학 범주의 관점에서 해석하고자 한다.

기독교 변증론은 데오티스 로버츠(J. Deotis Roberts)가 '신앙의 문화적 경멸자'[22]라고 부르는 것에 대하여 신앙을 변호하기 위한 것이었다. 변증론자들은 당시의 문학, 과학, 철학에 익숙하였으며 교육받은 자들에게 신앙을 해석해 주었다.

참여의 해석학은 변증론적 측면을 갖고 있는 것이 분명하다. 상담과 심리치료 전문분야를 구성하고 있는 심리학 문헌, 상담심리학, 결혼 및 가족상담이론을 사용한다. 웜벌리의 책에 활용된 참여의 해석학은

---

22) Roberts, *A Philosophical Introduction to Theology*, 87.

고백적인 전통 안에 들어와 있는 사람들에게 이야기하고 있다. 세속
학문의 통찰을 끌어와서 목회상담 과정에 성경 이야기의 활용 방안을
모색하였다. 변증적인 방법으로 세속적인 독자에게 서술하려는 시도
는 하지 않았다.

3) 참여의 해석학과 상호관계의 방법론

현대의 목회신학의 역사 안에는 몇 가지 모형이 있어 왔다. 이 모든
모형은 신학과 심리학을 연결 짓기 위하여 사용된 상호관계의 형태였
다. 시워드 힐트너(Seward Hiltner)는 『목회신학의 서설(Preface to
Pastoral Theology)』23)에서 목회신학에 폴 틸리히의 상호관계의 방법
론을 사용하였다. 그는 고백적인 신앙 전통의 목양적 관점을 목회에 적
용하였으며 신학적인 질문을 제기하며 신학적인 답을 유추하였다.

다음 모형은 찰스 V. 거킨이 『살아 있는 인간 문서: 해석학적 목회상
담(The Living Human Document: Pastoral Counseling in a
Hermeneutical Mode)』24)의 해석학적 모형이었다. 그 책에서의 관심
사는 고백적 전통에 있는 사람들이 유대-기독교의 신앙 이야기를 사
용하여 상담 과정 가운데 있는 자신을 어떻게 해석하고 재해석하는가
다. 도널드 캡스는 목회상담의 해석학적 차원을 연구하는 데 거킨과

---

23) Seward Hiltner, *Preface to Pastoal Theology*(Nashville/New York: Abingdon
Press, 1958), 222-23.
24) Charles Gerkin, *The Living Human Document: Pastoral Counseling in a
Hermeneutical Mode*(Nashville: Abingdon Press, 1986). 안석모 역, 『살아 있는 인
간 문서』.

함께 참여하였다.

전통적인 상호관계와 참여의 해석학의 차이는 전통의 사용에 있다. 전통적 상호관계에서 신앙 전통과 세속 학문 분야와는 동일한 지위를 갖는 동반자다. 목회신학의 변증적 형태는 전통적 상호관계보다 더욱 유익하다. 참여의 해석학에서는 고백적 전통이 더 중심 위치에 선다.

목회신학의 변증적 차원은 수정된 비평적 상호 관계라고 불리는 새로운 방법에 의하여 유익을 준다. 돈 브라우닝(Don S. Browning)은 데이비드 트레이시(David Tracy)의 저술을 근거로 몇 권의 저술에 이 방법론을 발전시켰다.25) 이 방법론은 세속 학문 분야들이 전통적으로 신학의 영역이었던 신학과 윤리의 궁극적인 질문에 답변하려는 것을 인식하고 있다. 이 수정된 비평적 상호관계는 행동 과학과 신학 간의 조화의 영역을 수반해야 할 필요가 있다는 것을 지적한다. 어떤 목회신학자들은 신학의 언어와 심리학의 언어 사이에 실제적 차이가 없다고 말한다. 브라우닝은 그런 결론을 언급하지 않는다.

윔벌리는 참여의 해석학을 사용하였다. 이 모형이 신학과 세속 행동과학과 대화 가운데 신앙 이야기에 우선권을 주기 때문에 고백적 목회신학을 가장 잘 도와주는 것이라 믿기 때문이라고 고백하고 있다. 그의 관심사는 신앙 고백의 예배에서 행동과 사회과학을 활용하는 것이다. 그는 사회와 행동과학을 신학의 동등한 동반자로 보지 않

---

25) Don Browning, *Religious Thought and the Modern Psychologies: A Critical Conversation in the Theology and Culture*(Philadelphia: Fortress Press, 1987), and *A Fundamental Practical Theology: Descriptive and Strategic Proposals* (Minneapolis: Fortress Press, 1991).

는다고 진술하고 있다.

4) 목회신학의 상황

참여의 해석학은 목회상담의 상황을 더욱 진지하게 받아들인다. 목회상담 관계는 신학적인 성찰이 일어나기 좋은 현장이다. 교회 생활과 예배 상황은 고백적 목회신학을 서술할 때 반드시 설명되어야 한다. 이것이 사람들이 신앙 이야기를 만나고 신앙 이야기를 보강할 수 있는 장이 된다. 교구 상황과 목회상담의 상황은 고백적 목회신학을 진작시킨다. 참여의 해석학에서 목회상담은 교회의 예배 중심의 삶을 목회상담 센터로까지 확대한다. 이러한 상황이 서로에게 영향을 미치고 내담자의 삶 가운데 성경 이야기를 활용할 수 있게 한다.

세속적인 상황에서 신앙 이야기는 다른 우세한 이야기와 경쟁해야 한다. 목회상담자와 세상을 다르게 보는 다른 전문가들이 현실에 존재한다. 목회 돌봄과 상담의 역동성 가운데 이 문제가 들어온다. 예배와 회중의 삶이 세속적인 상황에서 내담자에게 영향을 끼치기란 어려운 일이다. 내담자들과 목회상담자는 자신을 교회 사역의 부분으로 보고 있다. 목회상담은 교회의 한 부분이며 교회 사역의 일부분으로 간주될 때 목회상담센터에서 변화가 일어날 수 있다.

5) 문화적 주제와 목회신학

문화적 주제를 언급하지 않고서는 목회신학적 성찰이 불가능하다. 사람들은 자신의 삶에 영향력이 있는 우세한 문화적 주제들을 가져온

다. 특별히 개인, 결혼과 가족 신화의 사례의 경우가 특별히 그렇
다. 이 신화들은 문화적 요소를 담고 있다. 이 신화들은 활동 중인 문화
과정을 통하여 보강된다. 참여의 해석학은 이와 같은 대두되는 광범
위한 문화적 주제들을 간과하지 않는다. 문화적인 차원을 목회상담
과 목회신학의 과정에서 천착한다.

5. 성도들의 성장을 돕는 성경 활용

윔벌리는 목회상담에 성경 이야기 활용의 실례를 보여 주기 위하
여 참여의 해석학을 사용하였다. 참여의 해석학과 성경 사용의 모형
을 통하여 목회상담에서 성경을 활용하는 방법을 제시하고 있다. 실
제로 윔벌리가 상담했던 사람들에게 성경 이야기가 유용하고 도움이
된 것을 발견하기는 했으나 이 방법론에도 한계는 지적된다.

하나는 내담자가 성경 지식이 빈약한 경우 생겨나는 한계다. 그들
이 알고 있는 이야기를 통해서 접근한다면 성경 이야기가 유익을 줄
수 있지만, 동일시와 역할 부여 등의 직접 성경을 결부시키는 방법론
은 조심스럽게 접근할 것을 당부한다.

또 다른 한계는 사례에 등장하는 내담자가 모두 아프리카계 미국
인이라는 점이다. 이 책에서는 그러한 내담자들로 제한되었지만, 윔
벌리는 백인, 중남미인, 아시아인 내담자와 학생들을 상담하고 있다
고 밝히면서 흑인이 아니더라도 성경 지식으로 충만한 교회에서 왔다
면 그가 제안하고 있는 원리를 똑같이 적용할 수 있다고 보았다. 그러
나 여전히 그의 방법론이 다른 인종의 미국인에도 유용한가에 대한

추후 연구가 필요하다.

　세 번째 한계는 극도로 좌절된 관계로 고통받는 사람들에 대한 문제다. 그들의 이야기의 사용은 간혹 심하게 왜곡되어 있다. 때로는 그러한 사람들은 부정적 성경 이야기와 인물에 동일시하기를 원한다. 그들에게 성경 이야기와 개념을 전수한 사람 자신의 좌절이나 이해의 부족의 결과로 왜곡된 경우도 있다. 이러한 상황에 참여의 해석학 방법론은 부정적 성경 이야기와 동일시된 것을 변화시키며 그들의 성장을 촉진시킬 수 있는 이야기와 인물을 선택하도록 도와주기 위하여 수정할 수 있다. 웜벌리는 이런 실제 사례를 위하여 『목회상담에서의 기도: 고난, 치유와 통찰(Prayer in Pastoral Counseling: Suffering Healing and Discernment)』[26]을 참조하도록 권유한다.

　성경 이야기는 간혹 여성을 포함하여 많은 집단에게서 문제가 제기되는 것을 인식하고 있다. 그럼에도 웜벌리는 여전히 성경에서 성장의 도구로 활용할 수 있는 긍정적인 이야기를 발견하고 있는 여성들에게 찬사를 보낸다. 많은 미국 흑인 여성들의 삶에 성경은 긍정적인 역할을 하고 있기 때문에 성경에 기록된 자유하게 하는 이야기와 전통을 통하여 성장과 변화를 경험한다. 시카고의 게렛 복음주의신학교 교수였던 필리스 버드(Phyllis Bird) 같은 성서학자들도 이와 같은 이야기와 전통에 관심을 가지도록 돕고 있다.

　목회상담자들은 목사와 평신도들이 성장을 촉진하는 방식으로 성경 이야기가 활용될 수 있는 방법을 배우도록 노력해야 한다. 이 책에

26) Edward P. Wimberly, *Prayer in Pastoral Counseling: Suffering, Healing, and Discernment* (Louisville: Westminster/John Knox Press, 1990).

서는 목회상담에서 이러한 노력이 실현될 수 있는 방법을 몇 가지 제안하였다. 이와 유사한 노력이 기독교 교육과 설교학 분야에서 이루어졌다. 성경 공부를 위한 학습 안내서들도 교회 생활에서 성장을 촉진하기 위한 이야기로 활용되는 것이 진지하게 받아들여지고 있다. 그러나 성장을 위해서는 내담자들이 성경에서 적절한 성장 촉진 이야기를 발견하도록 돕기 위한 더 많은 진지한 연구가 요망된다.

제10장

위기상담 관점에서 본 임종과 사별

1. 죽어가는 사람들을 위한 목회

목회자는 종종 한 사람의 인생 경험에서 죽음이 차지하는 의미와 비중이 얼마나 큰지를 잊어버리고 목회를 하기가 쉽다. 기독교인들의 간증을 듣다 보면, 가까운 가족이나 친척의 죽음을 통하여 예수를 믿게된 경험을 이야기하는 경우가 많다. 이해할 수 없는 죽음, 기둥같이 여겨던 아버지의 갑작스러운 죽음, 착한 사람의 불행한 죽음, 수많은 죽음을 대할 때마다 인간의 한계를 느끼게 된다. 에드가 잭슨(Edgar Jackson) 목사는 인간의 영적인 체험은 합리적 사고와 추론을 통해서보다 다른 사람의 죽음을 목격하면서 자신이 죽게 된다는 사실을 접하는 과정을 통해 더욱 깊어진다고 말하고 있다.

장례식이야말로 인간이 유한성과 죽음을 피할 수 없는 무력한 존재

(mortal being)임을 경험하게 되는 영적인 사건이며 예전이다. 그럼에도 인간은 종종 인간이 죽을 수밖에 없는 존재라는 의식을 망각하고 살아가기 쉽다. 우리의 무의식은 자신의 죽음을 모르기 때문이다. 더 나아가서 죽음을 부인하거나 회피하는 성향을 갖고 있기 때문이다.

목회자는 교우들을 위한 장례식과 각종 심방, 돌봄 사역을 하면서 먼저 가까운 사람의 죽음과 죽을 수밖에 없는 자신의 존재를 깊이 성찰하고 죽어가는 환자들을 돌볼 수 있어야 한다. 이때에 목회자는 좀 더 깊은 심층의 심리 내면의 상황을 이해하고 그들의 아픔과 슬픔, 이별을 통한 견딜 수 없는 외로움과 통증을 싸맬 수 있는 사역을 계획할 수 있어야 한다. 이를 위하여 다음과 같은 성찰 훈련을 해 보자.

죽음 성찰 훈련

간단한 질문에 답하는 과정을 통해 생각을 모을 수 있다. 이 작업은 강의실에서 집단상담이나 개별 발표 형식으로 진행할 수 있다.

1. 죽음에 대한 성찰

  A. 자신의 삶에 깊은 영향을 주었던 첫 번째 죽음은 어떤 것이었나?

  B. 죽음에 대한 기억이 있다면?

  C. 죽음을 이해하도록 자신에게 가장 도움을 많이 주었던 사람은 누구인가? 어떤 도움을 주었는가?

  D. 이러한 도움을 줄 때에 실패하였다면, 그 후에 그 사람이 한 일은 무엇인가?

2. 죽음의 경험

  A. 최근에 자신에게 중요한 영향을 주었던 죽음은 어떤 것인가?

B. 이에 대한 기억은 어떤 것인가?

C. 이에 대하여 도움이 되었던 사람이나 이론 또는 정보는 무엇이었나? 이것(또는 이 사람)이 어떻게 도움이 되었나?

D. 도움이 되지 않았다면, 어떻게 대처하였나?

3. 구체적인 성찰

A. 이 사람의 죽음으로 어떤 영향이 있었나?

B. 질병 또는 사고의 경위를 말한다면?

C. 그 사람의 이름과 나이는?

D. 다섯 명 정도를 나열할 수 있는지?

질문에 답하면서 자신이 경험한 죽음과 그에 대한 반응을 살펴본 후 소감을 기록해 보자.

1) 죽음을 맞는 사람들이 갖는 세 가지 두려움

누구나 한 번쯤 죽음을 생각해 본 적이 있을 것이다. 그러나 죽음을 앞에 둔 사람이나 다른 이의 죽음을 경험하는 사람조차 죽음을 있는 그대로 말하는 사람은 많지 않다. 죽음을 목전에 둔 사람이 말을 하지 않는 것은 죽음을 부인하거나 회피하는 것을 의미할 수 있다. 죽음을 부정하는 경우에도 간접적인 방식이나 상징을 사용하여 가까스로 표현한다. 죽음에 임박한 사람은 "우리 이모는 암으로 죽을까 봐 걱정하곤 했어요."처럼 제삼자 경우를 이야기하기도 한다. 이때 목회자는 상징이나 제삼자를 빌어서 죽음에 대한 이야기를 한다고 직감하였을 때라도 즉시 죽음을 이야기하기보다는 그가 자연스럽게 죽음을 이야

기할 수 있는 분위기를 만들어야 할 것이다. "암에 대한 두려움이 있
군요."하고 물어보기보다는 상징적이고 은유적인 표현으로 접근하는
것을 권하고 싶다. 시인이 시를 쓰듯이 "본향으로 돌아간다." "겨울
이 다가오면 꽃은 시들고." "잠들다." 등의 표현으로 접근하는 것이
바람직하다.

　성경을 읽어 주거나 함께 기도하기를 요청하면서 죽음에 임박한
사람에게 닥친 견딜 수 없는 고통을 덜어 주어야 한다. 좋아하는 성경
구절을 읽어 주는 것이 좋다. 함께 기도하면서 자신의 죽음에 대한 생
각과 두려움을 토로할 수 있다. 이러한 사역에는 반드시 필요한 것이
있다. 목회자 자신이 죽음을 깊이 성찰하는 것이다. 이 작업을 통하
여 이러한 사역에 꼭 필요한 마음의 준비를 하기 바란다. 가톨릭 사제
들은 부제 시절이나 서품을 받을 때 반드시 죽음에 대한 묵상과 자신
의 죽음을 성찰하는 과정을 거친다. 이것은 다른 이들의 아픔을 공감
하는 것 이상의 목회자로서의 준비 과정이다.

　앤더슨과 폴리(H. Anderson & E. Foley)는 그들의 책 *Mighty Stories,
Dangerous Rituals*[1]에서 죽어가는 사람들이 가지는 두려움을 적고
있다. 그들은 칼 라너(Karl Rahner)와 헨키(C. H. Henkey)의 책 *On
the Theology of Death*에서 죽음을 도적에 비기고 있다는 것을 인용
한다. 죽음은 도적같이 찾아오지만, 동시에 우리가 행하여야 하는 일

---

1) Herbert Anderson and Edward Foley, 『예배와 목회상담: 힘 있는 이야기, 위험한 의
　례』, 안석모 역(서울: 학지사, 2012). 필자가 이 책을 접한 것은 2009년 드류 대학교의
　구내서점에서 구입한 후였다. 원고를 쓴 후에 안석모 교수가 생전에 남긴 번역서로 세상
　에 나타나서 필자의 번역과 독자들이 다른 것을 염두에 두고 읽을 수 있기를 바란다. 여
　기에 인용하고 있는 가운데 표기된 괄호 안의 숫자는 영문 책의 페이지이다.

이기도 하다. 아기가 태어나는 일처럼 죽음도 역시 인간사에 중요한 이야기일 뿐만 아니라 인간의 행위이기도 하다.

(1) 완성하지 못한 삶에 대한 두려움

죽음 자체도 인간에게 두려움이 되지만, 많은 사람이 죽어가면서 인생을 제대로 마치지 못한 데 대한 두려움을 토로한다. 큐블러-로스(Elisabeth Kübler-Ross)는 자신이 이루어야 할 과제를 끝내지 못한 욕망이 있기 때문에 '타협'의 과정이 있다고 본다. 필자가 미국에서 임상목회교육 훈련을 받을 때 만났던 사례를 소개한다. 한국전쟁에 참전했던 췌장암 환자였던 케이스 씨(Mr. Case)는 필자의 부친과 동갑이었다. 그도 한국에서 온 필자를 아들처럼 여기고 내 방문을 늘 환영하였다. 불현듯 떠오른 생각에 그에게 죽음에 대한 질문을 여과 없이 드린 적이 있다. 내 질문은 "죽음이 두렵지 않습니까? 케이스 씨."였다. 그의 대답은 다음과 같았다. "나는 한국전쟁에 참전하여 수많은 전투를 겪으면서 동료의 죽음을 바로 곁에서 겪었어요. 죽음 그 자체는 저에게 두려움의 대상이 아니에요. 특히 나 자신의 죽음은 두려워하지 않아요. 다만 사랑하는 아내와 딸이 내가 죽었을 때에 외롭게 살아갈 것을 생각하면 고통스러워요. 내가 그들과 헤어지는 것이 힘들어요."

자신의 인생의 이야기를 마치기 위한 시간이 충분히 남지 않았다는 것을 알아차리게 되면, 그것 자체가 위기가 된다. 좀 더 시간이 필요하다고 타협을 하게 된다. 인생을 다 살고 떠나는 사람은 없다. 살다가 미완성의 삶을 정리하고 떠나갈 뿐이다.

앤더슨과 폴리는 다음의 이야기를 사례로 들고 있다.

프란시스카는 자신이 죽는다는 것을 알고 있다. 6년간 암 투병을 해 온 것에 대하여 이야기할 때 "하나님이 무엇을 원하시든지 나는 준비가 안 되었어요. 해야 할 일이 남았어요." 하고 답변한다. 하지만 자신의 삶이 한 달도 채 남지 않았다는 이야기를 듣고는 멕시코로 마지막 여행을 떠난다. 죽기 전에 프란시스카는 수 년 전에 헤어진 딸과 화해하기 위하여 결심을 한다. 화해를 했을 때 가족들이 그녀를 둘러싸고 기도하던 중 평화롭게 죽음을 맞이했다. 그러나 화해는 오래가지 못했다. 장례식 준비를 하면서 가족 내부인과 외부인 간에 갈등이 표출되었고 프란시스카가 죽기 전에 그리도 원했던 평화는 깨져 버리고 말았다(104).

톨스토이의 소설 『이반 일리치의 죽음』에서 이반은 인생의 마지막에 도달했을 때 뭐가 잘못되었는지 의아해한다.

"만약에 내가 갖고 있는 모든 것을 탕진하고 그 모든 것을 바로잡지 못하고 떠나게 된다면, 그게 뭐야?" 자신의 인생을 전혀 다른 각도에서 보기 시작하였다.……(중략)……
자신과 함께 지금껏 살아온 가족들에게서 이 모든 것이 실제의 것이 아니라는 생각이 몰아치면서 신체적인 고통이 열배가 되었다.

죽음을 목전에 둔 시점에서는 자신의 삶을 총괄해서 인생 여정의 마지막을 향한 통합(integrity)[2]하는 과제를 잘 수행할 수 있다. 그래

---

2) 에릭슨이 말하고 있는 노년기의 덕성으로서의 integrity를 말한다.

서 죽어가는 사람이나 우리가 죽어갈 때에 자신의 과거를 되풀이해 보도록 권고하는 것이 필요하다. 되뇌어 보는 일에는 첫째, 자신이 숨기고 싶은 것, 둘째, 과거에 수치스러웠던 것에 대한 기억, 셋째, 여전히 아픈 상처, 넷째, 화해하지 못한 채 남겨둔 손상된 관계 등이 포함될 수 있다.

우리의 이야기를 만들어 내는 데에는 결코 늦는 법이 없다.

자신의 삶에 환멸을 느끼고 자신이 얼마나 천박했던가를 후회하며 고통스러워하던 이반 일리치가 아들에게 입맞춤을 받을 때, "비록 자신의 삶이 응당 살아야 할 몫을 살지 못했지만 아직도 바꿀 여지가 있다는 것을 발견하게 된다."

인간의 삶의 패턴은 마치 문법(규칙, grammar)과 같아서 혼란을 체계화하고, 다양성을 구조화하고 차이점들을 질서 있게 해 준다. 여기에는 인생을 반추할 때 즉흥성과 자발성의 여지가 있으며, 하나님의 섭리적인 임재가 우리 삶 가운데 있다는 것을 보게 될 때, 즉흥적인 되뇌임이 모든 일에 깃들어 있는 의미를 찾을 수 있게 되는 계기가 된다. 우리가 상상할 수 있었던 것 이상의 거대한 선을 발견한다. 로마서 8장 28절에 나타나는 대로 "모든 것이 합력하여 선을 이룬다."는 말씀을 그대로 믿는 현상을 경험하게 될 것이다.

우리의 인생 이야기는 비록 완성되지 못했다 할지라도 살아온 모든 삶을 생각할 때 그것이 하나님 주신 선물이라는 의식을 가질 수 있게 된다. 우리가 죽더라도 우리의 죽음 이후의 일은 하나님의 이야기에 속한 것이 되며, 온전하지 못한 삶을 마감했다 하더라도 우리의 삶과 죽음을 하나님의 선하신 섭리와 임재에 맡길 줄 아는 신앙을 갖는 것이 필요하다. "내 영혼을 주님께 맡기나이다." 하고 기도할 수 있는 신앙을 갖는 것이다.

(2) 버림받는 것에 대한 두려움

죽어가는 사람에게 가장 큰 고통은 생존하는 사람들로부터 소외되거나 버림받는 것이다. 그 결과 문화, 인종의 한계를 넘어서 홀로 죽어가는 사람이 없도록 임종하는 현장을 함께하는 것을 미덕으로 삼으며 죽음에 관심을 갖는다. 마지막 유언을 듣는 것은 참으로 중요하다. 필자가 목회임상교육 훈련을 받았던 미국의 경우, 기계화된 의료시설에서 정서와 감정을 나누지 못한 채 홀로 싸늘하게 죽어가는 것에 대하여 훈련 동료들과 논의한 적이 있었다. 죽어가는 사람과 이야기를 나누는 것을 통하여 두 사람 사이에 있는 장벽을 무너뜨리고, 두려움을 극복하게 하며, 두 사람의 연대감을 고조시킨다. 자신의 삶의 이야기를 비밀로 하거나 삶 자체가 비밀이 될 때에 남은 가족들과 사랑하는 사람들을 메마르게 하고 자신을 결국 삶에서 소외시켜 버린다.

자녀가 죽어가는 부모의 이야기를 들으려 하지 않을 때 부모는 버림받는다. 그 반대의 경우도 마찬가지다. 부모가 죽어가면서 자신의 이야기를 하고자 하지 않을 때에도 결과는 같다. 이야기를 들을 때 서로 간에 장벽은 허물어지고, 죽음이 가져오는 불가피한 외로움이 덜어진다. 자서전을 쓰거나 회고록을 남기는 것은 참으로 인생의 유익한 경험이 될 수 있다.

아메리코는 웨스트 버지니아에 홀로 사는 남성이다. 집에 있는 그를 찾아갔던 그날 그는 병원으로 긴급 후송되었다. 중환자실에서 그는 자기 몸에 붙어있는 온갖 의료기기로 인하여 겁에 질려 있었

다. 그는 성만찬을 받기를 원했다. 우리가 주기도문으로 기도할 때
에 그는 불확실하지만 간절한 목소리로 기도하였다. 죽은 아내와
아들들에 관하여 이야기했다. 어떤 연유였는지 모르지만, 불현듯
나는 그에게 아내가 첫 번째 여자 친구였느냐고 물어보았다. 그는
갑자기 얼굴이 환해지면서 처음 이탈리아를 떠나 미국으로 올 때
이별했던 여자 친구 이야기를 꺼냈다. 수십 년이 지났지만, 따스한
애정 어린 음성으로 아메리코는 이탈리아에서 보냈던 청년 시절의
온갖 이야기를 하였다. 대화가 끝날 즈음 다음 날 다시 오기로 약속
하였다. 아메리코와 헤어진 후 몇 시간 안 되어 그의 사망 소식을
듣게 되었다. 그를 만나는 동안 나는 몰랐지만, 아메리코는 자신의
죽음을 준비하고 있었다. 그의 아들들은 아버지가 돌아가시기 전에
성찬을 받았다는 이야기를 듣고 크게 기뻐하였다. 그러나 나는 그
들에게 여자 친구 이야기는 하지 않았다(106).

아메리코의 외로움은 청년시절 이야기를 할 때 사라져 버렸다. 자
신이 버림받게 되는 두려움은 자신의 생애에서 경험한 버림받음을 기
억하게 하였다. 목회자는 죽어가는 사람에게 자신의 이야기를 할 수
있도록 돕는 것이 필요하다. 이야기가 가족이나 친구들에게 들리지 않
으면, 애도하는 유족들의 추모는 별 의미를 가질 수 없다. 죽음에 대한
이야기보다는 그 사람의 삶의 이야기를 듣는 것이 더욱 중요하다.

(3) 조절 능력을 잃는 것에 대한 공포

죽어가는 사람이 해야 할 한 가지 중요한 일은 '죽을 준비'다. 남겨
진 사람들과의 관계를 잘 정리하는 것이고, 나누어야 할 일과 재산을

배분하는 일이며, 가족과 친구, 좋아했던 활동과 물건들과 작별하는 것이다. 죽음을 목전에 둔 사람은 삶에서 가치를 두고 귀하게 여겼던 것들을 놓아 버리는 준비를 해야 한다. 살면서 소중하게 여겼던 무언가를 사랑했던 사람들에게 남겨 주고 죽음을 준비하게 된다. 이는 사랑의 끈을 더욱더 단단하게 하고, 미래로 이어지는 감각을 신장시키며, 조절 능력을 잃어버리는 데 대한 공포감을 극복할 수 있는 대안을 마련해 준다.

자신의 삶을 정리하는 사람이 삶의 이야기가 자신의 내면에 있다는 것을 의식할 수 있도록 살피는 것이 마지막 순간을 돌보는 이에게 주어진 본분이다. 돌보는 이는 죽어가는 사람의 삶의 이야기를 비난하거나 수정하려는 자세 없이 존중해야 한다. 죽어가는 사람이 이야기를 하면서 자기 해석의 특권을 누릴 수 있어야 하기 때문이다.

드보라와 아버지와의 관계는 드보라가 사춘기부터 폭풍과도 같았다. 결혼하여 자신의 가정을 가진 이후에도 드보라는 아버지와의 경쟁에서 항상 패배자라는 의식에 사로잡혀 있었다. 어린 시절부터 드보라의 아버지는 딸의 분노를 자기에게 돌려 드보라의 잘못으로 만들어 내는 데 아주 익숙했다. 아버지는 천천히 죽어 갔고, 그가 죽기 전에 드보라는 대화를 시도하였다. 어머니는 딸의 분노에서 아버지를 보호하려고 자꾸 끼어들었다. 화해를 하지 못한 채 아버지가 죽자 드보라의 남편은 관 안에 있는 베개 밑에 편지를 끼워 넣겠다고 약속하였다. "사랑하는 아빠, 아빠를 늘 실망시켜 미안해요. 아빠 돌아가신 후에 더 잘할게요. 사랑하는 드보라."(107)

드보라의 이야기는 아주 흔하다. 평소에 아버지와의 다툼과 뭔가 모를 항의를 해내지 못한 것이다. 애도자의 마음속에 남아 있는 불편한 마음을 결국 풀어내지 못하고, 심지어 아버지의 관까지도 가져간 것이다.

목회자는 이러한 상황에서 발견할 수 있는 응어리를 풀어낼 수 있도록 옳은 관점을 가져야 한다. 죽어가는 사람이 남은 가족들에게 하고 싶은 말, 진실한 말을 할 수 있도록 도와야 한다. 죽음을 맞이하는 순간을 가족끼리 조용히 보낼 수 있도록 하고, 남는 자와 떠나는 자가 서로 마지막 이야기를 나눌 수 있도록 배려해야 한다.

2) 죽음을 위한 적절한 태도

죽음은 고칠 수 있는 질병이 아니다. 목회자는 죽어가는 사람과 어떻게 하면 대화를 통하여 진정한 관계를 맺으며 목회 돌봄을 해낼 수 있는가를 준비해야 한다. 죽어가는 사람을 위한 사역이 어려운 것은 이제껏 우리가 살아오던 방식과 목적과는 완전히 다른 방향으로 인도해야 하기 때문이다. 자기실현, 목적 성취, 미래지향적인 설계 등이 살아오면서 해야 했던 사역의 방향이었다면, 죽음을 앞에 둔 이들에게는 그 모든 것과 어떻게 하면 작별할 수 있는가를 생각하고 도와야 한다.

죽음과 사별상담과 관련된 많은 저작을 남긴 패티슨(E. Mansell Pattison)은 '죽음을 위한 적절한 태도3)를 네 가지로 요약하고 있다.

---

3) E. Mansell Pattison, *The Experience of Dying*(Presentation by the American Academy of Bereavement: Tuscon, AZ, 1994). 패티슨은 같은 이름의 저작을 1977년에도 남겼다.

첫째, 혼란 없이 급박한 불안의 위기를 잘 직면할 수 있다.

둘째, 자신이 살아왔던 대로 자신의 이상적인 자아의 모습에 부합되는 가운데 현실과 타협할 수 있다.

셋째, 죽음이 다가올 때에 그의 사랑하는 사람들과 점점 멀어지고 결국은 이별하게 된다는 것을 서서히 받아들이고 그의 중요한 관계들의 영속성을 회복할 수 있다.

넷째, 마지막 단계에 이르러서도 그의 죽음을 받아들이는 마음과 갈등을 일으키는 기본적인 본능 욕구, 소원과 환상 등을 합당하게 경험할 수 있다.

2. 임종 순간의 목회 돌봄

임종의 순간을 앞에 둔 이들에게 어떻게 하는 것이 가장 좋은 목회 돌봄이며 의례이며 배려인가를 생각하는 것이 도움이 된다. 죽음을 맞이하기 위한 의례(예전)는 무엇인가? 대부분의 개신교회의 마지막 배려는 건강을 다시 찾기 위한 간구, 치유를 위한 기도로 이루어져 있다. 교회는 전통적으로 병든 사람이 하나님의 은혜로 소외되지 않고, 쇠약한 영혼을 강하게 하고, 믿음이 약해진 성도를 지지해 주는 기도와 예전을 행하여 왔다. 개신교회에서 치유를 위한 예배는 비공식적이며, 병든 사람을 둘러싸고 하나님의 약속의 말씀과 돌보심을 간구하는 기도를 드렸다.

로마 가톨릭교회는 병든 자를 위한 성례를 행하였다. 미국 가톨릭교회협의회는 1983년에 다음의 사항을 제정하였다.

기름 부음의 예전을 통한 예수 그리스도의 치료의 사역을 하는 것이
며, 병든 자의 소외감을 벗어버리고, 공동체의 돌봄을 강화하기 위하
여 병든 자를 위한 예전은 가족들과 가능한 한 교회의 대표들이 함께하
여야 한다.

가톨릭교회 역시 어떤 틀은 없으나, 목회 돌봄의 정신과 배경은 동
일하다고 본다. 상징적인 행위를 통하여 하나님의 임재의 약속을 바
라보며, 고통당하는 환자들을 지지하기 위하여 돌보는 이들이 함께
한다는 차원을 개신교회나 가톨릭교회나 다 함께 공유하고 있다.

회복할 수 없는 상태에 있는 환자를 위하여 가톨릭교회에서는 노
자성체(路資聖體)[4]를 행한다. 하나님께 향하여 가는 죽음의 여행을
위한 음식이라는 의미를 갖는다. 노자성체를 통하여 모든 이들이 환
자를 포함하여 이제 마지막이라는 인식을 갖게 된다. 죽음을 맞이하
지만 세례예식에서와 같이 죽음을 통한 새로운 생명을 기억하는 중요
한 시간이다. 교회의 예배의식은 공동체적인 참여와 공공의 의미 부
여 성격을 갖는다. 노자성체는 환자가 아직 참여할 수 있으며 반응할
수 있을 때 행하여져야 한다고 가톨릭교회 협의회 헌장 179조에서 강
조하고 있다. 노자성체의 특징 하나는 죽어 가는 사람이 행하였던 세
례 예식 때의 서약을 새롭게 하는 데 있다.

세례 예식은 영적인 여행을 출발하기 위한 아주 위험한 예전이다.
죽음 전에 나눌 수 있는 대화, 하나님과 사람 사이에 맺어진 언약의
이야기는 삶과 죽음을 가로지르는 진지한 이야기일 수밖에 없다. 어

---

4) 임종 때 행하는 성체.

떻게 하면 죽어가는 사람과 돌보는 사람들이 이야기로 서로 자연스럽게 죽음의 순간을 거룩하게 만들 수 있을까?

목회자들은 임종의 순간에 우리의 목회 돌봄이 하나님과 사람 사이의 참된 가교를 놓을 수 있으며, 남은 유가족에게 의미 있는 신앙의 고백과 삶을 살아가도록 북돋아 줄 수 있는가를 생각해야 할 것이다.

3. 사별상담의 주제

1) 애도 과정이 필요한 이유

사랑하는 사람을 잃거나 애지중지하던 애완동물이나 아끼던 물건을 잃었을 때 슬픔을 적절하고 정상적으로 표현하지 못하면 문제가 발생한다. 애도와 사별 연구에 주력했던 잭슨(Edgar N. Jackson)은 현실적인 상황이 애도경험자에게 필요한 만큼의 기간과 형식으로 슬픔을 표현할 수 있는 여건이 주어져 있지 않다고 주장한다.5) 슬픔을 마음껏 풀어낼 수 없고, 마음껏 슬퍼할 때 겪게 되는 불합리한 상황을 두려워한 나머지 비통한 감정을 자의 반 타의 반 억압하게 된다. 이러한 경우 내담자는 슬픔과 관련된 감정을 왜곡시키거나 차단하여 고통을 줄이고자 한다. 상실된 현실에 대한 무감각한 반응을 보이며, 심지어 성격과 행동에 병적인 모습을 보이기도 한다.

---

5) Edgar N. Jackson, "Why You Should Understand Grief: A Minister's Views", in Larry A. Platt and Roger G. Branch, *Resources for Ministry in Death and Dying* (Nashville, TN: Broadman Press, 1988), 222.

애도 과정이 어떤 것이며 어떻게 발전해 가는가를 이해하는 것이 중요한 이유는 비애의 경험이 자칫 정신적인 질환은 물론 신체질환 발생의 주요 원인이 되기 때문이다. 어떤 정신질환과 신체질환은 슬픔을 밖으로 표출하는 건강하지 못한 수단으로 전락되었다. 과거에 겪었던 슬픔이나 상실의 아픔을 충분히 표현하지 못한 채 세월이 흐르는 동안 성격과 삶의 태도가 그러한 질환의 형태로 발전되기 때문이다. 그리하여 목회자는 그들이 자살이란 극단적인 선택을 하거나 절망에 빠진 채 우울하게 살아가지 않도록 목회자들이 적극적으로 돌봄을 제공하여야 한다. 파크스(C. Murray Parkes)는 애도란 "현실 인식의 과정"[6]으로 간주하면서 외부에 이미 일어난 사건을 자기의 심리 내면에 현실로 받아들이는 것이라고 정의하고 있다. 즉, 시간이 지나면서 상실한 대상을 자신의 마음으로부터 떠나보내며 슬픔을 이겨 내고, 상실한 대상 없이 어느 정도 살아갈 수 있게 되는 극복의 과정을 뜻한다. 슬퍼하는 사람을 돌보는 이는 다양한 모양의 슬픔을 표현할 수 있도록 하며, 떠나간 대상이 만들어 놓은 빈 공간이 주는 공허감을 잘 받아들이고 극복할 수 있도록 도와야 한다.

충분한 애도를 위해서는 최소한 1년의 기간이 필요하다거나 3년이 지나야 완료된다고 본다. 슬픔의 강도와 기간은 경험자와 상실의 성격에 따라 다르겠지만, 시간이 흐르면서 그냥 지나가거나 해소되지 않는다는 점을 유의해야 한다.

사별상담의 출발에는 린데만(Erich Lindemann)의 공헌이 크다. 린

---

6) C. Murray Parkes, *Bereavement: Studies of Grief in Adult Life* (London: Tavistock; New York: Basic Books, 1972), 202-204.

데만은 동료인 케플란(Gerald Caplan)과 함께 1943년 보스턴의 코코넛 글로브 나이트클럽에서 발생한 화재사건으로 죽은 사람들의 유족과 생존자들을 대상으로 죽음과 관련한 연구를 진행하였다. 두 사람의 연구는 사별 경험에서 발견할 수 있는 중요한 용어와 개념을 제공하였다. 그중 하나는 위기 개입(crisis intervention)이다. 갑작스러운 사고에 의한 죽음이 가져오는 위기는 인간의 전인적 건강을 위협할 뿐만 아니라 해친다. 사역자들이 할 수 있는 일은 위기 상황이 가져온 손상과 파괴를 온전하게 회복할 수 있는 분위기를 만드는 것이다. 위기와 상황에 대한 개입 연구의 결과를 사별상담에서 활용할 수 있다.[7]

2) 비애의 과정(Grief Work)[8]

우리는 인생을 살면서 비애와 상실을 경험한다. 플레시(Flesch)는 논문에서 갑작스러운 가족의 죽음이 가져오는 자살과 연관된 사건에 대한 연구를 발표하였다. 이것은 죽어가는 사람들이나 그들의 가족을 위한 호스피스 사역을 하는 목회자에게 중요한 통찰력을 제공한다.

---

7) Paul C. Rosenblatt의 *Bitter, Bitter Tears: Nineteenth-Century Diarists and Twentieth-Century Grief Theories*(Minneapolis: University of Minnesota Press, 1983)와 Kenneth Mitchell & Herbert Anderson의 *All Our Losses, All Our Griefs* (Philadelphia: The Westminster Press, 1983) 등을 참고할 수 있다.

8) 이 주제에 대하여 필자의 논문의 참고하라. "애도(哀悼)과정의 목회상담적 이해"「목회와 상담」(2010, 15호), 122-149.

첫 번째 심방–장례식이 끝난 다음	충격
두 번째 심방–사 주 후	급작스러운 슬픔과 비애
세 번째 심방–4개월 또는 6개월 후	만성적 비애의 과정
네 번째 심방–일 년이 지난 일주기	추모일을 전후해서 자살의 가능성이 높음

3) 비애의 정체

미첼(Kenneth Mitchell)과 앤더슨(Herbert Anderson)은 새로운 관점에서 비애를 정의한다.

첫째, 비애는 병적인 증상이 아니라, 정상적인 삶의 과정이다. 그들은 비애를 치유해야 하고 극복해야 할 대상으로 보는 태도를 바꿔야 한다고 주장한다. 죽음으로 말미암은 비애의 과정은 인생의 본질이며, 피할 수 없는 '삶의 과정'으로 이해해야 한다는 것이다.

둘째, 사랑하는 이를 잃는 여읨의 과정은 죽음의 과정과 동일한 것이 아니다. 죽음의 과정과 비애의 과정을 혼동해서는 안 된다. 죽음에 임박한 환자들을 연구한 큐블러–로스의 다섯 단계, 부인, 분노, 타협, 우울증, 수용 또는 체념의 과정을 거치는 죽음의 과정이 비애의 과정에서 나타나는 것으로 활용할 수 없다고 하였다. 두 단계가 같은 목표를 향하여 가는 것이 아니기 때문이다. 그들은 죽음을 앞둔 사람에게조차 다섯 단계가 모든 사람에게 동일하게 반복해서 일어나는 것도 아니라고 보았다. 비애를 경험하는 사람과 죽어가는 사람이 경험하는 것이 똑같지 않다는 것이 미첼과 앤더슨의 생각이다.[9]

셋째, 비애는 단순한 감정적 상태에 머무는 것은 아니다. 사람들이 경험하는 감정을 불안으로 환원시키는 것은 바람직하지 않다. 인간 삶의 과정에서 상실의 경험이 몇 가지 감정으로 단순하게 요약될 수 없기 때문이다. 비애와 상실을 경험하는 사람들의 무한하고 다양한 경험을 한두 가지 감정으로 요약하고 정리할 수 있는 관점은 없다. 수년이 지난 후에도 갑작스러운 상황에 비애의 과정이 심리 내적으로 증폭되기도 한다. 비애의 과정은 직선적이거나 계단식 과정으로 이해하기보다는 나선형의 순환과 반복의 도식으로 이해할 수 있다.

넷째, 상실의 경험은 죽음을 통해서만 발생되는 것은 아니다. 우리는 다양한 상실을 경험할 수 있다. 나라, 자존감, 직업, 반려동물을 상실하는 것도 비애의 과정에 들어갈 수 있다. 미첼과 앤더슨은 자신들의 목적은 "비애의 과정이 자연스러운 삶의 일상성을 유지하는 데 있다."고 하였다. 애착과 분리(attachment and separation)의 긴장 상태는 인생 초기에만 유지되는 것이 아니다. 애착이나 상실이 없는 삶은 없다. 비애가 없는 삶도 있을 수 없다. 비애를 일상적인 정상적이고 자연스러운 상황으로 보는 것에서 건강한 비애 과정과 사별상담을 시작할 수 있다.

자아심리학자인 말러(Margaret Mahler)는 흥미로운 관찰을 소개하고 있다. 태어난 지 3개월 된 유아가 엄마와 밀접한 관계를 맺어가는 과정에서 나타나는 현상이 있다. 3개월짜리 유아도 상실의 경험을 하고 있다는 것이었다. 이것을 말러는 '심리적인 부화(hatching)' 현상이라고 정의한다. 유아는 어머니를 만날 수 없는 상황에서 활동의 감소, 칩거 태도 등을 보였다. 그녀는 유아가 자연스럽게 경험하는 상

9) Mitchell & Anderson, *All Our Losses, All Our Griefs*, 60.

실의 경험은 보편적이고 원초적인 경험이라는 것을 입증하고 있다고
설명한다. 이와 마찬가지로 성인기에 경험할 수 있는 갑작스러운 비
애의 과정에서는 일상 활동의 감소, 칩거 등이 나타나면서 동시에 이
기적 행동이 드러난다.

대상관계이론의 초석을 쌓은 클라인(Melanie Klein)은 유아가 엄
마와 상호관계를 맺게 되면서 눈앞에 엄마가 없을 때 엄마가 자기가
아니라는 것을 발견하게 된다고 하였다. 이때 엄마는 자기와 하나라
고 간주하고 있었기 때문에 엄마가 있을 때에는 자기와 하나가 되어
있고, 엄마가 없을 때에는 상실로 인해 온갖 고통스러운 망상과 파괴
적인 욕동에 휩싸이게 된다고 본다. 그러면서 재등장한 엄마를 자기
가 아닌 대상으로 경험하게 되는 과정을 겪으면서 아이는 심리적으로
성장하게 된다. '나 경험(Me)'과 '나 아닌 경험(Not-me)'을 번갈아
하게 되어 사랑의 대상을 잃어버리는 경험을 한다. 상실과 비애 경험
을 하게 되고, 이를 바탕으로 엄마와 건강한 분리 경험을 하게 되는
다양한 심리적인 현상을 나타낸다.

목회자는 상실의 경험이 인간의 삶에서 보편적이며 원초적인 경험
이 되는 것을 먼저 이해하여야 한다. 그러한 과정을 거쳐야만 비애 과
정을 겪는 목회자 본인은 물론 교우들의 슬픔을 위로하는 사역을 할
수 있게 된다. 사람들이 상실을 겪을 때 보여 주는 원시적이고 적나라
한 슬픔 반응을 적극적으로 공감하며 그들이 건강하게 슬픔을 표현할
수 있도록 돕게 된다.

4) 해결되지 못한 비애가 주는 아픔

상실로 인한 비애의 과정을 건강하게 보내지 못했을 경우, 여러 가지 문제점이 찾아올 수 있다.

(1) 신체적 질병

에리히 린데만은 「갑작스러운 비애의 증상과 관리」(1944)라는 논문에서 41명의 대장염 환자들 가운데 31명이 정서적으로 유대감을 지녔던 사람과의 사별한 직후에 발병하였다고 보고하고 있다. 파크스(Parkes)는 44명의 미망인을 상실 이전 2년 동안과 상실 이후의 상황을 비교 연구한 결과, 사별한 지 6개월 동안 의사를 찾는 빈도가 63% 증가하였고, 지속적으로 증가하고 있음을 말하고 있다.

미망인 연구 결과, 사별 6개월 동안 같은 연령의 기혼 남성보다 여성 미망인의 경우 40% 이상 사망하였고, 배우자와 사별한 사람들의 높은 사망률은 배우자의 상실이 치사율을 높일 수 있다는 결론을 내릴 수 있게 하였다. 그 증상으로는 심장혈전, 동맥경화성 퇴행성 심장질환, 심장 및 순환질환 등으로 다른 상황의 질환보다 사망유발 질환 비율이 23.9%가 높은 것으로 나타났다.

(2) 정신질환

심각한 우울증은 그 밑바탕에 상실의 경험이 자리 잡고 있다. 일상의 슬픔과 우울증의 차이는 슬픔의 원인을 아는 것과 모르는 것에 달려 있다. 유아가 어머니의 부재를 견디지 못하여 칩거와 상실 반응을 보인다는 마가렛 말러의 연구와 같이, 자신도 모르는 사이에 경험하였던 심각한 상실 경험이 만들어 내는 망상, 환각, 환청 등이 상실 대상을 대체하려는 노력이 우울 증상을 만들어 내기 때문이다.

　무의식적으로 만들어 낸 보상체계와 유사 대상은 때때로 정신증이나 신경증의 증상으로 상실의 아픔을 호소한다. 무의식의 노력이 만들어 낸 증상이 무엇을 말하는지 찾아내면 증상의 원인이 된 상실 경험을 복구해낼 수 있다. 심리 내면 깊숙이 억압되었거나, 왜곡된 채로 남아 있게 된 상실 경험은 상실한 대상을 대체하여 만족과 기쁨을 얻으려는 노력이 만들어 낸다. 내면의 노력은 타협된 형태의 증상을 만들어 낸다. 증상은 암호화되거나 상징화된 메시지를 갖고 있다. 꿈이 해석되기 전까지 해석이 불가능해 보이는 것과 같이 증상 또한 그러한 형태를 지니고 있다. 상실한 대상의 본래 모습을 발굴해낼 때 질환은 훨씬 수월하게 치료할 수 있다.

(3) 가정 장애

　적절하게 대응하지 못한 비애는 정서장애를 앓게 한다. 정신질환을 앓는 환자의 가족은 환자에게 정서장애를 유발하였다고 볼 수 있다. 가족 체계 내에서의 유연하지 못한 상호관계 유형이 문제를 일으킨다. 가족 내에서의 대상 상실을 근본적으로 부인하는 태도에서 비롯된 폐쇄적이거나 왜곡된 상호관계 형태가 수정되어야 치료가 가능하다.

　상실로 인한 비애감정을 적절하게 표현하지 못하는 것으로 장애가 표현된다. 돌봄을 제공하는 사람들은 가족들이 서로 충분히 자신의 감정을 공개적으로 나눌 수 있도록 도움으로써 비애를 경험하는 사람의 고통을 가족 모두가 함께 공감할 수 있도록 하는 접근 방식이 필요하다.

(4) 자살

자살에 이른 사람들의 80% 정도가 우울증 환자라는 보고가 있다. 자살하려는 사람들의 다수는 자신을 죽이는 처벌을 통하여 자기가 소중히 여겼던 사람이나 사물, 사건이나 동물들을 앗아간 사람을 처벌한다. 자살의 대부분이 그러한 우울증이나 자기 처벌의 결과로 나타나지만, 충동적인 공격 행동을 통하여 자살하는 사람도 있다. 자신의 소중한 인생을 종결지음으로써 자신의 가치를 지키려는 노력도 실은 우울증으로 인한 자살과 유사한 효과를 지닌다. 자기의 가치감, 명예를 실추시킨 세상을 비웃으며 자신을 죽임으로써 복수하는 경우도 있다. 결국은 상실에 대한 급격한 반응으로 이해할 수 있다.

이러한 자살의 조짐은 말이나 표정, 남겨진 글, 언뜻 흘리는 죽음에 대한 언급으로 나타날 수 있다. 돌봄을 제공하는 사람들은 그러한 단서와 징후를 민감하게 알아차릴 수 있도록 공감과 민감성을 훈련하는 것이 필요하다.

5) 사별상담의 핵심

비애 과정을 돕는 사별상담을 위하여 가장 필요한 것은 죽음에 대하여 실제로 이야기하는 것이다. 앤더슨과 폴리는 *Mighty Stories, Dangerous Rituals*에서 이러한 이야기를 남겼다. 사람들이 말하는 죽음에 대한 이야기는 사람에 관한 것이건, 하나님에 관한 이야기이건, 신화이거나 비유이건 경험을 정돈해 주고, 의미를 구축하고, 공동체를 건설한다.

(1) 이야기 하나

1990년대 초반에 르완다에서 일어났던 대학살 사건 이후에 한 여성 심리학자가 르완다 학살 생존이주자들을 연구하기 위해 탄자니아를 방문하였다. 학살의 위험에서 놓여나 안전한데도 난민 캠프에 있는 여성들은 잠을 잘 자지 못하였다. 가족과 친구들의 살상을 목격한 여인 대부분은 난민촌의 관료들로부터 난민촌에서 그와 같은 고통스러운 기억을 말하지 말라는 지시를 받았다. 이들은 지시를 따랐으나, 학살 현장의 기억이 머릿속을 맴돌아 잠을 잘 수 없었다.

심리학자는 이 상황에서 자신이 할 수 있는 일이 무엇일까 궁리하던 중 여성들이 찾아와서 자신의 경험담을 편안하게 말할 수 있는 '이야기 나무' 프로젝트를 시작하였다. 매일 아침 난민촌 변두리에 자리 잡은 큰 나무 그늘에 앉아서 여인들이 찾아오기를 기다렸다. 첫날은 아무도 오지 않았다. 다음 날에 한 여인이 찾아와서 자신의 이야기를 하고 자릴 떠났다. 다음 날에 또 다른 여인이 찾아오고 또 다른 이가 오고 이렇게 나무 그늘에는 방문하는 여인들이 줄을 잇게 되었다. 며칠 동안 수십 명의 여인이 나무 그늘에 찾아와서 자신의 상실, 두려움, 죽음에 관한 이야기를 나누었다. 마침내 수 주일 동안 경청을 통하여 이야기 나무 프로젝트가 제대로 실행된다는 것을 확인할 수 있었다. 나중에 난민촌의 여성들이 잠을 잘 수 있게 되었다는 연구 결과가 이 프로젝트의 역할을 확증하였다(3).

(2) 이야기 둘

두 번째 남편과 사별한 프랫 부인은 외동딸 앨리스와 함께 살고자 앨리스의 가족과 합류하였다. 모녀는 아주 복잡한 관계를 맺어온 사이다. 엄마는 요구가 많고, 딸 앨리스는 고집스러웠기 때문이다. 딸 집에 들어간 지 이 년이 지난 후 프랫 여사는 뇌종양 진단을 받았다. 수술도 불가능한 상태였다. 하지만 모녀는 질병과 시한부 인생이라는 것에 대하여 일체 대화를 나누지 않았다. 어머니의 생명을 지탱하는 조치를 계속할 것이냐 중단할 것이냐에 대하여 어떤 제안도 거부하였다.

마지막 6주 동안 프랫 부인은 혼수상태를 오갔다. 잠깐 의식이 있을 때 목사에게 임종 예배를 부탁하였다. 어머니가 임종할 때 앨리스는 곁에 있었지만, 서로 작별인사는 나누지 않았다. 어머니의 죽음에 침묵을 지키게 했던 심리 기제는 결국 앨리스의 애도 작업을 가로막았다. 앨리스는 어머니의 생전의 삶을 기억해 보고자 애썼으나 어머니에 대한 의미 있는 기억, 즉 이야깃거리가 별로 없다는 것을 발견할 뿐이었다. 어머니의 죽음 목전에서 보여 주었던 앨리스의 침묵과 엄숙한 태도가 엄마와 딸과의 자연스러운 이야기의 흐름을 방해한 것이다(97).

두 번째 이야기는 죽어가는 사람과 생존하여 애도하는 사람 양쪽이 이야기와 의례를 만들어 가기 위하여 연결되었음을 시사한다. 프랫 부인은 누구와도 이야기를 나눌 수 없는 상태에 있었고, 이는 그녀의 병이 원인이 되기도 하였지만, 자신의 마지막 인생의 장을 외롭게 만들기도 했다. 그녀는 어느 누구도 자신의 이야기를 들어줄 수 없었기에 후손들에게 줄 수 있는 가장 아름다운 선물을 제공하지 못하고 세상을 떠나게 되었다. 무엇보다도 슬픈 것은 자신이 죽은 후에 자신을 기억해 줄 사람들이 있다는 사실을 생각하고 기대하지 못했기 때문에 이야기하지 않았을 수도 있다는 점이다. 자신의 이야기를 들어 줄 사람이 없기 때문에 삶의 마지막을 장식할 수 없었다. 임종 예배 때 자신의 이야기를 할 수 없었기에 믿음에 서서 마지막 생의 귀중한 순간을 장식할 수 없었다. 어머니의 마지막 이야기를 들을 수 없었던 딸도 어머니의 죽음을 슬퍼하고 어머니를 보내는 애도의 과정을 제대로 겪을 수 없었다.

죽어가는 사람의 죽어가는 과정과 생존자의 애도의 과정은 서로 연결되어 있다. 과정과 목적이 다를 뿐이다. 죽음을 맞는 사람은 자신이 사랑했던 대상(가족, 배우자 등)을 남겨 두고 떠나갈 준비를 하는 것이 필요하다. 이에 비하여 죽은 사람을 보내는 유가족과 친구들은 두 가지 과제를 갖는다. 하나는 죽어가는 사람이 남은 생애를 잘 지탱하고 충분히 살아내도록 돕는 것이며, 다른 하나는 남은 사람들이 함께 서로 애도하는 것이다.

새로운 삶을 살아갈 수 있게 준비될 수 있도록 자리 잡아가는 것이 생존자들의 과제이며, 애도의 과정은 죽어가는 사람에게는 자신의 삶의 마지막을 이야기하게 함으로써 죽음의 과정의 질을 높여 준다. 앤더슨과 폴리는 애도 과정도 죽음을 맞이하는 사람의 이야기를 들음으로써 슬픔을 표현하는 것이 더욱 쉬워지며 편안한 비애의 과정을 밟을 수 있다고 주장한다.

5) 사별 위기에서 목회자의 역할

필자는 2010년 막내 동생을 잃었다. 사람들이 찾아와 위로의 말을 건넸다. 그 의도를 알면서도 위로가 되지 않았다. 가장 가까운 친구의 위로 메시지에도 위로가 되기는커녕 화가 나고, 내 슬픔을 그들이 진정으로 이해하는가 회의가 들기도 하였다. 그때의 기분을 표현했다면 관계가 나빠질 것 같은 위기감 때문에 만나는 것조차 삼가기도 하였다.

목회상담학 강의를 수강하던 제자들에게 임종과 사별에 대한 강의를 할 때였다. 필자의 사별 경험에서 체험하였던 감정과 경험을 나누었다. 쉬는 시간에 몇 학생이 다가와서 자신이 내 동생과 동갑이니 아우로 생각하라고 위로하였다. 당시에는 그들의 말이 위로가 되지 않았으나 시간이 흐를수록 돌이켜 생각할 때마다 위로의 언어로 마음속에 남아 있다. 한 학생이 "배우자를 잃은 것은 외투를 잃은 것 같고, 형제를 잃은 것은 수족을 잃은 것과 같다."고 했던 말이 여전히 기억 속에 새겨져 있다. 공감 어린 위로의 손길이 내 마음을 어루만져 주는 듯하였다. 무엇이 위로를 가져왔을까?

공감, 슬픔의 다양한 얼굴에 대한 깊은 이해, 마음의 고통을 쓰다듬어 주는 진실된 태도 등이 위로를 가져온다. 어떤 점에서 대단한 위로의 말도, 노력도 헛된 상황일 뿐이다. "죽음에 관련한 목회자들의 감정을 정리하지 않으면, 사별 위기에 처한 교인을 상담하거나 목회하는 데 장애요소를 갖게 된다."는 스위처의 말에 동의할 수밖에 없다. 여기에는 양극의 문제가 있다.

슬픔을 당한 사람을 공감하는 쪽의 극단은 고통당하는 사람에게 너무 지나치게 목회자 자신을 개입시키거나 동일시하여 그들의 고통에 빠져버려 효율적인 사역을 감당할 수 없게 되는 것이다. 다른 한편의 극단적인 자세는 고통으로부터 자신을 보호하고자 목회자 자신을 충분히 드러내지 못하게끔 정서를 차단하는 경우다. 자기 방어적인 노력으로 상황에 맞지 않는 왜곡된 반응을 불러와 진정한 공감적 의사소통을 할 수 없다.

이를 위하여 목회자는 자기의 죽음에 개방적인 태도를 가질 필요가 있다. 자신의 임종 상황과 죽음을 구체적으로 상상해 보는 것이 도움이 된다. 자신이 존재하지 않는 세상은 어떠하며, 자기가 존재하지 않는 세상이 돌아가고 있는 것을 마음속으로 그려 보는 것이다. 이때 정서적인 당혹감으로 불안이 가중되고, 그 감정 때문에 상상의 진행이 가로막히고, 상상의 결론이 지연되거나 자신의 죽음에 대한 생각을 지울 수 없게 되는 경우에는 전문적인 상담을 받거나 동료들의 도움을 받아 전문사역을 준비한다.

(1) 목회자의 주요 사역: 삶과 죽음

첫째, 목회자에게는 삶과 죽음의 의미에 관련한 주제를 말해야 하는 책임이 있다. 삶의 의미에 대한 질문이 사별 경험 가운데 강력하게 제기되기 때문이다.

둘째, 신앙 자체가 고통을 겪고 있는 모든 이들에게 목회자가 다가서도록 요구하는 긍휼의 사랑을 자극하기 때문이다.

셋째, 사별의 순간에 효과적인 목회 사역이 이들이 이후 겪게 될 수많은 불행에서 건질 수 있기 때문이다.

(2) 비애사역을 위한 목회자의 요건

첫째, 목회자는 죽음과 임종을 향해 자신의 감정으로 다가가야 한다. 공감의 태도와 상대방의 깊은 내면의 흐름을 파악할 수 있는 민감성을 지녀야 한다.

둘째, 목회자로서의 주도권을 가지고, 용기 있게, 창의적으로, 민감하게 활용하는 헌신적인 태도를 가져야 한다. 이러한 자세가 목회자의 특권이며, 위대한 선물이다. 목회자 자신의 헌신과 용기 그리고 스스로를 죽음의 목전까지 이끌어 갈 수 있는 개인적 신앙이 바탕이 되어야 한다.

셋째, 비애의 역동성, 비애의 과정과 슬픔을 겪는 사람에게 요구되는 것들을 이해할 수 있어야 한다. 슬픔을 표현하는 방식은 다양하다. 슬픔의 다양한 얼굴을 파악하는 일은 목회자가 목회할 때 가져야 할 필수 요소다. 슬픔은 눈물로만 표현되지 않는다. 분노와 무덤덤한 무표정으로 나타날 수 있다. 장례식장에서 울지 못하는 미망인은 슬픔이 없거나 슬프지 않아서가 아니라, 슬픔을 표현하면 자신이 무너질 것 같은 두려움으로 억제하고 있는 것일 수 있다. 비애는 종잡을 수 없는 감정이 종합되어 있는 것이다. 목회자는 그것을 단순화시키거나 축소시킬 수 없음을 알고 조심스럽게 파악하려고 노력해야 한다.

넷째, 치유의 방안을 갖고 이들을 도울 수 있어야 한다. 비애 과정에서 일어날 수 있는 다양한 질병과 정신질환의 가능성을 대비하는 것이 요구된다. 돌봄 창구를 마련하여 정신건강의학 전문의, 임상심리학자, 상담전문가, 목회상담자 등이 비애 과정에서 일어날 수 있는 수많은 질환에 대비하는 것을 염두에 두고 목회를 해야 한다.

(3) 비애사역을 위한 목회자의 유의사항

비애사역을 하는 목회자들이 유의해야 할 사항을 요약하면 다음과 같다.

첫째, 공감과 이해의 자세가 필요하다. 상실 경험자들의 언사에 섬세하고 민감하게 반응해야 한다. 슬픔은 교묘하게 표현되어 자칫 오해를 낳는다. 오해하기 쉬운 행동과 언어를 사용하기 때문이다. 상실을 겪은 교인이 사랑했던 사람을 향한 무서운 원망과 적대감을 격한 감정으로 쏟아낼 수 있다. 목회자는 그런 행동을 하는 교우를 신앙의 태도가 불량하다고 판단하거나, 과격한 행동과 언사에 충격을 받고 은연중에 피하게 되거나, 목회자로서의 돌봄의 책임을 회피하게 될 수 있다. 그러나 목회자가 원초적인 일차 감정을 충분히 표현하도록 도와주면서 사랑했던 사람에 대한 애틋한 감정을 살려 낸다면 그들은 상실의 대상을 서서히 마음으로부터 보낼 수 있는 과정을 밟게 될 것이다.

둘째, 애도자들이 슬픔이 유발하는 다양한 감정을 표출할 수 있도록 도와야 한다.

사랑하는 사람에 대한 양면 감정에서 출발한 죄책감은 복잡한 상실감에서 비롯된다. 죽음이 있을 때 자신의 삶을 다시 생각하고 회상하게 된다. 자신과 함께했던 사람에 대해 종합적으로 성찰하게 되면서 죽은 자를 향한 과오와 비행 등도 회상하게 된다. 잘못을 통렬하게 비판하며 자책하게 된다. 슬픔을 자연스럽게 표현할 수 있는 분위기가 허용된다면, 고통과 아픔, 원망과 죄책감을 거침없이 쏟아내면서 치료를 경험할 수 있을 것이다.

목회자가 지니는 집례자로서의 정체성이 유익한 점을 염두에 두어야 한다. 장례식과 추모 예배를 활용하여 상실의 고통을 표출하도록 할 수 있다. 장례식과 추모 예배를 통하여 살아 있는 사람에게 죽은 자의 유지를 전수받아 삶에 대한 깊은 가치와 사명을 공동체와 가족과 슬퍼하는 개인에게 삶의 연속성을 누릴 수 있게 하는 것이다. 말할

수 없는 탄식과 형언할 수 없는 심리 내적인 역동적 언어들을 표현하
도록 도와야 한다. 자기 처벌에서 애도자를 자유롭게 할 수 있다. 망
자를 위하여 마지막 선물을 준비하게 하는 것도 좋다. 꽃이나 관, 망
자에게 입히는 옷과 정성껏 준비한 예배 등을 통하여 상징적으로 자
신의 죄책감에 용서를 구하고 얻을 수 있다.

셋째, 애도자들의 신체질환과 신경증적인 증상에 대비할 수 있어야
한다.

비애를 겪고 있는 사람은 일시적으로 신체-정서의 교란 상태를 경
험할 수 있다. 정서의 혼란 상태와 신경증적인 증상으로 불안감을 호
소할 수 있다. 비애 경험은 정상적인 신경증과 비길 수 있기 때문이
다. 이런 증상 중에는 호흡곤란, 한숨, 울음 등의 히스테리 반응이 있
으며, 소화불량, 폭식과 폭주, 식욕부진, 구토, 메스꺼움 등의 소화기
계통의 증상도 있다. 이러한 증상은 정상적인 비애 반응으로 볼 수 있
다. 어지러움의 호소, 스트레스로 인하여 발생하는 정서상의 고통 등
의 단기 증상은 정상 범주에 속한다. 오히려 이 같은 증상을 전혀 보
이지 않거나, 이러한 증상 발현이 장기화되어 조절할 수 없게 된 경우
는 목회자들의 세심한 주의와 돌봄이 필요하다. 정서적 행위나 표현
이 강렬하여 감당할 수 없게 되거나, 반대로 이와 같은 정서적 표현을
억압하여 드러내지 않음으로 신체화하는 경우는 신체적 질병으로 발
전할 수 있다.

넷째, 애도자들은 대인관계의 어려움을 겪을 수 있음을 알아야 한다.

심각한 혼란을 경험하고 있는 경우 대인관계에 어려움을 겪게 된
다. 이런 상태가 장기화되거나 혹은 어려움이 전혀 나타나지 않을 수
도 있다. 표현하지 않는 사람이 증상을 장기화하는 사람보다 더 돌보

기 어려울 수 있다. 전문적인 치료가 필요하다. 사랑하는 사람을 잃은 슬픔은 극심한 고통을 가져오며, 다양한 감정을 동반한다. 자신의 내면에서 상실의 고통을 인내하는 과정을 겪으면서 회복된다는 것은 심리, 신체, 대인관계의 기능이 건강하고 정상적으로 가동될 수 있도록 재구조화하는 것을 뜻한다.

애도를 경험하는 자는 슬픔에 처한 상황에 신앙 공동체와 지지적인 가정의 정서적 지원이 필요하다는 것을 인정하고 받아들여야 한다. 슬픔을 경험하고 있는 이 시기는 다른 어느 때보다 의존적이 되는 때이므로 상실의 상황과 그로 말미암은 감정의 동요를 해소하기 위하여 공동체가 제공하는 정서적 지원을 마음껏 받아들이는 것이 슬픔으로 인한 고통스러운 상황을 잘 극복할 수 있는 중요한 자세다.

제11장

신앙과 정신건강 - 우울증을 중심으로

이 장에서는 필자의 상담 경험 중 가장 큰 비중을 차지했던 우울증, 즉『정신장애 통계와 진단편람(DSM)』에서 명명한 주요우울장애 (Major Depressive Disorder)에 관한 내용을 다루고자 한다. 목회자가 목회상담을 전개하는 과정보다는 정신건강에 대한 식견과 안목을 넓히는 것이 시급하다는 인식에서다.

1. 교인들의 정신건강에 관심을 가져야 하는 이유

우울증은 '마음의 감기'라는 별칭을 갖고 있다. 이 별명은 환자들이나 교회의 지도자들이 이 질환을 이해하는 데 한편 도움이 되기도 하고 다른 한편 도움이 안 되기도 한다. 이 명칭이 가지는 유익한 점은 감기처럼 안정과 휴식, 영양을 공급하여 치료할 수 있다는 관점을 주는 것이다. 반면에 치료에 도움이 안 되는 측면도 있다. 감기라는 말로 흔하고 쉬운 질환으로 인식되고 이는 누구나 걸릴 수 있는 것으로 여겨 자칫 병을 키우는 경향으로 이어지기 때문이다. 그런 상황에서 신앙 공동체의 영혼을 돌보는 목회자는 정신건강에 대한 인식과 의식이 요구된다. 이것이 필자가 주력하는 강조점이다.

현대사회에서는 외모, 학벌, 인맥 등의 가시적인 요소로 사람을 판단하여 눈에 보이지 않는 인성과 성격, 감정과 기분 등을 존중하지 않게 되는 경향이 커지고 있다. 이러한 경향은 우울한 증세로 고통을 겪고 있는 환자를 가장 가까이 생활하는 사람조차 방치하게 되는 위험한 상황으로 이어지기 쉽다.

최근 〈죽은 시인의 사회〉 〈굿 윌 헌팅〉 등에 출연한 미국의 영화배우 로빈 윌리엄스(Robin Williams)가 자택에서 자살한 뉴스를 접하였다. 정신건강과 목회상담에 관련한 심리 내면의 변화와 성장을 다룬 영화의 주연을 많이 맡았던 터라 아쉬움이 컸다. 관련 기사를 찾아보니 63세 인생을 살면서 겉보기에는 화려하지만 알코올, 코카인 등 온갖 중독에 시달리며 우울증을 앓아 온 사람이었다. 파킨슨 병 진단을 받고 투병한 기록도 남아 있었다. 이토록 우울증은 치료가 가능한 질병이면서 동시에 사람을 죽음으로 내모는 무서운 질환이다. 이 장은 이러한 인식을 갖기 위한 목적으로 썼다. 오래전 쓴 칼럼을 소개한다.

생명 지킴이

한 나라의 문화 수준은 시민의 생명을 얼마나 소중히 여기며 어떻게 지켜주는가를 보고 가늠할 수 있다. 국가 경쟁력은 경제력이나 군사력보다 시민의 생명을 얼마나 존중하는가에 달려 있다. 살기 좋은 나라는 인간의 목숨을 귀중하게 여기는 국가 공동체 일원들의 자세에서 건설된다. 사람 목숨을 파리 목숨처럼 취급하는 나라는 인권을 무시하는 분명 '나쁜' 나라일 것이다. 여덟 병사가 목숨을 걸고 한 사람 라이언을 구하는 실화를 그린 영화 〈라이언 일병 구하기〉는 생명존중 사상을 역설적으로 묘사한 영화가 아닐 수 없다.

영화배우 이은주의 죽음으로 온 나라가 추모 열기로 한동안 뜨거웠던 것 같다. 시간이 흐르면서 슬픈 기억이 뇌리에서 지워져 갈 즈음 유가족들의 아픈 가슴에 또 다른 상처가 될까 조심스럽지만 그동안 필자의 마음 가운데 부유하던 생각의 파편을 모아 보련다.

필자가 은연중 좋아했던 은주 양의 비보를 접한 것은 가족들과 미국에 머물 때 인터넷 뉴스를 통해서였다. 자살 원인에 대한 추측성 기사들이 태반이었다. 내키지 않으나 되뇌어 보면, 영화 〈주홍 글씨〉의 지나친 노출 연기로 인한 수치심(후에 유족에 의하여 부인되었다), 연예인 생활이 가져온 누적된 정신 피로, 인기와 금전 관리에 급급한 나머지 초조 불안을 호소하는 심각한 정서장애 등이었다. 대부분 은주 양의 사적 영역을 지나치게 침범하고 유족에 대한 배려가 부족해 보이는 것들이었다(기자들의 수고에 찬물을 끼얹을 생각은 없다). 2월 초 병원을 찾은 이은주 자매는 두 주간의 항우울제를 처방받았다고 한다. 그로부터 두 주 후인 2월 17일에 의사와 만나기로 약속했으나 그녀는 가지 않았다. 청순 고고한 이미지에 죽음의 그림자가 드리운 것은 22일, 자신의 아파트 옷장 안에서 목을 매어 이십오 년의 아까운 생명을 마감하였다. 손아래 누이를 잃은 것 같아 슬품으로 아팠다.

군더더기 없이 깔끔한 여성미를 지닌 화법, 절제된 미소, 가련해 보여 보호 본능을 자극하는 이미지, 무한한 발전 가능성을 지닌 여배우 이은주!

소중한 생명을 앗아간 못된 질병, 침묵의 살인자가 미웠다. 이 살해범이 잡고 있는 칼이 얼마나 무서운가 모르면 어느 누구나 그 비수에 목숨을 잃게 되는 것은 불을 보듯 뻔한 것. 살인자는 인생 과정에서 언제나 겪게 되는 실패와 상실의 아픔을 빌미로 죄책감, 자기혐오감, 분노의 독을 발라 치명적 상처를 입히거나 살해에 성공한다. 자기를 곤경에 빠뜨린 사람들, 사건, 국가, 심지어 분명하게 대상을 정할 수 없는 상실의 원인을 '자기 탓'으로 돌리거나, 외부로 향하는 분노의 방향을 내부로 바꾸어 자기를 향한 날카로운 칼날을 꽂음으로써 처벌을 완료한다.

사랑하는 가족의 생명을 잃은 유가족들의 마음을 더욱 괴롭게 하는 것은 자살에 대한 사회의 부정적 평가다. 강 건너 불구경하듯 남의 삶을 엿보며 경솔하게 이야기하는 태도 역시 그들의 아픔을 가중한다. 은주 양의 장례를 집전했던 목사의 언급을 주목해 보자.

"은주 자매님은 스스로 목숨을 끊은 것이 아니라 질병과 싸우다 간 것입니다."

우리 주위에 우울증이 의심되는 사람이 있으면 일단 빨간 깃발을 흔들어 보자. 설령 거짓 경보로 평가되더라도 생명을 잃는 것보다 낫지 아니한가! 그 주위를 둘러보아 절망할 만한 중대한 상실이 있었는가, 수치심이나 극심한 분노를 느낄 만한 일은 없었는가, 며칠째 잠을 못자고, 먹지 못하거나, 수심이 가득한 얼굴 표정을 바꾸지 못한다면 우선 비상을 걸자!

죽음의 그림자를 거두어 내기 위해 힘쓰자!

환자의 곁을 떠나지 말고 자기처벌 시도를 좌절시키자!

이를 홀로 두는 행위는 살인방조다.

살인의 기미를 알아차리고 철저히 대비하자!

전문가의 치료를 받도록 권유하자!

가족들을 격려하고 환자가 일상의 건강을 찾을 때까지 지속적인 관심과 노력을 기울이자!

우리 모두 생명지킴이가 되어 양(孃)의 죽음이 헛되지 않게 할 수 있으면, 모두 그녀가 출연한 영화와 드라마를 볼 때마다 아름다운 연기자의 인생을 살다간 그녀의 짧은 생을 기억하며 다른 이들의 생명을 구할 수만 있다면 얼마나 좋을까!

사랑스러운 연기자, 은주 양을 추모하며!

이은주 양의 장례식에서 담임목사는 "은주 양은 자살한 것이 아니라, 우울증이라는 무서운 병과 투병을 하다가 세상을 떠난 것입니다."라고 하였다고 전해진다. 자살에 대한 낙인효과를 제거하는 의미가 있었으며, 슬픔을 겪고 있는 유가족에게는 자살에 대한 새로운 관점을 제공하는 좋은 목회 돌봄 행위였다고 본다. 더 나아가서 고인에게는 짧은 인생이었으나 죽음의 방식으로 인하여 실추될 수 있는 명예를 회복하는 효과도 있었다고 본다. 목회신학을 하는 필자에게는 자살의 위험성을 지닌 우울증 환자를 살필 수 있는 안목과 관찰력을 키울 수 있는 계기가 되었음도 인정하지 않을 수 없었다.

십여 년 전 필자는 인터넷 방송[1]에서 질문에 답변하는 형식으로 상

담을 진행한 적이 있다. 정신질환자 가족의 아픔을 잘 담고 있어서 소
개한다.

조울증 아내 때문에

[호소 내용]

저는 결혼 22년째 되는 50세의 중년 남성입니다. 아들 둘이 있으
며, 큰아이는 군에 복무 중이고 작은아이는 군 입대를 기다리는 중입
니다.

아내의 질환은 의학 용어로는 조울증입니다. 교사 발령을 받고
얼마 안 있어서 발병하여 교직을 그만둔 상태에서 교회 청년회에서
저를 만나 결혼까지 하게 됐습니다. 그런 사실을 모르고 결혼하여
둘째 녀석을 낳고 재발을 하여 몇 년 주기로 계속 발병하여 지금에
이르게 되었습니다. 지금은 주기도 없고 늘 불안한 삶을 살고 있으
며 현재 병원에 입원한 지 45일이 지났습니다.

지난날은 잘 지내 왔는데 이제는 제가 감당하기 어려운 상황까지
왔습니다. 제게 온갖 저주와 독설이 섞인 언사를 퍼붓고, 주위와 친
척들과도 다툼을 일으키고 있으니 어떻게 해야 할지.

집안의 이혼 요구가 매우 심한 상태에서 이번만 참으면 되겠지
싶어 참고 참아 지금에 이르렀습니다. 약을 먹기를 싫어하며 저의
통제를 따르지 않아 병원에 한 번 가려면 너무나 힘이 들고, 문제를

---

1) C3TV에 상담코너에 요청된 질문에 대한 답변이다. 질문자의 기록을 수정하지 않고 수
록하여 실상에 대한 현장감을 살리려 하였음을 밝힌다.

일으키고 난 후에야 강제 입원을 시키곤 했습니다. 그래서 극단적인 방법으로 이혼을 생각하게 됐습니다. 혼자 살게 하면 어떨까 하는 생각을 해 봅니다. 자녀들의 앞날도 생각하지 않을 수 없고 제가 감당하기엔 한계에 다다른 것 같습니다.

환자들이 살아갈 수 있는 곳은 없는지요? 아니면 치유 사역을 하는 분을 소개해 주시면 고맙겠습니다. 약으로는 치유될 수 없음을 절감합니다. 우리 정서상 이런 이야기를 함부로 할 수 없는 현실도 두렵습니다. 속에만 넣고 살아온 저 자신도 언제부턴가 불안감이 자리 잡아 무언가 하지 않으면 불안하여 가만히 있지 못 할 정도입니다. 교회에서는 남 보기엔 사이좋은 부부로 보여 왔지만, 아내로 인해 여러 교회를 옮겨 다녀야 했습니다. 좋은 조언을 바라며 건강하시기를 기원합니다.

[상담 내용]

형제의 고통스러운 상황에 무어라 드릴 위로의 말씀이 없습니다. 깊은 상처와 아픔에 대하여 무엇보다도 먼저 하나님의 함께 하심과 위로가 고난 중에 넘치시기를 간절히 기도드립니다.

첫째, 다른 병으로 고통당하는 환자와 보호자에게 드릴 수 있는 가장 기본적인 조언을 드리고 싶습니다. 병의 원인과 처치, 치료 방법, 좋은 도움의 손길과 환자의 상태를 가족으로서 어떻게 간호하고 구원할 수 있는지를 확실히 아는 것입니다. 정신의학적으로 조울증은 약물치료와 상담으로 쉽지 않으나 치료되고 적절한 조치를 통하여 비교적 건강하게 생을 보낼 수 있도록 도울 수 있다고 생각합니다. 그러나 병이 오래된 경우에는 가족들이 쉽게 대처하기 어려워질 수 있기에 그러한 상식적이고 기본적인 접근이 무너져 버린 것 같습니다.

둘째, 조울증 치료에 좀 더 공격적인 방법이 없는가입니다. 병원에 이미 45일 정도 입원한 상태이니 경제적인 어려움이 있으시겠으나 주치의와 깊은 대화를 통하여 환자의 치료를 돕도록 형제께서 적극적으로 개입하시면 좋겠습니다. 가족으로서 어떻게 해야 할지보다 남편과 아들로서 어떻게 치료적인 도움을 줄 수 있을지 그 방법을 정신과 의사에게서 구체적으로 얻으시기를 바랍니다. 그것이 가족의 도리이며 환자를 병원에 맡긴 보호자의 권리이기도 합니다. 조심스럽지만, 약물에 대한 정보를 주치의에게 물어서 효과와 부작용 등을 감안해서 처방을 함께 의논하면서 결정하시기 바랍니다. 약물만으로 100프로 치료가 보장되지 않으나 조울증에 좋은 약이 많이 개발되어서 좋은 효과를 얻는 것으로 기대합니다. 환자의 협조가 안 될 때는 보호 조치를 하실 수밖에 없습니다. 그런 면에서 아내를 위하여 형제께서 외로운 싸움을 하셔야 할 것입니다. 좋은 주치의를 만나는 것이 참으로 중요합니다. 대부분 신뢰할 수 있는 분이겠으나, 형제의 가정 분위기에 걸맞는 명망 있고, 경건한 신앙을 가지신 성실하신 선생님을 만나실 수 있기 바랍니다.

셋째, 제 식견으로는 환자의 가족도 질적인 삶을 누릴 권리가 있다고 생각됩니다. 형제께서도 전문 상담자에게 도움을 받으시거나 행복을 추구하기 위한 노력을 포기하지 않기를 바랍니다. 환자를 돌보는 바람에 가정과 직장 생활이 많이 피폐할 것입니다. 자신의 건강이 나빠져 있으면 모든 생활에 대한 의욕과 자신감이 위축되어 건강한 삶을 영위하기 힘듭니다. 그러면 결과적으로 아내를 제대로 돌볼 수 없습니다. 자신의 정신건강과 자신감을 회복하기 위하여 적극적인 생활, 특히 신앙생활을 하실 수 있기 바랍니다. 환자를 너그러운 마음으로 대할 수 있도록 정신적인 여유를 얻으십시오. 환자의 공격적이고 거친 언사에 마음을 너무 기울이지 마십시오. '환자라서 그렇다는 너그러운 마음'을 가지십시오. 주변에 마음을 터놓고 대화할 수 있는 친구나 목사님을 사귀시기를 바랍니다. 누구든지 깊이 공감하며 형제와 같은 마음으로 기도할 수 있는 영적인 중보자를 얻으시기 바랍니다. 혼자서 고통스러움을 감당하기보다는 중보 기도자들과 함께하는 경우에 훨씬 더 싸울 수 있는 힘을 얻게 될 것입니다.

넷째, 아내의 병을 자랑할 필요는 없지만 숨기실 필요도 없습니다. 우리나라의 풍토에서는 어려운 일이기는 하나 숨기지 말고 이웃들의 도움을 얻으십시오. 오히려 잘 몰라 더 수근거리는 것처럼 보일 것입니다. 공동체의 이해와 도움이 무엇보다도 필요한 때입니다. 저도 공감하지만 가족이 정신질환을 앓는 경우 어려움이 참 많습니다. 환자들도 이웃과 공동체들에게 돌봄을 받아야 합니다. 그런 풍토가 속히 조성되어야 합니다. 교회도 이리저리 옮겨 다니지 마시고 한 교회에 정착하셔서 영적 은혜와 교회생활의 즐거움과 위로를 얻으시기를 바랍니다. 이 질병도 치유될 수 있다는 믿음을 굳게 가지고 영적 싸움을 하시기 바랍니다. 그만두고 싶은 마음도 들겠지만 버틸 때까지 버티겠다는 용기와 믿음으로 한 생명, 함께 22년을 살아온 '사랑스러운 아내, 그러나 쉽지 않은 사람'을 위하여 고통과 아픔을 함께하겠다는 자세가 가장 필요하다고 생각합니다.

정도는 다르지만 많은 사람이 형제의 아내와 같은 질병으로 이 사회 어두운 곳에서 신음하고 있습니다. 그들에게도 소망이 있어야 합니다. 그들에게도 치료와 행복한 삶의 기회가 주어져야 하지 않습니까?

형제의 고통스러운 삶의 현장에 늘 주님께서 이제껏 함께 해 오셨고, 앞으로도 좋은 길을 제공해 주실 것으로 믿습니다. 바로 그 주님께서 함께 아파하고 계십니다. 주의 평강과 좋은 일이 형제의 삶에 더욱 넘치기를 간절히 기도합니다.

2. 주요우울장애의 특징과 진단

이 장에서 다루는 우울증은 정신건강의학과의 전문용어로는 '주요우울장애'다. 이 질환은 큰 범주로는 기분장애(Mood Disorder)라는 정신장애 군에 속한다. 환자의 기분을 조절하지 못하거나 기분에 적응하지 못하는 장애를 갖고 있을 때에 진단된다.

다음 사례들[2]을 읽고 어떤 질환을 앓고 있는 환자인가 생각해 보자.

F군, 28세의 남성

F군은 교회 출석한 지 얼마 되지 않는 교인으로서, 한밤중에 목사에게 전화하여 자기에게 교회를 발전시킬 수 있는 기가 막힌 계획이 있어서 이것을 적용하면 교회와 전 교단의 재정이 크게 안정될 수 있

2) W. 브래드 존슨 & 윌리엄 L. 존슨, 『목회자들을 위한 정신장애와 치료 가이드 북』, 김진영 역(서울: 학지사, 2009), 29.

다고 잔뜩 흥분하여 말하였다. 그의 목소리는 빠르고 힘이 들어가 있었다. 종잡을 수 없는 그의 논조를 가로막는 것은 거의 불가능하였다. F군은 이틀 동안 한숨도 자지 못하였으며 하나님께서 자신에게 '백만 명의 남자들이 가진 힘'을 주셨다고 하였다. F는 전날 과속으로 딱지를 세 장이나 받았다고 불평을 하기도 하였으며, 자신이 교회를 위하여 세운 계획은 어느 누구도 막을 수 없을 것이라는 주장을 폈다.

E씨, 34세의 독신녀

E는 감정이 가라앉아 있으며 권태감을 느낀다. E를 만나보면 거의 언제나 그런 기분을 갖고 있음을 알게 될 것이다. 그녀는 절망감이나 자살욕구를 부인한다. 또 이런 가라앉은 기분 때문에 직장이나 다른 중요한 일을 거른 적은 없다고 주장한다. 하지만 그녀 또한 평소에 자신의 기분은 '언제나 가라앉아 있는 편'이라고 말한다.

R씨, 58세 남성

R씨는 보험 중개인으로 평생 아주 건강하게 살았다. 직장에서 좌천당하면서 급격히 기분이 우울해졌다. 결국 R씨의 식욕과 수면이 저하되면서 부인이 불안해하기 시작하였다. R씨는 지속적인 우울감과 미래에 대한 절망감을 호소하였다. 자신의 기분을 조절할 수 없는 무능력에 대하여 심한 죄책감을 가지고 한때 자신이 즐겼던 활동에 대한 흥미를 잃었다고 한다. 직장에서도 일이 손에 잡히지 않고 대부분의 시간을 침대에 누워서 지낸다. 난생 처음으로 자살에 대한 생각을 하게 되었다고 시인하였다.

앞서 소개한 세 사례는 각각 어떤 질환인지 진단해 보자.

F군(28세, 남성)은?

E씨(34세, 여성)?

R씨(58세, 남성)?

1) 기분장애의 특징과 증상

기분장애는 미국에서 가장 보편화되어 있는 정신건강 문제 가운데 하나다.[3] 가장 두드러진 증상은 적응할 수 없도록 만드는 강하고 지속적인 기분의 혼란과 부적응 상태다. 기분장애를 겪는 교인은 자신의 용모와 행동을 지배하는 극단의 감정 상태에 빠져 고통을 호소한다. 정서적 극단은 조증(mania)이라고 불리는 고양된 상태에서 깊은 우울의 범주에 걸쳐 있다. 우울증은 극도로 슬픔과 낙담의 기분을 말하며 조증은 비현실적인 흥분 상태와 병적인 행복감을 말한다. 대부분의 기분장애를 앓는 경우 단극성장애(unipolar disorder), 즉 우울한 기분과 감정을 경험한다. 그러나 조증과 울증을 함께 경험하는 경우를 양극성장애(bipolar disorder)라고 부른다.

많은 교인과 목회자가 우울한 기분의 시기를 경험할 것이다. 소위 정상적 우울은 일반적이며 삶의 스트레스와 관련되어 있다. 사랑하는 사람의 죽음, 이혼, 은퇴, 실직, 친구와의 이별 등의 상실 경험에 따른 비애와 관계된 우울한 기분과 정상적인 적응은 흔한 것으로, 이

---

3) 앞의 책, 30.

러한 현상을 정신건강의학과의 질환이나 문제를 지닌 것으로 간주할
수 없다. 여기에서 주요 기분장애를 규정할 수 있는 증상에 초점을 맞
추어서 논의하고자 한다.

　단극성장애(우울증)를 평생 앓는 사람은 13% 정도라고 한다. 이는
교회의 교인 가운데 13%가 생애 가운데 우울증으로 고통을 당할 수
있다는 것을 의미한다.[4] 미국의 목사들에 대한 연구 보고에 따르면,
가장 많이 상담하게 되는 증상 가운데 두 번째로 많은 것이 우울증이
라고 한다.[5] 기분장애는 약물 남용, 만성질환, 결혼 갈등과 결혼 파
행 등의 문제로 목사를 만나게 되는 교인에게서도 볼 수 있는 문제일
수 있다. 심한 우울증은 남성(8%)보다 여성(21%)에게서 높게 나타난
다. 이 확률은 알코올중독의 경우 역전된다. 여성이 우울 증상을 표
현하여 도움을 받으려고 하는 데 반하여 남성은 우울 증상을 자가 처
방하는 경향을 지닌다고 추측할 수 있다. 양극성 기분장애의 비율은
현저히 낮다(1% 내지 2%). 연령에 관계없이 교인은 우울증에 걸릴 수
있다. 심지어는 유아도 부모와 상당 기간 떨어져 있게 될 때 우울증
형태를 경험할 수 있다.[6]

　기분장애를 치료하는 데 필요한 전문성을 갖춘 정신건강 전문가들
은 우울증은 다양한 요소로 인하며, 이러한 다양한 요소의 상호작용

4) R. C. Kessler, K. A. McGonagle, S. Ahzo, C. H. Nelson, M. Hughes, S. Eshleman, H. Wittchen, and K. S. Kendler, "Lifetime and 12-month Prevalence of DSM-III-R Psychiatric Disorders in the United States: Results from the National Comorbidity Study", *Archives of General Psychiatry, 51*, 8-19.

5) D. Benner, *Strategic Pastoral Counseling: A Short-term Structural Model*(Grand Rapids, MI: Baker Book House, 1992).

6) J. Bowlby, *Attachment and Loss, III: Loss, Sadness, and Depression*(New York: Basic Books, 1980).

에 의하여 발병한다는 것을 인식하고 있다. 원인의 요소에는 유전적, 생화학, 과거 경험, 불합리한 사고방식, 상황적 스트레스(특히 상실) 등이 포함된다. 만일 치료자가 우울증은 언제나 한 가지 요인에 의하여 생긴다고 말한다면, 대단히 조심해야 한다. 기분장애는 가정의 영향이 크며, 부모가 단극성 또는 양극성 기분장애를 가지고 있을 경우 자녀가 유사한 질환에 걸릴 확률이 대단히 높다는 것이 연구에 의하여 증명되었다. 두뇌의 신경전달물질의 불균형(세로토닌과 노르에피네프린)이 우울증 또는 조증을 일으킨다는 것도 분명하다. 심한 우울증 치료에 상당히 효과적인 항우울제 등은 우울증을 앓고 있는 이의 뇌의 신경전달물질의 불균형을 바로잡기 위해 사용된다.

마지막으로 인지심리학 연구는 우울증 환자는 자기 자신과 자신이 처한 환경과 미래에 대하여 극도의 부정적인 평가를 한다고 보고하고 있다. 주안점은 기분장애는 복합적 원인을 지닌다는 것이다. 전문가와 마찬가지로 목사는 교인이 왜 우울한가에 관한 가정을 피해야 한다.

2) 우울증(주요우울장애)[7]의 진단

우울증으로 진단하기 위해서는 환자가 기분 저하증 환자보다 다수의 심각한 우울 증상을 가지고 있으며, 더욱 지속적인 고통 가운데 있어야 한다. 우울증이 있는 교인은 거의 언제나 매우 기분이 우울하거나 즐거운 활동에 대한 흥미를 잃어버린다. 우울증은 잠재적으로 치명적인 질병이며 우울증 환자를 알고 있는 사람이 매우 심각하게 돌

---

7) 존슨 & 존슨, 『목회자들을 위한 정신장애와 치료 가이드 북』, 34-35.

보아 주어야 한다. 15% 정도에 이르는 우울증 환자가 자살로 사망한다.[8] 우울증은 교인 연령과 성별, 인종에 상관없이 발병할 수 있으나, 50대 이후에 현저히 나타난다. 경증의 우울증(또는 기분저하증)의 역사를 가진 사람은 이 장애로 발전할 가능성이 훨씬 높다.

드물기는 하지만 우울증을 앓는 사람이 아주 심하게 우울한 상태로 망상(현실과 일치되지 않는 고정된 신념)과 같은 정신병적 증상을 발달시키기도 한다. 망상의 주제는 흔히 기분과 일치되며, 인격적 부적합, 죄의식, 죽음이나 질병 등의 처벌을 받게 된다는 등을 포함한다. 교인이 우울증의 첫 증상 발현을 나타낼 수 있다. 이럴 경우 단일 증상 발현이라고 묘사한다. 우울증은 재발될 수 있으며 일시적으로 나타날 수 있다. 어느 경우든 우울증의 증상 발현은 시간이 한정되어 있다. 적절한 도움을 제공하면 보다 정상적인 기분 상태로 돌아올 수 있다. 우울증의 열쇠가 되는 지표[9]는 다음과 같다.

① 두 주 이상 심한 우울한 기분이나 즐거움을 가져오는 활동에 대한 흥미의 상실이 보고된다.
② 다음의 구체적인 증상 가운데 적어도 다섯 가지 이상을 지닌다.
  • 거의 매일 하루 종일 지속되는 우울한 기분
  • 일상적인 모든 활동 또는 대부분의 활동에 대하여 현저히 감소된 의욕
  • 현저한 체중 감소 또는 체중의 증가 또는 일상적인 식욕의 감

---

8) 각주 4) 참조.
9) 존슨과 존슨의 『목회자들을 위한 정신장애와 치료 가이드 북』은 독자들이 알기 쉽게 '열쇠지표'라는 창을 만들어 정신질환의 증상을 정리, 요약한 것이 인상적이다.

　　　퇴 또는 증가
- 거의 매일의 불면 또는 과다수면
- 분명한 홍분 또는 신체활동의 저하
- 거의 매일 느끼는 피로감 또는 원기의 저하
- 거의 매일 느끼는 무가치감 또는 과도하거나 부적절한 죄의식
- 주의력의 결핍 또는 점증된 우유부단
- 반복적인 죽음이나 자살에 대한 생각

③ 이러한 증상은 환자의 사회생활과 직장이나 학교에서의 기능을 저해한다.

　　심각한 우울증을 앓는 교인이 목사를 찾아오지 않을 수도 있다. 대부분 환자의 가족이 환자의 저조한 기분과 생활 기능이 저하된 상태를 목회자에게 이야기하게 되어 알게 된다. 이럴 경우 자살욕구가 있는지 살피면서 그에 대한 보호 조치를 해야 한다. 우울증을 앓는 사람의 경우 절망감이 두드러진 감정 상태이지만, 자살에 대한 위험 요인은 술을 자주 마신다거나, 과거에 자살행동 실행 여부를 살펴봐야 한다. 가까운 사람에게 교묘하거나 또는 드러나게 '안녕 메시지'를 전할 수 있으니 민감하게 살펴야 한다. 자살에 대한 생각을 표현한 적이 있거나 생활 기능과 자신에 대한 위생 조치가 미흡할 때에는 집중적인 조치가 필요하다. 이러한 우울증을 호소하는 환자의 경우 목사는 응급으로 정신건강 전문가에게 의뢰해야 하며, 필요에 따라서 입원도 적극적으로 가족에게 권유할 수 있다.

3. 기분장애가 있는 교인들을 위한 상담 지침

기분장애는 목사가 교인들과의 일상생활에서 가장 많이 만나게 되는 정신질환이다. 이 장애는 정상적인 우울 범주에서 자살 계획을 세우게 되는 중증의 우울증까지 범위가 넓다. 비애로 발생한 일시적인 적응장애이거나 중증의 우울증은 환자가 경험한 삶에서 특유의 촉발 원인을 찾을 수 있으면 다행이다. 그러나 심각한 기분장애는 대부분 생물학적 · 유전적 · 사회적 요인에 심지어 문화적 요인의 조합으로 야기된다고 알려져 있다. 경미한 우울증 사례를 만날 경우, 목사는 자신이 기분장애를 겪고 있는 교인을 상담하기 위하여 얼마나 잘 준비되어 있는지 살펴야 한다. 효과적인 사회적 지원, 문제에 대한 적절한 통찰과 교회를 통하여 기꺼이 도움을 받고자 하는 자세 등이 모두 긍정적인 지표가 될 것이다.

중증의 우울증과 양극성장애와 같은 심각한 기분장애의 경우 목사는 반드시 교인(교인의 가정)에게 정신건강의학과 전문의나 임상심리학자 등의 전문가의 치료를 받도록 권유하는 것이 바람직하다. 정신건강의학과 의사와 기분장애에 대한 심리치료를 제공할 수 있는 정신건강 전문가와의 연계 의뢰를 강하게 추천한다. 중증의 우울증 환자에게 약물치료가 효과적이며 신속한 치료 효과를 나타내는 것으로 알려져 있다. 항우울제 사용에 대한 편견도 있으나, 가능하면 환자와 보호자의 동의를 얻어 전문가의 처방을 받아 치료받도록 권유하는 것도 요구된다. 미국의 경우 정신분석치료와 약물치료 중 양자택일하도록 권유하는 정신분석치료를 실행할 수 있는 의사들이 일반화되어 있으나, 한국에서는 아직 저변화되지 않은 상황이다. 점차 정신건강의학 전문의가 아닌 일반의와 다른 전공의가 새롭게 개발된 약물인 '선택적 세로토닌 재흡수 억제제(SSRI)'를 처방하기도 한다. 이 약물은 뇌의 신경전달물질 수준을 변화시켜 긍정적인 기분을 현저히 만들어 준다. 시판되는 상품명으로는 프로작, 조로프트, 팍실 등이 항우울제로 많이 처방되는 약물이다.

항우울제는 우울증에서 회복될 수 있는 중요한 역할을 하고 있음에도 정신과 약물에 대한 편견과 불안으로 많은 신앙인이 기피하는 형편이다. 최근 들어 효과가 신속하게 나타나는 약물이 개발되기는 하였으나, 항우울제는 효과가 나타나는 데 시일이 보통 2~3주 정도 걸리므로 심한 경우는 약물 투여의 관리 문제로 입원을 권유하는 경우도 있다. 자살욕구가 있는 심각한 우울증 환자는 병원에 입원하거나 안전과 생명을 보장할 수 있는 집중적인 돌봄이 필요한 이유가 여기에 있다. 정신건강의학과 교수들의 보고에 의하면, 입원을 하지 않고도 외래치료 혹은 일일치료의 방식으로 다양한 치료를 개발하였다고 한다.

중증의 우울증일 경우에는 심리치료와 약물에 반응을 보이지 않을 수 있으므로, 전기충격요법(ECT)을 실행할 수 있다. 전기충격요법은 보통 다른 치료법으로 실패한 노인들에게 사용되었다. 우울증에도 사용되지만, 보통 리튬요법[10]이 사용되는 양극성장애질환을 치료하기 위하여 활용되기도 한다.

---

10) 리튬은 이 장애로 고통당하는 환자의 조증과 우울증 간의 순환을 예방하는 데 효과가 있다.

심리치료 가운데 가장 선호되는 인지행동요법이나 대인관계 접근은 중증의 우울증에 퍽 도움이 된다고 알려져 있다. 이 심리치료법들은 환자들이 가지고 있는 우울한 자기 평가와 불합리한 신념을 바꿀 수 있도록 도와주는 데 초점을 맞추어 진행한다. 이 치료는 환자가 일상생활을 통하여 얻을 수 있는 보상 경험과 사회적 강화를 얻고자 하는 의욕을 갖게 하는 데 역점을 두며, 대체로 심리치료와 약물요법을 겸할 때 가장 신속한 회복을 가져올 수 있다.

4. 우울증 교인들을 위한 목회상담자의 역할

이 장을 마무리하면서 목사는 교인이 우울증을 회복하는 데 중요한 역할을 하게 된다는 것을 인식해야 함을 강조하고자 한다.[11] 심각한 우울증인 경우에 즉각 의뢰하여 교인의 주변에서 지원을 제공하고 이 장애의 일반적인 증상을 이해할 수 있도록 교인과 그의 가족들과 있을 수 있는 갈등을 해소할 수 있도록 도와주어야 하는 것이 절실히 요구된다. 목사는 환자가 치료받을 수 있도록 격려하며 우울증 증후군에 간혹 수반되는 죄의식과 수치심을 해소할 수 있도록 도와주는 데 영향력을 지니기 때문이다. 영적인 자원, 기도와 종교적인 상징의 활용은 우울증을 앓고 있는 환자에게 상당히 도움이 되는 것으로 보고되고 있다.

---

11) J. W. Ciarrocchi, *A Minister's Handbook of Mental Disorders*(New York: Paulist Press, 1993); R. W. Roukema, *The Soul in Distress*(Binghamtom, NY: The Haworth Press, 1997).

정신질환에 대한 편견이 여전히 존재한다면, 목회자는 경중의 기분장애는 물론이고 주요우울장애와 그 유사한 증상을 면밀하게 살펴서 전문가들과 협력하여 건강한 교회생활을 할 수 있도록 돕는 역할이 자신에게 부여되어 있다는 것을 일깨우고자 한다.

4. 우울증 교인들을 위한 목회상담자의 역할   263

〈참고자료〉

K-BDI

이름: 연령: 세   성별: 남/녀   작성일 :   년   월   일

주의 깊게 읽어보시고 각 번호의 네 가지 문항 중 오늘을 포함하여 지난 1주 동안의 자신의 상태를 가장 잘 나타낸다고 생각되는 문항 하나를 고르세요.

1. ① 나는 슬픔을 느끼지 않는다.
   ② 나는 슬픔을 느낀다.
   ③ 나는 항상 슬픔을 느끼고 그것을 떨쳐 버릴 수 없다.
   ④ 나는 너무나도 슬프고 불행해서 도저히 견딜 수가 없다.

2. ① 나는 앞날에 대해 별로 걱정하지 않는다.
   ② 나는 앞날에 대해 별로 기대할 것이 없다고 느낀다.
   ③ 나는 앞날에 대해 기대할 것이 하나도 없다고 느낀다.
   ④ 나는 앞날이 암담하고 전혀 희망이 없다고 느낀다.

3. ① 나는 실패감 같은 것을 느끼지 않는다.
   ② 나는 다른 사람에 비해 실패의 경험이 많다고 느낀다.
   ③ 살아온 과거를 되돌아보면 항상 많은 일에 실패를 했다.
   ④ 나는 한 인간으로서 완전히 실패했다고 느낀다.

4. ① 나는 전과 다름없이 일상생활에 만족하고 있다.
   ② 나는 일상생활이 예전처럼 즐겁지 않다.
   ③ 나는 무엇을 해도 만족스럽지 않다.

④ 나는 만사가 불만스럽고 짜증이 난다.

5. ① 나는 특별히 죄책감을 느끼지 않는다.
   ② 나는 때때로 죄책감을 느낀다.
   ③ 나는 자주 죄책감을 느낀다.
   ④ 나는 항상 죄책감에 빠져 있다.

6. ① 나는 내가 벌을 받고 있다고 느끼지 않는다.
   ② 나는 내가 벌을 받을지도 모른다고 느낀다.
   ③ 나는 내가 벌을 곧 받을 것이라고 느낀다.
   ④ 나는 현재 벌을 받고 있다고 느낀다.

7. ① 나는 나 자신에 대해 실망하지 않는다.
   ② 나는 나 자신에 대해 실망할 때가 많다.
   ③ 나는 나 자신이 지긋지긋하게 느껴진다.
   ④ 나는 자신을 증오한다.

8. ① 나는 내가 다른 사람보다 못하다고 생각하지 않는다.
   ② 나는 나의 약점이나 실수를 가끔 내 탓으로 돌린다.
   ③ 나는 내가 잘못하는 것은 항상 내 탓이라고 생각한다.
   ④ 나는 잘못된 일은 모두 내 탓이라고 생각한다.

9. ① 나는 죽고 싶다는 생각을 해 본 적이 없다.
   ② 나는 가끔 죽고 싶다는 생각이 들지만 실행하지는 못할 것이다.
   ③ 나는 죽고 싶다는 생각을 할 때가 많다.
   ④ 나는 기회만 있으면 자살할 것이다.

10. ① 나는 요사이 평소보다 더 울거나 하지 않는다.
    ② 나는 요사이 전보다 더 자주 우는 편이다.

③ 나는 요즈음은 항상 울고 있다.

④ 나는 울고 싶어도 나올 눈물조차 없다.

11. ① 나는 전보다 더 짜증을 내지는 않는다.

② 나는 전보다 더 쉽게 짜증을 낸다.

③ 나는 요사이 항상 짜증이 난다.

④ 나는 짜증을 내기에도 지쳤다.

12. ① 나는 다른 사람들과 여전히 잘 어울린다.

② 나는 다른 사람들과 어울리지 못할 때가 가끔 있다.

③ 나는 거의 대부분 다른 사람들과 어울리지 못한다.

④ 나는 다른 사람들에 대해 전혀 흥미가 없다.

13. ① 나의 결단력은 전과 다름없다.

② 나는 전보다 결단력이 다소 약해진다.

③ 나는 전보다 결단력이 훨씬 약해졌다.

④ 나는 어찌할 바를 몰라 아무것도 결단을 내릴 수가 없다.

14. ① 전보다 내 모습이 못하지는 않다.

② 내가 늙거나 매력이 없어진 것 같아 걱정이다.

③ 내 모습이 변해 매력이 없어진 것이 분명하다.

④ 내 모습은 확실히 추해져서 남들이 불쾌하게 생각한다.

15. ① 나는 전과 같이 일을 잘할 수 있다.

② 나는 전처럼 일을 하려면 조금 힘이 든다.

③ 나는 무슨 일이든지 시작하려면 무척 힘이 든다.

④ 나는 너무 지쳐서 아무 일도 할 수가 없다.

16. ① 나는 평소처럼 잠을 잘 잘 수 있다.

② 나는 평소처럼 잠을 잘 자지 못한다.

③ 나는 평소보다 1~2시간 일찍 깨서 다시 잠들기 어렵다.

④ 나는 평소보다 몇 시간 일찍 깨서 다시 잠들기 어렵다.

17. ① 나는 별로 피곤한지 모르고 지낸다.

② 나는 전보다 쉽게 피로해진다.

③ 나는 사소한 일에도 곧 피로해진다.

④ 나는 너무 피로해서 아무 일도 할 수 없다.

18. ① 나의 입맛은 평소와 같다.

② 나의 입맛이 전과 같이 좋지는 않다.

③ 나의 요사이 입맛이 매우 나빠졌다.

④ 나는 전혀 입맛이 없다.

19. ① 나의 몸무게는 변함이 없다.

② 근래 와서 몸무게가 3kg가량 줄었다.

③ 근래 와서 몸무게가 5kg가량 줄었다.

④ 근래 와서 몸무게가 7kg가량 줄었다.

20. ① 나는 건강에 관한 걱정은 별로 하지 않는다.

② 나는 신체적 건강에 대해 걱정이 많다.

③ 나는 신체적 건강에 대한 걱정 때문에 제대로 무엇을 할 수 없다.

④ 나는 신체적 건강에 대한 걱정 때문에 전혀 아무 일도 할 수 없다.

21. ① 성에 대한 관심이 전보다 떨어진 것 같지는 않다.

② 성에 대한 관심이 전보다 약간 떨어졌다.

③ 성에 대한 관심이 확실히 줄어들었다.

④ 성에 대해 전혀 흥미를 느끼지 않는다.

제12장

목회상담의 시간 문제-단기목회상담

상담은 심방과 함께 교인들을 돌보는 목회자의 사역 가운데 없어서는 안 되는 매우 중요한 활동이다. 치유와 상담은 목회자의 설교, 심방, 행정, 교육 현장에서 자연스럽게 실천되는 것이다. 그럼에도 시간에 쫓기는 목회자와 상담 사역자가 충분한 시간을 이 사역에 할애할 수 없는 상황이다. 목회상담 사역에서는 이를 시간 문제로 생략할 수도 없고, 사역을 한다는 이유로 다른 목회 일과를 제쳐 둘 수도 없다. 이에 시간에 쫓기며 교우들의 형편을 살펴서 돌보고자 하는 목회자들에게 '단기상담'이란 상담 방법을 제시하고자 한다.

1. 목회상담을 위한 시간

분주한 상황에서도 신앙생활을 하는 교인들을 돕고자 하는 목회자들에게 목회 일정을 위한 시간 관리와 효율적인 목회 돌봄 방안을 차일드(Brian H. Child)가 저술한 *Short-Term Pastoral Counseling*[1]을 중심으로 찾아보고자 한다.

존 패튼(John Patton)은 『삶의 상황에서의 목회 돌봄(Pastoral Care in Context)』에서 "인간이 어느 지역 또는 어느 상황에서 살아가든지 목회상담이란 하나님의 백성에 의해 창조적으로 또는 효율적으로 제공되는 돌봄의 형태로, 이러한 돌봄은 전문적인 목회자의 책임하에 이웃을 돌보도록 부름 받은 개인이나 공동체 가운데 구체화되는 과정이다."[2]라고 정의한다.

여기서 사역의 질과 깊이를 논할 때의 관건은 목회자가 사역에 들이는 시간으로 집약된다. 그는 유한하고 한시적인 존재인 목회자가 어떻게 교인들의 헤아릴 수 없이 많은 다양한 사역에 충분하고 효과적으로 대응할 수 있는가의 문제를 해결하기 위하여 지침을 제공한다.

차일드는 단기목회상담을 준비해야 할 사람들을 다음과 같이 규정하고 있다.

- 상담에 관심은 있으나, 상담이 어렵다는 것을 실감한 목회자

---

[1] Brian H. Childs, 『단기목회상담』, 유영선 역(서울: 한국장로교출판사, 1995).

[2] John Patton, *Pastoral Care in Context: An Introduction to Pastoral Care*(Louisville, KT: Westminster/John Knox Press, 1993).

- 목회와 목회상담의 사역을 준비하는 신학생
- 목회상담의 고급 과정에 있는 연구생과 전문가들

시간은 사람이 인간다워지는 데 가장 근본적인 문제다. 유한한 피조물로서 우리는 시간의 한계 속에 내재된 책임으로부터 도피를 시도한다. 희망적인 존재로서 우리는 시간의 곤경에서부터 벗어나고자 갈망한다. 시간의 문제가 우리 삶과 밀접한 것으로부터 상담 사역에 대한 논의를 제기한다. 대부분의 목회자는 하루를 25시간으로 늘려도 목회에 시간이 부족하다고 말하곤 한다. 그러나 그 반대 경우의 목회자도 존재한다. 그러한 상황에서 개인상담을 교인들에게 제공하고자 할 때에는 시간의 제한이 항상 부담이 되며, 때로는 핑곗거리가 되어 상담과 개별적인 돌봄이 필요한 교인에게 더 많은 시간을 제공할 수 없다며 거리를 두게 되기도 한다.

목회임상교육을 받을 때 한 환자에게 원목이 얼마나 많이 시간을 함께해 줄 수 있는가 하는 질문이 제기되었다. 당시 슈퍼바이저였던 랜츠(Omar Lantz) 목사는 한 원목이 한 환자에게 72시간 동안 함께해 준 사례를 소개하면서, 할 수 있다면 함께해 주는 자세를 강조하였다. 그 말을 듣고 필자는 임재의 신학(Theology of Presence)을 강조하는 목회신학을 생각하기 시작하였다.

목회자가 시간을 함께 보낼 수 있는 기회는 돌봄이 필요한 사람에게는 크나큰 행운이자, 은혜를 경험할 수 있는 좋은 기회다. 그러나 대부분의 목회자가 교우 한 사람에게 그다지 많은 시간을 할애할 수 없다는 것이 현실이다.

2. 교회상담의 현실

1) 상담 사역의 전제조건

상담은 상담에 대한 훈련과 실제에 입각한 훈련 관찰과 감독을 통하여 습득된다. 가령 음악교육과 같이 개별이나 집단 훈련이 교차적으로 적용되어야 한다. 전문가의 감독과 관찰에 의하여 자신의 상담 사역의 질을 높여 나가는 작업이 선행되지 않으면, 상담은 답보 상태를 면하지 못한다. 목회자가 전문성을 갖춘 목회상담자가 되기 위해서는 인턴십 훈련이나 집단 또는 개인상담의 훈련을 받아서 어떤 여건이 주어지건 간에 상담 사역을 할 수 있어야 하고, 이는 신학교에서 반드시 필요한 과정이다. 그럼에도 현재 상황에서 신학교에서의 상담 훈련이 구체적이고 전문적으로 제공되는 것은 요원하기만 하다.

오늘날의 신학교의 신학 교육은 실제 목회 현장과의 괴리로 인하여 공격의 대상이 되고 있다. 예를 들어, 미국 장로교회의 신학교들은 교육의 내용이 목회적이지 못하다는 이유로 목회 후보자들이 기피한다. 미국의 경우를 예로 들면, 프린스턴 신학교는 지나치게 학술적인 교육이 이루어진다는 이유로 장로교단에 속한 교회에서 자라난 2~3세의 교역자들은 많은 경우 교단 소속이 아닌 초교파 또는 독립적인 신학교를 선호한다. 복음주의 신학교나 비교적 정통 보수 신학을 지향하는 신학교에서 교육을 받는 경우가 비일비재하다. 이유는 전통적인 접근 방법을 버리고 전문적인 교육을 지향하여 왔고, 특히 목회자의 기술적인 능력만을 강조하고, 목회에 대한 성례전적 · 신학적 차원으로서 평신도의 능력에 무관심하였기 때문이다. 이러한 신학교육의 분위기는 목회자가 교인들, 평신도들로부터 분리되는 현상을 가져왔고, 깊은 개인적인 만남과 영적인 차원의 개입에 대하여 무관심하거나 혹은 배타적인 태도를 가지게 되었다.

신학교에서 만난 어떤 목회자 사모는 "이제까지 배운 설교학, 예배학으로는 목회에 성공할 수 없었고, 틀을 완전히 바꾸어 한 사람 한 사람에 대한 섬김의 자세로 설교하고 성경을 가르치고 심방할 때 바람직하고 행복한 목회자가 될 수 있었다."고 말한다.

캠벨(Alastair V. Campbell)은 "신뢰할 만한 조력자로서 자신을 제공하는 것은 관계의 특성 위에 한계를 부과하는 것이며, 타인의 욕구에 집중하기 위해 자신을 희생시키는 것이며, 타인에게 도움이 되기 위해 만남의 깊이와 강도를 제한하는 것이다"라고 하였다. 캠벨은 목회의 전문가인 목회자와 도움을 받아야 할 대상인 내담자의 모델은 신앙인으로 성숙한 관계를 가지지 못하게 하며, 신앙인 개개인이 만인제사장이라는 개념을 희생시키고 있다고 주장한다.

목회자가 교인들의 생활에 깊숙이 파고 들어가지 못하며, 교인들의 일상생활과 괴리되는 정신세계의 문제를 극복하지 못하면, 앞으로 신학교를 졸업한 후에 하게 될 목회와 상담 사역은 교회 본연의 사역이 되지 못할 뿐만 아니라 일반 상담자나 심리치료자들에게 목회자가 해야 할 사역을 넘겨주는 결과를 맞을 것이라고 차일드는 경고하고 있다.

2) 목회상담의 배경

목회상담은 20세기의 발명품이 아니다. 영혼 목회와 치유는 오랫

동안 교회 사역의 영역이었으며 일반적으로 종교와 영성 영역에 있었다. 그러나 그것이 사람들에게 인식되지 않았기 때문에 마치 심리학자들에 의하여 임상상담과 목회상담이 만들어진 것으로 간주된다. 이전부터 자연 발생적으로 교회에서 임상목회와 오늘날 상담이라는 방식으로 교회에서 사역이 존재하였던 것은 아니었다. 프로이트와 융, 아들러 등이 1909년 미국 매사추세츠 주의 클라크 대학교 총장인 스탠리 홀의 초청으로 미국을 방문한 직후부터 임상이론과 그에 대한 기술이 발전되기 시작했다.

안톤 보이슨, 헬렌 플랜더 던바(Helen Flanders Dunbar), 시워드 힐트너(Seward Hiltner), 캐롤 와이즈(Carroll Wise), 웨인 오츠(Wayne Oates) 등의 목회자와 신학자들이 신학교육과 목회상담 운동의 개척자들이다. 덧붙여 현대심리학과 종교심리학 그리고 정신병리학이 발견한 개념들을 통합하여 발전시켰고, 목회 사역을 위하여 이러한 새로운 분야들의 가치를 조명하여 그 의미를 되새겼다.

20세기 중반에 와서 목회자들은 심리치료의 의미와 가치를 발견하여 목회 사역과 신학교육에 적용하기 시작했다. 심각하지 않은 문제, 가령 결혼 문제, 가족 간 갈등, 약물 남용, 우울증, 강압적인 행동을 치료하기 위하여 목회자들이 개입하였고, 이러한 틀을 목회 현장에서 사용할 수 있도록 활용하기 시작하였다.

3) 사람들이 목회자를 찾는 이유

사람들은 왜 목회자를 찾아가는가?

첫째, 도움을 받기 위해서이다. 신변잡기나 평범한 이야기를 늘어

놓기 위해서라고 할지라도, 그들은 자신의 문제와 갈등을 그런 평범한 담화에 포함하여 이야기하지 않을 수 없다. 가령 직업 상실, 사랑하는 사람과의 사별, 결혼한 자녀들에 대한 이야기, 약물 남용, 알코올중독, 아동학대, 경제적 압박 등의 문제가 목회자가 흔하게 접하게 되는 불평리스트다.

둘째, 목회자는 동정적이며 남의 곤경을 들을 줄 아는 사람이라고 생각한다. 설교에 대한 기대도 이러한 면이 있다. 설교나 예배를 통하여 문제가 해결되거나 해결의 실마리를 얻고자 하는 경우가 있다. 일주일 동안 닥친 여러 고통스러운 갈등의 문제, 기도해야 해결될 것 같은 수많은 영역의 어려움, 대인관계 문제 등 수없이 많은 것을 목회자가 들어주기만 한다면 그들은 털어놓고 싶은 대상이 된다.

셋째, 목회자는 자연스럽게 사람들에게 다가갈 수 있다. 다른 심리치료자들과 달리 자연스럽게 다가가서 도움을 요청할 수 있는 사람이 목회자다. 그들이 다가오지 않더라도, 찾아가서 도움을 제공하겠다 한다 해도 전혀 부자연스럽지 않은 직업군이 목회자다. 뿐만 아니라 보상을 바라지 않는 봉사와 돌봄을 제공할 수 있는 상황이기 때문에 어떤 일이든지 할 수 있다.

3. 목회상담의 목표

목회상담은 대체로 두 가지 목표를 가지고 진행된다.

첫째, 사람들이 자신을 스스로 돌볼 수 있도록 촉진하는 것이다. 이 목표는 사람들이 자기만족과 자기에게 몰입하여 다른 사람들과의 관계를 뒤로 한 채 개인주의가 되는 것을 의미하지는 않는다. 자신을 스스로 돌볼 수 있다는 표시 중 하나는 교회 공동체 안에서의 삶과 공동체에 기여할 수 있어야 하며, 교회 공동체가 갖고 있는 다양한 영적, 사회적, 지적, 인적 자원을 이용하여 자신의 삶에 책임을 질 수 있도록 돕는 것이다.

오늘날 한국 교회의 문제는 목회자에게 지나치게 의존적인 신앙생활과 사회생활을 영위하는 것이다. 이는 목회자들의 목회를 더욱 효과적이고 권위적인 것으로 만들 수 있는 장점이 있지만, 실제로 나약하고 타율적이고 그리하여 몰사회적이며, 사회와 국가에 대한 책임감이 없는 이기적인 신앙인으로 성장하게 될 우려를 낳는다. 목회자는 교인들에게 다른 사람들이 가질 수 없는 관점을 가질 수 있도록 도와줌으로써 교회 밖에 나가서도 기독교인으로서의 사회적 책임을 가지고 스스로 자신의 삶을 확신 있게 살아갈 수 있도록 도와야 한다.

둘째, 상담 경험이 인간 본성에 대하여 풍부한 신학적 이해를 할 수 있는 자원이 되어야 한다. 목회상담은 교회 자체에 대한 이해와 선교뿐만 아니라 교회가 속해 있는 세상에 대하여 기여할 수 있도록 도와야 한다. 힐트너는 『목회신학원론』에서 교회에서 해야 할 목회상담이 사회에 할 수 있는 신학적인 기여에 대하여 잘 기록하였다. 예를 들어, 죄 사함과 용서에 관하여 패튼(John Patton)은 *Is Human Forgiveness Possible?*에서 "죄가 있는 피조물을 용서하시는 죄 없으신 하나님을 말한다."고 정의한다. 이것은 피조물과 창조주가 분명하게 구분되는 개념이다. 그래서 계층적인 구도는 불가피한 것이다. 그러나 이러한 계층 구조가 피조물들 사이에 적용될 때 문제가 발생한다. 악행의 가해자와 악행의 피해자 사이에도 계층이 존재한다. 패튼은 용서란 사람이 실행할 수 있는 그런 것이 아니라 사람이 용서를 발견하게 되는 것이라고 결론 맺는다. 인간은 용서할 수 있는 가능성이 자신에게 전혀 없다는 것을 발견할 때 그때 비로소 용서가 가능하다는 것이다. 왜냐하면 우리 자신은 악행의 가해자들과 다를 바 없기 때문이다. 해리 포스딕(Harry Fosdick)은 신앙의 이해와 더불어 인간의 투쟁을 이해하기 위한 자료로서 상담을 사용하였다.

4. 상담 목표의 성취

상담은 목회 사역의 일부로서 실행되거나 교인이나 내담자의 구체적이고 실제 상황에 대한 사역으로서 특수 사역의 일환으로 실행된다. 이러한 목회상담은 두 가지를 염두에 두고 진행하여야 한다.

첫째, 치유를 목적으로 한다. 진단을 하여 사회적으로나 개인의 인격적인 회복을 시키는 복합적인 목표를 가진다. 둘째, 신학적인 이해를 위한 구체적인 과제다. 목회상담은 믿음과 삶이 변화에 분리되거나 유리되지 않고 추상적이지 않고, 행위에 대한 통합적인 관점과 이론을 제공하는 과제를 갖고 있다.

이를 실천하기 위해서는 다음과 같은 노력이 필요하다.

첫째, 신학적인 연구를 권한다. 신학 저술이나 잡지들을 읽는 일을 부지런히 하고, 논문, 서평, 신학의 현재의 입장을 잘 이해하면서 교회의 사역을 잘 이끌어 나가야 한다. 예를 들어, 단순히 노회나 연회 혹은 목회자들의 모임에 나가더라도 기도와 대화도 물론 중요하지만 신학적인 연구를 하는 공동연구회 스터디 그룹 등을 만들어 끊임없이 신학 연구를 해 나가야 한다.

둘째, 역동적인 인격이론(dynamic personality theory)과 이에 기초한 상담 기술에 대한 기본적인 지식을 계속 연마하는 것이 필요하다. 역동이론이란 인간 내면에 일어나는 욕구와 필요가 끊임없이 거부, 저항, 금지 등에 부딪히므로 개인의 삶에 큰 영향을 준다. 그럴 때에 개인은 이러한 갈등에 끊임없이 적응하고자 시도한다. 인간의 삶이란 끊임없는 연습과 회피의 과정이며 만족할 만한 욕구와 소원에 이르기 위해 수많은 장애물을 극복하는 과정이기도 하다.

역동심리학이란 정신분석과 그와 관련된 다양한 인간 행동에 대한 연구 결과를 말한다. 힐트너(Seward Hiltner)는 『목회상담』에서 다음과 같이 정리하고 있다.

첫째, 모든 행동에는 의미가 있다. 사람이 행동하는 것에 어떤 돌발적인 것이거나 부자연스러운 행동이라 할지라도 의미가 없이 실행되는 행위는 없다. 목회자는 교인들의 겉으로 드러나는 행동 때문에 놀라거나 충격을 받아서는 안 된다는 것이다. 내면에서 축적된 에너지에 의하여 영향을 받아 드러나는 행동이 어떤 심리 기제와 원인에 의하여 일어난 것인가를 살펴야 한다.

둘째, 이와 같은 행동의 의미는 의식적인 자각만이 아니라, 깨닫지 못하는 인격에 영향을 주는 깊은 차원을 바라볼 수 있을 때 이해할 수 있다. 프로이트가 주장한 무의식을 깊이 이해할 수 있어야 한다. 가령 아침에 받은 스트레스 때문에 하루 종일 기분이 꺼림칙하여 하루를 보내게 되거나, 꿈자리가 불편하여 자신도 모르게 별다른 이유가 없이 짜증을 부리게 되는 경우 등이 있다.

셋째, 인격의 성장은 갈등을 사라지게 함으로써 이루어지는 것이 아니라 갈등을 구체적으로 다룰 때 이루어진다. 인격의 발달과 성장은 갈등에 직면하여 그것들을 해결하게 되면서 심리적인 균형을 발견하는 과정이다. 그리고 그 과정을 거치면서 보다 넓고 차원이 높은 사회의 구성원이 되어 가는 것이다. 어린아이에게는 부모와 형제가 처음 만나는 사회다. 이러한 가정에서의 갈등 처리 경험을 통하여 더욱 복잡하고 큰 갈등을 가정 밖의 사회에 나가서 해결할 수 있는 능력을 갖게 된다.

넷째, 인격의 발달은 항상 의식적으로 깨달을 수 있는 차원과 측면을 넘어선 것이다. 복잡하고 부딪히고 싶지 않은 일을 회피함으로써 극복해 온 어린아이는 어른이 되어서도 복잡하고 힘들거나 하고 싶지 않은 일에 대한 두려움, 혐오감, 실패에 대한 좌절의 아픔이 싫어서 회피하거나 다른 사람이 대신해 주도록 요청하는 방식으로 일을 처리한다.

5. 단기목회상담의 의미

1) 목회상담에 필요한 시간

시간은 목회상담에서 중요한 요소다. 상담 장면에서 실제로 사용된 시간보다 훨씬 더 많은 시간이 상담 과정에 사용되기 때문이다. 상담을 마친 후에 내담자와의 대화를 기록하고, 상담의 내용에 대해 지도 감독을 받아야 하고, 내담자와 다음 약속을 수립하고 상담 전략과 기법에 대한 구상이 필요하기 때문이다.

흔히 단기상담은 한 번 상담할 때 50분 정도를 한 회기로 하여 여섯 번에서 스무 번으로 제시한다. 내담자가 경험한 개인사와 갈등의 깊은 차원은 미뤄 두고, 과제 혹은 문제에 초점을 맞추어 해결해 가는 방식으로 실행된다. 해결 중심과 과제를 이슈화하여 문제해결 중심의 상담을 실행하게 된다. 차일드(Brian Child)는 이러한 방법을 '초점이 되는 관계 문제(focal relational problem)'에 중심을 두는 상담이라고 부르며, 줄여서 'FRP'라고 부르고 있다. 이것은 또한 실존주의 철학에 영향을 받은 폴 틸리히, 칼 바르트, 라인홀드 니이버와 리처드 니이버 형제 등의 신학자들의 논의를 통하여 '유한한 존재인 인간이 무한한 문제의 해결을 위하여 제한된 시간에 해결해야 하는 긴장감'을 어떻게 해결해야 할 것인가를 생각하게 한다.

인간은 돌보는 존재이며, 돌봄은 세대 간의 돌봄을 통하여 일어난다. 곧 자신의 세대, 과거의 세대, 미래의 세대를 한 번에 경험하면서 살아가는 존재임을 알 때 그 안에 하나님께서 주신 자신의 과거와 미래와 현재의 세대 간의 돌봄을 통하여 피조물을 다스리는 권세를 주셨음을 알게 된다. 현재라는 시간이 종말론적으로 우리에게 부여하는 의미는 현재(Now)라는 시간 속에 아직 도래하지 않은 미래가 싹트고 있다는 희망을 제공해 준다는 것을 알아야 한다.

2) 단기목회상담의 원리

단기목회상담은 내담자들이 가진 문제의 종류에 따라 매우 적절하고 유용하게 적용될 수 있다. 단기목회상담은 시간이 가지는 한계성을 인식하며 실용적으로 사용되는 상담이기도 하다. 대부분의 사람은 고통스러운 시간이 빨리 끝나기를 바란다. 이때에 우리는 인간의 유한성을 느끼며, 자신이 유한한 피조물임을 깨닫게 된다. 이러한 상태는 우리에게 불안을 일으키며, 이를 통하여 상담의 중요성을 더욱더 절감하게 한다. 다음은 단기목회상담의 일곱 가지 원리를 정리한 것이다.

제1원리 "상담자는 상담 과정에서 수동적이기보다 능동적인 자세를 가진다."

상담자는 내담자의 행동을 수동적으로 해석해 주는 입장에 서지 않고, 상담에 직접 능동적으로 참여하는 사람이며, 때때로 내담자와 직면하며, 상담 과정에서 역할을 수행하도록 자신의 감정을 허락하기도 한다.

단기상담을 수행하는 상담자는 내담자처럼 말을 많이 한다. 상담을 수행하는 동안 과거의 무의식적인 자료로 들어갈 수 있는 시간적인 여유가 없기 때문에 문제해결 중심, 즉 특별한 문제에 초점을 맞추어 상담을 진행하게 된다.

제2원리 "상담자나 내담자에 의해 합의된 '초점이 된 관계의 문제(FRP)'는 매 상담회기마다 중점적으로 해결하고자 하는 상담의 자료다.

상담을 시작하기 전에 간략히 평가 시간을 갖는다. 이때 상담자와 내담자는 초점이 될 수 있는 관계의 문제(FRP)를 서로 분명하게 이야기한 후에 이 문제에 초점을 맞추어 상담을 진행한다. 이런 초점을 유지하는 것은 상담자의 적극적인 참여가 필요하고, 또한 내담자를 상담자의 상담 활동에 참여하게 하는 효과가 있다.

"상담자와 내담자가 합의한 구체적인 갈등에 대한 주제를 성공적으로 치료하면, 내담자의 자존감을 높여 주고 삶을 영위해 나가는 내담자의 기능에도 긍정적인 영향을 준다."

제3원리 "상담은 특별한 문제를 다루는 내담자와 상담자 양측의 '협력 과정(two allies)'이며, 이러한 협력은 상담 초기에 형성된다."

상담자는 상담 초기에 면담을 통하여 내담자의 문제에 대한 평가를 마친 후 이것이 '상호 협력'을 통하여 이루어진 것임을 알려 준다. 내담자가 가지고 있는 감정의 양면성 가운데 주로 내담자의 긍정적인 측면에 초점을 맞춘다.

제4원리 "상담자는 지속적으로 내담자의 저항을 지적한다."

내담자는 대체로 새로운 것을 거부한다. 이때 상담자는 내담자에게 그러한 상황을 직면하여 문제를 해결해 주어야 한다. "상담자는 적극적으로 내담자의 저항을 확인하고 검토한 후 내담자가 더 적극적이며 협력적인 행동을 하도록 요청해야 한다." 저항에 대한 상담자의 직면과 설명, 때로는 지도는 관계 문제에 대한 내담자의 협력 활동을 더욱 잘할 수 있게 하여 현재의 갈등 문제는 해결될 수 있다는 확신을 줄 수 있다.

제5원리 "상담자에 대한 내담자의 감정이나 반대로 내담자에 대한 상담자의 감정은 상담 과정에서 중요한 요소다."

이러한 관계 문제는 다음 세 영역에서 다시 일어나야 한다. 첫째, 내담자의 과거 속에서, 둘째, 상담 시 상담자에게 보고되는 내담자의 매일매일의 삶 가운데, 셋째, 상담자와의 상담 관계 가운데 일어나야 하는 것이다.

상담자는 내담자가 상담자를 향하여 표현하는 감정에 민감해야 한다. 침묵, 불안, 화제를 바꾸는 것들은 내담자가 상담자를 향하여 가지고 있는 감정을 잘 나타내 주는 요소다. 이런 경우 그 행동을 관찰하고 잘 이야기해 준 후에 내담자에게 질문을 해야 한다. 상담자를 향한 감정이나 내면에 저항을 일으키는 감정을 내담자가 진솔하게 이야기할 수 있도록 하는 것은 치료의 효과를 위하여 바람직하다. 그렇게 함으로써 내담자가 관계 문제를 해결하기 위한 협력하는 자세를 가지게 한다.

제6원리 "상담의 목적은 현재 초점이 된 관계 문제를 해결해 주는 것이다."

상담자는 문제가 되고 있는 관계 문제를 해결하기 위하여 상담을 진행하면서 초점이 된 관계 문제를 일깨워 주어야 한다. 사람 사이의 갈등이란 누구에게나 일어날 수 있는 것이며, 그 갈등의 원인이나 문제를 이해할 수 있는 것이며, 무엇보다도 그 문제는 해결될 수 있다는 희망을 주어야 한다.

제7원리 "상담 시간에 제한이 있다는 사실을 주지시켜야 한다."

내담자의 문제에 대한 평가 후에 상담은 일정한 기간이 있음을 알려 주되 목회자와의 관계가 동시에 종료되는 것은 아니라는 점을 주지시켜야 한다. 선택 사항이지만, 완전히 해결되지 않은 문제에 대하여 다른 전문상담자나 그 분야의 전문가에게 의뢰할 수 있는 가능성을 열어 놓아야 한다.

3) 상담회기

단기목회 상담의 경우 상담회기는 몇 회기가 적합한가? 대체로 상담 과정은 한 번 내지 스무 번 정도 할 수 있다는 것이 통설로 받아들여져 왔다. 그러나 대부분의 단기상담 전략을 가지는 상담자들은

6~7회 정도가 적당하다고 본다. 단기상담은 진행되는 과정에서 몇 번의 상담이 진행되었고, 앞으로는 몇 회기가 남았다는 것을 알려줄 때 상담의 효과를 증진시킬 수 있다. 차일드는 10회기를 추천한다.

4) 내담자 선택

단기상담은 '동기가 분명하고 비교적 건강한 환자들'에게 적절하다. 피터 시프노스(Peter E. Sifneos)는 성공적인 상담을 위하여 합리적인 내담자 선택 기준 다섯 가지를 제시했다.

첫째, 자기의 불만을 구체적으로 제한시켜 생각할 수 있는 사람이다. 그렇지 못한 내담자는 제한된 시간을 생산적으로 사용하지 못하기 때문이다. 잠재되어 있는 다양한 문제 가운데 하나에 집중할 수 있는 능력은 내담자가 어느 정도의 불안이나 애매모호함을 견딜 수 있음을 나타내 준다.

둘째, 타인들과 주고받는 인간관계(상호성)를 갖고 있거나 어린 시절에 타인과 '의미 있는 관계'를 유지한 사람이다.

'의미 있는 관계'란 어떤 것이든 제공할 수 있을 뿐만 아니라, 그 무엇인가를 받을 수 있는 능력도 포함된다. 어린 시절 아동은 자신을 양육하는 부모로부터 먹을 것과 따뜻한 환경을 수동적으로 제공받는다. 이를 통하여 양육자로부터 사랑의 관계(nurturing relationship)를 경험하게 된다. 이러한 돌봄과 보호가 잠시라도 차단되거나 방해받는다면, 아이들은 불쾌감을 느끼고, 울음을 터뜨리거나 소리를 질러 자신의 좌절감과 불쾌감, 분노를 표현한다. 어린아이들은 어른과 의미 있는 관계를 맺으면서 감정적인 안정감과 사회에 적응할 수 있는 능력과 관계를 맺을 수 있는 기초적 능력을 배양한다. 이것이 차단된다면, 아이들의 정서와 관계, 인격적인 성장이 정지된다.

'이타주의 사고(altruistic thinking)'는 주고받는 상호 행동의 결과이며, 아동기에 부모와 유아가 서로 일상적으로 정교하고 가장 섬세하게 주고받는 상호 행동의 연장이기도 하다. 가령 대소변 가리기를 훈련하는 동안 엄마와 아기는 때로는 저항과 강한 훈육과 강박과 이완의 감정 교류를 자연스럽게 하게 된다. 엄마는 아기의 배변 과정을 관찰하고 돌보면서 아기 스스로 대소변을 가릴 수 있도록 가르치게 된다. 아기는 자신이 행하는 배변의 과정을 통하여 엄마에게 자신을 잘 돌보아 준 것에 대한 감사와 만족을 표현할 수 있게 된다. 때로는 엄마와 떨어져 있는 동안 경험하게 되는 분리불안을 극복하고 그 사이에 엄마를 기억하며 함께했던 시간 동안 엄마에 대한 고마움을 표현하고자 무엇인가를 선사하려는 심리 등을 예로 들 수 있다.

상담자는 내담자에게 어린 시절, 5~6세 또는 그 이상의 나이에 특별한 관계를 맺어 온 양육자나 보호자에 대한 기억을 물어보고 그에 대한 깊은 관심을 기울여야 한다. 의미 있는 관계의 형태나 상실이 관계 문제의 원인이 되는 경우가 대부분이기 때문이다. 보호자 없이 성장하거나, 부모의 이혼, 사별, 알코올중독이나 약물 중독에 빠진 부모, 어린 시절의 언어 학대를 포함하여 신체적·성적인 학대 등은 의미있는 관계에 손상을 가져오기 때문이다.

셋째, 상담 초기에 상담자와 유연하게 관계를 맺을 수 있는 능력이 있거나 자유롭게 자신의 감정을 표현하거나 경험할 수 있는 능력을 가진 사람이다.

'그런 능력을 가진 사람에게 상담이 필요한가?'라는 의문이 들 수

있다. 그렇지 못한 내담자나 환자, 교인들은 단기상담에 적합하지 않
다는 것으로 이해할 수 있다. 이러한 역량을 지닌 사람들에게 단기상
담의 효과가 있다는 것으로 차일드는 주장하는 것이다.

넷째, 평균 이상의 지적 능력이나 심리적인 지향성을 가지고 자신
의 심리 문제를 표현할 수 있는 사람이다.

이는 반드시 고등교육을 받은 사람들을 의미하지 않는다. 내담자
에게 요구되는 것은 심리와 정신의 문제를 이해하고 그것을 표현할
수 있는 것을 말한다. 심리적인 구조들과의 친밀성을 의미한다. 이는
갈등 과정을 다루는 능력과 역설적인 상황을 참는 것과 그러한 사태
에 적합한 행동 형태를 보여 주는 능력을 의미한다.

때때로 내담자의 이야기를 들을 때 "직장에서 혹은 가정에서 누군
가에 대한 분노가 치밀 때, 그 느낌을 당사자에게 이야기하는가? 아
니면 집에 가서 아무 잘못이 없는 강아지에게 화풀이를 하는가?"를
물어본다면 심리적으로 지향성을 지니지 못한 환자나 교인은 적절한
대답을 하지 못하는 경우가 있다. 심지어 심리 내면 혹은 감정이나 정
서, 기분에 대한 질문에 사건이나 상황에 대한 진술로 답하기도 한다.
예를 들면, "직장 상사가 당신이 한 일에 대하여 꾸짖고 나무랐을 때
기분이 어떠했나요?"라는 질문을 하였을 때 "잘 모르겠어요. 상사에
게 대들 수는 없지 않아요?" 하고 되묻거나 "제가 많이 부족해서 그
자리에 제대로 서 있을 수 없었어요."라고 대답하는 것처럼 기분이나
정서에 대한 것보다는 자신의 행동이나 상황에 대하여 말하는 것이
다. 이보다는 "주위 사람들이 저를 쳐다보는 것 같아서 창피했어요."
라고 하거나 "최선을 다했는데도 상사가 인정해 주지 않는 것 같아서
너무 화가 났어요." 하는 것이 심리적인 지향성을 지니고 있거나 심리

적으로 세련된 내담자라 할 수 있다.

다섯째, 단순히 증상이나 징후를 없애는 것에 머무르지 않고, 어떤 변화를 원하는 동기를 소유한 사람이다.

'내담자는 영속적인 행동의 변화를 원하는가, 아니면 단순히 고통의 경감만을 원하는가?'라는 질문을 할 수 있어야 한다. 즉, '내담자는 문제를 해결할 준비가 되어 있는가?' '내담자가 문제해결을 위하여 주도적인 역할을 하는가?' 아니면 '수동적인 자세로 남아 있거나, 자기보다 능력이 탁월하여 전능하다고 여겨지는 목회자가 모든 문제를 해결해 줄 것이라는 망상을 갖고 안주하는가?' 등을 질문할 수 있어야 하는 것이다.

여기에 두 가지를 덧붙일 수 있다. 첫째, 내담자에게 자신의 삶을 이끌어 가고 있는 것은 무엇인지 관심을 갖고 물어볼 수 있어야 한다. 둘째, 내담자가 상담 과정에서 약간의 희생을 감수할 수 있는가이다. 이는 내담자의 의지를 통해서 알 수 있다. 약속 시간에 늦게 오거나 상담 시간에 전화를 받는 경우는 성공적인 상담의 결과에 대한 희생을 감수하겠다는 의지를 갖지 않은 경우에 흔히 발생하는 일이다. 자신의 문제를 위하여 다른 일을 제쳐 놓는 자세가 필요하다. 상담자는 내담자가 상담을 통한 변화를 가장 우선시할 수 있는 자세를 갖도록 도와야 한다. 동기화되어 있는 환자나 내담자는 희생을 감수하려는 자세를 갖는 것이 바람직하다.

부가적으로 상담 비용의 지출에 대한 것을 다룰 수 있다. 때로는 교회의 목회자가 상담을 실행했을 때 상담비를 청구하는 것은 현실적이지 않을 수 있다. 그에 대하여 감사헌금을 드리도록 한다거나 교회 상황에 어울리는 치료와 전문가인 목회자의 시간과 노력에 대한 고마움을 표현할 수 있도록 하는 것이다. 교회 사정에 따라서 어떤 종류로든 내담자의 치료를 위한 노력에 대한 감사 표현과 이를 위한 내담자의 희생은 치료의 효과를 위해서도 반드시 필요한 것이다.

6. 상담의 진단 과정과 평가

진단은 중요한 측면이다. 어떤 문제를 가졌는가를 진단하는 것은 중요한 목회의 측면이며, 상담의 성공을 위한 척도가 된다. 진단을 잘못하면, 상담이 도움이 되지 못하고, 상담자나 내담자가 시간을 허비하고, 대화를 즐기고 사귐을 나누다가 헤어지는 꼴이 되고 말 것이다. 상투적인 충고와 성경 인용은 내담자에게 허탈한 경험이 되고 말 것이기 때문이다.

진단을 위하여 필요한 것은 첫째, 내담자의 내면세계로 들어가는 상담자의 훈련된 자세이고, 둘째, 내담자의 말과 행위에 대한 집중력 있는 경청이다. 이를 위하여 목회자는 적절한 상담 환경을 조성해야 한다.

1) 상담 환경

상담은 주로 목회자의 사무실이나 서재, 목양실에서 진행된다. 목회자의 사무실이나 서재는 목사의 연구 공간이며, 종교적 상징이 가득한 곳이다. 상담에 적절한 환경을 갖추기 위해서는 필요한 것들이 있다.

- 방음 장치가 필요하다.
- 내담자에게 안락감을 줄 수 있는 의자가 필요하다.
- 적당한 조명이 제공되어야 한다.
- 생수나 음료수, 화장지는 필수품이다.

2) 진단 과정

(1) 도입

목회자는 공감 어린 자세를 가지고 내담자의 현재 상황에 깊은 관심을 가지고 있음을 진정성을 가지고 표현해야 한다. 지금 이 순간에 함께하는 목회자와 내담자는 이웃이며, 같은 언어를 나눌 수 있는 사람들이며, 자신의 성장과 변화를 위하여 동기화되어 있으며, 치료에 대한 기대와 희망을 가지고 있는 사람들이다. 도입을 위해서는 5~7분 정도 소요하고, 대화로 안내하고 인도한다. 사무실로 오는 과정이나 날씨에 대한 상투적인 질문을 하여 도입 과정을 희생하지 않아야 한다. 목회자는 다음과 같은 사항을 호기심 있게 관심을 가지며 도입 과정을 진행해야 한다.

- 목회자 앞에서 내담자가 불안해하고 있는가?
- 내담자는 불안을 어떻게 표현하고 있는가?
- 내담자의 옷차림은 어떤가?
- 내담자의 말투의 특징은 무엇이며, 외모나 신체 특징은 무엇인가?
- 내담자의 시선은 어디를 향하며 말하고 있는가?
- 내담자가 자주 사용하는 낱말이나 몸짓은 어떠한가?

2) 문제의 명료화 과정

내담자는 이 단계에서 자신의 문제점들을 설명하기 시작한다. 목회자는 반영적인 언어(reflective language)를 사용하여 내담자가 이야기하는 것을 분명하게 확인한다. 내담자 자신의 감정을 표현할 수 있도록 하며, 진단에 대한 밑그림을 그린다.

문제의 명료화는 내담자가 자신의 언어를 사용하여 표현하는, 자신의 문제를 자기의 문제로 받아들일 수 있게 돕는 작업이다. 내담자는 자신이 경험하는 것을 자기의 주관적인 관점에서 문제를 설명하기 때문이다. 이것을 듣는 목회자가 객관화시켜 주는 것이다.

3) 과거 경력 확인 과정

내담자의 과거, 교육 배경, 직업, 치료 경력 등을 확인한다. 우선 어디서 태어나서 어떤 성장 과정을 거쳤으며, 가족 사항을 조사한다. 형제 중의 출생 순서와 그 형제들과 부모와의 관계는 어떠했는지 알아가는 것이 필요하다. 이사, 전학, 성장 과정에서 기억에 남는 중요 사건, 기쁨과 슬픔, 충격과 부상 혹은 사고의 경험, 가족 중 주요 인물의 사망이나 그와 관련된 정서적 경험과 기억, 연애 경험과 결혼, 학력, 경력 등에 대한 사항을 묻는 것이 반드시 필요하다.

또한 선천성 질환의 유무, 그에 대한 치료 경력, 돌발적인 질환의 발생과 치료, 그에 대한 수술 경험, 교통사고, 약물복용, 알코올과 약물의 남용 경력, 취미나 습관 등도 질문하여 알아보는 것이 필요하다.

4) 현재 상담 이전에 받았던 도움이나 상담 경험 확인

이 문제를 해결하기 위하여 어떠한 도움을 얻은 적이 있는지를 묻는다. 의뢰된 상담일 경우에는 의뢰한 사람과의 관계를 확인한다. 그 도움과 상담의 경험은 어떤 기억과 감정을 지니는지 확인한다. 앞에서 언급한 대로 초점이 된 관계의 문제를 중심으로 문제와 과제 해결을 목표로 하여 단기에 상담을 종료하도록 계획하고 이것을 통하여 내담자(혹은 환자)가 목회상담을 제공하는 목회자와의 지속적인 관계를 가질 수 있도록 하게 하는 것이 중요하다.

.

제13장

목회상담의 심층적인 차원

지금까지 목회상담 이야기에 관한 많은 자료를 소개했다. 목회자에게는 때로는 생소하고 난해한 심리학 문서들과 신학과 목회 돌봄에 요구되는 개념들에 대해 이야기했다. 그럼에도 아직도 우리의 눈길과 손길이 닿지 않은 영역이 있다. 이곳은 보이지 않지만 목회자가 의식하여야 하는 부분이며 차원이다. 이 영역은 보고 만져서 알기에는 쉽지 않아서 '심층적인 차원'이라고 표현한다. 심층, 내면, 불가시(不可視) 영역이며 영성의 분야와도 교류할 수 있는 분야다. 이 장에서는 정신분석학과 대상관계이론가들의 핵심 주제라 할 수 있는 전이(transference)의 개념을 살펴봄으로써 인간 심리와 관계에서 발생하는 심층 영역을 탐색하여 목회상담에 적용하고자 한다.

1. 목회상담 관점에서의 전이[1]

19세기 말 프로이트는 자신에게 찾아오는 환자들을 치료하면서 그들이 호소하는 증상의 원인을 찾기 위해 노력하였다. 신체 증상이 나타나기는 하나 원인을 알 수 없었던 것이다. 그는 이를 히스테리 증상으로 보았고, 이것을 탐색하면서 무의식과 그곳에 잠재되어 있는 마음의 문제를 이야기하게 되는 과정에서 정신분석이 탄생된다. 정신분석은 광범위한 무의식을 연구하는 것으로 시작되었다. 그 가운데 현재까지도 논란을 견디면서 현대정신분석이론의 핵심이 되어 남아 있는 것이 전이 개념과 이에 대한 해석의 문제였다.

프로이트는 19세기 말 연구소이자 분석실[2]을 찾는 환자들이 호소하는 증상들을 들으면서 환자가 자유롭게 이야기하도록 도와주면서 그 증상과 관련된 마음의 문제를 이야기하면 증상이 사라지는 것을 경험하였다. 그는 정신분석 역사의 최초의 기념비적 환자였던 안나 오(Anna O.)를 브로이어(Josef Breuer)와 공동으로 치료하여 출간한 책『히스테리 연구』에서 이 사실을 밝히고 있다. 그 경험을 토대로 정신분석에 '말-치료(talking-cure)'라는 별명이 붙여졌다.

환자 자신이 느끼고 경험하는 일, 감정, 꿈, 연상되는 백일몽 어떤 것이든지 이야기하는 것을 잘 듣고 그것을 의사인 정신분석가(프로이

---

1) 이 부분은『목회상담 실천입문』 8장과 2장의 "목회상담에서의 관계 형성"에서 발췌한 것으로, 전이 문제와 관계 형성에 관한 주제를 정리하여 작성하였다.
2) 오스트리아 Berggasse 19, Vienna에 위치하여 현재는 프로이트 박물관으로 사용하고 있다.

트)에게 말하게 된다. 처음에 진료를 받으러 온 환자들은 일주일에 네 번에서 다섯 번 거의 매일 만나면서 치료하였다. 무의식의 영역 한구석에 남아 있는 '억압된 것(the repressed)'을 찾아서 말로 표현하게 하고 그 긴장된 에너지를 자유롭게 해 주면 긴장으로 발생한 심리적·신체적 증상이 해결되는 것이다. 소위 '억압된 것들로의 귀환(return to the repressed)'이란 표현이 분석 과정을 잘 설명한다.

환자와 의사가 치료 관계를 맺게 되는 것을 일반 상담학에서는 라포 형성(Rapport)이라고 부르기도 한다. 인류학자들이 부족의 문화를 연구하기 위하여 그들과 깊은 신뢰 관계를 형성하는 관계를 맺는다는 개념에서 사용한 것이다.[3] 이는 이야기를 들어주는 사람을 신뢰하고 그것을 토대로 하여 지금껏 입에 담을 수 없었던 혐오스럽고 수치스럽기까지 한 내용을 털어놓는 과정이다. 분석가는 그것을 잘 들어주면서 그것이 이 사람의 마음 깊숙이 자리 잡고 있었던 것임을 확인한다.

상담과 목회 돌봄을 제공하는 사람은 한 인간이 자신의 은밀한 이야기를 불안과 두려움 없이 마음 놓고 이야기할 수 있는 분위기를 제공해야 한다. 어느 누구에게도 털어놓기 힘든 성에 대한 담론이라든지, 가장 가까운 사람들 가령 부모나 배우자 또는 심지어 자녀들을 향한 분노와 혐오감을 허심탄회하게 털어놓고 자기를 개방하도록 하기 위해서는 각별한 공간, 즉 자유롭고 편안한 공간을 제공해야 한다. 아버지에 대한 무의식적인 적대감을 갖고 있는 딸이 아버지를 연상하게 하는 분석가인 프로이트에게 자신의 가장 내밀한 이야기를 할 수

---

3) 인류학에서 주로 사용되는 용어로 불어로 relationship을 의미한다.

있었던 것은 프로이트가 지닌 상담자로서의 능력이었다.

불안과 두려움을 불식시킨 자유로운 대화의 공간, 그러면서도 내담자인 소녀가 프로이트를 향한 적대감이 아버지로부터 전이되고 있는 것을 의식하는 분석적인 통찰을 목회상담자는 배워야 한다. 전이된 적대감을 버티면서 적대감의 출처를 규명하기 위한 다양한 가능성을 염두에 두고 내담자에게 접근하는 태도는 그 자체로 치유 효과를 제공할 수 있다. 이것이 목회상담의 중요한 출발점이 되어야 한다. 성적인 지향과 삶의 태도와 과거의 가정에서의 다양한 관계 역동, 충격적인 사건, 분노와 두려움의 대상 등을 파악하기 위한 대화가 절실히 요구된다. 전이 개념은 모든 정신분석학과 심지어 프로이트로부터 떨어져 나간 칼 융의 분석심리학이나 알프레드 아들러의 개인심리학에서도 중요한 주제이자 치료 도구가 되었다.

프로이트는 꿈을 '무의식에 이르는 왕도(royal road to the unconscious)'라고 부르며 꿈을 분석하여 정신분석을 창안한다. 1900년에 출판된 『꿈의 해석』은 프로이트를 세상에 자기분석을 통한 자신의 은밀한 욕구와 소원을 개방하여 프로이트를 프로이트되게 하였다. 그러나 그 후에 프로이트는 꿈조차 자신의 내밀한 소원과 욕망을 왜곡하고 가장하여 표현된다고 하였다. 이런 과정에서 정신분석의 관심은 꿈에 대한 자유연상보다는 상담 현장(분석가와 피분석가가 대화하는 장면)에서 일어나는 역동을 분석하는 것으로 점차 변모되어 간다. 퍼슨(E. S. Person)은 "전이의 발전과 그에 대한 분석은 무의식을 향한 '왕도'인 꿈의 분석을 대체하고 있다."[4]고 하였다.

---

4) E. S. Person, "Introduction", *On Freud's Observations on Transference-Love*, ed. by
   E. S. Person, A. Hagelin, & P. Fonagy(New Haven, CT: Yale University Press), 5.

'정신분석을 왜 목회상담에서 다루는가?'라는 질문이 있을 수 있다. 정신분석에 대한 평가는 심리치료와 정신건강 영역에서 긍정과 부정의 논란이 있어 왔다. 그 와중에 목회상담학은 정신분석 전통에서 두 가지 주제를 채택하였다. 하나는 인간의 신앙 행위와 위기 순간에 나타나는 인간 행동과 감정에 대하여 정신분석학이 해석학의 도구를 제공하고 있다는 점이다. 사람이 행동하는 데 따르는 눈에 보이지 않는 심리 내면의 움직임을 말로 표현하고 이야기하는 것을 어떻게 이해할 수 있는가를 설명해 준다. 또 다른 하나는 정신분석이 관계를 통하여 성장하고 변화되어 인간의 관계 역동을 탐색하여 설명한다는 점이다.

최근 목회상담 강의를 준비하며 프로이트의 동성애 환자를 분석한 논문 「여자 동성애가 되는 심리」[5]를 통하여 정신분석에서 동성애를 어떻게 다루는가를 연구논문으로 썼다. 여기에서 프로이트는 소녀를 분석하는 과정에서 두 단계를 거치고 있다고 설명한다. 그가 제시하는 분석 방법과 과정은 특이한 것은 아니었다. 그러나 간략한 특징이 있어서 소개한다.

첫 단계는 환자로부터 필요한 정보를 얻는 단계다. 묻고 대답하여 환자가 연상하고 기억해낸 이야기를 자료 삼아 연역하여 환자의 병이 어떻게 발생되었는지 구성하여 보여 주는 것이다. 두 번째 단계는 환자 앞에 놓인 자료를 작업하여 억압되어 있던 기억을 되살려 그것을 다시 경험하며 의사가 분석한 내용을 확인하며 보충하고 수정하는 것

---

5) 지그문트 프로이트, "여자 동성애가 되는 심리", 『늑대 인간』, 김명희 역(서울: 열린책들, 2003), 345-382. 영어본으로는 Sigmund Freud, "The Psychogenesis of a Case of Homosexuality in a Woman", *The Standard Edition of the Complete Psychological Works of Sigmund Freud*, vol. XVIII(London: The Hogarth Press, 1955), 145-72. 앞으로는 이 책은 *SE*로 줄여서 표기한다.

이다. 두 번째 단계의 분석에 이르렀을 때, 환자인 소녀가 경험하였던 다양한 동성애 성향과 내면에서 일어나는 욕망과 그것의 표현인 행동을 이해할 수 있도록 도와준다.

정신분석가가 되기 위한 훈련 가운데 중요한 개념들, 즉 금욕적 태도(Abstinence), 익명성(Anonymity), 중립성(Neutrality)의 세 가지 개념은 최근 들어 그 의미를 새롭게 복구해야 할 정도로 손상을 입었다고 평가되고 있다.[6] 그러나 전이와 전이의 해석은 여전히 다른 심리 치료기법 전통과 정신분석을 구별할 수 있는 중요한 핵심 원리이자 개념으로 간주되고 있다. 퍼슨이 말하는 것과 같이 전이와 전이의 해석은 정신분석가가 자신의 정체성을 다른 심리치료의 전통으로부터 구별할 수 있는 중요한 주제가 되고 있다.

상담 관계에서 역동적으로 발생하는 전이 현상을 보다 잘 이해하여 효과적인 치유의 도구로 활용하기 위해 다음 세 가지 질문을 중심으로 살펴보고자 한다.

첫째, 전이를 처음 정의하였던 프로이트가 가졌던 최초의 생각은 무엇이었는가?

둘째, 프로이트의 전이 개념이 프로이트 이후의 다른 정신 분석가들을 통하여 오늘까지 어떻게 발전되어 왔는가?

셋째, 목회상담을 공부하는 신학도와 상담전공자들이 전이 현상에 대한 다양한 해석을 어떻게 목회상담에 적용하여 실제 상담을 해낼 수 있는가?

---

6) Joseph Schachter, "Abstinence and neutrality: Development and diverse views", *International Journal of Psychoanalysis* vol. 75(1994), 965-969.

2. 전이에 대한 프로이트의 발견과 견해

프로이트는 전이에 대한 이론을 도라(Dora)를 분석한 사례의 '후기(Postscript)'에서 처음으로 제안하고 있다. 그는 히스테리 환자가 경험하는 신경증적 증상이란 성적인 원인에서 출발하고 있다고 보았고 이것을 설명하기 위하여 전이의 개념을 사용하였다. 신경증의 증상에 대한 병인론에서 전이 개념이 설정되었다. 프로이트는 도라를 분석하기 전에도 안나 오를 분석하면서 전이에 대하여 어느 정도 인식하고 있었다. 그러나 도라가 무의식적인 생각과 욕구를 분석가에게 돌리는 기제가 있다는 것을 발견하면서 이 현상을 설명하는 결과에서 전이 현상을 설명하게 된다.

전이란 무엇인가? 그것은 분석 작업이 진행되면서 일깨워져서 자각하게 된 자극과 공상의 재판이며 복제다. 이때 과거의 어떤 인물이 의사 개인으로 대체되는 현상이 특징적으로 나타난다. 다른 말로 표현하자면 과거에 겪은 일련의 정신적 체험이 사라지지 않고 의사 개인과 현실적 관계를 맺으며 다시 살아난다. 대체가 일어난 다음에도 내용적으로 그 이전의 형상물과 전혀 차이가 없는 전이가 존재한다.[7]

---

7) S. Freud, "Fragment of an analysis of a case of hysteria", *SE*, vol. 7(London: Hogarth Press, 1953), 116; 김재혁, 권세훈 역, 『꼬마 한스와 도라』(서울: 열린책들,

프로이트는 전이를 심리적 경험, 즉 환상이나 감정에 대한 경험이라고 하였다. 환자가 과거 어린 시절에 겪은 심리적인 경험을 현재 분석가에게 향하게 하는 심리적인 태도로 본다. 그는 전이를 정의하면서 두 가지 요소를 언급한다. 첫째, 현재 만나는 사람을 향한 어떤 환상과 감정이며, 둘째는 현재 이 감정을 일으키게 한 과거의 어떤 요인, 즉 병을 일으키는 요소이다. 과거의 사람을 향하였던 감정이 현재의 사람에게 전이되는 것들 대부분이 성적인 감정이라고 프로이트는 보았다.

프로이트는 진료했던 환자들에게서 발견한 '전이' 현상을 통하여 세 가지 태도를 가정한다.

첫째, 신경증을 치료하기 위한 치유적 접근이다. 환자를 어떻게 치료할 것인가를 생각하는 것이다. 프로이트는 샤르코(Charcot)와 베른하임(Bernheim)의 최면요법을 신경증 치료를 위해 실행하였다. 이것은 마치 외과의사가 다양한 수술요법을 통하여 어떤 병적인 문제를 해결하는 것과 같이 히스테리 증상을 치료하고자 수술을 하려는 것[8]과 같다.

둘째, 환자가 지니고 있는 신경증 증상을 병리적 생리학의 관점에서 연구하는 것이다. 피에르 자네(Pierre Janet)의 경우와 같이 어떻게 증상이 환자의 마음 가운데 작동하는가? 병든 부위를 조사하는 시신부검에 비길 수 있다.

셋째, 신경증의 원인을 밝히는 것이다.

---

8) Joseph Schachter, *Transference: Shibboleth or Albatross?*(Hillside, NJ: The Analytic Press, 2002), 15. 여기에서 샤크터는 최면요법을 통한 치료방법과 외과의사가 신경증 증상을 경감하기 위하여 난소 또는 음핵을 제거하던 과거의 치료법을 대비시

프로이트는 이 치유적 접근 세 가지를 다 활용하였고, 그중에서도 신경증 원인 분석에 집중하여 현대 정신분석의 중요한 이론들의 기초를 세웠다.

전이에 대한 구체적인 내용은 프로이트가 1912년에 저술한 「전이의 역동(Dynamics of Transference)」9)에서 발견된다. 전이는 정신분석가의 분석실 안팎에서 광의적으로도 협의적으로 사용되고 있는 개념이 되었다. 인간관계를 맺을 때 전이된 감정이 없는 인간관계를 상상할 수 있는가? 전이로부터 자유로운 인간관계는 있을 수 있는가? 사람을 만나 관계를 맺을 때에는 과거의 익숙한 어떤 대상을 연상하고 관련을 맺게 되는 것이 일반적인 현상이다. 과거를 돌이켜 보지 않아도 기억 속에 익숙했던 관계를 가져와 인간관계를 맺는다. 그런 점에서 사람들 주변에는 언제나 어디든지 전이를 통하여 자신의 어머니, 아버지가 존재하고 있는 것으로 경험하고 있다. 그러나 여기에서 문제는 대상관계이론이 제기하는 것처럼 전이를 너무 넓게 일반화하여 이해하면 과거에 맺었던 중요한 관계의 의미를 잃어버릴 위험이 있다는 것이다. 협의적인 정의는 전이 개념에 대한 이해를 정확하게 하는 강점은 있지만, 전이 현상의 보편성(ubiquity)은 사라질 약점이 있다.

전이란 무엇인가? 1912년, 프로이트는 전이를 다음과 같이 정의하고 있다. "어린 시절의 영상들(imagos), 특히 내재화된 부모님들의 영상이 현재 대상을 향하여 무의식적으로 치환된 것"10)이라는 것이다. 이 말은 앞서 언급한 바와 같이 우리가 맺는 관계에서 생겨나는

---

9) S. Freud, "Dynamics of Transference", *SE, vol. 12*, 97-108, 1958.

10) Moss L. Rawn, "Transference: Current Concepts and Controversies", *Psychoanalytic Review*, 74-1(Spring 1987), 107-124를 참고할 것.

모든 치환 현상을 다 포함시켜야 하는지 질문하게 한다. 그러나 '어린 시절의 영상들'이란 표현의 한계가 확실하다. 치환은 방어, 가치, 소원, 두려움 등을 포함한다. 유아기의 그 어떤 것을 원천으로 삼든 전이의 기본적인 특징은 반복적이며 부적절한 치환을 말하는 것이다. 그린슨(Greenson)은 "전이는 유아기의 중요한 영향을 주었던 사람에 관하여 일어났던 반응행위의 반복으로 무의식적으로 치환되어 적절하지 않은 대상임에도 불구하고 현재의 인물에게 나타나는 감정, 추동, 자세, 환상과 방어의 경험"[11]이라고 정의한다.

1) 병인론(Etiology)의 초점

프로이트는 자신이 살았던 시대의 세 가지 과학적인 관점의 영향을 받았다. 헬름홀츠 학파, 코흐(Koch)의 가설 그리고 다윈의 진화론이었다. 신경증 연구 역시 이 세 가지의 흔적을 볼 수 있다.

프로이트의 스승 가운데 에른스트 브뤼케(Ernst Brucke)의 동료였던 헬름홀츠(Hermann Helmholtz)는 인간의 생리학에 대하여 낭만적이고 적극적인 관념에 대항하여 혁신을 주도하며 19세기를 이끌었던 인물로 묘사된다. 그는 신경계통 연구에 양적 유물론을 적용하여 소위 과학적 합리주의를 주도하였다. 이 이론을 프로이트는 성 이론에 적용하였다. 물리적 에너지를 묘사하는 용어인 '리비도'를 사용하였다. 양적으로 측량할 수 있고 이해할 수 있는 물리적인 힘을 성 이론

---

11) R. Greenson, *The Technique and Practice of Psychoanalysis* (New York: International Universities Press, 1967).

2. 전이에 대한 프로이트의 발견과 견해

에 상정하였으며 그 힘이 인간의 행동에 영향을 끼치고 있다고 가정하였다.

둘째, 코흐의 가설은 당시 세균성 질환에 특별한 원인을 제공하였던 이론이었다. 프로이트는 인간이 겪는 신경증에도 이와 유사하거나 동일한 원인이 있을 것이라는 가설을 갖게 되었다. 코흐의 가설을 적용하여 신경증에도 어떤 원인이 있다는 가정을 발전시켜 프로이트 특유의 틀을 만들어 내었다. 맥밀란(Macmillan)은 "프로이트 이전에 어느 누구도 신경증의 원인이 될 만한 요소를 가늠하려고 시도한 사람이 없었으며, 특별한 원인을 규명하기 위하여 신체 의학으로부터 원리를 적용해 본 사람도 없었다."12)고 강조하고 있다.

셋째, 다윈의 진화론의 점진주의(gradualism)와 자연적 선택(natural selection)의 개념에서 프로이트는 가장 많은 영향을 받았다. 다윈은 자연은 결코 비약하지 않는다는 전제를 가지고 자연을 탐구하였다. 이러한 다윈의 자세를 프로이트는 인간의 심리적 현상과 행동에 적용하였다. 프로이트는 괴테와 라마르크에게서도 점진주의 사상의 영향을 받았다. 인간에게 있는 모든 현상은 지속성과 연결성이다. 그의 전이에 대한 이론도 그 영향권에 있다고 볼 수 있다. 어린 시절에 가졌던 애정과 혐오의 감정을 현재의 분석가에게 지속적으로 연결시킨다는 전이의 가설은 여기에서 출발하였다. 설로웨이(Frank J. Sulloway)는 다윈이 주장하고 있는 '선조로부터 얻게 된 형질이 유전한다.'는 점과 '개체 발생은 종족 발생에서 반복된다.'는 두 가지 가설을 바탕으로

---

12) M. B. Macmillan, *Freud Evaluated: The Completed Arc* (North Holland: Elsevier Science, 1991), 100.

프로이트는 어린 시절에 경험한 성적 유혹이 신경증의 원인이 된다는
가설을 세우게 되었다고 제시하였다.[13)]

2) 전이의 이론적 배경

무어와 파인(Moore & Fine)은 전이란 "본래 어린 시절 의미 있는
인물과의 관계에서 경험했던 감정, 사고, 행동 등을 현재 관계를 맺
고 있는 사람에게 치환하는 것"[14)]이라고 정의한다. 전이를 어떻게 다
루는가는 정신분석가의 자기정체성과 관련되어 있다.[15)]

히스테리 연구에서 프로이트는 처음에 전이를 '잘못된 연계(false
connection)'로 보고 있다. 오래전에 행해졌던 행위와 현재의 행위가
잘못된 관련을 맺고 있다는 것이다. 샤르코는 히스테리 증상이 몸의
일부분에서 다른 부분으로 옮겨가게 된 것으로 간주하였다. 그리하
여 샤르코는 환자에게 전기충격이나 자기의 영향을 주어 치료하고자
하였다.

'잘못된 연계'의 개념이 처음 등장하는 부분은 프로이트와 브로이
어가 함께 연구한 '히스테리 연구'에서였다.

---

13) Frank J. Sulloway, *Freud, Biologist of the Mind: Beyond the Psychoanalytic Legend*
(New York: Basic Books, 1979).

14) B. E. Moore and B. D. Fine, *Psychoanalytic Terms and Concepts*(New Haven,
CT: Yale University Press, 1990), 196.

15) Schachter는 정신분석가의 정체성을 십볼렛에 비유하고 있다. 구약성경 사사기 12:4-
6에서 사사 입다가 길르앗 사람들을 모아서 에브라임 사람들을 치는 사건이 등장한다.
숨어 있는 에브라임 사람들에게 십볼렛을 발음하게 하여 정확하게 못할 때에 그 종족
으로 판단하여 죽인 사건이었다.

환자가 치료자라는 인물에게 분석 내용으로부터 떠오른 고통스러운 관념을 전이한다는 사실에 공포감을 느끼는 경우다. 이것은 자주 그리고 어떤 분석에서는 으레 생기는 현상이다. 치료자에게 전이(Übertragung)되는 것은 '잘못된 연계(false connection)'를 통해 일어난다.[16]

자신의 사례를 통해 프로이트는 환자가 지니고 있었던 숨겨진 욕망을 분석하였다. 프로이트가 분석한 것은 환자인 여성에게 무의식적으로 내재된 '상대 남성이 주도권을 가지고 대담한 키스를 하면 좋겠다.'는 원망(顯望, Wish)과 욕망이었다. 프로이트가 이것을 말한 후에 환자는 밤에 두려움으로 잠을 이루지 못하였다. 이를 통하여 프로이트는 1895년 이후에 성적 욕망의 전이의 개념을 발전시켰던 것이다.

『꿈의 해석』에서 프로이트는 전이와 관련된 개념을 다음과 같이 서술하고 있다. "무의식적인 생각은 전의식에 들어올 수 없으므로 단지 전의식에 속한 생각과 연계하여 어떤 효과를 일으킨다고 할 수 있다. 생각의 깊이를 전달하여 그 생각으로 '포장되어' 표현된다. 여기에서 전이의 현상을 본다(562)." 도라의 사례에서 볼 수 있듯이 프로이트는 의사의 인격에 의하여 과거의 인격이 대치되어 일련의 심리적인 경험이 되살아나서 과거에 속하지 않고 현재의 순간에 의사의 인격에 적용되어 나타나는 현상으로서 전이를 말하고 있다. 그리고 여기에

---

16) J. Breuer and S. Freud, "Studies on hysteria", *SE*, *2*(London: Hogarth Press, 1955), 302; 김미리혜 역, 『히스테리 연구』(서울: 도서출판 열린책들, 1997), 404쪽. 여기에서 정신분석학 역사상 처음으로 '전이' 개념이 사용되었다. 프로이트는 여기에서 후기의 개념보다는 좁은 의미로 사용하고 있다.

서 왜곡이 일어난다고 보았다. 잘못된 연계가 시사하고 있는 것도 역
시 왜곡 현상이다. 반복되고 치환되어 발생하는 전이의 현상은 오이
디푸스 콤플렉스와 관련을 찾을 수 있다.

3) 지연된 행위(Nachträglichkeit, Deferred action):
보유성(補遺性)

프로이트가 1937년도 논문을 통하여 전이에 대하여 내린 마지막
정의에 대하여 현대의 분석가 질과 호프만(Gill & Hoffman)은 새롭게
정의하고 있다. 그들은 정신분석가가 분석할 때에 분석가에게 전이되
는 객관적인 아동기의 기억과 환상을 재구성하여 분석하여야 한다며,
특히 분석의 초점이 전이에 있다고 보았다. 여기에서의 전이는 더 이상
아동기의 경험이 왜곡되어 치환되거나 반복되는 것이 아니라, 현재 만
나는 분석가의 실제 특성과 성격에 대한 반응으로 나타나는 환자의 감
정과 환상이라고 하였다. 이것을 쿠퍼(A. M. Cooper)는 전이에 대한
"현대인의 이론"[17]이라고 보았다. 이 이론은 현재 분석가의 성격이 환자
의 전이에 영향을 끼치며, 이는 그 환자의 발달단계마다 만났던 다른 중
요한 인물들과 관계된 많은 기억과 환상에 의하여 영향을 받았던 것과
동일한 효과를 지닌다고 보았다. 프로이트가 언급하고 있는 '지연된 행
위(보유성)'[18]의 개념과 유사한 것이 되었다. 이미 오래전에 프로이트

---

17) A. M. Cooper, "Changes in psychoanalytic ideas: Transference interpretation",
   Journal of American Psychoanalytic Association, 35: 77-98, 1987.
18) 표준판의 번역의 책임자였던 제임스 스트레이치(James Strachey)는 이 단어를
   'deferred action'으로 번역하고 있다. 이를 토머와 체셔(Thoma and Cheshire)는 이

에 의하여 잠깐 언급되었던 이 개념과 현대적 전이 개념과 유사해진 것은 인간의 기억이란 전수되고 수정되어 삶의 과정을 통하여 지속적으로 조성되어 가는 것이기 때문에 그렇다.

프로이트는 1892년에서 1897년 사이에 저술한 논문들에서 지연된 행위의 개념을 발전시켰다. 이 개념은 자신과 자신이 치료하던 환자들이 지니고 있었던 성적 감정과 환상에 관하여 언급하면서 발전하였다. 프로이트는 자신이 보던 두 명의 여성 환자는 과거의 외상이 억압되어 나타난 히스테리 증상을 가지고 있다고 추측하였다. 1896년에 그는 "신경증 증상은 현재의 삶의 장애 또는 과거 삶의 중요한 사건이건 간에 환자의 성적인 삶으로 말미암아 발생한 것"을 자신이 치료 과정을 통하여 "발견하였다"[19]고 말하고 있다. 이 지연된 행위는 무의식 안에서 현재와 과거의 경험이 상호작용하고 있다는 것을 전제한다. 이 지연된 행위의 개념은 프로이트가 친구 플리스(W. Fliess)에게 1896년 12월 6일에 보낸 편지에 처음 등장한다.[20] 프로이트가 마흔이 된 해였으며 여성 환자들을 향한 자신의 성적 충동이 조절되는 것에 관하여 언급하였던 것이다.

렇게 번역한 것을 비판하면서, "아주 어린 시절에 일어났던 사건이 현재에 미치고 있을 직접적인 영향력에만 주의를 기울이는 단일 인과론적(mono-causal)인 결정론으로 환자의 개인 역사를 환원시키는 것을 금하는 것"이 Nachträglichkeit의 가장 중요한 개념이라고 주장한다. 이것을 어떤 이들은 '사후성'이라 번역하였으나 본 연구자는 그 의미를 볼 때 보유성(補遺性)이라고 제안한다. H. Thoma and N. Cheshire, Freud's Nachträglichkeit and Strachey's "deferred action": "Trauma, constructions and the direction of causality", *International Review of Psychoanalysis*(1991), 18: 418 참조.

19) S. Freud, "Heredity and the aetiology of the neuroses", *SE* 3:149.

20) A. H. Modell, *Other Times, Other Realities: Toward a Theory of Psychoanalytic Treatment* (Cambridge, MA: Harvard University Press, 1990).

프로이트가 도라를 치료하던 때 처음으로 이 지연된 행위의 개념과 전이가 관련이 있음을 암시하고 있다. 어린 시절의 사람을 향했던 여러 가지 심리적 경험, 즉 충동과 환상의 새로운 전형이나 복제가 현재의 치료자에게 나타나는 것으로 보았던 전이 현상을 프로이트는 도라의 사례에서 발견하였다. 여기에서 지연된 행위가 전제하고 있는 것처럼 변화되지 않은 심리적 경험이 복제되어 나타나거나 혹은 승화(sublimation)되어 변화되어 나타난다고 보았다. 프로이트는 도라가 자신의 기억과 환상의 중요한 부분을 치료 과정에서 재생산하기보다는 행동화하고 있다고 덧붙인다.[21]

늑대 인간의 사례에서는 20대 남성이 한 살 반 때 보았던 '첫 장면(primal scene)'을 네 살 때 기억해낸 것은 부모의 성행위 장면이었다고 프로이트는 상정한다. 네 살 때 기억이란 네 살짜리 소년의 상상에서 이루어진 것으로 이해한다면 이것이 현재 분석가와의 관계에서는 어떤 의미를 갖는가를 다시금 생각해야 한다. 곧 전이된 현상으로서 스무 살 청년이 보는 것이거나 혹은 변화되지 않은 과거의 외상 경험이 있는 그대로 도라에게서 본 것과 같이 그대로 행동화된 것인가를 확인하여야 한다.

이에 대하여 모델(Modell)은 단순한 반복적인 행동화가 아니라 재창조라고 보았다. 모델은 지연된 행위란 개념은 "전이에 있어서 주요한 콤플렉스의 재현은 경험의 반복이 아니라 환상의 재현"[22]이라고 말한다. 분석의 가장 중요한 핵심은 환자가 가진 객관적인 외상의 기

---

21) S. Freud, "Fragment of an analysis of a case of hysteria", *SE, vol. 7*, 119.
22) Modell, *Other Times, Other Realities: Toward a Theory of Psychoanalytic Treatment*, 17.

억이 분석가에게 전이되는 것을 통하여 분석가가 재구성해내는 것이다. 고전적·역사적 접근을 고수하는 분석가들은 환자의 기억을 탐구하여 이야기를 구성해 내는 데 반하여 지연된 행위를 바탕으로 이해하는 현대의 분석가들은 분석가의 특성과 성격에 대하여 환자가 현재 느끼고 있는 감정과 환상의 개인적인 의미를 연구하는 것이다. 환자가 반응하는 현상으로 나타나는 전이를 재구성하고 해석하고 분석하는 동안 발생하는 관계의 변화, 즉 이 지연된 행위를 다루는 것이 분석이다. 차이는 결국 변화되지 않은 과거의 기억이 현재 분석 상황에서 행동화되거나 복제되어 재현되기보다는 지금 여기에서 어떻게 해석될 수 있는가를 다루는 것이 중요하다.

3. 대상관계이론: 멜라니 클라인

현대 대상관계이론의 기초를 놓은 클라인은 전이에 관하여 다음과 같이 서술하고 있다. "부모에 대한 과거의 관계와 분석가에 대한 현재의 전이 관계는 원인과 결과의 관계가 아니라 서로 다른 시기에 발생하는 같은 종류의 예다. 시간이 지나도록 변함없는 것은 과거에 발생하고 현재까지 지속되는 대상에 대한 환자의 무의식적 관계 맺기 방식이다. 이것은 아동에게도 마찬가지이며, 아동의 전이는 유아기 때 부모와 형성한 관계 양식의 연속이다."[23]

---

23) R. Caper, *Immaterial Facts: Freud's Discovery of Psychic Reality and Klein's Development of His Work*(Northvale, NJ: London: Jason Aronson Inc., 1988), 142. 박선영, "멜라니 클라인의 아동정신분석: 이론 및 임상체계의 비판적 재구성" 이화여자대학교 대학원 박사학위 논문, 2004, 177면에서 재인용.

클라인은 어린아이들이 보여 주는 모든 저항과 전이를 해석함으로써 유아심리치료를 수행했다. 클라인이 보았던 어린아이들의 전이는 투사의 형태로 나타난다. 그에게 전이는 아이의 현재 무의식 세계의 투사이며, 살아 있는 생생한 무의식의 외현화다. 그래서 클라인은 "무의식의 탐구는 정신분석 과정의 주요 과업이고, 전이의 분석은 이 목적을 성취하는 방법이다."[24]라고 말한다. 그는 정신분석의 과정을 환자가 지니고 있는 무의식적 환상과 정신역동의 실체를 보고 환자가 지닌 과거의 경험, 소망과 두려움, 기억이 어떻게 분석가에게 전이되고 있는가를 탐색하는 것이라고 본다. 과거의 유물로서 전이를 보는 것이 아니라 심리적 현실로 간주한다. 아이의 내적인 상황이 즉각적인 현실로 외재화되는 구조적 개념이라는 것이다.[25] 환자는 현재 삶의 갈등 상황에서 그 고통을 피하기 위하여 전이 상황으로 도피한다. 현재 분석가에게 전이되는 것은 단순한 과거 관계, 문자적 의미의 관계 자체가 아니라 과거에 형성되어 지금까지 아동의 심리적 현실을 지배하는 관계 양상 또는 그 심리적 현실이 전이되는 것이라고 하였다. 기본적인 입장에서 클라인은 프로이트와 같은 시각으로 전이를 보고 있다. 다만, 클라인은 환자와 분석가와의 상황에서 더욱 "근원적이고 원초적인 초기 대상관계의 재현"으로 전이를 해석한다. 분석가의 태도와 해석은 환자에게 어린 시절 자신이 경험했던 좋은 젖가

---

24) Melanie Klein(1955), The Psycho-Analytic Play Technique: Its History and Significance, in *The Selected Melanie Klein*, ed. by J. Mitchell(New York: Penguin Books, 1986), 37.

25) D. Meltzer, The Kleinian Expansion of Freud's Metapsychology, *International Journal of Psycho-Analysis, 62*, 1981, 179.

슴 혹은 나쁜 젖가슴으로 느껴진다. 클라인의 충실한 해석자이자 제자인 시걸(H. Segal)은 전이를 다음과 같이 설명하고 있다.

> 단순한 아동기의 반복이 아니다. 어떤 내적 인물과 자기의 부분이 분석가에게로 투사될 때 정신분석적 과정은 내적 인물과 관계의 본질을 수정한다. 이렇게 해서 우리는 분석에서 역사적 과거뿐 아니라 분석적 과정에서 역동적으로 변화와 수정을 유지하는 비역사적 (ahistorical) 과거를 다룬다. 때로 매우 감정적인 방식으로 재생되는 그러한 역사적 과거는 연대기적 순서뿐 아니라 전개되는 전이 관계의 내적 역동성 측면에서도 물론 재생된다.[26]

엄격한 의미에서 전이는 과거의 관계가 바로 지금 새로운 관계에서 재생되는 것이지만, 클라인은 과거라는 의미 자체를 조정한다. 어린아이에게 과거란 현재 작동하고 있는 생생하게 살아 있는 과거이기 때문이다. 아동의 마음과 사고 가운데 폐기된 과거가 아니라 지금 여기서 살아 활동하는 무의식의 세계가 외부로 투사되어 나타나는 것이 전이라고 한다. "유아기는 영원히 현재다. 이것은 아이의 특별한 기억과 연결될 수 있다. 이 특별한 기억은 기억이 아니라 지속적인 현실성이다."[27]라고 미첼은 주장한다.

클라인에게 특별한 것은 '시간의 현재성'이다. 연대기적으로 시간

---

26) Hanna Segal, "Early Infantile Development as Reflected in the Psychoanaytical Process: Steps in Integration", *International Journal of Psycho-Analysis, 63*, 1982, 15.

27) J. Mitchell, *The Selected Melanie Klein*, 26.

의 흐름을 생각하지 않고 과거와 현재가 같은 공간에서 동시적 개념
으로 존재한다고 보고 있다. 과거와 현재가 구분되는 것은 오직 물리
적 사건의 발생일 뿐이다. 과거의 경험과 이미지는 경험하는 주체의
의식과 무의식에 자리 잡고 있으며, 현재 경험하는 사람과의 관계와
결부되는 환상을 형성하는 것은 선형적 시간의 흐름이 아니라 구조적
인 형태로 구성된다. 힌셸우드(R. Hinshelwood)는 클라인의 전이의
개념을 다음과 같이 설명한다. "전이는 단순하게 과거의 태도, 사건,
외상의 반복이 아니다. 그것은 '지금 여기'에서 무의식적 환상이 외
재화되는 것이다. 외재화 과정에서 중요한 것은 단순한 시간적 전이
와는 대조적으로 전이의 개념에 시간의 중요성뿐 아니라 공간의 중요
성을 시사한다."28) 그러므로 클라인이 보는 전이는 현재의 역동적 심
리과정이다.

클라인은 또한 분석가에 대하여 환자가 경험하는 갈등과 불안을
과거와 같은 방식으로 다룰 때 최초의 대상에게서 돌아서려고 시도했
던 것처럼 분석가에게서도 돌아선다고 보았다. 분석가와의 관계를
분열하고 분석가를 좋거나 나쁜 대상으로 유지하려고 한다. 여기에
서 '분석가에게서 돌아선다.'는 의미는 전이의 구조가 낳은 부산물이
다. 곧 현재의 불안과 방어, 관계가 모두 실제적인 의미와 기능을 갖
는다고 본 것이다. 무의식적인 환상이 강력하게 작동하며, 이러한 환
상의 작용하에 전이가 이루어지고 있음을 볼 수 있다.

---

28) R. Hinshelwood, *A Dictionary of Kleinian Thought*(London: Free Association Books, 1989), 15.

4. 클라인 이후의 발전:
대상관계이론에 기초한 가족치료

대상관계이론을 기반으로 한 가족치료에서는 전이를 광범위한 관점에서 본다. 가족 간에 일어나는 전이와 가족 구성원과 치료자 사이에 일어나는 전이 역시 관찰과 분석의 대상으로 삼는다. 분석 대상이 되고 있는 가족과 치료자 사이의 전이에 초점을 강화하여 치료해 간다. 고전적인 정신분석이론에서 적용하는 전이의 개념과 같이 감정, 환상, 사고, 행위 등을 분석가와 가족 구성원들이 어떻게 나누는지에 대하여 관심을 갖는다. 치료받는 구성원들이 가족치료자의 인격을 경험하며 분석 작업을 할 수 있는가가 중요한 관심사다. 아폰테와 밴듀센(Aponte & VanDeusen, 1981)은 전이를 전략적 가족치료와 구조적 가족치료 집단에게 유용하게 간주되고 있는 '치료자의 인간됨과 더불어 하는 치료 작업의 기법'과 견줄 수 있다고 본다.

프로이트는 환자가 지니고 있는 욕구의 목적이 상담자 또는 치유자를 향하는 것으로 보았다. 초기에 프로이트는 치유의 과정을 방해하는 물을 흐리는 진흙과 같은 것으로 전이를 간주하였으나 얼마 지나지 않아 전이 현상이야말로 치유자에게 환자가 금지된 상상과 감정을 어떻게 다루고 있는 것을 보여 주는 아주 좋은 본보기로 간주하게 되었다. 이와 같은 프로이트의 전이에 대한 견해를 보다 구체적으로 발전시켜서 대상관계이론에서는 투사적 동일시(projective identification)라고 말하고 있다.

대상관계이론에서는 프로이트가 제안하였던 원초적 충동의 변화된 모습, 즉 치환(displacement)으로 보지 않고, 치유적 관계를 통하여 겉으로 드러나게 경험하는 내적인 대상관계의 표현으로 보았다. 프로이트의 전이 개념을 대상관계이론 가족치료에서는 확대하고 있다. 환자가 자기의 가족과 관계를 맺는 순간에 해당하는 내면적 대상세계를 치료자와 관계를 통하여 재현하도록 허용한다. 대상관계이론에서는 전이란 "유아적 의존의 변천과 성적 · 공격적 성향에서 생겨난 원초적인 감정에 의하여 영향을 받은 관계 맺는 방식의 산 역사"[29]로 간주한다. 분석가가 지니고 있는 '금욕적 태도(abstinence)'[30]를 통하여 이런 전이 현상이 분석 상황에서 발생되어야 한다. 금욕적 태도란 환자의 욕구와 열망이 환자의 내면에서 기능하고 변화를 일으키는 힘으로 작용할 수 있도록 지탱하게 해 주는 기본 원리다. 분석가는 대리자가 되어 이와 같은 힘을 충족시킬 수 있도록 유의해야 한다.

대상관계이론가들은 이와 같은 금욕적인 태도를 통하여 환자의 내면에 '대상 기근'을 불러일으킬 수 있다고 믿는다. 분석 과정을 통하여 환자가 분석가에게 가까이 다가가게 된다. 이는 대상으로 굶주린 환자가 대상으로서의 분석가를 통해서 허기를 채우려는 시도다. 이때 전이가 불가피하게 일어난다. 전이가 강렬하고 분명하게 나타나면 그와 같은 환자와 분석가 사이의 큰 간극을 채우기 위하여 환자는 분석가에게 밀착하게 된다. 분석가는 환자로부터 균일한 거리를 유지하기 때문에 환자는 자기의 세계로부터 나와서 분석가를 향하여 다가서게 된다. 이는 조작적인 경향을 띠는 것으로 보이기는 하지만

---

29) David E. Scharff and Jill S. Scharff, *Object Relations Family Therapy*(Northrale, NJ: Jason Aronson Inc., 1987), 203.

30) S. Freud, "Observation on transference-love, *SE, vol. 12*, 165.

환자 자신의 내면의 세계를 개방할 수 있는 필요한 조건이기 때문에 적절한 심리적인 중간 지대를 갖는다. 이곳에서 환자와 분석가는 자신의 내면 세계를 밖으로 끌어내어 살아나게 하고 다시 조망할 수 있게 된다. 이러한 현상이 발생하면, 환자가 이전에 살아온 각 발달단계에서 겪었던 다양한 사건의 기억과 경험, 감정 등을 되새김질하게 된다.

가장 중요하다고 여기는 경험, 견디기 힘들었던 사건, 초등학교에 들어가기 전에 경험했던 것들을 반추하는 경험을 하게 된다. 이러한 경험이 반복되면서 전이 현상을 통하여 분석가뿐만 아니라 환자 자신도 적절성 여부를 가늠하게 된다. 현재의 삶에서 과거의 기억과 그에 대한 감정이 환자 자신의 내면에서 어떤 반응을 일으키는지 스스로 관찰할 수 있게 된다. 분석가를 향한 반응을 보면서 환자가 현재의 분석가를 어떻게 여기고 있는지, 과거에 자신에게 중요한 의미를 지녔던 사람과 동일하게 혹은 상이하게 여기고 있는지를 판단하면서 분석가는 분석 과정을 수행한다.

다양하고 광범위한 견해를 지니고 있는 대상관계이론가들 대부분이 분석가와 환자의 관계가 임상의 중심부에 있다고 믿는다. 그리하여 영국 경험주의 전통의 이론에서는 환자와 분석가 사이의 작업동맹 관계에서 전이이론이 발전되었다. 건트립(H. Guntrip)은 대상관계이론의 역사를 서술하면서, 다음과 같이 적고 있다.

자아의 발달과 유지는 근본적인 심리 역동 과정으로 간주되고 자아는 인격적 대상관계의 중심 가운데에서만 발달하게 된다면, 어떤 단계든지 그 가운데 특별히 깊은 수준의 심리치료는 인격적인 치유

관계의 결과로 나타날 수 있다…… 우리는 '증상'보다는 '인간'에
대하여 더욱 큰 관심을 가지게 될수록 인격적인 치유 관계가 모든
상황을 더욱 지배하게 된다.[31]

전이는 환자가 비인격적인 상황 가운데 경험할 수 있는 고립된 현
상이기보다 분석가와 관계를 맺을 때 관찰될 수 있는 인격적 관계이
며 상황과 문화의 매개체라는 것이다.[32] 이에 대하여 버드(Bird)는
"아직 탐색되지 않은 개념이기는 하지만 전이는 모든 인간관계의 기
초가 될 수 있는 보편적인 정신적 기능"이라고 하였다. 더 나아가서
가족치료 과정에서 가족 구성원 간에 일어나는 전이의 경험은 그들의
초기 관계로 채색되어 있으므로 모든 발달단계와 과정 가운데 원시적
인 형태의 감정들로 다루어지고 인식되어 나타난다고 본다. 이와 같
은 부류의 전이는 이와 비슷하거나 보완적인 성향을 가진 사람들과
관계를 맺게 될 때에 가족과 관계를 맺을 때와 마찬가지로 낯선 사람
을 만났을 때에도 유사한 특성으로 관계를 맺게 되는 기본 성향의 역
할을 한다.

31) Harry Guntrip, *Schizoid Phenomena, Object Relations and the self*(New York:
International Universities Press, 1969), 310; Scharff and Scharff, 앞의 책 204쪽
에서 재인용.

32) Scharff and Scharff, 204-5.

5. 전이와 현실을 통하여 본 치유 관계

1) 전이와 현실

만일 상담자가 전이 현상과 현실을 분명하게 분리할 수 있게 되면, 전이로부터 자유로운 인간관계와 치료 관계를 맺을 수 있을 것이다. 현실과의 분리에 성공하면, 인격적인 왜곡 상태로 존재하는 전이 현상을 분명하게 볼 수 있다. 이렇게 될 때에 상담자는 치료자로서 왜곡이 없는 온전한 인식과 의식을 가지고 정상적인 행동을 할 수 있을 것이다. 이와 같은 분석을 완벽하게 해내게 되면, 내담자가 하는 행동과 언어가 전이의 결과로 일어난 반응으로 현실과 구분하여 해석하고 설명해 줄 수 있다. 왜곡과 치환 없이 현실을 있는 그대로 볼 수 있는 사람은 자신이 만나는 사건과 만나게 되는 모든 사람을 왜곡 없이 볼 수 있게 될 것이다.

부인이 쓰레기를 좀 버려 달라고 부탁하는 것 때문에 화를 낸 내담자가 한 행동은 모성적 지배에 대한 무의식적인 공포가 부인에게 투사된 것으로 설명할 수 있다. 지배적 성향을 지녔던 어머니에게 내담자가 품고 있던 공포와 분노의 감정이 아내에게 향했던 것을 분석 과정을 통하여 알게 되면, 그와 같은 무의식적인 공포에 의한 분노의 감정은 사라질 것이다.

상담자의 역할은 현실과 전이를 분별하는 것이다. 이 시점에 중대한 질문이 생긴다. "전이 가운데 현실로부터 분리되지 않은 것도 있지 않는가?" 그렇다면 또 다른 중요한 철학적 질문이 생긴다. "과연 현실은 무엇인가?"다. "우리가 경험하고 있는 것은 완전한 현실인가?" 아니면 "과거의 어느 사건과 인물과의 관계에 의하여 내면화되어 있는 것이 현실 가운데 전이되어 체험되는 것인가?" 질문은 여전히 남는다. 이와 같은 질문을 통하여 전이로 채색되지 않고, 과거의 내적인 대상으로부터 자유롭고 왜곡되지 않은 감정을 지닐 수 있는가가 상담자로서 지녀야 할 태도이다.

2) 전이와 작업동맹(Working alliance)[33]

상담 관계를 정의한다면, 치료를 목적으로 위탁된 치유적 관계를 의미한다고 볼 수 있다. 내담자의 문제를 해결하는 방향으로 설정된 사역과 치유 행위를 포함한다. 어떤 학자들은 전이 요소를 여기에 포함하고, 어떤 학자들은 이것을 제외한다. 어떤 이들은 비의적인 방법을 사용하여 제외시킨 후에 적당한 때에 다시 수용하여 사용하고, 어떤 이들은 전이의 의미를 강조하고 어떤 이들은 이러한 남용을 비난하기도 한다.

전이를 제외시킨 작업동맹을 말하는 사람들은 내담자들이 관계 맺음을 경험하지 못하고 교묘하게 가장된 전이를 부추기는 위험에 빠진다. 상담자에게 적극적으로 협력하며 상담자의 해석에 공감하는 내담자는 분석할 수 없는 상태가 된다. 이 협력은 자신의 아버지를 즐겁

---

33) 작업동맹이란 말은 일반 상담에서는 잘 사용하지 않는 용어라 생소할 것이다. 이 말은 상담 관계 초기에 형성되는 라포와 같은 개념으로 이해하면 된다. 이 용어를 계속 사용하는 것은 정신분석에서의 관계라는 것을 구분하기 위함이다.

게 하고자 하는 마음에서 생겨난 치환된 전이로 인해 상담자에 대한
맹종적인 행위가 되고 만다. '작업동맹'이란 미명하에 저항은 강화되
고 발전은 없는 과정이 되는 것이다. 때문에 어떤 해석은 마치 아버지
같은 상담자를 기쁘게 하기 위한 것이라 받아들인다. 이 문제의 이면
을 살펴보면, 내담자는 전이로부터 현실을 구별하여 볼 수 있는 능력
을 갖고 있지 않으므로 현실 원칙이 적절하게 활용되지 못한다는 한
계가 있음을 알 수 있다. 따라서 작업동맹을 구별할 때 얻을 수 있는
유익을 보존할 수 있는 방법으로 '현실에 근거한 작업동맹'을 맺어야
한다.

작업동맹을 말하는 것은 신경증적인 요소와 전이에 근거하지 않은
관계를 설정하므로 치유에 도움이 된다. 특별히 고전적인 인격 장애나
경계선, 자기애적 사례와 정신병(psychosis)의 경우 작업동맹 개념이
가치를 지닌다. 이와 같은 사례들에서는 내담자가 분석 과정에 들어갈
수 있도록 돕고 현실 시도를 격려할 수 있는 관계를 맺게 되면 상담 관
계를 맺지 않고 하는 것보다 훨씬 더 쉽게 그 문제들을 찾아낼 수 있다.
그럼에도 내담자에게 새로운 대상으로 관계를 맺게 된 상담자의 존재
와 상담 관계를 구분하는 것이 필요하다. 새로운 대상으로서 상담자는
전이의 대상이 될 뿐만 아니라 상담 관계의 파트너로서 새로운 대상으
로 역할을 하게 된다. 이때 프로이트가 말한 것처럼 "오래된 대상의 새
로운 발견"34)인가 아니면 새로운 대상인가 구분해야 한다. 새로운 과
정을 발견해 가는 데 초점을 맞추고, 새로운 대상과 관련 맺는 것이 이
전의 관계와는 구별하는 것이 상담관계의 관건이다. 그러나 상담 관계

---

34) S. Freud, "Three Essays on the Theory of Sexuality", *SE*, Vol. 7(1949), 135-245

와 반드시 일치되지는 않는다. 오히려 상담 관계는 과정을 향하고 있으며, 새로운 관계맺음은 이 과정에 내용을 담고 있다.

3) 자아 전이와 대상 전이

정신분석가들은 내담자가 상담자에게 자아의 많은 국면과 또한 어린 시절의 부모의 영상(imago)을 현재의 대상인 분석가에게 투사한다고 믿어 왔다. 최근에 나르시시즘에 대한 연구에 따르면 내담자가 상담자가 받아들이기 힘든 욕구와 소원을 투사할 뿐 아니라 다양하고 복잡한 자아의 표상을 상담자의 탓으로 돌리는 경우가 있다. 바로 이 것이 새로운 강조점이다.

지나치게 자기에 대한 관심에 몰두하는 환자가 자신의 자아 전이를 해석하여 자기애적인 성격을 치유하게 된다. 이럴 때에 다른 유형의 환자에게서 나타나는 자기애적인 문제를 다루는 데 큰 도움이 된다. 슈퍼비전을 할 때에 많이 볼 수 있는 현상인데, 대상 전이를 자아전이보다 훨씬 더 잘 관찰할 수 있다. 대상을 향하여 전이감정을 표현하는 것도 필요하지만 자기의 자아에 몰입하여 일어나는 자아 전이를 주의해야 한다. 일부 정신분석가는 자아 전이와 대상 전이를 구분할 필요가 없다는 견해를 내놓는다. 그러나 이는 치료의 대상과 범위를 확대할 수 있는 기회를 차단하는 것이 될 수 있다.

대상 전이는 자기애적 성격장애를 포함해서 많은 성격과 자기 몰입이 일으키는 장애를 이해할 수 있는 데 도움을 줄 수 있다. 프로이트는 자기애적 신경증을 전이 신경증으로부터 구별하고 있다. 자기애적 신경증은 자아 전이를 일으키고 전이 신경증은 대상 전이를 일

으킨다고 말할 수 있다. 프로이트의 주장을 문자 그대로 받아들이지
는 않았으나, 이 두 가지를 분리해서 이해하기보다는 두 가지의 차이
를 비교하면서 분석하는 것이 유용할 것이다.

4) 전이 신경증의 사례

전이 현상이 극단적으로 나타나는 사례를 통하여 전이를 좀 더 구
체적으로 이해할 수 있다. 여기서 먼저 가져야 할 관점은 전이 반응과
전이 신경증을 구별하는 것이다. 전이는 흔히 일어나는 보편적인 현
상이지만, 전이가 극도로 활성화될 때에는 걷잡을 수 없는 임상의 난
점이 될 수 있다. 심리치료와 분석의 초기 단계에서 내담자는 소위 임
시적인 전이 증상을 나타낸다. 전이 신경증에서는 치유의 초점이 전
이에 있다. 내담자는 상담자와 자기와의 관계에 지대한 관심을 갖는
다. 상담자에 관한 모든 것에 흥미를 가진다. 내담자는 상담자의 분
석에 몰입하고 퇴행적이 된다. 내담자의 모든 연상은 상담자에게 초
점을 맞추게 되고 즉각적으로 전방에 드러나지 않는다 하여도 멀지
않은 곳에서 그 관심사를 발견할 수 있다. 이 개념을 '순간적인 전이
(fleeting transferences)'라고 한다. 내담자는 상담자를 향한 관심을
가지지 않지만, 전이는 자연스럽게 형성된다. 분석실 밖에서 일어나
는 내담자의 삶에 대한 관심 때문에 순간적인 전이가 일어난다. 내담
자는 이러한 순간적인 반응을 원하지 않는 침입자로 간주한 즉시 자
신이 중요하다고 여기는 것으로 돌아올 수 있다. 현재의 사건은 과거
의 회상으로 채색되는 경향을 가진다.

론(Moss L. Rawn)이 제시하고 있는 다음 두 가지 사례[35]는 '순간

적인 전이'와 '전이 신경증'의 차이를 잘 보여 준다.

첫째 사례: 20대 후반의 여성

이 여성은 한 남자에게 친밀한 애정의 관계를 맺을 수 없으며 누군 가를 사랑할 수 없다는 것을 호소하면서 치료자를 찾아왔다. 이 여성의 이성교제는 지속적이지 못하고 간헐적인 만남에서 끝나 버리는 것이 문제였다. 그녀는 새로운 남자를 사귀는 것을 두려워하였다. 그래서 주말에 남자를 만나려면 많은 희생을 치러야 하므로 만나고 싶지 않지만, 평일에는 두 번 만날 수 있다고 하였다. 그녀가 원하는 날은 화, 금요일이었다. 이 날들은 치료자와 만나는 분석일과 같았다. 우연의 일치를 즐거워하면서도 소중한 시간이 낭비되었다고 분개하기도 하였다. 이 순간 전이는 놓칠 수 없었다. 치유의 단계에서 찾아내기가 쉽지 않았고, 저항의 분석이 도움이 되지도 않았다. 순간적인 전이로서 그대로 두도록 치료자는 허용하며, 나중에 준비될 때 다시 시간을 약속하도록 합의하였다. 전이를 두려워하는 것을 관찰하는 것은 수월하였다.

두 번째 사례: 30대 남자 내담자

30대 남자는 상담자와 일주일에 네 차례 만나는데, 대부분 시간보다 5분 늦게 오곤 하였다. 어느 날, 5분 먼저 도착한 그는 젊은 여자 내담자와 마주쳤고, 제시간에 분석실을 떠나는 것을 보았다. 소파에

---

35) Moss L. Rawn, "Transference: Current Concepts and Controversies", *Psychoanalytic Review*, 74-1, (Spring 1987), 107-124에서 발췌한 사례다.

앉자마자 그는 자신이 가진 환상을 이야기했다. 상담자가 대기실로 와서 직전에 만난 내담자가 어려운 문제가 있어서 분석 시간을 연장해야 해서 그를 만날 수 없게 되어 미안하다고 말하는 환상이었다. 덧붙이기를 이것은 사실이 아니었고, 다만 그가 상상한 것이라는 것도 말했다. 최근에 재혼한 아내가 전 남편에게 과도하게 관심을 쏟고 있으며, 전화를 하는 것도 아이들을 데리고 오고 보내 주기 위해서가 아닐까라고 생각하였다. 그렇지만 그가 갖고 있는 두려움은 근거가 없는 것이라 하였다.

　이 생각은 그의 어머니가 누이동생을 특별히 우대했던 기억을 떠올리게 했다. 여동생은 그런 대접을 받을 자격이 없었는데도 혜택을 누렸다고 한다. 반면 자기는 어머니에게 잘 했는데도 그런 특별한 대우를 못 받았다고 한다. 그가 다른 사람들에게 기대한 감정과 당연한 행동이 누이동생에게는 예외였다. 만약 상담자가 자기보다 먼저 온 여성 내담자에게 시간을 더 할애해야 한다면 자신은 이해할 수 있다고 말하였다. 이것은 아주 잘 발달된 전이 신경증의 예다. 이 내담자는 상담자에 대한 환상을 매우 자주 그리고 활발하게 만들어 냈다.

　이후에 이 내담자는 찾아와서 외부 세계와 내면세계를 구분하는 데 극도의 어려움이 있다고 호소하였다. 그날 그가 본 환상은 극에 달하였다. 분석하는 소파에서 그는 손으로 양 귀를 때리고, 펄쩍펄쩍 뛰면서 큰 소리로 혼잣말을 하였다. "그만해, 그만해, 참을 수가 없어." 극심한 고통에 빠졌다. 갑자기 소파에서 내려오면서 상담자의 옷장 문을 세차게 열어젖히고는 다시 소파로 돌아와 앉았다. 그리고 머리를 두 손으로 감싸고 억제할 수 없이 흐느껴 울었다. 그가 본 환상은 어떤 사람이 옷장 안에서 도끼로 내담자를 쳐서 조각내고 있는 것이었다. 옷장으로 달려가서 안을 확인하였다고 한다. 감당할 수 없어서 울게 되었고 당황스러웠고, 상담자가 옷장 안에 도끼 든 사람이었다고 생각했다고 한다. 안정을 찾았을 때에 이 환상에 대해 분석할 수 있었으며, 이 사건이 분석의 중요한 전기가 되었다. 이 사건 때문에 자신에 대한 깊은 이해와 자아 범주를 강화하게 되었으며 내면과 외부 세계를 확실하게 구분할 수 있게 되었다.

5) 치유의 방편과 저항으로서의 전이

내면적 갈등을 해소하기 위해서는 전이 상황을 잘 이겨내야 한다. 프로이트의 경구처럼 "전이 없이 치유도 없다." 무의식적인 갈등의 해석은 현재의 자극, 상담자를 향한 전이적 반응 그리고 과거로부터의 경험 등의 복합적인 상황에서 이끌어 낼 수 있다.

론이 제시하고 있었던 두 번째 시간 연장의 환상을 지닌 남성의 사례에서 보았듯이, 현재의 자극은 아내의 전 남편에 대한 지나친 관심 때문이었고, 전이 반응은 그의 시간을 상담자가 사용하는 것이며, 과거의 경험은 여동생에 대한 미움의 감정이다. 현재의 전이 환상은 아내에 대한 현재적 관심과 여동생에 대한 미움의 감정 두 가지에서 치환된 것으로 해석할 수 있다.

전이는 과거와 현재의 다리이며, 전이를 통하여 상담자에게 전이된 과거를 읽어 낼 수 있게 된다. 어떤 내담자는 전이 과정의 다리에서 시간을 많이 들인다. 지나가는 역 대합실에서 시간을 소요하는 것처럼 말이다. 그러한 내담자들은 과거와 현재를 연결하는 데 관심이 없고 다만 상담자를 향한 소원만을 해소하려고 한다. 전이의 감정은 단순히 에로스만이 아니고 공격성도 포함되어서 압박을 가해 온다. 이러한 일이 생겨나면 전이는 저항으로 발달한다.

전이와 방어를 구분하는 것은 아주 중요한 작업이다. 프로이트가 말한 것처럼 전이는 항상 나타나지만, 반드시 상담자를 향하는 것은 아니다. 때때로 상담자들은 전이를 스쳐 지나가게 만들기도 한다. 내담자들이 전이를 부인하고, 상담자 또한 때때로 무의식적인 역전이에 의하여 자극되어 아무런 반응과 해석 없이 전이를 지나치는 경우가 있다. 치유가 일어나기 위해서는 내담자가 지니고 있는 중요한 갈등이 전이로 표현되어 치유 관계를 통하여 긴요하게 묘사되고 진술되어야 한다. 이것은 상담자와 내담자 간에 결코 쉬운 일은 아닐 것이다.

6) 역전이

프로이트는 원래 역전이를 가리켜서 치유자가 해결하지 못한 문제의 결과로 인하여 나타나는 감정, 태도 등이라고 하였다. 역전이는 상담자가 치유 과정에서 중립적인 자세를 갖지 못하게 하고 도움을 줄 수 있는 위치에 서지 못하도록 방해한다고 보았다. 처음에는 물을 흐리는 진흙 덩어리와 같이 취급하였다. 전이의 개념을 발전시킨 것처럼 역전이의 개념을 발전시키지는 못했다. 역사적으로 전이도 처음에는 분석을 방해하는 현상으로 취급되다가 나중에는 분석의 아주 중요한 요소로 자리매김했던 것과 같은 과정을 역전이도 받아 왔다.

현대의 대상관계이론에서는 치유적인 상관관계와 해석과 이해의 기본적인 도구로서 역전이를 해석한다. 치유자의 마음 가운데 일어나는 감정과 태도는 결국 내담자가 가지고 있었던 관계의 중심의 사람들과의 내면 가운데 일어났던 그러한 감정과 태도의 모양을 반영하기 때문에 중요하다고 보는 것이다. 치유자들이 이에 대하여 잘 훈련되어 자신의 심리적 경험을 내담자들과 함께 나누고 사용함으로써 내담자들이 다른 사람들과 관계를 맺는 방법을 상담자가 잘 이해하고 또한 그들을 이해시킬 수 있으며, 더 나아가서 해석을 위한 중요한 틀을 제공하게 된다. 그러므로 상담자들은 자신의 내면에서 일어나는 연상, 환상, 꿈, 생각을 잘 관찰하고 반영하여 내담자와의 관계를 정상화하는 데 기여해야 한다. 물론 이러한 관심과 내면적인 경험, 환상 등을 거르지 않고 제대로 검증하지 않고 내담자에게 말하는 것을 권장할 수는 없다. 치유자가 그것들을 매우 신중하게 관찰하고 검증하여서 내담자의 내면의 문제에 대한 단서로 제공할 수 있어야 한다. 그렇게 할 때 역전이에 대한 해석을 바르게 할 수 있어 전이 또한 바르게 해석할 수 있는 기회를 얻을 수 있다.

7) 치유 기법

전이를 활용한 어떤 특정한 기법이 있는가 하는 질문이 생길 수 있다. 기법보다는 상담자가 헌신적인 치유 관계를 유지하는 것이 무엇보다도 필요하다. 상담자에게 분석을 받으면서 내담자는 자신의 행동과 그 의미가 해석될 때 치유될 수 있다. 다시 말하여, 정신분석적 치유의 틀과 자세를 견지하여 진행할 때 치유가 일어난다고 할 수 있다. 상담자가 내담자와 관계를 맺으면서 어떤 질적인 관계를 맺는가가 관건이다. 내담자의 어려움이 상담 과정에서 전이 또는 역전이 현상으로 발생한다. 어떤 치유 과정이 옳으냐 그르냐는 중요하지 않다.

다만 성장하고 변화할 수 있는 관계를 상담자와 내담자가 형성하는 것이 중요하다. 상담자가 치유 환경을 마련해 주는 것 그리고 자신이 좋은 대상 전이가 일어날 수 있는 대상이 되어 주는 것이 치유 환경의 주요 요소가 된다. 그런 상황에서 성장과 변화와 치유를 경험할 수 있다. 개인이나 집단이 분석을 받을 때에도 마찬가지다. 집단 지도자나 개인을 상담해 주는 사람이 어떤 자세와 태도를 가지고 임하는가가 정신분석적인 대상관계이론의 중요한 기술이라고 간주되기 때문이다.

프로이트가 발견한 전이 현상에 대한 해석과 견해는 프로이트 후기로 가면서 욕동이론과 함께 발전되었다. 나아가서 프로이트의 견해가 대상관계이론가들에 의하여 수정, 보완되고 다소 광범위하게 수용되어 다양한 해석이 등장한다. 현대의 대상관계이론의 특성은 전이 이해를 바탕으로 상호적 치유 관계를 정상화하는 데 있다고 볼 수 있다.

넓은 의미에서 전이의 개념은 신앙의 대상인 하나님에 대한 이해까지 확대되어 발달하고 있다. 종교심리학에서는 사람이 하나님을 믿을 때에 이미 자신이 갖고 있는 부모의 이마고가 작용한다고 본다. 어린 시절 부모를 통하여 내면화된 부모의 이마고 영향이 하나님을 믿을 때에도 심리적인 이미지와 행동, 관계 등을 형성한다는 것이다. 애초에 히스테리 증상의 원인을 규명하기 위하여 안간힘을 썼던 노력이 건강한 삶을 제공하려는 노력이 되었다. 더 나아가 건강한 신앙을 갖게 하는 데에도 타산지석의 지혜가 될 수 있으며, 신앙 행위에 대한 해석의 도구가 되어 바람직한 신앙을 연마하는 데에도 중요한 역할을 할 수 있다.

6. 질 샤르프와 데이비드 샤르프의 견해[36]

1) 역전이의 중요성

절제와 공정성, 익명성, 소극적 능력 등을 개발한 분석가는 환자의
전이에 반응하는 치료자가 되어 두 가지의 역전이를 일으켜 치료에
활용할 수 있다.

첫째, 환경적 역전이(contextual counter-transference)다. 이는 환경
적인 전이로서 치료자가 제공한 치료적 공간에 대한 환자의 반응을 관
찰하고 분석한다. 즉, '환경 엄마'인 치료자가 제공한 돌봄에 대한 환자
의 반응을 살리고 해석한다. 환자는 이러한 전이를 치료적 환경의 제공
자인 치료자를 향한 의식적인 감정과 태도에서 드러난다.

둘째, 초점이 맞추어진 역전이(focused counter-transference)다.
초점이 맞추어진 역전이란 환자가 유아기에 적집적인 관계를 맺었던
대상 경험을 치료자에게 전치시키는 감정, 즉 유아 시절 경험했던
'대상 엄마'에 대한 반응을 말한다.

대부분 정신분석 치료 분야에서 전이에 관한 문헌은 초점적 역전
이에 관련한 연구다. 치료자는 환자의 내적 대상관계의 요구에 따라
형태가 만들어진 대상이 되거나, 그 대상과 관계 맺고 있는 환자의 자
아의 일부가 된다. 이러한 전이의 측면은 치료에서 오랜 시간이 지난

---

36) 질 샤르프와 데이비드 샤르프, 『대상관계 개인치료 1: 이론』, 이재훈 역(서울: 한국심
   리치료연구소, 2002), 8~9장을 참조하라.

후에 발달하는 경향이 있다. 더 초기의 보편적인 형태의 전이는 환경
적 전이다.

긍정적인 환경적 전이에서 환자는 치료자가 온화하고 촉진적인 사
람일 것이라고 기대한다. 치료자는 자신이 신뢰받고 있고 도움이 되
고 있다고 느낀다. 부정적인 환경적 전이에서 환자는 치료자가 간섭
을 하거나 파괴적일 것이라고 기대한다. 치료자는 자신이 기만당하
고, 무시되고, 불신을 받고 있다고 느낀다.

2) 전이와 역전이의 중요성

전이와 역전이에 대한 해석은 대상관계이론 심리치료에서의 중심
기법이다.

치료자와의 관계를 맺고 있는 환자의 대상관계를 상담의 현장에서
드러나게 한다. 이것은 그 안에서 내적 대상관계가 느껴지고 경험되
고 이해되는 단순히 주지적으로 말해지는 것이 아니라 실제로 경험되
는 지금 여기의 실험실(here-and-now laboratory)을 형성하게 된다.

3) 소극적(음성적) 능력(negative capability)

알려지지도 않고 형성되지 않은 불안한 영역에 대하여 탐구하는 동
안 무슨 일이 일어나는지 정확하게 알지 못하고 확신하지 못하는 상
태에 있을 수 있는 능력을 발달시켜야 한다. 이런 능력을 '소극적 능
력'이라고 한다. 애초에 이 개념은 영국의 시인 키이츠(John Keats)가
셰익스피어의 시적 상상력과 능력을 표현할 때 사용했다고 한다. 일

반인이 보지 못하는 것을 시인이 특유의 상상력과 시적인 감각으로 볼 수 있는 문학의 핵심 능력이라고 할 수 있다. 이것을 정신분석가 크리스토퍼 볼라스(Christopher Bollas)는 '생각되지 않았던 앎(unthought known)'이라고 표현하고 있다. 존재하지만 아직 생각과 언어로 인식되지 않은 자기의 측들을 형성할 수 있도록 도와주는 것이 치료자의 과제다. 환자 스스로 알아갈 수 있도록 도와주는 것이 치료자가 해야 할 일이다.

치료자는 마치 엄마가 아기의 탐구활동을 허용하듯이 환자 자신이 치료적 과제를 드러낼 수 있도록 허용해야 한다. 엄마는 성장과 성숙에 대한 이상을 갖고 있어야 하지만 그 이상을 스스로 발달시키고자 하는 아기의 욕구를 침해하는 방식으로 자녀에게 강요해서는 안 된다.

앎과 알지 못함 그리고 형태와 형태 없음 사이의 이러한 역설은 치료의 핵심 요소를 구성한다. 치료자는 성장, 발달 그리고 성숙에 대한 자신의 가치 체계를 가질 수 있지만, 그것을 환자에게 강요해서는 안 된다. 환자가 자신을 발견할 수 있는 기회를 박탈하기 때문이다. 볼라스는 이때 환자가 스스로 발견하는 자기를 '개인적 숙어(the personal idiom)'라고 말한다.

4) 참여적 공정성(involved impartiality)

헬름 스티얼린(Helm Stierlin)이 치료자의 치료적 자세를 가리키기 위하여 사용한 언어다. 증상, 목표, 치료적 과정의 방향 그리고 결과에 대하여 중립적인 위치를 유지한다. 중립성(neutrality)이란 이와 같

은 것을 말한다. 환자 성격의 의식적인 부분과 무의식적인 부분에 동
일한 거리를 유지하면서, 전이에 영향을 미치는 내적 대상관계의 기
능에서 나타나는, 자기와 대상 사이 그리고 다양한 세대와도 동일한
거리를 유지한다.

5) 대상관계 치료의 원리

대상관계이론의 중요한 치료 과정과 원리를 간략하게 정리하면,
다음과 같다.

- 경청
- 무의식적 자료에 대한 반응
- 통찰의 개발
- 감정의 추적
- 꿈과 환상의 분석 작업
- 해석
- 전이와 역전이를 통한 이해와 성장 도모

앞에서 정신분석학과 1940년부터 영국을 중심으로 발전해 온 대
상관계이론의 전이와 관계의 개념을 살펴보았다. 정신분석 이론에
근거하여 전이와 역전이 현상을 살펴본 결과 실제 상담 현장에서 이
러한 무의식적인 현상을 관찰해내기 위해서는 상당한 훈련과 경험이
있어야 한다는 사실을 느낄 것이다.

내담자를 대하는 상담자가 어떻게 하면 내담자와 상담 관계에서

발생하는 전이를 이해하고 건강한 상담 관계를 형성하는지 살펴보도록 하자.

7. 상담 장면에서 쉽게 접할 수 있는 전이 현상[37]

전이란 앞에서 살펴본 바와 같이 내담자가 과거에 어떤 다른 사람에게 느꼈던 감정을 현재의 상담자에게서 느끼는 것을 의미한다. 상담자에게는 내담자가 이야기를 하면서 무의식적 갈등과 문제의 의미를 찾아내어 통찰하도록 돕는 책임이 있다. 내담자가 상담자를 어떻게 대하는지, 상담자에 관해 어떠한 생각을 품고 있는지를 주의 깊게 관찰하며 어떤 의미를 갖는지를 이해하고 대처해야 한다.

상담 과정에서 내담자와 상담자는 친밀하고 내밀한 유대 관계를 맺게 된다. 내담자는 어느 순간부터 자신도 모르게 상담자를 과거의 중요한 인물인 양 착각하게 된다. 상담자는 내담자의 인생에 중요한 영향을 미쳤던 과거의 인물들과 동일시된다. 이는 초기 양육자였던 주로 부모의 이미지와 행위가 내담자에게 내면화된 결과다. 중요한 의미를 지녔던 과거의 인물에 대해 가지고 있는 정서와 생각을 상담자에게 표현한다. 상담 현장에서 일어나는 내담자의 전이된 행동과 감정의 표현은 치유와 변화의 중요한 순간으로 포착되어야 한다.

예를 들어 보자. 어머니의 지배적인 성격으로 성인이 되어서도 자

---

37) 양유성, "목회상담에서의 관계 형성", 『목회상담 실천입문』, 55-61에서 인용하여 수정한 것이다. 이 장에서의 내용 가운데 본래의 의도를 벗어난 부분은 필자에게 전적인 책임이 있다.

신의 인생의 결정을 스스로 내리지 못하는 내담자가 있다. 그는 어린 시절 매사 어머니의 뜻대로 움직여야만 성공할 수 있는 신화에 매여 살아가는 내내 어머니의 뜻은 무조건 따랐다. 대학 진학과 이성교제에서 몇 차례 실패를 경험한 후로 어머니와의 관계는 극도로 나빠졌다. 어머니를 향한 쌓여 온 분노는 억압되었다. 진로 선택에 어려움을 겪으면서 필자에게 상담을 받기 시작하였다. 어머니를 향한 무조건적인 순종의 태도는 서서히 반발로 바뀌기 시작하였으며, 억압된 분노를 표출하기 시작하였다. 그 과정에서 내담자의 어머니 역시 상담자에게 불만과 부정적 감정을 표출하였다. 어머니 역시 강하고 지배적인 어머니의 이미지를 내면화하였으며, 자신이 받지 못했던 고등 교육을 내담자에게 시키려고 과도하게 요구하는 형식의 관계를 맺었던 것을 발견하였다. 내담자는 결국 자신의 억압된 분노를 어머니에게 표현하다가 좌절될 경우 상담자에게 표현하였다. 이때 상담자가 자기를 향한 내담자의 부정적 감정의 표현을 정확하게 관찰하여 반응하지 못하면 상담 관계는 깨지게 된다.

상담자를 향하여 표현되는 내담자의 언사와 정서, 분위기를 잘 읽어 내어 그것이 내담자에게 내면화된 중요한 인물들에 대한 것임을 해석한다. 발견한 의미를 통하여 상담은 한층 더 깊어질 수 있다. 내담자의 전이 현상에 대한 상담자의 반응은 긍정적이든지 부정적이든지 불가피하다. 지배적인 어머니를 향한 분노를 표현하는 내담자를 향하여 상담자는 자기 내면에서 어떤 감정이 일어나는지 그것은 내담자에 대한 감정인지, 자신의 과거의 중요한 대상을 향한 것인지 파악하는 것이 중요하다.

332 제13장 목회상담의 심층적인 차원

8. 상담자의 역전이의 파악과 활용

상담자는 자신의 성격을 형성하고 있는 내면화된 중요한 타인들에
대한 특성과 그에 대한 반응을 늘 성찰하여야 한다. 상담하면서 내담
자의 이야기를 들어주고 반응을 하면서 내담자가 이야기하는 내용과
토로한 감정이나 기대 등으로 받게 되는 영향에서 자유로울 수 없다.
상담자는 내담자의 불우한 과거 이야기나 실패와 좌절한 이야기에 함
께 슬퍼하고 실망감에 자신의 과거의 실패 경험을 자연스럽게 떠올리
게 된다. 마치 파도가 세차게 치면 해안에 있는 돌과 모래가 물결에
휩쓸리는 것과 같이 내담자의 이야기 속에 담겨 있는 감정에 반응하
지 않을 수 없다. '음성적 능력'에서 본 것과 같이 상담자는 자신의
내면에서 일어나는 것을 잠잠히 살피면서 내담자의 관점과 입장에서
들을 수 있도록 역량을 길러야 한다.

상담자가 자신의 감정에 자기의 경험과 관점에서 반응을 보인다면
내담자를 올바르게 도울 수 없다. 내담자의 문제를 놓치고 자기의 문
제에 몰입하게 된다. 상담자가 되기 위한 가장 기본적인 공부는 자기
에 대한 이해와 분석이다. 자기의 과거에 문제, 열중하게 되는 어떤
주제, 자신이 느끼는 성격의 한계는 무엇인지를 파악할 수 있을 때 내
담자의 문제를 내담자 중심으로 이해하고 도울 수 있게 된다.

부친과 거의 대화가 없는 이십대 후반의 남성을 상담한 적이 있다.
그는 상담자를 찾아온 이유는 불안해서 못 견디겠다는 것이었다. 정신
건강 전문가에게 일반화 불안장애라는 진단을 받고 약물치료도 받다가
중단한 상태에서 만났다. 어머니에게는 물질과 정서적인 지원을 공급

받고 아버지에게는 항시 못마땅한 감정을 품고 있었다. 자신을 아들로서 돌보아 주지 않았다는 것이 내담자의 불만이었다. 내담자는 상담이 진행되면서 상당히 오랜 기간 상담자가 자기 이야기를 듣고 분석하는 내용에 대하여 긍정적인 반응을 보였다. 내담자와 합의에 의하여 불안 증세에 대한 목록을 만들었다. 한 가지씩 원인을 찾고 해소 방안을 찾았다. 어느 정도의 해결된 것들은 삭제하거나 줄을 그어 해결되었음을 표시하기도 하였다.

진로를 위하여 재정 여건에 대한 불안을 점검할 때였다. 내담자에게 부모가 공급하는 경제적 지원이 풍족한데도 불안해하며 만족하지 못한다는 생각을 나타냈다. 상담자에게 '이러한 여건과 상황이 나에게 주어졌더라면……' 하는 생각이 들면서 내담자에게 부족한 부분은 아르바이트를 해서 내담자가 충당할 수 있다는 견해를 전달하였다. 이것이 아버지와의 갈등 국면과 병행되면서 내담자는 상담자를 향한 부정적인 감정을 표현하기 시작하였다. 심각한 전이였다. 한동안 상담을 중단하기도 하였다. 민감한 부분에 대한 상담자의 역전이가 내담자에게 파악된 것이었다. 상담자의 자기 이해는 역전이를 효과적으로 다루기 위하여 가장 중요한 과제다. 만일 상담자가 자신의 문제를 파악하는 것이 두려워서 덮어 두면 내담자의 전이와 저항을 다루기 어렵다. 상담자의 해결되지 않은 문제가 내담자를 이해하는 데 장애물이 되는 것은 당연하다. 상담자의 자기 이해는 내담자를 만나 맺게 되는 상담 관계와 질에 지대한 영향을 준다. 상담자는 자기반성과 성찰의 시간을 많이 가지며 자기에 관한 정보를 얻기 위해 부단히 노력해야 한다.

상담 장면에서 자기 내면에 일어나는 역전이 현상을 정확하게 파악하면 치료에 이용할 수 있다. 내담자의 반응을 일으키고 그 역동에 대한 면밀한 분석과 이해가 내담자를 성장하고 변화할 수 있게 한다. 상담자가 그러한 역량을 지니기 위해서는 상당한 훈련과 노력이 필요하다.

상담하면서 역전이는 다양하게 표출된다. 내담자에게 과도하게 몰입하여 상담자가 내담자의 문제를 객관적으로 보지 못하게 된다. 가령 지나친 동일시로 공정한 판단을 하지 못하는 경우를 보자. 상담자가 내담자의 가족과 주위 인물에 대하여 내담자와 동일하게 비판한다거나 내담자의 긍정적인 관점에 동조하여 존경과 칭찬을 난무할 수도 있다. 반대 경우도 있다. 내담자와 정서적 거리를 두게 되어 내담자를 이해하지 못할 수도 있다. 치료에 대한 기대를 높이 잡아서 비현실적인 상담이 될 수도 있다. 그와 반대로 치료 목표를 지나치게 낮게 잡아서 치료의 진전을 방해하는 경우도 있다. 데이링거(Richard Dayringer)는 상담자들이 파악하기 어려운 역전이 현상에 대한 단서를 목록화하여 소개하고 있다.

- 상담 시간을 기다리거나 두려워함
- 치료하는 동안 지루해하고, 조는 듯하고, 부주의함
- 내담자와 지나치게 동일시함
- 내담자에게 화를 내거나 질투를 느낌
- 상담 시간의 결과로 개인적인 즐거움이나 혐오감, 우울감을 느낌
- 내담자를 두려워함
- 내담자에게 좋은 인상을 받거나 내담자를 싫어함
- 내담자를 보호하거나 난폭하게 다룸

- 내담자를 거부하거나 내담자에게 화를 냄
- 내담자에게 부모님의 사랑을 느낌
- 내담자에 대해 환상을 갖거나 마음을 빼앗김
- 내담자에 대해 꿈을 꿈
- 내담자에 대해 긍정적이거나 부정적인 감정을 강하게 느낌
- 내담자를 부적절하게 만지거나 쓰다듬음
- 간헐적으로 좌절감이나 성가심을 느낌
- 내담자와 가외 치료를 하는 것에 어려움을 경험함
- 상담 시간 동안 불안해함
- 내담자에게 사랑이나 증오로 반응함
- 합의한 것에 대해 부주의함: 약속을 잊어버리거나 일찍 혹은 늦게 도착하거나 필요 이상으로 연장함
- 내담자의 의존성을 조장함
- 내담자와 논쟁하거나 방어적이 됨
- 시종일관 반영만 하거나 너무 빨리 혹은 부정확하게 해석함
- 치료의 종결을 후회하거나 바람[38]

이성 간에 불합리한 관계를 맺게 되는 경우도 역전이의 폐단 가운데 하나다. 목회자가 자신을 찾아온 이성의 교우와 부적절한 관계에 빠지는 경우를 종종 볼 수 있다. 이는 목회자가 내담자를 향한 내면의 심리 역동을 관찰하지 못하여 욕구에 이끌려 에로틱한 관계로 가져가는 데에서 발생한다. 상담 관계가 지니고 있는 친밀한 대화 상황이 만

---

38) Richard Dayringer, 『관계중심 목회상담』, 문희경 역(서울: 솔로몬, 2004), 145-146.

들어 내는 부작용이다.

피터슨(E. H. Peterson)과 동료들은 '위험 신호'를 제시하고 있다.[39] 몇 가지만 발췌, 인용한다.

- 내담자에게 끌린다는 것을 암시해 주는 첫 번째 신호는 상담자가 내담자와 상담을 고대하기 시작하는 것이다. 약속 시간을 항상 마음에 두고 내담자가 오기를 기다린다.
- 상담 시간을 연장하는 것도 위험 신호다. 정해진 횟수보다 더 많이 상담하기도 한다.
- 상담 시간 중 많은 부분을 성적인 문제에 할당하게 된다. 내담자는 상담자에게 당면한 상담 문제와 관계없는 이전의 이성교제나 성생활에 대하여 이야기하기도 한다.
- 상담자는 결혼생활에 대하여 좌절한다. 배우자에게 사소한 것까지 불평한다. 여기에는 죄책감을 분노로 위장하는 기제가 작용한다.
- 내담자를 과도하게 상상하며, 주로 내담자가 상대역을 하는 성적인 환상이 대부분이다.

상담자는 이성의 내담자와 친밀한 관계를 갖는 것이 당연하므로 언제나 불필요한 관계가 발생하지 않도록 신중하고 면밀한 주의가 필요하다. 개방적인 상담 환경을 조성하는 것도 필요하다. 가령 목회자

---

39) Eugene H. Peterson 외, 『상담과 치유를 통한 30가지 양육전략』, 김창대 역(서울: 기독신문사, 2000), 140-141. 양유성, "목회상담에서의 관계 형성", 『목회상담 실천입문』, 59쪽 참조.

가 상담을 할 경우 부부가 함께 이성의 내담자를 상담하거나 내담자의 유익을 해하지 않는 한 상담의 과정을 투명하게 하는 것도 한 방법이다. 상담자가 자신이 감당할 수 없는 상황이 예견될 때에는 다른 전문가에게 의뢰할 수 있는 자세가 필요하다.

9. 목회상담에서의 정신분석의 의미

목회상담에서 심층 영역 중에서도 전이와 역전이의 주제를 다루었다. 수없이 만나게 되는 인간관계에서 일어나는 내면의 역동은 이해하기 쉽지 않았으나 하나둘씩 알게 되면 발견의 희열을 경험할 것이다. 오래전 빛바랜 추억의 사진들을 보면서 잠시 과거를 회상하는 것 같은 경험으로 자신에 대한 이해의 폭이 넓어질 것이다. 정신분석가들은 "전이 없이 관계없다(No transference, no relationship)."라는 경구에 대부분 동의한다. 인간이 살아가면서 경험하는 모든 대상과의 관계에서 전이 현상을 피할 수 없으며 자신도 모르는 사이에 전이를 경험한다는 것이다.

목회자와 상담자는 특히 친밀하고 신뢰 관계를 맺고 사역을 하는 전문인이다. 전이 현상을 잘 파악하는 일은 책임 있는 지도자에게 부여된 특권이자 의무다. 앞에서 다룬 내용을 이해하여 내담자와 교인들을 돌보기 위하여 경청과 수용의 자세로 그들의 내면세계로 들어가야 할 것이다.

목회자가 정신분석 훈련을 받을 필요는 없겠지만, 정신분석 과정이 지향하는 요소들에서 배운 바를 목회상담과 돌봄에 적용할 수는 있다. 존중과 신뢰를 바탕으로 관계를 맺으면서 그들을 돌보는 차원에서 부정적이건 긍정적이건 전이를 피할 수 없음을 받아들여야 한다. 일반인이 보지 못하고 이해할 수 없는 현상과 차원을 보는 '음성적 능력'을 개발하고, 편견이나 선입견에 사로잡히지 않은 '참여적 공정성'을 견지하여야 한다. 교우들의 삶이 가장 자기답고 하나님의 형상을 온전히 회복해 갈 수 있도록 함께하고 '참 좋은 대상'이 되며, 내담자가 힘들어 하는 삶에서 함께 버텨 주는 사역을 지속해야 할 것이다.

부록 1

'Non vixit' 꿈을 통해서 본 프로이트의 자기 분석 연구
A Study of Freud's Self Analysis through 'Non vixit' dream Interpretation

1. 들어가는 말

지그문트 프로이트는 오랫동안 미뤄 왔던 책 『꿈의 해석』[1]의 저술을 다시 시작하면서 베를린의 이비인후과 의사 빌헬름 플리스(Wilhelm Fliess)에게 보내는 편지에 한 부부의 이야기를 적고 있다. 이 부부는 절기를 맞아 기르던 한 쌍의 닭 중 수탉을 잡을까 암탉을 잡을까 고민하고 있었다는 예이다. "그러므로 꿈(책)이 그럴 것이네. 오스트리아가 두 주 안에 패망한다는 사실이 결단을 하기 쉽게 하였지. 나라와 함께 꿈(나의 책)이 망할 필요는 없지 않나?"[2] 그는 자신의 저술이 국가의 패망과 함께 사라질 수 없다는 신념으로 자기 분석을 담고 있는 꿈(책)을 출간하였다. 조국의 패망이 가까웠음을 직감하였던 프로이트는 자신의 책이 국가보다 더 오래도록 남아 있을 것으로 예견하면서 "가장 탁월하고 아마도 가장 오래 남을 발견"[3]이라고 묘사하고 있다.

---

1) 지그문트 프로이트, 『꿈의 해석』, 김인순 역(경기도 파주: 열린책들, 1997).

2) Sigmund Freud, *The Complete Letters of Sigmund Freud to Wilhelm Fliess, 1887-1904*, trans. and ed. Jeffrey Moussaieff Masson(Cambridge: The Belknap of Havard University Press, 1985), 353. 프로이트는 자신의 책을 '꿈'이라고 지칭하고 있다.

3) Sigmund Freud, *The Origins of Psycho-Analysis Letters to Wilhelm Fliess, Drafts and Notes: 1887-1902* eds. by Marie Bonaparte, Anna Freud, Ernst Kris, trans. by Eric Mosbacher and James Strachey(New York: Basic Books, 1954), 281.

플리스에게 "어떤 것도 이 책처럼 완전히 나 자신이 된 것은 없었오. 나만의 퇴적물, 나의 묘목, 새로운 나의 개념(그렇소!)이라오(a nova species mihi(sic!)[a new species of myself(yes!)])."[4]라고 책에 대한 평가를 적고 있다. 『꿈의 해석』은 프로이트가 1895년부터 1897년 동안 집중하였던 자기 분석을 통해 자신의 유년기, 청소년기, 학창 생활 그리고 전문직으로 종사하게 되는 모든 과정에서 꾸었던 꿈들의 해석과 연상과 기억, 외상 경험 등을 담고 있다. 특히 꿈은 몽자의 내면과 외부적 요인들과의 상호작용을 통하여 형성되는데, 프로이트가 제시하고 있는 자기 분석의 결과물로서 꿈의 해석은 목회자들은 물론 목회상담가의 자기이해와 훈련에 필요한 도구와 통찰을 제공한다고 본다.

최근 학술적 연구들은 프로이트의 꿈의 해석과 목회상담이나 목회신학의 관점을 갖고 연구한 경우가 전무후무하다고 보아도 지나치지 않았다. 이에 프로이트의 꿈 가운데 'non vixit'[5]을 선택하여 프로이트 자신의 해석과 전기 작가들 가운데 슈어(Max Schur), 맥그레스(William J. McGrath) 등의 견해와 이 꿈과 관련한 프로이트의 삶, 사상, 대인관계에 관한 내용을 기초로 연구하고자 한다. 이 연구를 통하여 목회자 또는 목회상담가의 성장과 자기 분석, 임상 현장에서 내담자와 심층적인 치유 관계 형성에 일조하게 될 것을 기대한다.

2. 꿈 해석의 기반이 된 이론적 배경

프로이트는 꿈이란 일상생활에서 경험한 사건들이 남긴 잔여물(the

---

4) 앞의 책.
5) 라틴어로 non vixit은 He did not live(그는 살아 있지 않았다)라는 뜻이다.

day residue)을 소재로 형성되며, 개인의 내면에 깔려 있는 감정과 지성의 문제가 반복되어 꿈으로 나타난다고 본다. 다시 말해서 일상생활의 외부적인 경험과 내면의 문제들이 상호작용하여 꿈으로 형성된다는 것이다. 낮에 일어난 일상의 잔여물은 우리의 무의식에 깊은 반응을 일으키면서 꿈-내용(dream content)에 동원된다. 특히 유아 시절부터 갖고 있던 다양한 소원이 일상생활의 경험과 사건의 잔여물에 모양과 의미를 부여한다고 본다. 이를 고려하면서 일상생활에서 심리 내면에 영향을 끼쳤던 것들 배후에 있는 정서와 지성의 문제를 탐색하는 것이 꿈 해석의 관건이다. 프로이트 자신의 개인사와 관련하여, 그에게 반복되어 나타나는 정서와 지성의 문제에는 1896년 아버지(Jakob)의 죽음이 큰 영향으로 작용했다는 데 대부분의 학자들이 동의한다.[6] 아버지를 여의고 난 후 프로이트는 이제까지 히스테리의 원인은 환자 대부분 어린 시절 부모에 의하여 자행된 성적인 유희였다고 주장한 유혹론(theory of seduction)을 폐기하고, 환자 자신이 지니고 있는 환상, 특히 오이디푸스 콤플렉스에 의한 성적인 환상이 주요 원인이라고 주장하였다.[7]

당시 학자들은 프로이트의 꿈 해석에 대하여 주관적 기억과 경험에 의지하여 이론화했다는 점을 들어 과학성이 결여되었다는 비판을 제기했다. 그럼에도 불구하고 프로이트는 인간 의식의 깊은 곳을 탐색하기 위하여

---

6) 참고, Ernest Jones, *Life and Work of Sigmund Freud vol. 1*, 265-66; Max Schur, Freud: Living and Dying 113-14; J. M. Masson, *Assault on Truth: Freud's Suppression of the Seduction Theory* (New York: Pocket Books, 1998), 105-34; Marianne Krüll, *Freud and His Father*, trans. Arnold J. Pomerans(London: Hutchinson, 1986).

7) 이에 관하여는 부친 사후(1896년)에 전에 가지고 있었던 타자에 의한 외상 경험이 히스테리의 원인이라고 보았던 '유혹론(theory of seduction)'을 폐기하고 히스테리 환자 자신의 내면에 욕동으로 갖고 있는 '환상론'을 주장하게 된 계기가 되었다고 마쏜(J. M. Masson)과 크륄(Marianne Krüll)이 주장한다.

꿈을 연구 대상으로 채택하였다. 프로이트의 이러한 학문적 취향은 비엔나 대학교 재학 시절 친구 실버스타인(Eduard Silberstein)에 보낸 편지에서 엿볼 수 있다.[8] 브렌타노(Franz Brentano)는 자연과학의 방법론과 표준을 인간의 심리학에 적용하려고 힘썼던 과학철학을 지향하였다. 자연과학의 연구 방법에서 과학적이지 않다고 판단할 수 있는 주관적인 영역, 심리 내면에 대한 영역에 대한 관심을 가지지 않는 것이 오히려 어리석다고 브렌타노는 주장한다. 브렌타노의 입장에 찬사를 보냈던 프로이트는 살아가면서 얻은 생리적 경험에 의한 일상의 잔여물과 어린 시절부터 갖고 있는 정서적 문제들과의 상호작용에 의하여 꿈이 형성된다는 입장을 갖게 되었으며 이를 정신분석에 활용하게 되었다.[9]

프로이트는 두뇌의 생리적인 과정과 마음의 심리적인 과정은 병행 관계가 아니라, 인과적으로 연결되어 있으므로 결국 동일선상에서 작용한다고 본다. 맥그레스에 의하면, 프로이트는 생물학을 통하여 심리학을 만났다거나 그 반대로 심리학을 통하여 생물학적인 어떤 발견을 하는 이원화 과정이 아니라 유아 초기부터 두 가지를 한 경로를 통하여 상호적으로 발견하는 입장을 견지하고 있다.[10] 과학자로서 자기정체성을 가졌던 프로이트는 늘 자신이 발견한 심리학적인 추론에 생물학적인 증거가 뒷받침될 수 있기를 바랐다. 플리스와 편지를 주고받을 때에도 자신이 세운 심리학 이론에 생물학의 추론을 제공해 줄 것을 요청한다. 프로이트의 과학의

---

8) Walter Boehlich, *The Letters of Sigmund Freud to Eduard Silberstein*, 1871-1881 (Cambridge, MA: Belknap Press, 1990)과 James W. Hamilton, "Freud and the Suicide of Pauline Silberstein", *Psychoanalytic Review*, Dec. 2002, 89, 6, 889-909 참조.

9) William J. McGrath, *Freud's Discovery of Psychoanalysis: the Politics of Hysteria* (Ithaca, NY & London: cornell University Press, 1986), 17-18.

10) 앞의 책, 18.

틀에는 언제나 정신장애에 대한 정신분석적인 설명과 더불어 생화학적인 해설이 서로 갈등을 일으키지 않고 공존하기 위한 여지를 두고 있다.[11] 정신활동에 대하여 한 쪽으로 기울어진 일방적인 해석은 위험한 것으로 추론하였기 때문으로 해석할 수 있다.

프로이트 저술의 입장에 동의하는 독자라면 그의 작품을 이해하기 위하여 정신분석과 생리화학의 양면을 통합하여 읽어 내는 자세를 갖추어야 할 것이다. 만약에 통합적이고 다면적인 접근으로 인간의 정신활동을 해석해 내려는 노력을 하지 않으면, 이는 소경의 코끼리 더듬기로 그려낸 그림과 같을 것이기 때문이다. 다시 말해서, 양자택일(either/or)의 자세나 '모 아니면 도(all-or-nothing)'의 입장을 극복하고 양자 간의 변증법적인 긴장을 유지하면서 '이것도/저것도(both/and)'의 통합적인 태도를 견지할 수 있어야 한다. 이에 관하여 리쾨르(Paul Ricoeur)는 "우리는 그것이 비록 신성을 표방하는 것일지라도 계명이나 이질적인 뜻 또는 궁극적 뜻에 단순히 복종의 형태를 취하는 도덕적 삶의 질서로 돌아갈 수 없는 존재들이므로, 회의학파가 제시하고 있는 윤리와 종교에 대한 비판을 긍정적이고 선한 것으로 수용해야만 한다."[12]고 하였다.

본 연구자는 꿈의 형성 과정에 포함되어 있는 내-외면적 영향을 감안하여 꿈-내용을 이루고 있다는 프로이트의 꿈 이론을 기초로 하여 소위 'non vixit' 꿈을 이루고 있는 은유와 몽자의 기억, 환상, 정서와 심리 내

---

11) 앞의 책.

12) Paul Ricoeur, *The Conflict of Interpretations*, ed. Don Ihde(Evanston, Ill: Northwestern University Press, 1974), 447. 여기에서 회의학파란 프로이트가 종교를 바라보는 입장을 가리키는 것으로 빙거먼(Kirk A. Bingaman)의 "프로이트 신학교에서 가르치기"에서 '회의의 해석학'이라고 부른 개념이다. Kirk A. Bingaman, "Teaching Freud in the Seminary", in Diane Jonte-Pace, ed., *Teaching Freud* (Oxford & New York: Oxford University Press, 2003), 46-59 참조.

면에 있는 억압된 것들을 찾고자 한다.

3. 프로이트의 꿈 해석 이론

1) 꿈의 형성 과정

꿈을 꾼 사람의 이야기를 들어보면, 어떤 사연이 있다. 이것을 프로이트는 꿈-내용이라고 지칭하였고, 꿈 꾼 사람이 말하거나 글로 적은 내용을 외현적 꿈-내용(manifest dream content)이라고 하였다. 이 내용에는 드러나지 않은 잠재적 꿈-내용(latent dream-content)이 포함되어 있으며, 꿈-사고가 전제되어 있다.[13) 꿈-해석은 외현적 꿈-내용을 통하여 잠재적 꿈-내용과 꿈-사고를 찾아내는 작업이다. 이 과정은 상형 문자로 쓰여 있는 것과 같아서 "기호 하나하나를 꿈-사고의 언어로 옮겨 놓는 것"[14)과 같다고 한다. 이러한 외현적 꿈-내용을 역으로 풀어가기 위하여 '꿈-작업'의 기제를 살펴볼 필요가 있다. 프로이트는 꿈-작업에는 반드시 검열을 통과하기 위한 다음의 네 가지 작업 과정의 기제가 있다고 저술에서 설명하였다.[15)

---

13) 프로이트, 『꿈의 해석』, 335. 꿈에 관한 용어의 번역은 다양한 번역본이 있으므로 본 연구에서는 프로이트 전집본의 용어를 주로 사용하겠다.

14) 앞의 책, 335.

15) 앞의 책, 335-592.

(1) 압축

『꿈의 해석』에서 꿈은 언어를 사물처럼 다루고 있다고 보았다.[16] 사물에 대한 표상처럼 낱말을 조합하여 꿈을 이룬다. 기묘한 작업을 한 꿈이 상정하고 있는 언어와 이미지들을 말로 표현하지 않고는 그 의미를 분석할 수 없다. 꿈-사고에 비하면 꿈은 짧고 간결하고 빈약하다. 글로 꿈을 쓴다고 하면 A4 용지로 반 쪽을 넘지 않을 것이다. 꿈-사고와 진술된 꿈-내용이 일치되지 않고 꿈 형성과 서술 과정에서 그 내용이 줄여진 것이라고 가정할 수 있다. 프로이트는 이러한 현상을 압축(condensation)이라 하였다.

이는 꿈을 꾼 사람이 꿈 이야기를 할 때에 꿈으로 겪은 것은 많지만, 막상 꿈을 글로 적는다고 가정할 때 몇 문장으로 요약되는 현상을 말한다. 따라서 해석 작업은 꿈-내용과 꿈-사고를 비교하면서 이루어진다. 잠재된 꿈 내용이 외현적 꿈에 압축되어 나타나는 과정에는 생략되는 내용이 있는데, 생각과 감각, 소원이 강하게 압축되어 변형되어 외현적 꿈으로 나타난다. 꿈을 꾼 사람조차 쉽게 이해할 수 없는 압축의 기제가 진행될 때 생략이 일어나며, 꿈 사고 속에 여러 차례 나타나는 요소들을 꿈꾸는 자가 선택하고, 새로운 통합체를 만들어 내고, 중간 공통되는 것을 생성하면서 압축 작업이 일어난다고 보았다.[17]

(2) 전위

꿈의 내용을 이루고 있는 소재 중에 심리적으로 가치가 높은 요소가 잠재적 꿈-내용에 존재한다면, 외현적 꿈-내용으로 모습을 드러내기 전에

---

16) 앞의 책, 355.
17) 앞의 책, 355.

검열 과정에서 방어가 일어난다. 프로이트는 이것을 '중복 결정'이라고
하였다. 한 사건을 다른 사건이 덮어서 그 의미와 현상이 다르게 적용되는 현
상을 의미한다. 저자는 독어판에서 Überbestimmen을 사용하였으며, 영어
로는 overdetermination으로 번역하였다. 스페인어에서는
hipercomandado로, 독일어의 Stimme가 '소리'의 의미를 갖고 있으므로
'우선 명령(over-command)'으로 번역되기도 하였다.[18] 프로이트는 "동
일한 정서를 제공할 수 있는 정서 근원들이 꿈-작업 과정에서 서로 결합
하여 정서를 만들어 내는 현상"이라고 설명하였다.[19] 본 연구자는 '우선
확증'이라고 번역하였다. 심리적 가치가 적은 성분들에 높은 가치를 부여
하여 꿈-내용에 이를 수 있도록 하는 것이다. 여기에서 잠재된 내용과 꿈
으로 나타난 내용이 바뀌게 된다. 프로이트는 이 현상을 전위
(displacement) 혹은 전치로 지칭하였다.[20] 꿈-내용과 꿈-사고의 차이
로 표현되는 전위는 꿈-작업의 중요한 기제다. 프로이트는 전위를 압축
과 함께 꿈 작업을 담당하는 '두 명의 공장장'으로 묘사하고 있다.

(3) 꿈의 묘사 가능성의 고려(representation)와 상징화

꿈을 이루고 있는 낱말들과 그리고 그 낱말들이 지닌 정서와 지성적 의
미, 그것들이 상징하고 있는 기억을 탐색하면서 꿈을 꾼 사람은 자신의 꿈
이 형성된 과정 가운데 잠재되어 있는 꿈-내용(latent dream content)을 탐

---

18) Darius Gray Ornston, Jr., ed., *Translating Freud* (New Haven and London: Yale University Press, 1992), 8, 72, 127-8.
19) 프로이트, 『꿈의 해석』, 562. 프로이트가 1909년에 추가한 각주로, 고의적인 농담의 유난한 강한 쾌감 작용에 관하여 이와 유사하게 설명하였다고 한다. 『농담과 무의식의 관계』 참조.
20) 앞의 책, 369.

색해 갈 수 있다. 프로이트는 꿈-형성에서 낱말이 담당하고 있는 역할의 중
요성을 말하고 있다. 여러 가지 표상들이 교차되는 기능을 하게 되는 낱말
은 "소위 운명적으로 예정된 다의성을 가지며, 신경증(강박 관념과 공포증)은
낱말이 압축과 은폐에 제공하는 이점을 꿈처럼 서슴없이 이용한다."21)고 설
명하고 있다.

　예를 들어, 한스 작스(Hans Sachs)의 기록 『꿈의 묘사 기술에 대하여』
를 인용하면서 부연 설명한다. "꿈-작업은 묘사해야 하는 표현의 의미가
이중적인 상황을 이용할 수 있으며, 이중의 의미를 〈방향 전환기〉로 삼아
꿈-사고에 나타나는 첫 번째 의미 대신 두 번째 의미를 외현적 꿈-내용
에 받아들인다."22) 프로이트는 언어의 이중적 의미를 갖고 있는 꿈을 이
해하려는 시도에서 "이렇게 다면적이기는 하지만, 〈이해받을 생각이 전
혀 없는〉 꿈-작업의 묘사가 번역자를 크게 어렵게 만들지는 않는다고 말
할 수 있다. 이를테면 이것은 고대의 상형문자로 글을 쓴 사람과 읽는 사
람의 관계와 같다."23)

　꿈을 꾼 당사자라 할지라도 결국 꿈을 해석하기 어려운 것은 묘사된 낱
말과 이미지가 잠재된 꿈-내용으로부터 왜곡 또는 상징화되어 있기 때문
이다. 꿈-작업의 과정으로 묘사된 내용을 어떻게 해석하는가는 외현적
꿈-내용을 어떻게 이해하고 번역하는가에 달려 있다. 다시 말해서, 꿈의
해석은 번역의 문제이며, 꿈의 사고와 언어는 고대 이집트의 상형 문자를
해석하고 번역하는 것에 비길 수 있다. 꿈 해석에서 "중요한 과제는 일반
적으로 꿈-작업이 앞에서 논의한 세 요소(압축, 전위, 묘사 가능성의 고려)
와 앞으로 언급할 네 번째 요인(이차 가공)의 상호 협력을 통해 이루어지

---

21) 앞의 책, 403-4.

22) 앞의 책, 484-5.

23) 앞의 책, 405.

며, 보통 규정된 네 가지 조건을 고려하면서 꿈-사고를 번역하는 일"24)
이라고 강조하고 있다.

(4) 이차 가공

꿈의 형성 과정에서 꿈-사고와 잠재된 꿈-내용의 차이를 구분하는 것
이 어려운 것은 꿈을 가공해내는 과정에서 압축과 전위, 묘사 가능성의 고
려와 같은 세 가지 요인에 덧붙여, 마지막 과정이라 할 수 있는 '이차 가공
(second revision)'을 추가로 거치면서 원래의 꿈-사고가 외현적 꿈으로
나타나기까지 왜곡 변형되기 때문이다. 인간의 정신 활동은 꿈-사고를
만들어 내고, 꿈-사고를 꿈-내용으로 변환시키는 두 가지 기능을 갖고
있다.25) 꿈은 검열에서 벗어나야 하고 이러한 검열 통과를 위하여 꿈-작
업은 '심리적 강도의 전위'를 통하여 심리적 가치들을 바꾸어 놓는다. 여
기에 또한 '묘사 가능성의 고려' 요인이 작용하여 다시 새로운 전위 작업
이 이에 대응하여 꿈을 만들어 내고 있다. 꿈-사고에 의하여 꿈이 만들어
지는 과정에 꿈을 이루고 있던 구성 성분들이 전방위로 '압축'된다. 꿈을
이루는 소재들은 정서적인 부분이 꿈을 표현해내는 상징이나 언어에 의하
여 은폐되고 표현된 내용보다 억압된다. 꿈의 정서가 남아 있는 곳에서 표
현되는 상징이나 언어에서 분리되고 종류가 비슷한 것끼리 결합된다.

프로이트는 꿈의 언어와 상징을 통하여 묘사된 꿈, 거기에 덧붙여 이차
가공이 된 꿈의 비밀을 풀어내는 것이 정신활동을 연구하는 학자의 과제

---

24) 앞의 책, 522, 괄호는 본 연구자의 추가.
25) 앞의 책, 590.
26) Ludwig Philippson, ed., *Die Israelitische Bibel*, 4 vol. (Leipzig: Baumgärtners
    Buchhandlung, 1858). 이 성경책이 주는 이미지를 프로이트가 갖고 있었다고 한다.
27) 프로이트, 『꿈의 해석』, 599.

라고 이해하였다. 마치 고대의 상형문자를 번역하는 고대 언어학자와 같
은 역할에 비긴다. 프로이트가 어린 시절 처음 읽었던 성경 책26)에서 느
꼈던 경험을 프로이트는 꿈에 적용하였다고 볼 수 있다. 현대인이 성경의
의미를 찾기 위하여 노력하고 성경의 주석가들은 해석을 위하여 연구하는
것처럼 꿈을 정신분석학의 영역에서 성경처럼 간주하였다. 물론 성서 해
석에도 자의적인 해석, "엉겁결에 성급하게 뜯어 맞춘 자의적인 즉흥곡에
불과한 것"27)을 지적하면서 꿈에서도 신중한 해석을 요구하고 있다.

2) 꿈 해석의 실제 사례

프로이트 자신이 기록하고 있는 꿈 가운데 하나를 살펴봄으로써 목회
돌봄을 위한 통찰을 얻고자 한다. 이 꿈은 편의상 'non vixit'28)라고 부르
겠다. 이 꿈의 내용은 다음과 같이 묘사하고 있다.

〈밤에 나는 브뤼케 교수의 실험실에 있다. 조용히 문 두드리는 소
리에 문을 열어 보니 (고인이 된) 플라이슐 교수였다. 그는 낯선 사람
두서너 명과 함께 실험실에 들어와 몇 마디 말을 던진 후 책상에 앉는
다.〉 그런 다음 두 번째 꿈이 이어진다. 〈내 친구 Fl(플리스)이 7월에
아무도 모르게 살짝 빈에 온다. 나는 (고인이 된) 친구 P와 이야기를
나누던 중 거리에서 그와 마주친다. 그러고는 그들과 함께 어딘가에

---

26) Ludwig Philippson, ed., *Die Israelitische Bibel*, 4 vol. (Leipzig: Baumgärtners Buchhandlung, 1858). 이 성경책이 주는 이미지를 프로이트가 갖고 있었다고 한다.
27) 프로이트, 『꿈의 해석』, 599.
28) 이 꿈에 대한 해석은 『꿈의 해석』에 두 군데 있다. 첫 번째는 496-500, 두 번째는 562-569쪽에서 서술하고 있다.

간다. 그들은 작은 탁자 같은 것을 사이에 두고 마주 앉아 있고, 나는 앞 편 탁자의 좁은 쪽에 자리 잡는다. Fl이 자신의 누이에 관한 이야기를 하면서 말한다.《그녀는 45분 만에 죽었다네.》그런 다음 이 비슷한 말을 덧붙인다.《그것이 한계일세.》Fl은 P가 자신의 말을 이해하지 못하자, 나를 돌아보며 자신의 일에 관해 P에게 어느 정도나 이야기했냐고 묻는다. 기묘한 감정에 휩싸인 나는 Fl에게 P가 이 세상 사람이 아니라고 (그렇기 때문에 아무것도 알 수 없다고) 말하려 한다. 그러나 입 밖으로 나온 말은《Non vixit》이다. 말하면서 나 스스로도 잘못이라고 깨닫는다. 그런 다음 날카롭게 P를 응시한다. 내 시선을 받은 그는 창백해지면서 모습이 희미해지고, 그의 눈은 병적으로 푸른색을 띤다. 그러더니 마침내 해체되어 사라져 버린다. 그러자 나는 무척 기뻐하며 에른스트 플라이슐 역시 환영, 망령에 지나지 않았다고 이해한다. 그리고 그런 인물은 다른 사람들이 원하는 동안만 존재하며, 소원하면 언제든지 제거할 수 있다고 생각한다.》[29]

(1) 동료들과의 경쟁 관계

프로이트는 이 꿈에 대한 첫 번째 분석에서 다양한 꿈 소재가 교차하며 전위되는 우선 확증(중복 결정)을 통하여 자기와 연구소에서 함께 일하고 있는 동료들과 스승인 브뤼케의 후임 자리를 계승하고자 하는 경쟁 욕구가 얽혀 있다고 해석한다. 'non vixit'라는 말은 빈 왕궁의 요제프 황제의 비문 'Saluti patriae 'vixit' / 'non' diu sed totus(조국의 행복을 위해/길지는 않지만 몸과 마음을 바쳐 살았도다).'에서 끄집어낸 것으로 밝힌다. 프로이트는 이 꿈은 플라이슐 교수의 기념비 제막식이 있고 난 며칠 후 꾼 것으로 말한다. 그날 프로이트는 "브뤼케의 기념비를 다시 보았고⋯⋯ 뛰어난 재능으로 학문에 심취했던 친구 P가 일찍 세상을 떠나지만 않았어도 당연히 그곳에 기념비를 남길 수 있었을 거라는 생각을 무의식에서 하고"[30] 애석해 했다. 그러나 바로 이 꿈에서 주목해야 할 부분은 "기묘한 감정에 휩싸여"인데, 프로이트는 이 감정을 "적대적이고 고통스러운 충동"[31]으로 지칭한다.

프로이트의 주치의였던 슈어(Max Schur)는 이 꿈에는 전반적으로 오이디푸스 주제가 흐르고 있다고 보았으며, 프로이트가 언급하지 않은 두 가지를 덧붙이고 있다. 첫째, 아버지 야콥의 사후 두 번째 맞이하는 기일 꿈(anniversary dream)으로서 아버지의 죽음에 대한 소원과 애도의 복합적인 감정이 있다는 것, 둘째, 자신의 절친한 친구 플리스와의 관계가 위기로 치닫는 꿈이라고 해석한다.[32] 슈어의 이와 같은 견해에 맥그레스도 일부 동의하고 있다.[33]

플리스에 대한 적대적인 면이 미증유의 강도로 강하게 표현된 것이 이 꿈에서 드러나고 있다. 여기에서는 은연중이기는 하지만, 플리스가 죽거나 멸절되는 것을 암시하고 있기 때문이라고 슈어는 주장한다.[34] 자신과 경쟁 관계에 있는 동료들, 특히 먼저 사망한 이들에 대한 프로이트 자신의 감정을 기록하고 있는 것이 이 사실을 뒷받침한다.

---

30) 앞의 책, 498.

31) 앞의 책, 562.

32) Max Schur, *Freud: Living and Dying* (New York: International Universities Press, Inc., 1972), 154, 160-61.

33) McGrath, Freud's (1986), 283.

34) Schur, Freud (1972), 168.

사실 대신할 수 없는 사람은 없다. 나는 벌써 얼마나 많은 사람을 묘지까지 배웅했던가. 그러나 나는 아직 살아 있다. 그들 모두 죽었지만, 나는 살아남았으며, 자리를 고수하고 있다. 이러한 사고는 내가 갔을 때 친구가 이 세상 사람이 아닐지 모른다는 두려움을 느낀 순간 한 걸음 더 나아가, 다시 누군가보다 오래 산다는 기쁨으로 변한다. 즉, 내가 아니라 그가 죽었으며, 공상 속에 그려 본 어린 시절의 장면에서처럼 나는 자리를 고수하고 있는 것이다. 내가 자리를 고수하는 것에 대한 만족은 유년기에서 유래하고, 꿈에 나타난 정서의 핵심을 차지한다.35)

이 부분에서 프로이트는 자신의 내면에 '생존자의 죄의식'을 갖고 있다는 사실을 확인하고 있다. 동료들이 자리를 떠남으로 인하여 아버지의 역할을 해야 하는 두려움을 서서히 극복해 가면서, 아버지의 자리를 차지하고자 서로 경쟁 관계에 있는 형제들에게 느꼈던 적대감이 이제는 죄의식과 안도감으로 자리 잡았다. 이러한 양면감정은 아버지를 향한 적대감에서 비롯되었으며 오이디푸스적인 경쟁대상이 아버지에서 동료들에게 전위된 것이다.

이것을 뒷받침할 수 있는 꿈의 중심 부분은 날카로운 응시를 통하여 해체되는 장면이다. "날카롭게 P를 응시한다. 내 시선을 받은 그는 창백해지면서 모습이 희미해지고, 그의 눈은 병적으로 푸른색을 띤다. 그러더니 마침내 해체되어 사라져 버리는" 모습에서 프로이트의 역할이 바뀐다. 아들이며 연구원의 지위에서 아버지이자 스승의 지위를 갖는다. 역할 전도가 일어난다. 이것을 자신의 말로 고백한다.

---

35) 프로이트, 『꿈의 해석』, 567.

3. 프로이트의 꿈 해석 이론

이 장면은 실제로 체험한 사건을 본뜬 것이 분명하다. 생리학 연구소의 실험관으로 근무하던 시절 내 근무 시간은 이른 아침이었다. 브뤼케 교수는 내가 학생들의 실험에 몇 번 지각한 것을 알고 있었으며, 그래서 한 번은 정확하게 문 여는 시간에 와서 나를 기다렸다. 그가 내게 한 말은 단호한 몇 마디였지만, 중요한 것은 결코 말이 아니었다. 나를 바라보는 무서운 푸른 눈이 단연 압도적이었다. 그 눈앞에서 나는 꿈의 P처럼 흔적 없이 사라지는 것 같았다. 다행히도 꿈에서는 역할이 뒤바뀌어 있다. 고령이 되어서도 아름다움을 잃지 않았던 위대한 스승의 눈을 기억하고 있으며 또 화난 그의 모습을 한 번이라도 본 사람이라면, 당시 죄진 젊은이의 심정을 쉽게 헤아릴 수 있을 것이다.[36]

꿈에서는 프로이트가 브뤼케 교수의 역할을 하고 있고, 실제 경험했을 당시에 교수에게 강한 눈길을 받아 멸절당하는 자신의 자리에 친구 P가 등장하게 한다. 즉, 현실에서 자신이 멸절당할 것 같은 심리적인 경험을 꿈에서는 그 역할을 P가 하게 되어 심리 에너지의 우선 확증으로 전위가 일어난 것으로 해석한다. 그러나 여기에는 단순히 프로이트와 P와의 관계를 넘어선 것이 있는데, 슈어는 프로이트가 『꿈의 해석』을 저술할 당시에 플리스와의 관계에서 양면적 감정이 일어나고 있는 것을 진작부터 일찌감치 언급하고 있다. 슈어의 해석에 의하면, 프로이트 자신은 그와 플리스와의 갈등의 심도를 의식하지 못한 채 이 꿈에 대한 해석을 내놓고 있는 것이다.[37]

---

36) 앞의 책, 497.
37) Schur, *Freud* (1972), 153.

친구를 향한 적대감과 동년배들과의 경쟁의식은 어디에서 왔을까? 이
러한 적대감에 대하여 프로이트는 자기보다 한 살 많은 조카 존과의 관계
를 지적하고 있다. 어린 시절의 꿈이었던 노란 꽃에 얽힌 스크린 메모리
에서 자기보다 한 살 많은 조카 존이 자신의 삶에 어떻게 기억되는지 살
펴보자.

> 동년배들에 대한 내 우정이나 적대감은 한 살 연상의 조카와 지낸
> 어린 시절에서 비롯된다. 당시 그는 항상 이기는 쪽이었고, 나는 일찍
> 부터 방어하는 법을 배웠다. 우리는 떨어지지 않고 함께 지냈으며 서
> 로 좋아했다. 그러나 어른들이 이야기하는 대로 이따금 싸우고 상대
> 방을 〈일러바치기도〉 했다. 내 모든 친구는 어떤 의미에서 〈그 옛날
> 언젠가 희미하게 나타났던〉 이 최초의 인물이 구현된 것이다. 즉, 망
> 령인 것이다.38)

프로이트는 어린 시절 함께 생활했던 한 살 위 조카 존과의 관계로 연결
한다. 기억의 저장소에 오랜 세월 지니고 있었던 심리적 콤플렉스였던 조
카 존과의 관계는 자기와 아버지와의 감정과 혼돈되면서 지속적으로 성인
기에 들어서서도 간간히 나타난다. 어린 시절 존과 아버지 야콥과의 사이
에서 일어난 일들과 브뤼케의 연구소에서 경쟁 관계인 동료들과의 관계,
그리고 현재 이러한 정신분석 창안 과정에서 친분 관계로 편지를 교환하
던 플리스와 관계가 병행되어 프로이트의 내면에서 전위되고 있다. 플리
스와 정서적으로 의존적인 상태에서 벗어나서 보다 자율적이 되고자 하는
욕망을 표현하고 있다.39) 즉, 어린 시절 아버지에 대한 적대감이 함께 놀

---

38) 프로이트, 『꿈의 해석』, 564.

던 어린 시절 친구에게로 전치되었고, 나중에 성인이 되었을 때 스승의 후계 자리를 향하여 경쟁하는 동료들에게 전가되고, 가장 소중하고 진실한 감정을 주고받았던 친구인 플리스에게도 영향을 크게 미치는 현상을 꿈에서 발견하게 되는 것이다.

(2) 인명(人名)의 교차 현상

이 꿈에서는 다양한 이름, 즉 에른스트, 조세프, 플라이슐과 플리스 등의 이름이 등장한다. 프로이트는 심리적 망령(revenants)이라 부르며 그에게 영향을 미치고 있는 정서적인 문제를 등장인물의 이름 혼용과 역할 교차를 통하여 묘사하고 있다. 이 꿈에 등장하는 사람들의 이름이 어떤 역할을 하는지 살펴보는 것이 중요하다.

슈어는 망령이라고 묘사된 이름 가운데 플라이슐 교수의 이야기를 제공한다.[40] 그의 본명은 에른스트 플라이슐 폰 마르크소우다. 이 꿈에 등장하는 망령 가운데 한 사람이며, 에른스트 브뤼케 교수의 연구소에서 프로이트와 함께하였던 연구원이었다. 프로이트가 과학자로서 경력을 시작한 브뤼케의 생리학 연구실은 프로이트 개인에게 중요한 의미를 지닌 곳이었다. 프로이트는 플라이슐 교수가 지니고 있는 많은 것, 준수한 용모, 부유하고 귀족적인 가정배경, 창의적이고 과학적인 풍부한 사유 능력을 동경하였다. 그중 어느 한 가지도 자신이 따라잡을 수 없다고 생각하였다. 유대인이었던 프로이트는 조교수나 부교수의 지위에 오르기 위해서는 십년 이상의 과정을 밟아야 했고, 그 이후에도 연구소에서 이론적인 연구를 해내기 위한 경비를 벌 가능성이 희박하였기 때문이었다.

---

39) McGrath, *Freud's* (1986), 287.
40) Schur, *Freud* (1972), 155-56.

플라이슐은 그곳에서 실험하다 손에 상처를 입었고, 염증이 심해져 손가락 몇 개를 절단하여야 하는 상황에 이르렀다. 신경 손상에 의한 심한 통증으로 몇 차례 수술을 받았으나 실패하였으며 급기야 플라이슐은 모르핀에 의지하게 되어 중독 상태에 빠졌다. 프로이트는 자신의 첫 연구였던 코카인의 마취 기능 연구의 도움을 받아 플라이슐에게 모르핀 대신 코카인의 구강 복용을 권하여 중독 치료를 시도하였다. 코카인 처방이 처음에는 진척이 있었으므로, 프로이트는 무척 고무되었다. 그러나 얼마 후에 플라이슐은 코카인 중독에 빠지게 되었고 모르핀 중독보다 더 심각한 증상을 경험하게 된다. 존경과 선망의 대상이었던 플라이슐이 신체적으로나 정신적으로 악화일로를 걷게 되면서 프로이트도 극심한 심리적 고통을 겪게 되었다. 코카인 사용을 권유했던 죄책감이 컸던 것이다. 훨씬 뒤에야 약 자체의 요인보다 중독에 대한 심리적인 요인이 있다는 점을 발견하였으며, 코카인 역시 중독성이 있음을 뒤늦게 인식하게 되었다. 프로이트가 약혼녀 마르타와의 편지에서 플라이슐이 죽었던 1891년까지 그의 병상 곁을 지켰다는 것을 언급하였던 것은 프로이트의 심리적 고통이 얼마나 컸던가를 시사해 준다.[41] 플라이슐은 프로이트가 몹시 곤궁할 때에 여러 차례 돈을 빌려주었다. 파리에서 공부하던 때 그의 지원이 없었더라면 프로이트는 견뎌 내지 못했을 것이다.[42] 자신에게 호의를 베풀어 주었던 선망의 대상에게 '생존자의 죄책감'과 함께 멸절의 소원 두 가지가 꿈에 담겨 있었다고 해석할 수 있다.

꿈에 등장하는 두 번째 망령은 조세프 파네스(Joseph Paneth)인데, 프로이트가 브뤼케의 책망 어린 눈초리로 멸절당할 것 같은 경험을 한 것이 꿈에

---

41) 앞의 책, 156.
42) 앞의 책, 157.

서는 역할이 바뀌어 프로이트의 강렬한 눈초리로 말미암아 멸절되는 대상이
었다. 파네스는 프로이트보다 한 살 어렸다. 그러나 플라이슐이 죽기 일 년
전에 죽었다. 프로이트에게 플라이슐보다 더 관용을 베풀었던 부유한 가정
출신이었던 파네스는 프로이트와 여러 해 동안 친구로 지냈다. 가난한 프로
이트가 결혼을 할 수 없어서 고생할 때 파네스는 큰 돈을 모아서 만든 원금
의 이자 수익으로 프로이트가 가끔 약혼녀를 만나러 갈 수 있도록 도와주
었고, 원금은 결혼을 앞당겨서 프로이트 부부가 가구를 살 수 있도록 도왔
다.[43] 파네스에 대한 연상을 프로이트는 꿈 해석에서 다음과 같이 고백하
고 있다.

> 나도 몇 년 전 빈 자리를 차지하고 싶은 같은 소원을 훨씬 더 강하
> 게 품은 적이 있었다. 서열과 승진이 있는 곳이라면 이 세상 어디에서
> 나 억압해야 하는 소원에 대한 길이 열려 있기 마련이다. 셰익스피어
> 왕자 할은 병든 아버지의 침상 곁에서 왕관이 자신에게 어울리는지
> 한 번 써보고 싶은 유혹을 뿌리치지 못한다. 그러나 충분히 이해할 수
> 있듯이, 꿈은 이 분별 없는 소원 때문에 내가 아닌 그를 징벌한다.[44]

소원이 역할을 바꾸어 놓는다. 프로이트의 꿈 해석 방식에 관하여 슈어
는 프로이트 자신의 생각을 인용하고 있다.

> 나는 이 책을 집필하는 동안 겪은 경험을 통해 꿈이 다른 정신적인
> 행위들과 마찬가지로 거의 망각되지 않으며, 기억에 저장되는 것과

---

43) 앞의 책, 157.
44) 프로이트, 『꿈의 해석』, 566.

관련해서도 다른 정신적인 기능들에 전혀 뒤지지 않는다는 것을 분명
히 알게 되었다. 나는 꿈을 꾼 당시 어떤 이유에선가 극히 일부만 해
석하거나 아니면 전혀 해석할 수 없었던 많은 꿈을 기록해 두었다. 그
러다 내 주장을 뒷받침하는 재료로 삼으려는 생각에서 1, 2년이 지난
다음 그중 몇 가지를 해석하려고 시도하였으며, 이러한 시도는 예외
없이 성공하였다. 나는 꿈을 꾼 당시보다 오랜 시간이 지난 다음 해석
하기가 더 쉬웠다고 주장하고 싶다. 그 이유는 아마도 당시 나를 방해
했던 내부의 저항에서 벗어났기 때문일 것이다. 이와 같이 나중에 해
석하는 경우 꿈을 꾸었던 당시 밝혀낸 꿈-사고의 결과와 대부분 훨씬
풍부한 현재의 결과를 비교했으며, 당시의 것이 후자 안에 변하지 않
고 그대로 남아 있다는 사실을 발견할 수 있었다.45)

　　프로이트는 파네스와 관련된 꿈의 해석에서 친밀한 친구와 증오하는
적이 자신의 정서와 감정 생활에 불가피하게 요구되는 것이라고 보았다.
그는 그래서 "나는 이 둘을 늘 새롭게 만들어 냈으며, 흔히 친구와 적이 한
인물 속에 공존하는 어린 시절의 이상이 재현되었다."46) 그러면서 어린
시절과 같이 "동시 병존이나 역할이 번갈아 가며 뒤바뀌지는 않는"다고
고백한다. 꿈에서 친구 파네스에 대한 적대적 사고의 흐름과 애정 어린 사
고의 흐름이 동시에 존재하고 있음을 환기하고 있다. 이 꿈의 제목인
'non vixit'는 여기에서 탄생한다. 적대적 사고가 표면적으로 은폐되어
파네스의 학문적 공헌을 치하하여 기념비를 세워 주는 것이다. 특이한 소
리를 내는 한 문장 'not vixit'라는 한 구절을 통해 한 번에 묘사하고 있다.

---

45) 앞의 책, 608.
46) 앞의 책, 564-5.

3. 프로이트의 꿈 해석 이론

프로이트는 서로 극단적인 두 가지 반응은 제각기 옳다고 주장하면서도 서로 방해하지 않는 것으로 표현하고 있다. 이 비슷한 상황을 그는 셰익스피어의 『줄리어스 시저(Julius Caesar)』에서 브루투스의 변명에서 인용하고 있다. "나는 시저가 나를 사랑했기 때문에 그를 위해 울고, 그가 행복했기 때문에 기쁘다. 그가 용감했기 때문에 그를 존경하지만, 그가 권력욕에 사로잡혔기 때문에 그를 죽였다."[47] 줄리어스 시저와 브루투스의 관계와 프로이트와 조카 존과의 관계, 꿈에서는 파네스와 플라이슐을 향한 양면적인 감정, 이 모든 것이 꿈을 해석해 가는 과정에서 억압과 억제(inhibition)를 극복하여 풀고 잠재되어 있는 감정 요소를 찾아내는가를 보여 주고 있다.

(3) 아버지에 대한 환멸과 우선 확증(중복결정)

프로이트는 꿈의 해석을 통하여 자기가 어려서부터 갖고 있던 정서적인 문제들 가운데 아버지 역할을 갖고 싶어 하는 욕망을 표현하고 있다. 여섯 자녀를 둔 프로이트는 아버지 야콥에 대해 아버지로서 부적절한 행동을 한 기억을 갖고 있었다.

> "내가 젊었을 때의 일이다. 어느 토요일인가 나는 옷을 멋지게 차려입고 새로 산 털모자까지 쓴 다음 …… 그때 한 기독교인이 다가와 갑자기 내 모자를 진흙탕에 내던지며 소리쳤다. "이 유대인아, 인도에서 내려서지 못해!" "그래서 아버지는 어떻게 했어요?" "차도로 내려가 모자를 주워 들었다." 아버지는 태연하게 대답했다.[48]

---

47) 앞의 책, 498-99.
48) 앞의 책, 245-6.

청소년기에 이르렀던 프로이트는 아버지 야콥이 보여 주었던 이와 같은 행동이 건장한 성인 남자에게 어울리지 않게 용맹스럽지 못한 것에 실망하고 좌절하였다. 아버지상에 대한 환멸(disillusionment)은 유대인으로서 로마를 정벌하였던 칼타고의 장수 한니발의 아버지 하밀카르 바르카스가 아들에게 집의 제단 앞에서 로마인에 대한 복수를 다짐하게 했던 모습의 환상을 가짐으로써 보상하는 것으로 보인다.[49] 이 환상이 비겁한 아버지에 대한 환멸을 극복하고 있는 것으로 보인다. 심지어 자신이 아버지 야콥의 아들이 아니라 어머니 아말리아와 비슷한 연배인 배다른 형 에마누엘(Emmanuel)의 아들로 태어났었더라면 하는 욕망을 그의 '말 실수(slip)'에서 한니발의 아버지 하밀카 바카로 말하지 않고 하스드루발로 말한 것에 비기고 있다. 이는 자신에게 반유대주의가 없는 환경을 제공하지 못했던 아버지 야콥이 무능한 데 대한 환멸을 은연중에 표현한 것이다. 이복 형 에마뉴엘은 어려서 가톨릭교도들의 반유대주의적 적대감이 없는 영국으로 이주하였기 때문이다.

슈어에 의하면, 프로이트는 자기 분석과 환자들을 치료하는 일과 이론적인 틀을 발전시키는 일에 중요한 역할을 하였던 유년 초기의 재구성에 깊이 사로잡혀 있으면서 꿈(책)을 집필하였다고 한다. 그 근거로는 유년기 주제들을 강조하게 되는 것은 현재 경험하는 갈등 특히 전이 관계에서 발생하는 상황의 갈등을 성공적으로 방어하기 위하여 사용되었던 것을 정작 프로이트 자신은 깨닫지 못했기 때문이라고 제시한다.[50]

---

49) 꿈의 해석 초판에는 하스드루발이라고 잘못 기재했던 것을 프로이트는 시인하고 수정하였다. 하스드루발은 한니발보다 한참 나이 많은 매형과 자신의 형(함께 로마에 대항하여 싸웠던)의 이름이었다.

50) Schur, *Freud* (1972), 167.

앞에서 언급한 바와 같이 non vixit 꿈은 아버지 야콥의 추모일을 앞두
고 나타난 꿈으로, 특히 2년 전에 플리스에게 보고하였던 '생존자의 죄의
식'이 이 꿈의 잠재된 내용으로 오이디푸스 주제가 부자 관계로부터 형제,
동료들과의 경쟁 관계로 변형되어 꿈-형성된 것이다. 죽은 동료 플라이
슐과 파네스가 등장하지만, 플리스와 보다 복잡한 감정이 잠재되어 꿈을
형성하고 있었다고 non vixit 꿈을 해석할 수 있다.

4. 꿈의 해석: 묘사 가능성과 상징을 넘어선 자신과의 만남

프로이트 전기 작가 슈어와 맥그레스 등의 견해를 종합해 보면, non
vixit 꿈을 이루고 있는 잠재된 꿈-내용은 아버지 야콥의 죽음에 대한 애
도와 유년기의 다양한 기억 가운데 있는 경쟁심과 시기심 그리고 사랑하
고 우정을 나누었던 동료들이 멸절하기를 바라는 공격 본능 등이라 정리
할 수 있다. 꿈에 등장하는 인물들의 이름의 교차 사용에서 보듯이, 망령
들이 프로이트의 기억 가운데 지속적으로 움직이는 역동임을 분석하였
다. 특별히 'non vixit' 꿈에서 볼 수 있는 것은 아버지의 자리를 찬탈하
려는 오이디푸스 욕망과 경쟁 상대가 멸절되기를 바라는 공격성이 무의
식에 자리 잡고 있었으며 그것들을 최대한 프로이트는 여과하지 않고 표
현하고 있다. 심지어 정신분석을 창안해 가면서 친밀한 관계를 맺고 있었
던 빌헬름 플리스에 대한 적대감도 찾아내었다. 슈어의 견해를 따르면,
플리스에 대한 멸절욕구도 있었다. 프로이트가 자인하든 하지 않든 간에
적어도 프로이트는 플리스로부터 자율적 견해를 갖고 싶어 하는 마음을
갖고 있었다.

본래 프로이트는 "정신 과정은 본질적으로 무의식적"[51]이라고 정의하고 있다. 현대의 신경과학자들도 정신 과정은 무의식적이기도 하지만 의식에 떠오르기에는 그리 민감하지 않다고 보았다. 무의식적인 정신 활동에는 외부의 사건, 신체화 경험, 정서, 대인관계, 사건에 대한 상호적인 현실과 내면의 정서적 반응 등이 포함된다. 이러한 복잡하고 복합적인 경험을 인식하고 조직하여 의식에 이르기에는 너무나 요원한 과정이 필요하기 때문에 무의식에 잠겨 있게 된다. 히스테리로 고통당하는 환자들을 주로 돌보면서 얻게 된 임상 경험을 통하여 프로이트는 현실을 직면하지 않으려 하고 왜곡하여 인식하게 되는 내면의 세계를 탐색하고 발견하는 기법을 『꿈의 해석』에서 제안하면서, 자기 분석을 통하여 자신의 인격과 전문성, 자기를 바라보는 많은 이의 관심과 기대와 별도로 자신의 심리 내면에 있는 수많은 생각과 기억, 자랑스럽고 긍정적인 것은 물론 추악하고 수치스럽고 정당하기보다는 부당하고 비합리적인 것들까지 찾아내어 분석하고 있다. 사적인 은밀한 욕망, 친구나 부모, 스승을 향한 적대감과 환상이 포함되고 있다. 자신의 삶과 명예에 끼칠 영향을 생각하기보다는 인간 내면의 무의식에서 전달하는 다양한 메시지를 거르지 않고 진술하였다.

프로이트는 자기 분석의 과정을 통하여 진정한 자신이 되기 위한 노력을 「꿈의 해석」을 통하여 여실히 보여 주고 있다. 프로이트가 수년 동안 자기 분석을 통하여 저술한 꿈에 관한 책에서 탐색한 것을 요약한다면, 꿈이란 복잡한 정신 활동을 통하여 형성된 자기 자신의 의식과 무의식의 합작품이며, 몽자의 진정한 성격을 포함하고 있는 것이다. 꿈이 만들어 낸 영상과 그것을 표현해내는 언어, 꿈과 관련된 정서를 이야기하면서 해석

---

51) 지그문트 프로이트/윤희기, 박찬부 옮김, "무의식에 관하여", 『정신분석학의 근본 개념』(파주, 경기도: 열린책들, 1997), 168.

의 과정을 밟아 나가면 억압되거나 억제된 측면을 찾을 수 있는 기회를 얻는다. 꿈 작업의 과정을 이해하게 될 때 정신적인 장애와 언어 표현의 수단이 말하고자 하는 깊은 진실을 발견하여 말할 수 없는 정신 활동의 진면목을 찾을 수 있게 된다.

5. 나가는 말

심리치료의 과정은 언어 표현에 담긴 은유의 분석 과정이자 은유 자체다. 리주토(Ana-Maria Rizzuto)는 "피분석자가 일단 (정신분석을 통하여 행하여진) 다층의 은유 과정과 언어의 은유에 친숙해지면 자신의 고통스러운 경험과 연결되어 있는 욕망을 표현해내는 자기 자신만의 경험을 서술하는 새로운 은유 표현을 시도하게 되며, 그 안에서 자신이 살아가는 현실적이며 은유적인 현실을 받아들이게 된다."[52]고 역설하고 있다. 잊고자 해도 잊을 수 없는 몸의 경험, 문득 떠오르지만 분명하게 진술할 수 있는 (또는 희미한) 환상, 어린 시절부터 갖고 있는 기억, 상담 현장에서 떠오르는 셀 수 없이 많으나 다 말할 수 없었던 이야기, 내담자의 개인사와 자신을 드러낼 수 있는 이야기를 초청하여 들어주는 경청의 책임은 상담자에게 부여된 책임이자 기쁨이다.

프로이트는 불가피하게 왜곡되는 꿈의 세계가 삶 속에서 어떤 영향을 미치고 있는가를 치료하면서 참된 인간의 모습을 추구하는 태도를 꿈에 관한 자신의 책에서 보여 주고 있다. 일상적인 삶에서 느끼고 인식하였던

---

52) Ana-Maria Rizzuto, "Metaphoric Process and Metaphor: The Dialectics of Shared Anaytic Experience", *Psychoanalytic Inquiry*, Jan/Feb, vol. 29, 2009, 28.

사건과 정서가 어떤 과정을 거쳐 외현적 꿈으로 표현되는지 알게 되면 자기기만이 없는 진실한 삶을 현실적으로 살아가는 것이 쉽지 않다는 것을 알게 될 것이다. 자신의 깊은 곳에 있는 왜곡 이전의 진실을 찾기 위한 노력은 영혼의 돌봄을 지향하는 목회상담자의 전문성과 자기 개발을 위한 의미 있는 작업이 아닐 수 없다. 어려움에 처한 내담자를 돕기 위하여 꿈, 백일몽, 소원 등 일반적으로 상담 과정에서 관심의 대상이 되지 못했던 정신 활동을 분석하는 일은 인격의 통합이란 차원에서 무한 가치를 지닌다. 이를 통하여 내담자의 성격의 진면목을 발견해 나갈 수 있기 때문이다. 꿈의 상징적 언어와 이미지를 발견 추적하여 이해할 수 없었던 내면에 숨겨진 욕구와 접촉할 수 있게 됨으로써 진정한 자신을 발견하고 성장할 수 있는 경험을 도움을 제공하는 자와 받는 자 모두 하게 되기를 기대해 본다.

영문 초록

Freud defines dream as it is formed through interaction of external experiences in daily routine life and inner problems like early phase memories and experiences. Residues from daily experiences form dream-contents by deep response to our unconscious. Especially, various infantile wishes give forms and meanings to daily experiences and events. There are four mechanisms of in dream-work. These are condensation, displacement, representation, and secondary revision to change latent dream—content to manifest dream-content. It is required to trace manifest dream—content through latent dream-content for interpreting dream.

Freud compares the process of dream interpretation to translating an ancient pictographic script. One can discover one's true self when s/he find the significance of displacement and over-determination through analyzing languages, images, and names used in a dream. In this research, this writer chose Freud's dream, 'nonvixit'. He analyzed this dream two times in his dream book. Many people who worked with Freud at his teacher-Ernst Br?cke's research institute were playing the roles of displaced images, hostile relationships. His Oedipal feeling to his father and his hostile competitiveness against Fliess were hidden in the dream. According to Schur, this dream had significance of mourning for Freud's father, i.e. second anniversary dream. Through this study of Freud's own interpretation of his dream, one may be able to find the tool to analyze one's own self and to apply this knowledge to understanding counselees from an analytic perspective.

주제어: 자기 분석, 압축, 전위, 우선확증, 묘사가능성의 고려(self analysis, condensation, displacement, over-determination, representation)

참 고 문 헌

프로이트, 지그문트/김인순 역. 『꿈의 해석』. 파주: 열린 책들, 1997.

프로이트, 지그문트/윤희기, 박찬부 역. 『정신분석학의 근본개념』. 파주: 열린 책들, 1997.

Bingaman, Kirk A. "Teaching Freud in the Seminary", in Diane Jonte-Pace, ed., *Teaching Freud*. Oxford & New York: Oxford University Press, 2003.

Boehlich, Walter. *The Letters of Sigmund Freud to Eduard Silberstein, 1871-1881*. Cambridge, MA: Belknap Press, 1990.

Belkeley, Kelly. "Dream Interpretation: Practical Methods for Pastoral Care and Counseling", *Pastoral Psychology, vol. 49, No. 2, 2000*, 95-104.

Freud, Sigmund. *The Complete Letters of Sigmund Freud to Wilhelm Fliess, 1887-1904*, trans. and ed. Jeffrey Moussaieff Masson. Cambridge: The Belknap of Havard University Press, 1985.

Freud, Sigmund. *The Origins of Psycho-Analysis Letters to Wilhelm Fliess*

Drafts and Notes: 1887-1902 eds. by Marie Bonaparte, Anna Freud, Ernst Kris, trans. by Eric Mosbacher and James Strachey. New York: Basic Books, 1954.

Hamilton, James W. "Freud and the Suicide of Pauline Silberstein", *Psychoanalytic Review*, Dec. 2002, 89, 6, 889-909.

Howe, Leroy T. "A Pastoral Perspective on Freud and Dream Interpretation", *Perkins Journal vol. 38, No. 3*, 1-8.

Jones, Ernest. *Life and Work of Sigmund Freud, vol. 1*. New York: Basic Books, Inc. 1953.

Kr?ll, Marianne. *Freud and His Father*, trans. Arnold J. Pomerans. London: Hutchinson, 1986.

Masson, Jeffrey Moussaieff, *Assault on Truth: Freud's Suppression of the Seduction Theory*. New York: Pocket Books, 1998.

Masson, Jeffrey Moussaieff, trans. & ed. *The Complete Letters of Sigmund Freud to Wilhelm Fliess 1887-1904*. London & Cambridge, MA: The Belknap Press of Harvard University Press, 1985.

McGrath, William J. *Freud's Discovery of Psychoanalysis: the Politics of Hysteria*. Ithaca and London: Cornell University Press, 1986.

Ornston, Jr., Darius Gray, ed. *Translating Freud*. New Haven and London: Yale University Press, 1992.

Ricoeur, Paul. *The Conflict of Interpretations*, ed. Don Ihde Evanston, Ill: Northwestern University Press, 1974.

Rizzuto, Ana-Maria. "Metaphoric Process and Metaphor: The Dialectics of Shared Analytic Experience". *Psychoanalytic Inquiry*, Jan/Feb, vol. 29, 2009, 28.

Schur, Max. *Freud: Living and Dying*. New York: International Universities Press, Inc., 1972.

부록 2

꿈 해석을 활용하는 목회상담의 방법 연구

-S. 프로이트의 『늑대 인간』 사례를 중심으로

A Study of Dream Interpretation As a Pastoral Counseling Method
- Focused on a Case of *The Wolf Man* by S. Freud

한글 초록

합리적인 관념이 최선의 가치라는 명분을 갖고 살다 보면 미처 자신이 발견하지 못한 욕망이 내면에 자리 잡고 있는 것을 발견하게 된다. 특히 지도자로 살아가는 목회자와 상담자들 역시 그와 같은 내면의 역동이 꿈이나 환상 가운데 표현될 수 있다. 지금까지 꿈의 해석을 활용한 목회상담 방법론은 전무한 상황이었다. 이에 내담자/교인들이 가져오는 꿈을 어떻게 다룰 것인가를 프로이트의 『늑대 인간』에 등장하는 사례와 환자의 꿈을 한 예로 목회 현장에서 활용할 수 있는 돌봄과 상담 방안을 연구하였다. 꿈을 해석하기 위하여 경청과 질문 내역, 꿈-작업에 대한 정신분석의 임상 결과를 바탕으로 한 심리 내면의 탐색을 통하여 진정한 자기 형성을 추구할 수 있는 제안을 하고 있다.

1. 들어가는 말

오늘날 많은 사람들은 자신이 합리적이고 건설적이라고 생각하는 관념과 행위에 가치와 명분을 두고 살아가게 된다. 그러나 많은 부분 미처 자신이 의식하지 못한 은밀한 욕망과 덩어리가 된 채 해결되지 않은 심리적 콤플렉스와 외상 경험 등이 자신의 관념과 가치에 묻어 있다는 것을 발견하게 된다. 마음속에 있는 욕망과 상처를 덮어 둔 채 살다 보면 문제는 해결되지 않으나, 적어도 잠재된 욕구와 소원을 알아차린다면 가식과 위선으로 삶이 지배되는 이중인격자가 되는 것을 피할 수는 있다. 우리는 살면서 위기를 겪거나, 많은 업무 가운데 스트레스를 받을 때, 또는 중요한 대상과의 갈등을 경험할 때 종종 악몽을 꾼다. 이해할 수 없는 꿈 내용으로 의아해하며, 전혀 기대하지 않았던 기이한 꿈 내용 때문에 당혹감을 느꼈을 때도 있었을 것이다. 불안, 공포, 분노 등의 감정이 꿈을 꾸는 동안 영향력을 행사하여 고통과 혼란을 경험할 수도 있다. 이같이 난해한 꿈에 담겨 있는 의미를 탐색하여 삶의 긍정적인 자원으로 활용할 수 있다면, 자신에게는 물론 이웃들과의 관계 설정에서도 적절한 도움을 줄 수 있을 것이며, 또한 기이하고 당혹스러운 감정을 살펴가면서 진정한 자신의 모습을 찾을 수 있는 계기가 될 수 있을 것으로 기대한다.

그러나 실제 상황이 간단하지 않음은 꿈의 가치와 의미에 대하여 각기 다른 극단의 평가가 있기 때문이다. 가령, 꿈은 소원 성취의 일환이며 환상이라든지 혹은 수면 중에 뇌의 무작위적인 활동에 의하여 나타나는 무의미한 현상이라든지, 또는 뉴에이지 운동가들이 표현한 것처럼 즉각적인 깨달음에 이를 수 있는 손쉬운 방편으로 해석하기 때문이다. 동방정교회 내에서 수도원 제도의 아버지라 불렸던 성 바실(St. Basil)은 꿈마저도 영적인 삶에서 제외될 수 없다는 입장을 견지하였다. "저녁 기도 시간 중에 일어나는 온당치 않은 공상의 근원은 무엇입니까?"라는 질문에 그는 "그런 공상은 낮 동안 일어났던 영혼의 무질서한 움직임에서 나온다네. 하지만 사람이 하나님의 심판에 대한 생각만으로 가득 차 있어서 자신의 영혼을 깨끗하게 하고, 또 하나님을 기쁘시게 하는 선한 일과 선한 문제들에 끊임없이 마음을 쏟는다면 그의 꿈은 온통 그런 선한 것들뿐일세."[1]라는 답변을 했다는 것이다. 이런 면에서 오늘날 목회자들과 신학생들은 자신의 신학적 방향에 따라 윤리적인 선입견과 비평에 압도되거나, 꿈을 해석하는 것 자체에 대하여 부정적인 태도를 갖게 되기 쉽다.

목회 현장에서는 교인으로부터 신비한 의미를 가진 꿈이라고 해석을 요청받는 경우도 있고, 반대로 어떤 말할 수 없이 수치스러운 욕망과 관련된 꿈을 꾸고 당혹감을 표현하는 경우도 만나게 된다. 이럴 때에 목회자로서 어떻게 꿈을 다룰 것인가를 선택해야 한다. 본 연구자는 꿈을 해석하고 다루는 것에 대해 섣부른 신학과 윤리의 잣대로 평가하는 자세를 유보하고, 내담자가 말하는 꿈을 있는 그대로 듣고 이해할 수 있는 목회 자세와 전략을 신중하게 모색하여 목회 현장에 활용할 수 있는 방안으로 제시하고자 한다.

꿈은 목회와 목회상담 현장에서 잘 다루어지지 않는 편이다. 실제로 접근할 수 있는 도구, 해석의 훈련에 목회자나 상담자들이 관심을 갖지 않는다. 그러나 상담목회를 수행하는 목회자/상담사역자가 꿈을 소재로 내담자/교인을 돕고자 할 때 그들의 언어적·비언어적 의사소통은 중대한 의미를 갖고 있다. 또한 목회자와 만나 대화하는 현장은 영적인 상징성을 지니고 있다. 그 순간은 하나님의 대리자로서 목사를 대하는 교인으로서 당혹스러운 경험에 대한 적절한 해결과 답변을 구하는 것임을 목회자/상담자는 인식하여야 한다. 상담자와 내담자가 자신이 스스로 꿈을 소재로 하며, 치료적 대화에 활용하기를 원하는 경우 이 연구가 도움이 될 것이다.

---

1) Regulae Breviter Tractate, 296, II, 2. 742C. 참고, J. E. Bamberger, "MNHMH-DIATHESIS, The Psychic Dynamism in the Ascetical Theology of St. Basi," *Orientalia Christiana Periodica*, Vol. XXXIV, Fasc. II, 1968. 인용의 번역은 헨리 나우웬, 『영적 발돋움』, 이상미 옮김(서울: 두란노서원, 1998), 142면에서 재인용.

꿈을 소재로 깊이 있는 상담의 환경으로 내담자가 인도될 경우 내담자를 좀 더 이해할 수 있는 좋은 기회를 얻을 수 있을 것으로 기대된다. 우선 꿈의 해석에 관한 프로이트의 사례, 즉 '늑대 인간'을 통하여 심층적인 해석의 내용을 살펴본 후, 하우(Leroy T. Howe)와 버클리(Kelly Belkeley)의 목회상담의 관점에서 꿈 연구를 통한 목회상담 활용 방안을 제시할 것이다.

2. 프로이트의 꿈에 대한 접근

프로이트는 1900년 『꿈의 해석』을 출판하면서 정신분석을 세상에 알리고, 꿈의 해석을 통한 완성도 높은 무의식을 향한 접근로를 열었다. 그런 점에서 프로이트는 꿈을 '무의식에 이르는 왕도(royal road)'라고 하였다. 그 후에도 프로이트는 『정신분석 강의』와 『새로운 정신분석 강의』 등 꿈과 관련된 의미 있는 저술을 연달아 내놓았다. 그러나 정신분석에 대한 임상 경험과 학습이 부족한 목회자들이 프로이트의 저작들을 읽고 프로이트가 제안한 꿈의 해석 이론을 활용하여 일반 내담자/교인을 상담하고 치료하는 것이 쉽지 않은 것이 현실이다.

꿈의 해석 이론을 활용하여 목회 사역과 치료에 도움을 제공하려는 의도에서 시작된 이 연구는 프로이트의 『늑대 인간』[2]의 꿈 사례를 선택하여 그의 흥미진진한 해석을 정리하고자 한다. 하우(Howe)는 '늑대 인간' 사례를 통한 꿈 해석 이론을 제시한 연구를 발견하기 힘들다고 하였다.[3] 정

---

2) 지그문트 프로이트, 『늑대 인간』, 김명희 옮김(서울: 열린책들, 2003), 196-341에 등장하는 "늑대 인간—유아기 신경증에 관하여"를 중심으로 본 연구는 진행된다.

3) Leroy T. Howe, "A Pastoral Perspective on Freud and Dream Interpretation", *Perkins Journal 38, No. 3 Spring*, 1985, 1-8.

신분석적인 문서들을 대상으로 하였을 경우에도 전무하였으니, 목회상담
영역에서의 연구는 더욱더 처녀지라고 하겠다.

1) 사례 연구

프로이트와 환자 자신과 다른 정신분석가들이 제시한 자료[4])에 의하면
사례의 주인공 '늑대 인간'은 1886년 러시아의 부유한 가정에서 태어났
다. 그에게는 아버지의 사랑을 많이 받았으나 이십 대 초반에 여행 중에
음독자살로 생을 마친 두 살 많은 누나가 있었다.[5]) 어머니는 다양한 신체
증상으로 고통을 겪은 탓에 자녀들과는 거리를 두고 지내고 있었으며, 쉽
게 예상할 수 있는 것처럼 딸의 자살 후 깊은 슬픔과 죄책감의 수렁에 빠
져 오랫동안 애도의 삶을 살아갔다. 아버지는 우울증을 앓다가 49세 되던
해에 갑자기 사망하였다. 사망의 원인은 수면제 과다 복용으로 추정된다.
그는 죽기 2년 전부터 딸의 자살로 인한 고통에 대한 심리적인 보상 행동
으로 아들인 '늑대 인간'에게 지나친 관심을 갖고 있었다.

1910년 프로이트에게 치료를 받기 전까지, 늑대 인간은 정신적 혼란과
증상으로 입원 치료를 반복하였으나 전혀 효과를 얻지 못하였으며, 마침
내 그의 어머니는 프로이트에게 도움을 요청하게 되었다. 분석은 4년간
계속되었고, 제1차 세계대전이 시작할 무렵인 1913년 마무리되었다. 전
쟁 기간 동안에 늑대 인간은 결혼하였고 법학 공부를 다시 시작하였으며,
드디어 학위를 취득하였다. 러시아 혁명 후에는 그가 소유한 영지에 건설

---

4) M. Gardiner, *The Wolf Man and Sigmund Freud*(New York: 1971), 311. M.
   Gardiner, "Meetings with the Wolf-Man", *Bulletin of Philadelphia Association of
   Psychoanalysis, 2*, 32.
5) 프로이트, 『늑대 인간』, 216.

된 거대한 재산을 잃어버려 고통을 당했으며 1919년에서 1920년까지 프로이트에게 계속 치료를 받았다. 그 후 1930년대에 이르기까지는 두 명의 여성 분석가에게 짧은 기간 동안 치료를 받기도 했으며, 정신분석 운동에 기여하는 중요한 사례가 되었다. 83세 되던 해에는 자서전을 썼다. 재산을 잃은 후에 그는 비엔나에서 보험회사의 계원으로서 평범한 삶을 살았다. 연로한 어머니를 헌신적으로 돌보았으며, 만족스러운 결혼생활을 영위하였으나 부인 역시 1938년 자살하였다.

프로이트의 임상 기록에 의하면, 늑대 인간은 18세에 발병한 요도염으로 촉발된 광범위한 신체적인 쇠약을 경험하였으며, 그 이후에 '조울증적인 정신 이상' 진단으로 입원하였다. 그러나 프로이트는 이 환자를 전혀 다르게 진단하였다. 프로이트는 네 살 생일에 시작된 신경증의 재발과 관련되었다고 보았다. 프로이트는 그를 치료하는 과정에서 동물 공포증의 형태를 지닌 히스테리로 시작되었으나, 점차 종교적인 내용을 갖고 있는 강박신경증의 형태로 변환되었다고 진단하였다. 열 살 때 강박신경증으로 진행되던 것이 잠복하였다가 신체적 붕괴 형태로 재발한 것이라고 하였다.

프로이트가 진단한 '유아신경증'의 개념이 여기에서 발전된다. 추후에 프로이트는 환자를 치료하는 과정에서 늑대 인간이 어린 시절에 해결하지 못했던 갈등을 스스로 발견하고, 이해하고 극복하는 것을 생생하게 보여 주고 있다. 프로이트는 환자의 최근 상황, 예를 들면, 감염 문제, 누이의 자살, 아버지의 죽음, 재산 상실 등의 문제는 무시하고, 다만 치료가 발생하는 데 유아기의 주제들이 꿈과 자유연상을 통하여 표현되게끔 분석 상황에 주력하였다.

분석 상황 가운데는 어려서 죽은 아들을 생각하면서 늑대 인간을 친자식처럼 돌보았던 나이 든 유모가 있었다. 유모는 환자를 소외시켜 자신에

게 더욱 가깝게 만드는 영국인 여 가정교사를 무척 질시하였다. 이 기간
동안 환자는 까다로워지고 보채는 아이가 되었다. 환자의 부모는 가정교
사를 해고하였으나 환자의 행동은 바뀌지 않았다. 어린 시절 환자의 두 살
위 누나는 무서운 동물들의 그림을 가지고 환자가 두려워하도록 놀리는
장난을 쳤다. 이후에 환자는 잠자리에 들기 전에 지나치게 길게 기도한다
거나 침실에 걸려 있는 종교적인 그림들에 입맞춤을 한다거나 하는 강박
적인 의식을 수행하는 모습을 보였다. 대부분 좋지 못한 생각이 자신을 해
치지 못하도록 자신을 보호하려는 목적을 가진 행동이었다.

어린 시절 누나가 유혹하여 성적인 유희를 즐긴 일도 있었다. 성기를
보여 주고 만지는 일을 누이는 동생에게 하게 하였고, 자신이 즐기기도 하
였다. 동생이 자신에게 화를 내지 못하도록 하면서 누나는 동생의 감정을
지배하였다. 프로이트와 분석을 진행하면서 그는 누나와의 관계에 대하
여 많은 환상을 이야기하는데, 프로이트는 이를 "자신의 남성적인 자존심
을 상하게 했을 법한 사건에 대한 기억을 희미하게 만들기 위한 환상들"[6]
이라고 표현하였다. 늑대 인간은 유모에게 접근하여 성적인 자극을 요청하
였지만, 그녀는 받아들이지 않았으며 그를 꾸짖었다. 자위행위를 함으로써
유모를 유혹하려 하자 유모는 "심각한 얼굴을 하고는 그것은 좋지 않다고 설
명하였다."[7] 그 후에는 아버지를 향하여 성적인 감정을 가지게 된다. 잘못
된 일을 하여 아버지에게 매질을 당할 때 만족감을 느끼게 되고 징벌을 당
하면서 죄책감을 해소하는 소위 피학적-성욕을 갖고 있음을 알게 된다.

프로이트는 이 사례가 지니고 있는 '외설과 도착적인 특성(naughtiness
and perversion)'은 늑대 인간이 세 살(정확하게는 3과 1/4년)부터 네 번째

---

6) 위의 책, 214.
7) 위의 책, 219.

생일까지 보여 주는 불안과 강박신경증에서 발견하고 있다. 이 변화를 이해하기 위한 중요한 열쇠는 해결되지 않은 유아기 신경증이었다. 프로이트는 이 단서를 네 살 생일을 맞이하기 직전에 꾼 꿈에서 찾고 있다. 프로이트는 이 꿈을 여러 해에 걸쳐서 분석하기 위하여 애썼으며, 늑대 인간이 현재 상황에 적응하는 데 걸림돌이 되었던 유아기 신경증을 극복할 수 있도록 이 꿈을 지속적으로 분석하는 것을 환자로부터 허락받았다.

2) 꿈 분석

프로이트는 늑대 인간이 꾼 꿈을 두 차례 인용한다. 여기에서는 『늑대 인간』에 기록된 꿈을 소개하고자 한다.

> 꿈에서 나는 침대에 누워 있었는데, 그때는 밤이었다. (내 침대는 발쪽이 창문을 향해 놓여 있었다. 창문 앞에는 오래된 호두나무가 한 줄로 서 있었다. 내가 그 꿈을 꾼 것은 겨울이었고 밤이었다는 것을 나는 알고 있다.) 갑자기 창문이 저절로 열렸다. 그리고 나는 창문 앞에 있는 큰 호두나무에 하얀 늑대들이 앉아 있는 것을 보고 무서웠다. 늑대는 예닐곱 마리가 있었다. 그 늑대들은 아주 하얀색을 띠고 있었다. 그리고 늑대가 아니라 여우나 양치기 개처럼 보였다. 왜냐하면 그들은 여우같이 큰 꼬리가 있었고, 개들이 주의를 집중할 때처럼 귀를 바짝 세우고 있었기 때문이었다. 나는 매우 무서웠다. 분명히 늑대들에게 먹힐까 봐 그랬을 것이다. 나는 소리를 지르고 깨어났다.[8]

---

8) 위의 책, 226.

프로이트는 꿈을 꾼 환자가 이 꿈을 회상하면서 그린 그림[9]을 그의 책에 제시하고 있다. 후에 이 환자는 이 꿈의 의미를 해석하도록 도움을 받은 후에 그 장면을 그린 것을 내놓았다.

프로이트의 도움을 받아 환자는 이 꿈이 지닌 다양한 꿈-내용과 연관된 연상을 찾아내고 있다. 늑대는 어린 시절 동화책에 등장하는 늑대를 무서워했던 기억과 관계가 있었다. 누이가 자신을 놀라게 하기 위하여 곧잘 사용했던 그림인데, 이 그림에 등장하는 늑대는 앞을 향하여 귀를 곤추세우고 독자를 향하여 걸어오는 느낌을 주었다. '창문'은 환자가 어린 시절 사용하던 침실에 대한 기억이었는데, 성탄절 선물로 가득한 거실로 문이 열려 있는 것을 의미하였다. '흰색'은 환자의 아버지 목장에 있는 수많은 양떼를 상징하였지만, 결국 역병으로 몰살했던 것을 기억해 냈다. '나무 위에 있는 늑대들'은 환자의 할아버지가 전해 준 동화 이야기 중에 「늑대와 일곱 마리 아기 염소」이야기인 것을 찾아낸다. 늑대를 잡은 재봉사를 끝까지 뒤쫓았던 늑대 이야기, 꼬리(tails)는 재봉사(tailor)에게 복수하려는 늑대의 이야기를 생각해냈던 것이다. '예닐곱'은 다른 동화에서 등장하는 늑대와 염소들의 이야기에서 연상된 것이었다. 환자의 아버지에 관한 수많은 연상은 특히 환자를 '잡아먹으려고' 위협을 가하는 것들을 프로이트의 도움을 받아 찾아내었다.

이 꿈은 수년에 걸쳐 행해졌던 분석 과정을 통하여 늑대 인간이 네 살 때 꾼 꿈이었으며, 이 꿈을 꾸게 한 실제 영향은 부모에게 있었던 것을 밝혀냈다. 프로이트는 이 꿈을 완전히 분석할 수 있었던 것에 크게 만족하였다.

---

9) 위의 책, 227.

그 꿈에 관한 완전한 설명을 정리하면, 다음과 같다.

첫째, 밤의 의미가 중요하다. 다소 자신의 기억의 왜곡이 있다는 것을 발견하였다. 꿈의 기억과 실제의 경험 부모의 성행위 장면(primal scene)을 본 것과 연관이 있다고 한다. 환자(늑대 인간)의 기억에 의하면 그는 여름 늦은 오후에 부모의 침실에서 병이 나서 잠을 자고 있었다.

둘째, 갑자기 창문이 저절로 열리는 장면은 환자가 잠을 깬 것을 의미한다.

셋째, 환자는 꿈에서 큰 호두나무를 보고 있지만 자신은 꿈에 등장하지 않는다. 큰 나무는 환자가 관찰자가 되어 있음을 암시한다. 이는 관음증(scopophilia)적인 욕구를 갖고 있다는 것을 알 수 있다.

넷째, 늑대들은 '예닐곱' 마리로 그려지는데, 실제로 최초 성교 장면(primal scene)에서의 두 사람을 왜곡시켜 예닐곱으로 바꾼 것이다. 환자가 그림으로 꿈 장면을 묘사할 때는 다섯 마리였으나, 프로이트에게 말로 표현할 때에는 예닐곱 마리로 정정하고 있다.

다섯째, 나무 위에 앉아 있는 늑대들은 잡아먹을 듯한 모습을 하고 있다고 보았다.

여섯째, 자신을 주목하고 있는 것은 실제로는 환자가 보고 있는 행위를 하고 있다는 것을 늑대로 환원한 것이다.

일곱째, 늑대가 무척 하얀색을 띠고 있는 것은 환자가 입고 있는 잠옷과 누워 있는 침대보를 암시한다.

여덟째, 움직이지 않고 있는 모습은 실제 최초의 장면에서는 격렬한 움직임을 보았으나, 꿈에서는 움직임을 보이지 않는 것 역시 이차 가공된 꿈의 내용으로 해석할 수 있다.

아홉째, 여우의 꼬리와 같이 생긴 긴 꼬리는 환자가 지니고 있는 거세 공포증을 의미한다.

열 번째, 늑대들에게 잡혀 먹힐 것 같은 두려움은 꿈 내용의 전체 의미에서 엇나간 듯한 것이지만, 무의식에 깔려 있는 불안을 극복하지 못한 환자의 정서를 나타내는 내용이다.

프로이트는 결국 오이디푸스적인 욕망에서 나타난 불안을 이 꿈에서 발견해냈다. 어머니와의 성애적인 집착을 거스르는 아버지를 파괴하고자 하는 욕구가 환자의 마음 깊은 곳에 불안으로 도사리고 있다. 이 꿈은 환자가 한 살 때 침대에 누워 보았던 첫 번째 부모의 성교하는 장면을 꿈에서 보고자 하였다. 그러나 그런 욕망을 가장하는 데 실패했음을 보여 준다. 거세에 대한 두려움이 함께 있는 성애적인 만족을 추구하는 욕구는 어린 시절에 억압되었다. 억압된 이 두 가지 불안과 욕망이 성인이 된 환자의 무의식에 남아 있으면서 시시때때로 의식 가운데 그 모양을 드러내고자 꿈에서 나타나지만 번번이 그 의미를 확실하게 찾을 수 없도록 왜곡되고 이차 가공되어 이와 같은 꿈으로 표현되었다. 자신이 바라는 것을 얻게 되면 처벌받을 것 같은 두려움은 희미해지고, 꿈은 불안을 표현하는 꿈으로 바뀌었다. 프로이트는 이 환자의 삶을 유린하였던 강박신경증을 극복할 수 있도록 도와준 것은 성애적인 만족을 얻고자 하는 욕망이 자신의 내면에 있으며 그것들이 현재의 삶에 남아 있다는 것을 환자가 시인한 것이었다고 주장한다.

3) 꿈의 의미

상담 현장에서 말해지는 모든 꿈을 해석할 때 치료 효과를 얻을 수 있다고 보장할 수 없으나, 프로이트는 늑대 인간의 사례에서 꿈의 해석을 통하여 환자의 강박신경증이 극적으로 치료된 것을 보고하였다. 그렇다면 프로이트는 어떤 과정과 기법을 통하여 꿈을 치료에 도움이 되는 분석으로 내놓았는가 생각해 볼 필요가 있다. 프로이트는 무엇보다도 환자가 꿈을 말할 때 어떤 상징을 사용하는가에 초점을 맞추고 있다. 상징이란 내면의 실체를 표현하기 어려울 때 비유될 수 있는 대상으로 실체를 표현하는 매개로 사용될 수 있다. 심리 내면에 억압되어 있거나 파악하기 어려운 욕망이나 은밀한 소원을 현실에서 지각하고 대상화할 수 있는 것으로 표현한 것이 상징이라 하겠다.

꿈은 상징을 통하여 현실에서 수용되기 힘든 소원을 표현할 수 있는 심리적으로 허락된 수단이다. 프로이트에게서 소원은 대부분 성적인 욕망에서 비롯된 것으로, 성적인 만족을 추구하는 사람에게 소원은 사회적으로 용납되기 힘든 욕망을 꿈에서 표현한다고 보았다. 환자들이 묘사하는 꿈에 가장된 형태로 묘사된 소원의 의미를 찾아내는 것이 꿈의 분석이었다. 심리적 에너지인 리비도가 충전된 어떤 욕망을 잠을 자면서 해소하되 상징물을 통하여 대리만족을 얻게 되는 것으로 보았다. 이때 꿈의 상징이 실제의 어떤 대상과 일치되는가를 찾는 것도 의미 있는 일이 될 것이다. 현실에서 억압된 어떤 욕망과 소원을 다루고 있는 꿈의 소재들은 잠을 자면서 활동하여 몽자에게 표현된다. 꿈이 반드시 긍정적인 공헌을 하는 것만은 아니다. 성인의 삶에서 성숙한 형태로 욕망을 건전하게 승화하고 해소하기보다는 유아기 형태로 퇴행하는 것을 부추기는 부정적인 면을 지니기도 하며, 더 나아가 신경증적인 형태로 잔존하는 경우도 있기 때문이다. 그런 상황에서 치료자는 환자가 지니고 있는 유아적이고 신경증의 형태로 잔존한 그 어떤 것들의 실체를 찾아 건전하게 극복하고 해소할 수 있도록 도와주어야 한다. 특히 성적인 욕망의 유아적 신경증 형태는 흔히 성인의 적절하지 못한 성생활을 야기할 수 있다. 꿈의 해석은 이와 같은 부적절한 욕망의 퇴행과 왜곡을 극복하여 건전한 생활로 이끌어 줄 기회를 제공한다. 한마디로 표현하면, 꿈 해석을 통하여 파악할 수 없는 퇴행 상태의 유아적인 소원을 건전한 해소방법인 승화(sublimation)로 해소할 수 있는가가 관건이다.

프로이트는 꿈의 분석을 위한 중요한 두 가지 개념으로 '외현적 꿈-내용(manifest dream-content)'과 '잠재된 꿈-내용(latent dream-content)'을 제시하였다.[10] 이 두 가지 내용이 실제 꿈 이야기에서는 추적이 불가능해 보일 만큼 크게 변형되어 있는 것이 보통이다. 꿈의 진짜 의미는 언제나 잠재된 꿈-내용에 존재하지만, 어떻게 밝혀내는가가 관건이다. 꿈을 말한 내담자(몽자)는 자신의 꿈의 소재 가운데 표현된 수많은 상징은 자신의 무의식 가운데 안전하게 두고 싶은 어떤 욕망과 연관된 의미를 지니고 있다. 이것들을 찾아내는 작업은 몽자의 무의식에 안전하게 보관된 중심적인 의미를 둘러싸고 있는 것이므로 연상들의 연결 고리를 찾아내야 한다. 이것이 자유연상을 통하여 중심 의미를 찾아내는 작업이 꿈 분석에서 무의식을 향하는 왕도라고 하였던 프로이트의 의도를 확실하게 하는 것이다.

특히 성적인 욕망이 잠재된 꿈일 경우에는 대부분 성적인 금기사항을 배태하고 있으므로 몽자 스스로 심각한 혼란에 빠지지 않기 위하여 무의식적으로 꿈의 소재를 변형시켜서 표현한다. 이와 같은 왜곡과 가장된 상징으로 표현된 외현적인 꿈에서 몽자가 혼란스럽지 않으면서도 자연스럽게 숨겨진 욕망을 말할 수 있는 안전한 환경을 제공하는 것이 분석의 필수 요건이다. 안전한 환경을 제공받은 내담자는 자신의 무의식 가운데 안전하게 보관되어 있는 욕망들이 깨어 있는 의식 세계에서 표현되었을 때 당할 수 있는 당혹스러운 상황을 피하여 자신의 무의식에 속한 것을 표현해낼 수 있게 된다. 그런 의미에서 무의식은 "꿈을 만들어 내는 기술이 풍부

---

10) 김진영, " 'Non Vixit' 꿈을 통해서 본 프로이트의 자기 분석 연구", 「목회와 상담」 17(2011), 332.

한 일꾼들로 가득한 공장"[11]에 비길 수 있다. 잠을 자는 동안 잠을 깨지 않기 위하여 적당한 꿈을 꾸면서 생리적으로 필요한 수면 상태를 유지하게 한다. 모든 꿈은 대부분 잠재된 꿈 내용을 기억될 수 있는 현재적 꿈으로 바꾸어 놓은 것이다. 이러한 과정에는 꿈의 중요한 작업 과정인 다음 네 단계를 거치게 된다.[12]

첫째, 작업은 압축(condensation)이다. 꿈의 소재로 사용되는 수많은 현실과 환상 가운데 경험할 수 있는 수많은 사연과 안전하게 보관된 욕망이 꿈에 활용된다. 그러나 실제로 기억하여 말할 수 있는 꿈의 내용은 압축된 형태로 표현된다. 이 연구에서 다룬 늑대 인간의 경우에는 두 개의 동화 이야기가 하나의 이미지로 통합되어 꿈 이야기를 구성하였다. 아버지와 어머니의 성행위 장면과 성탄 전야에 나누었던 파티의 기억이 융합된 것이다. 하얀 색의 의미는 눈, 늑대, 양, 양치기 개, 침대의 시트 등이 혼합되어 꿈속에 하얀 색으로 융해되었다.

둘째, 전치(displacement)다. 꿈에 표현되는 수많은 정서는 몽자가 과거에 경험하였던 실제 대상과의 감정이 꿈에 등장하는 대상과 바뀌는 현상이다. 늑대 인간이 꾼 꿈에서는 처음 목격하였던 부모의 성행위 장면을 통하여 당혹감과 불안한 정서가 침착한 상태로 변형되었다. 몽자가 어린 시절 느꼈을 법한 경이로운 감정과 욕정과 관련한 호기심이 어린 정서 상태는 늑대들이 집중하여 쳐다보고 있는 모습으로 묘사되었다. 어린 시절 목격한 장면을 기억 속에 묻어 두었던 몽자는 이와 같은 꿈 작업에서 실제 대상과 꿈에 그려지는 대상을 바꾸어 놓음으로 꿈에 등장하여 실제 꿈 이야기를 할 수 있게 되었다.

---

11) Howe, "A Pastoral Perspective on Freud and Dream Interpretation", 5.
12) 김진영, "'Non Vixit' 꿈을 통해서 본 프로이트의 자기 분석 연구" 참조.

셋째, 꿈 작업은 상징화(symbolizing)다. 무의식에 존재하는 욕망을 실제 상황에서 받아들일 수 있는 상징으로 이야기할 수 있게 하는 작업이다. 프로이트는 '표상(representation)' 또는 '묘사 가능성의 고려'라는 표현으로 『꿈의 해석』에서 말하고 있다. 늑대 인간에게 밤은 실제로는 낮이었으며, 실제 자신이 관찰자였으나 꿈에서는 관찰의 대상이 되었으며, 늑대의 꼬리는 성기로, 나무 위에 앉아 있는 모습은 성교하는 자세로, 늑대는 거세당하는 두려움을 상징하고 있다.

넷째, 이차 가공(secondary elaboration)이다. 여기에는 의식이 꿈 작업에 개입된다. 꿈은 논리적이며, 현실 지향적인 방식으로 의식 속에 깔려 있는 충동의 참모습을 가장하여 나타난다. 여기에 의식적인 판단이 개입되어 마치 꿈의 내용은 별것이 아니라는 것처럼 "이것은 꿈에 지나지 않아!" 또는 "현실에서는 있을 수 없는 일이잖아!" 하면서 잠재된 꿈 내용을 슬그머니 감추어 꿈의 검열관 눈을 피해서 외현적인 꿈 내용에 모습을 드러내는 것이다. 숨겨진 충동의 내용이 적나라하게 밝혀지면, 몽자의 입장이 힘들어질 것을 염려하여 위협이 될 만한 것들을 포장하고 감추어서 끄집어내더라도 그럴싸하게 보이는 것으로 바꾸어 놓는 작업이다. 늑대 인간의 사례에서 프로이트는 치밀한 분석 작업을 통하여 환자가 꾼 꿈에서 늑대들이 마치 여우나 양치기 개들처럼 보인다는 표현은 상징화 작업을 통한 왜곡이 성공적이지 않을 때 들키지 않기 위한 마지막 위장이라고 해석하였다.

하우(Howe)는 프로이트가 당대에 꿈의 분석을 통하여 이룬 공헌은 다름 아닌 모든 꿈이 갖고 있는 환자의 과거와 관련한 환자 특유의(idiosyncratic) 내용으로 간주되어야 한다고 주장하였다.[13] 다양한 상징으로 숨겨진 욕망

---

13) Howe, 위 논문, 6.

이 위장되어 있다는 이론을 토대로 공 들인 분석과 해석 작업을 통하여 환자의 내면에서 잠재된 꿈의 내용이 외현적인 꿈으로 나타날 때 어떻게 왜곡되고 상징화되고 이차 가공되어 나타나는가를 찾아내는 작업은 환자 각자의 삶과 과거의 경험에 비추어서 이루어져야 한다는 것이다. 꿈의 상징이 보편적인 의미를 가지고 있으므로 꿈 상징 사전과 같은 손쉽고 간편한 접근은 신중을 기해야 할 것이며, 프로이트의 정신분석 이론에 의하면 개인의 독특한 꿈 작업 과정의 풍부한 성격을 왜곡하는 것이기 때문에 위험한 것이라 하겠다.

3. 꿈 해석을 활용한 상담방법

꿈을 다루는 이 연구의 목적은 목회 현장에서 만나게 되는 혼란스럽거나 두려움을 자아내는 꿈을 꾸는 교인들을 접할 때 프로이트의 꿈 해석이론을 바탕으로 어떤 접근을 할 수 있는가를 제시하기 위함이다. 대체로 삶이 급변하는 시기이거나 위기, 갈등이 고조되었을 때 사람들은 강력한 이미지와 혼란스러운 정서를 동반한 꿈을 자주 꾸게 된다. 이러한 시기에 꾸는 꿈을 자세하게 살펴보면, 개인이 갖고 있는 숨겨진 정서, 두려움, 수치심, 고상한 소망 등을 발견할 수 있게 된다. 이러한 꿈을 가져온 내담자/교우에게 목회적인 도움을 제공하는 사람은 반드시 꿈을 활용한 상담과 목회 돌봄을 실행할 수 있는 기량을 갖추어야 할 것이다.

버클리는 자신의 책 *Transforming Dreams: Learning Spiritual Lessons from the Dreams You Never Forget*에서 쓰고 있는 꿈 해석의 도구들을 소개하고 있다. 이 연구에서는 그녀가 그의 저술을 간추려 발표한 논문에서 말하고 있는 꿈 해석의 태도를 소개하면서 목회상담 현장에서의 활용

방안으로 제시하고자 한다.[14]

버클리는 첫째, 상담을 진행하면서 꿈을 해석하기 위하여 조용하고 안전한 공간을 제공하라고 말한다. 대부분의 목회자나 상담자는 자신만의 조용한 공간을 갖고 있을 것이다. 여기서 '환경'이란 단순한 환경만이 아니라, 언제든지 자신의 내면에 일어나는 혼란과 불안도 견딜 수 있는 심리적으로도 안전한 환경을 말하는 것이다. 여기에 목회자가 내담자의 문제를 해결하기 위하여 조급하게 진행하기보다는 주어진 상담의 상황과 내담자의 이야기를 깊이 경청하기 위하여 영국의 낭만주의 시인 존 키츠(John Keats)가 시인이 되기 위하여 가져야 할 '음성적 능력(negative capability)'을 갖도록 권유하고 있다. 키츠는 이것을 "사실과 이성을 추구하지 않고 불확실성과 신비와 의심에 머무를 수 있는 셰익스피어의 시적 능력을 묘사할 때 사용했던 말"[15]이라고 설명하였다. 셰익스피어는 이 기량을 시를 쓰기 위하여 시인이 반드시 가져야 할 역량으로 표현하였다면, 상담자에게는 내담자의 꿈을 해석하기 위한 능력이라 하겠다. 차분하고 자유로우면서, 창의적이면서 유희적인 태도로 새롭고 기대하지 않았던 가능성에 대하여 열린 마음으로 꿈을 이야기하고 들을 수 있는 환경을 만들 것을 추천한다. 샤르프 부부(Jill & David Scharff)와 볼라스(Christopher Bollas)도 정신분석 과정에서 반드시 가져야 할 분석 태도로 중시하고 있다.[16]

14) Kelly Belkeley, "Dream Interpretation: Practical Methods for Pastoral Care and Counseling", *Pastoral Psychology, Vol. 49*, No. 2(2000), 95-104.

15) 질 & 데이비드 샤르프, 『초보자를 위한 대상관계 심리치료』(서울: 한국 심리치료연구소, 2008), 오규훈, 이재훈 옮김, 120. 이 책에서의 역자들은 이 말을 '소극적 능력'으로 번역하고 있으나, 내담자의 알 수 없는 이야기를 그대로 수용하면서 경청하는 안내의 능력이란 의미로 '음성적 능력'이라고 번역하고자 한다.

16) Christopher Bollas, *The Shadow of the Object*(New York: Columbia University Press, 1987) 참조.

둘째, 내담자가 꿈을 이야기할 때에 현재 시제로 말하게 한다. 이야기할 때에 대부분 시제를 과거로 두기 쉽다. 그러나 실감나는 묘사가 수반된 이야기가 되도록 현재의 이야기로 말하게 한다. 사소해 보이고 별 의미 없는 것 같더라도 상세하게 구체적으로 말하도록 권유하는 것이 좋다. 이렇게 할 때에 꿈의 해석을 보다 풍부하게 할 수 있다.

셋째, 구체적인 질문을 내담자에게 할 수 있어야 한다. 버클리는 이것을 '질문 내역서(questions of specification)'라고 명명하였다. 이 내역서에는 꿈의 요소, 소재, 이유, 꿈의 자세한 목록 등을 제시하고 있다. 꿈이란 묘사되기 위한 무한한 가능성을 지닌다. 그러므로 말하고 있는 꿈의 내용과 그 이유를 묻는 것을 주저하지 말아야 한다. 등장인물들이 하필이면 왜 그러한 행동을 하였을까 추측할 수 있는 이유를 물어보는 것은 해석을 위하여 중요한 과정이다. 가령, 꿈에 삼촌과 함께 동네에서 파란 색깔의 자전거를 타고 있는 꿈을 꾸었다고 하자. 그렇다면 상세한 질문은 우선 왜 꿈에 내담자와 삼촌 두 사람이 자동차를 운전하거나 함께 산책을 하는 것이 아니라, 자전거를 타고 있을까? 또 꿈의 소재가 몇 가지 바뀐다면 어떤 꿈이 될 수 있을까? 자전거의 색깔은 왜 하필이면 회색이나 검정이 아니고 파란색일까? 동네 길의 모습은 어떠한가? 강가의 자전거 도로나 신작로가 아니고 동네의 길이었을까? 삼촌은 어떤 분이신가? 나에게 친구와 같은 분인가? 아니면 아버지처럼 엄격하고 무서운가? 아니면 아버지와 전혀 다른 모습으로 나에게 다가오는 분인가? 등의 질문을 던져 볼 수 있다.

이와 같은 질문 내역에 따라 질문을 던지게 될 때 답변은 기억의 흐름과 연상 가운데 꿈이 갖고 있는 다양한 연결점을 찾아내는 역할을 하게 될 것이다. 의식할 수 있는 삶의 다양한 생각과 경험이 꿈 가운데 잠겨 있기 때문이다. 질문 내역에 의거하여 내담자와 대화를 나누면서 이와 같은 연상작용과 기억의 흐름을 원활하고 자유롭게 표현하도록 도와주며, 미리 전

제된 몇 가지 기억과 연상에 매이지 않을 것을 버클리는 제안한다.[17]

넷째, 버클리는 가장 특이한 소재를 탐색할 것을 권하고 있다.

꿈 소재와 실제 삶의 기억들과의 연결점을 찾아낸 시점에 꿈의 기억을 멈추고는 내담자와 상담자 모두 "아하, 꿈이 이런 것이었군요. 잘 알 것 같아요."하고 더 이상 꿈의 의미를 찾지 않게 되기 쉽다. 질문 내역을 통한 꿈의 탐색은 꿈이 어디에서 발생하였는지 알 수 있는 역할은 하지만, 그 꿈에 내포되고 숨겨져 있는 것을 충분히 탐색하기에는 부족하다. 이를 위하여 버클리는 또 다른 질문들을 제시하고 있다.

1. 꿈에서 가장 생생한 요소는 무엇이었으며, 가장 강렬하고 집중적인 에너지를 담고 있는 점은 무엇이었나? 이 질문을 통하여 내담자는 자신이 꿈에서 경험했던 요소에 더욱 초점을 맞추어서 그 꿈이 담고 있는 상상력을 가동하고 특별하고 특이한 것을 찾아낼 수 있게 된다. 이렇게 함으로써 내담자는 의식 속에서도 여전히 의미를 담고 있는 새로운 통찰을 얻을 수 있다.

2. 꿈 이야기, 상황과 등장인물 가운데 돌발적이거나 전혀 기대하지 못했던 변화가 있었는가? 이 변화에는 흔히 사용되는 '갑자기' 또는 '바로 그때'와 같은 표현이 동반될 수 있다. 가령, "내가 뒷마당에서 빗자루로 땅을 쓸고 있었는데, 갑자기 사슴 한 마리가 내 앞에 나타났어요."라든지 "꿈의 장면이 돌연 바뀌어서 강가에 서 있는데 돌풍이 불었어요."와 같은 이야기로 발전할 수 있다. 꿈속에 생겨난 갑작스러운 변화는 몽자의 인식 가운데 출현하는 기발하고 신기한 가능성으로 평가할 수 있으며, 일상생활에서 접하게 되었던 많은 일 가운데 새로운

17) Belkeley, 위 논문, 97-98.

연결점을 찾게 되기도 하며, 몽자가 현실에서 마주치는 일로 지금까지 한 번도 느껴 보거나 주목해 보지 않았던 어떤 생각을 불러일으키는 순간으로 해석할 수도 있다.

3. 꿈에서 가장 이상야릇하고 기괴하거나 현실과 반대되는 요소는 무엇인가? 대부분의 꿈은 실제 생활에서 일어날 만한 일이거나, 현실에서 일어났던 상황이다. 그러나 어떤 꿈은 기괴하고 말로 표현하기에 이상야릇하고 낯설게 느껴지는 요소를 지닌다. 이와 같은 꿈은 내담자가 느끼기에 어떤 요소가 이상하고 기이한가를 물어볼 수 있는 기회를 제공한다. 또한 현실과 반대되는 낯선 모습이지만, 이것이 실제 생활에서 내담자가 느끼거나 인식하고 있는 모습의 한 국면으로 해석할 수도 있다.

4. 꿈 내용에서 대칭되거나 대조되는 형태가 있는지? 사람들의 꿈 가운데 정반대의 내용이 하나처럼 만들어진 꿈이 다양하게 나타나는데, 마치 어린아이와 어른, 남자와 여자, 성스러운 대상과 속된 사물, 선한 것과 악한 것, 뜨거운 것과 차가운 것, 젖은 것과 마른 것, 낮과 밤, 위와 아래, 앞과 뒤, 오른쪽과 왼쪽, 검정과 하양, 살아 있는 것과 죽은 것, 밝음과 어두움, 하나짜리와 여러 개 등 수도 없이 많은 이원화된 양극의 대조 혹은 대칭으로 나타난다. 상담자가 꿈을 치밀하게 분석하면 앞서 열거한 대조가 되는 요소들이 복잡한 형태로 구성되어 몽자가 이제껏 깨닫지 못하고 있었던 심층의 의미를 발견할 수도 있다. 깨어 있을 때에 몽자가 이와 같은 양자 요소들을 어떻게 경험하고 구성하는가를 찾아내면 새로운 관점에서 고통스러운 갈등 경험을 극복하는 형태를 알게 되어 치유에 중요한 도움을 얻을 수 있다.

5. 내담자의 과거를 추적하여 꿈의 요소를 살필 수 있어야 한다. 중대한

변화와 위기를 겪게 되는 순간에 내담자가 꾸게 되는 꿈은 대체로 과거 경험에서 이와 비슷한 심리적인 경험을 하던 때의 상황을 연출하는 경우가 많다. 예를 들어, 이혼한 여인이 낭만적인 사랑을 경험하는 꿈을 꾸었다면, 과거에 상실과 애도의 경험이나 홀로 지냈을 때의 외로움을 달래려는 내면의 소원이 꿈으로 표현되었다고 볼 수 있다.

6. 꿈은 내담자의 과거로만 돌아가야 하는 것은 아니다. 미래를 향한 의미를 담고 있기도 하다. 자신의 삶의 잠재 능력과 가능성을 내포한 것이기 때문이다. 기독교 신앙 전통에서도 꿈에서 예언적인 기능을 하는 경우를 발견할 수 있다. 구약의 선지자들이나 신약성서의 기록이 그 증거로, 앞날에 어떠한 일들이 일어날 것인가를 예측하고자 하는 갈망이 꿈으로 표현될 수 있다. 이것은 복권에 당첨되도록 숫자를 미리 알려 주는 기능을 말하는 것은 아니다. 중요하고 의미 있는 미래의 경험과 결정을 위하여 준비하고 예견하는 능력을 신장시키는 것을 의미한다.

이때 꿈에 등장하는 요소들이 어떤 의미를 내포하고 있는가 신중하게 검토하고 탐색하는 것이 요구되는데, 다음과 같은 질문이 도움이 된다. 이 꿈이 보여 주는 것은 자신의 미래를 위하여 어떤 새로운 가능성일까? 이혼을 고려하고 있는 내담자의 경우, 이 꿈이 이혼 후에 있을 상황을 어떻게 예견하는가? 부부 관계를 개선할 수 있는 어떤 새로운 길을 보여 주는가? 몽자가 이혼을 막을 수 있는 방법을 알려 주고 있는가? 즉, 내담자에게 미래지향적인 질문을 함으로써 분명한 답변을 얻어 내거나, 과거의 고정관념에 사로잡혀 새로운 상상력과 통찰을 얻지 못할 때 자신의 미래와 행동, 관념의 지평을 열어 주는 기능을 할 수 있게 한다. 특히 위기 상황에 몰려 돌파구를 찾지 못하고 절망감에 빠져 있을 때 강렬한 이미지와 내용을 담고 있는 꿈

은 자신의 미래에 대하여 자유롭고 창의적으로 생각할 수 있도록 내
담자의 능력을 새롭게 하는 기회를 제공한다.

7. 꿈이 하나의 단순하고 명료한 의미를 갖고 있는 경우는 드물다. 그와
반대로 대부분의 꿈은 복잡하고 다차원적인 의미를 갖고 있으며, 쉽
게 깨닫기에는 벅찬 내용으로 가득하다. 결과적으로 꿈의 해석을 완
료하는 어떤 확실한 법칙은 없다고 간주하는 것이 지혜롭다. 내담자
와 목회자는 어디에서 꿈 해석을 마쳐야 하는지 서로 합의하는 것이
상책이다. 만약 이야기 나눈 꿈이 내담자의 현재 삶에 중요한 의미를
지닌 것이라고 할지라도, 때때로 꿈의 해석을 마치고자 하는 순간을
서로 포착하여 끝맺음을 해야 하는 경우가 있다.

꿈에는 항상 존재하는 장벽이 있다는 것을 알아야 한다. 바로 저항(resi-
stance)으로, 불편하고 어색한 느낌을 떨칠 수 없어서 꿈 이야기를 하다가
주저하거나 내용이 변경되는 경우를 말한다. 저항은 모든 사람이 지니고
있는 자연스러운 경향으로 꿈속에 담겨 있는 깊고도 의미심장한 내용을
숨기게 되는 역기능을 한다. 내담자의 저항에 부딪혔을 때 조심스럽게 타
진하고 접근해야 한다. 더 이상 꿈의 깊은 내용을 말하고 싶어 하지 않는
내담자의 태도는 저항 요소라는 것을 목회상담자는 인식할 수 있어야 한
다. 침묵이나 주저함 등이 나타날 때에 꿈의 다른 차원의 의미가 드러나는
순간임을 포착하여, 더욱 깊고 강렬하지만 겉으로 드러내기 두려운 내용
이 자리 잡고 있다는 것을 알고 대처해야 한다.

버클리는 목회적인 관점을 가진 목회자나 상담자가 꿈의 해석을 통하
여 내담자가 가지고 있는 심층의 내용을 접근함으로써 그들의 삶의 중요
한 요소들을 다룰 수 있다는 점을 명시하고 있다. 한 가지 유의해야 할 점
또한 밝히고 있는데, 꿈의 해석에는 내담자와 상담자가 서로 보고 싶어 하

고 자신이 믿는 바를 꿈을 통해 이루고자 하는 기만이 개입될 수 있다는
점이다. 이에 관한 성경의 근거 두 곳을 명시한다(신 13:1~5, 렘
23:23~28). 다시 말하여 꿈을 완전하게 해석한다는 것은 불가능하다. 그
러나 자신의 기대와 소원에 의하여 기만당하지 않는 자세를 갖는 것이 요
구된다.

목회상담자와 내담자가 진지하고 정직하게 인내를 가지고 꿈을 이야
기하고 듣고 꿈-내용에 담겨 있는 심층적인 의미를 계속 찾아간다면, 내
담자의 내면에 깔려 있는 진정한 욕망과 소원 등을 찾아 꿈이 갖고 있는
진정한 의미를 찾아내어 건강하고 성숙한 인격을 가지는 데 도움이 될 것
이다.

4. 나가는 말

자신의 일상생활의 잔여물들이 꿈으로 나타남과 동시에 삶에 드러나는
것이 전부가 아님을 알아야 한다. 내면에 숨겨진 욕망이 자신의 합리성과
이성을 가장하는 역동을 갖고 있다는 것도 의식해야 한다. 이러한 묻혀 있
는 내면의 것을 통합하여 자신을 이해하는 것은 바로 프로이트가 말하였던
"이드가 있는 곳에 자아가 있게 하라!"는 정신분석의 핵심적인 노력이었다.
보다 진실한 삶을 영위해 나가고자 하는 사람들이 반드시 가져야 할 삶의 태
도라고 할 수 있다. 고백되지 않고 회개하지 않은 죄악이 인간을 부패시킨
다는 복음서(마가복음 7:20-23)의 말씀을 받아들인 목회 돌봄 제공자들은
무의식의 한구석에 자리 잡고 있는 욕망이 자신을 기만하도록 허용해서는
안 된다.

목회자들과 목회상담가들의 삶에서 꿈의 해석이 차지하는 부분은 크지

않을 수 있지만, 삶에 대한 왜곡된 인식과 태도에서 벗어나 진정한 인격을 추구하고자 한다면, 의식할 수 없는 부분에 대한 이해를 꿈에서 얻을 수 있을 것이다. 목회 돌봄을 제공하는 사람으로서 자기기만에 해당하는 행위는 근절해야 참된 인격으로 다른 이들을 돌보고 더 나아가 감동을 줄 수 있는 진정한 지도자의 인격을 갖출 수 있기 때문이다. 내면에 감추어진 공격성과 경쟁의식으로 다른 사람에게 피해를 입히고 자신도 상처를 입는 행위를 자초해서는 안 될 것이다. 꿈의 해석을 활용한 목회상담의 방법이 내담자는 물론 상담자 자신에게 유익한 목회 돌봄과 상담의 방법이 될 수 있는 것은 스스로 파악한 진정한 내면을 발견함으로써 보다 건강한 삶을 영위할 수 있기 때문이다. '무의식에 이르는 왕도'로서 꿈은 깊은 내면세계를 발견할 수 있도록 안내한다. 고백하고, 참회하고 사함을 얻는 예전의 과정으로 고해성사를 활용할 수 있다. 내면의 진심을 왜곡하여 꿈을 쓸모 없는 것으로 만들기보다는, 꿈의 해석을 활용하여 꿈이 주는 진심 어린 메시지를 통해 인격의 성숙과 통합을 이룰 수 있기를 고대한다.

주제어: 꿈해석, 목회상담, 음성적 능력, S. 프로이트, 정신분석

참 고 문 헌

김진영, "'Non Vixit' 꿈을 통해서 본 프로이트의 자기분석 연구", 「목회와 상담」 v. 17, 2011.
나우웬, 헨리/이상미 역. 『영적 발돋움』. 서울: 두란노서원, 1998.
샤르프, 질 & 샤르프, 데이빗/오규훈, 이재훈 역. 『초보자를 위한 대상관계 심리치료』. 서울: 한국심리치료연구소, 2008.
프로이트, 지그문트/김명희 역. 『늑대 인간』. 파주: 열린 책들, 2003.
프로이트, 지그문트/김명희 역. 『정신분석 강의』. 파주: 열린 책들, 2003.

프로이트, 지그문트/김인순 역. 『꿈의 해석』. 파주: 열린 책들, 1997.
프로이트, 지그문트/임홍빈, 홍혜경 역. 『새로운 정신분석 강의』. 서울: 열린 책들, 1996.

Belkeley, Kelly. "Dream Interpretation: Practical Methods for Pastoral Care and Counseling", *Pastoral Psychology*, Vol. 49, No. 2, 2000.

Bollas, Christopher. *The Shadow of the Object*. New York: Columbia University Press, 1987.

Gardiner, M. "Meetings with the Wolf-Man", *Bulletin of Philadelphia Association of Psychoanalysis, 2, 32*.

Gardiner, M. *The Wolf Man and Sigmund Freud*. New York: 1971.

Howe, Leroy T. "A Pastoral Perspective on Freud and Dream Interpretation", *Perkins Journal 38*, No. 3 Spring, 1985, 1-8.

Scharff, Jill S. & David E. Scharff. *Scharff Notes: A Primer of Object Relations Therapy*. Northvale, NJ & London: Jason Aronson, Inc., 1992.

392

참고문헌

거킨, 찰스 V./안석모 역. 『살아있는 인간문서』. 서울: 한국심리치료연구소, 1998.

베틀하임, 브루노/김종주 역. 『프로이트와 인간의 영혼』. 서울: 하나의학사, 2001.

사미자. 『종교심리학』. 서울: 장로회신학대학교 출판부, 2001.

스위처, 데이비드 K./김진영 역. 『위기상담가로서의 목회자』. 서울: 한국장로교출판사, 2007.

애덤스, 패치 & 미랜더, 모린/임종원 역. 『패치 애덤스: 게준트하이트 무료 건강병원이야기』. 서울: 학지사, 2010.

앤더슨, 허버트 & 폴리, 에드워드/안석모 역. 『예배와 목회상담: 힘 있는 이야기, 위험한 의례』. 서울: 학지사, 2012.

오든, T./이기춘, 김성민 역. 『목회상담과 기독교신학』. 서울: 다산글방, 1999.

오츠, W. E./정태기 역. 『신앙이 병들 때』. 서울: 대한기독교출판사, 1987.

윔벌리, 에드워드 P./김진영 역. 『목회상담과 성경의 사용』. 서울: 한국장로교출판사, 2005.

정연득. "정체성, 관점, 대화: 목회상담의 방법론적 기초". 『목회와 상담』, 23호, 233-270, 2014.

존슨, W. 브래드 & 존슨, 윌리암 L./김진영 역. 『목회자를 위한 정신장애와 치료 가이드북』. 서울: 학지사, 2009.

차일드, 브라이언 H./유영선 역. 『단기 목회상담』. 서울: 한국장로교출판사, 1990.

캡스, 도날드/김진영 역. 『고갈된 자아의 치유』. 서울: 한국장로교출판사, 2001.

캡스, 도날드/김진영 역. 『대죄와 구원의 덕』. 서울: 한국장로교출판사, 2005.

캡스, 도날드/김태형 역. 『사회공포증: 만남의 두려움에서 벗어나기』. 서울: 엘도론, 2015.

파울러, 제임스/사미자 역. 『신앙의 발달단계』. 서울: 한국장로교출판사, 1987.

프로이트, 지그문트/김미리혜 역. 『히스테리 연구』(프로이트 전집 제3권). 서울: 열린책들, 2003.

프로이트, 지그문트/김재혁, 권세훈 역. 『꼬마 한스와 도라』(프로이트 전집 제8권). 서울: 열린책들, 2003.

한국목회상담학회 편. 『목회상담 실천 입문』. 서울: 학지사, 2009.

한국목회상담학회 편. 『목회상담 이론 입문』. 서울: 학지사, 2009.

한국목회상담학회 편. 『현대목회상담학자연구』. 서울: 도서출판 돌봄, 2011.

헌싱거, 드보라 밴 두젠/이재훈, 신현복 역. 『신학과 목회상담』. 서울: 한국심리치료연구소, 2000.

Allport, Gordon. *Individual and His Religion*. New York: Macmillan Company, 1950.

B. E. Moore and B. D. Fine, *Psychoanalytic Terms and Concepts* (New Haven, CT: Yale University Press, 1990),

Bagarozzi, Dennis A., & Anderson, Stephen A. *Personal, Marital, and Family Myths*. New York: W. W. Norton and Co., 1989.

Bettelheim, Bruno. *Freud's Vienna and Other Essays*. New York: Alfred A. Knopf, 1990.

Boisen, Anton. *The Exploration of the Inner World*. New York: Harper & Brothers, 1936.

Browning, Don S. *A Fundamental Practical Theology: Descriptive and Strategic Proposals.* Minneapolis: Fortress Press, 1991.

Browning, Don S. *Religious Thought and the Modern Psychologies: A Critical Conversation in the Theology and Culture.* Philadelphia: Fortress Press, 1987.

Bruder, E. E., & Barb, M. L., Eds. *Clinical Education for the Pastoral Ministry.* Advisory Committee on Clinical Pastoral Education, 1958.

Caper, R. *Immaterial Facts: Freud's Discovery of Psychic Reality and Klein's Development of His Work,* Northvale, NJ: London: Jason Aronson Inc., 1988,

Capps, Donald. *Agents of Hope: A Pastoral Psychology.* Eugene, OR: Wipf and Stock Publishers, 2001.

Capps, Donald. *Giving Counsel: A Minister's Guidebook.* St. Louis, MI: Chalice Press, 2001.

Carkhuff, Robert R. *Helping and Human Relations: A Primer for Lay and Professional Helpers.* New York: Holt, Rinehart and Winston, 1969.

Chatman, Seymore. *Story and Discourse: Narrative Structure in Fiction and Film.* Ithaca, NY: Cornell University, 1978.

Ciarrocchi, Joseph W. *A Minister's Handbook of Mental Disorders.* Mahwah, NJ: Paulist Press, 1993.

Cook, Philip W. *Abused Men: The Hidden Side of Domestic Violence.* Westport, CN: Praeger, 1997.

Cooper,, A. M. "Changes in psychoanalytic ideas: Transference interpretation", *Journal of American Psychoanalytic Association,* 35: 77-98, 1987.

Dittes, James. *Pastoral Counseling: The Basic.* Louisville: Westminster John Know Press, 1999.

Erikson, Erik H. *The Life Cycle Completed.* New York: W. W. Norton & Company, 1982.

Erikson, Erik H. *Young Man Luther: A Study in Psychoanalysis and History.* New York: W. W. Norton, 1958.

Frankl, Victor. *Man's Search for Meaning: An Introduction to Logotherapy.* trans. Ilse Lasch. New York: Washington Square Press, 1963.

Freud, Sigmund. "Fragment of an Analysis of a Case of Hysteria(1905)" (Dora), *SE, 7:* 1-122.

Freud, Sigmund. "Observations on Transference-Love(1915)" *SE, 12,* 159-171.

Freud, Sigmund. "Sexuality in the Aetiology of the Neuroses(1898)" *The Standard Edition of the Complete Psychological Works of Sigmund Freud(SE) Vol. 3:* 259-285. London: Hogarth Press, 1953.

Freud, Sigmund. "The Dynamics of Transference(1912)", *SE, 12:* 97-108.

Freud, Sigmund. *Three Essays on the Theory of Sexuality(1905), SE, 7:* 123-243.

Gadamer, Hans-Georg. *Truth and Method.* New York: Seabury Press, 1975.

Greenson, R. *The Technique and Practice of Psychoanalysis,* New York: International Universities Press, 1967.

Hiltner, Seward. *Preface to Pastoral Theology.* Nashville/New York: Abingdon Press, 1958.

Hunter, Rodney J., Ed. *Dictionary of Pastoral Care and Counseling.* Nashville: Abingdon Press, 1990.

Keller, Timothy. *The Prodigal God: Recovering the Heart of the Christian Faith.* London: Hodder & Stoughton Ltd., 2008.

Kernberg, Otto. *Object Relations Theory and Clinical Psychoanalysis.* New York: Jason Aronson, 1976.

Klein, Melanie, The Psycho-Analytic Play Technique: Its History and Significance, in The *Selected Melanie Klein,* ed. by J. Mitchell, New York: Penguin Books, 1986.

Lifton, Robert J. *Broken Connection.* New York: Simon & Schuster, 1979.

Limburg, James. *Interpretation: A Bible Commentary for Teaching and Preaching Hosea-Micah.* Atlanta: John Knox Press, 1988.

Macmillan, M. B. *Freud Evaluated: The Completed Arc,* North Holland: Elsevier Science, 1991.

Meltzer, D. The Kleinian Expansion of Freud's Metapsychology, *International Journal of Psycho-Analysis,* 62, 179, 1981.

Modell, A. H. *Other Times, Other Realities: Toward a Theory of Psychoanalytic Treatment,* Cambridge, MA: Harvard University Press, 1990.

Nichols, Michael P. *The Lost Art of Listening.* New York: Guilford Press, 1995.

Niebuhr, H. Richard. *The Meaning of Revelation.* New York: Macmillan, 1941.

Noyce, Gaylord. *The Art of Pastoral Conversation.* Atlanta: john Knox Press, 1981.

Parsons, Mikeal C. "Reading a Beginning/Beginning a Reading: Tracking Literary Theory on Narrative Openings" *Semeia: An Experimental Journal for Biblical Criticism 52,* 1990.

Patton, John. *Pastoral Care in Context: An Introduction to Pastoral Care.* Louisville: Westminster/John Knox Press, 1993.

Powell, Mark. *What Is Narrative Criticism?* Minneapolis: Augsburg Fortress, 1990.

Rawn, Moss L. "Transference: Current Concepts and Controversies" , *Psychoanalytic Review,* 74-1, 107-124, Spring, 1987.

Roberts, J. Deotis. *A Philosophical Introduction to Theology.* Philadelphia: Trinity Press International, 1991.

Rogers, Carl R. *Client-Centered Therapy: Its Current Practice, Implications, and Theory.* Boston: Houghton Mifflin Company, 1951.

Schachter, J. "Abstinence and Neutrality: Development and Diverse View" *International Journal of Psychoanalysis,* 75, 965-969, 1994.

Schachter, J. *Transference: Shibboleth or Albatross:* Hillside, NJ: The Analytic Press, 2002.

Segal, Hanna, Early Infantile Development as Reflected in the Psychoanaytical Process: Steps in Integration, *International Journal of Psycho-Analysis,* 63, 15, 1982.

Spence, Donald P. *Narrative Truth and Historical Truth: Meaning and Interpretation in Psychoanalysis.* New York: W. W. Norton, 1982.

Stuart, Douglas. *Word Biblical Commentary: Hosea-Jonah.* Waco: Word Books, 1987.

Sulloway, Frank J. *Freud, Biologist of the Mind: Beyond the Psychoanalytic Legend,* New York: Basic Books, 1979.

Tannehill, Robert C. *The Narrative Unity of Luke-Acts.* Philadelphia: Fortress Press, 1986.

Tillich, Paul. *Systematic Theology, vol. I* Chicago: University of Chicago Press, 1951.

Tyler, Leona E. *The Work of the Counselor.* New York: Appleton-Century-Crofts, 1961.

Underwood, Ralph L. *Empathy and Confrontation in Pastoral Care.* Philadelphia: Fortress Press, 1985.

Wicks, Robert J., Parsons, Richard D., & Capps, Donald, Eds. *Clinical Handbook of Pastoral Counseling vol. I.* New York: Paulist Press, 1993.

Wimberly, Edward P. *Prayer in Pastoral Counseling: Suffering, Healing, and Discernment.* Louisville: Westminster/John Knox Press, 1990.

Wimberly, Edward P., & Wimberly, Anne E. *Liberation and Human Wholeness.* Nashville: Abingdon Press, 1986.

찾아보기

내용

저자 소개

김진영

휘문고등학교, 중앙대학교 영어영문학과(B.A), 장로회신학대학교 신학대학원(M.Div)을 졸업한 후 1986년에 목사가 되어 영락중학교에서 교목으로 목회사역을 시작했다. 1987년 미국으로 유학을 떠나 드류대학교(Drew University)에서 목회돌봄과 상담(STM 수료), 종교심리학과 목회상담학을 전공하여 박사학위(Ph.D)를 취득했다.

뉴욕시온성교회에서 뉴욕의 이민자들을 위한 목회를 하였고, 1998년 귀국한 후 평택대학교 신학과에서 가르쳤으며, 2005년부터 호남신학대학교에 부임하여 목회상담학, 정신분석적 심리치료와 종교심리학 강의를 개설하여 가르치고 있다.

한국목회상담협회(KAPC)의 감독회원이며, 협회 회장직을 2013~2015년까지 역임하였다. 현재는 자격위원으로 섬기고 있다. 2007년부터 학생생활연구소를 중심으로 한 임상훈련 프로그램을 개설하여 운영하고 있으며, 2012년 6월에는 광주 월드컵 경기장이 바라보이는 풍암동에 '이야기나무 상담센터'를 개설하여 심리상담과 상담 임상교육의 장으로 활용하며 오늘에 이르고 있다.

목회상담 이야기
Pastoral Counseling Stories

2016년 5월 15일 1판 1쇄 발행
2019년 2월 19일 1판 2쇄 발행

지은이 • 김진영
펴낸이 • 김진환
펴낸곳 • (주)**학지사**
　　　　04031 서울특별시 마포구 양화로 15길 20 마인드월드빌딩
대표전화 • 02-330-5114　　팩스 • 02-324-2345
등록번호 • 제313-2006-000265호

홈페이지 • http://www.hakjisa.co.kr
페이스북 • https://www.facebook.com/hakjisa

ISBN 978-89-997-0953-1　93180
정가 15,000원

이 도서의 국립중앙도서관 출판시도서목록(CIP)은 서지정보유통지원
시스템 홈페이지(http://seoji.nl.go.kr)와 국가자료공동목록시스템
(http://www.nl.go.kr/kolisnet)에서 이용하실 수 있습니다.
(CIP 제어번호: CIP2016010310)

교육문화출판미디어그룹 **학지사**

심리검사연구소 **인싸이트** www.inpsyt.co.kr
원격교육연수원 **카운피아** www.counpia.com
학술논문서비스 **뉴논문** www.newnonmun.com
간호보건의학출판 **학지사메디컬** www.hakjisamd.co.kr